Wolls Lehr- und Handbücher der Wirtschafts- und Sozialwissenschaften

Herausgegeben von
Universitätsprofessor Professor h. c. Dr. Dr. h. c. Artur Woll

Bisher erschienene Werke:

Aberle, Transportwirtschaft, 2. A.
Assenmacher, Konjunkturtheorie, 8. A.
Barro, Makroökonomie, 3. A.
Barro · Grilli, Makroökonomie – Europäische Perspektive
Barro · Sala-i-Martin, Wirtschaftswachstum
Blum, Volkswirtschaftslehre, 2. A.
Branson, Makroökonomie, 4. A.
Bretschger, Wachstumstheorie, 2. A.
Brinkmann, Einführung in die Arbeitsökonomik
Brösse, Industriepolitik, 2. A.
Büschges · Abraham · Funk, Grundzüge der Soziologie, 3. A.
Cezanne, Allgemeine Volkswirtschaftslehre, 3. A.
Fischer · Wiswede, Grundlagen der Sozialpsychologie
Glastetter, Außenwirtschaftspolitik, 3. A.
Leydold, Mathematik für Ökonomen
Müller, Angewandte Makroökonomik
Rosen · Windisch, Finanzwissenschaft I
Rush, Übungsbuch zu Barro, Makroökonomie, 3. A.
Sachs · Larrain, Makroökonomik - in globaler Sicht
Schneider, Grundlagen der Volkswirtschaftslehre, 3. A.
Tirole, Industrieökonomik, 2. A.
Varian, Mikroökonomie, 3. A.
Wachtel, Makroökonomik
Wacker · Blank, Ressourcenökonomik I
Wacker · Blank, Ressourcenökonomik II
Wohltmann, Grundzüge der makroökonomischen Theorie, 2. A.

Einführung in die Arbeitsökonomik

Von

Dr. Gerhard Brinkmann

Universitätsprofessor für Volkswirtschaftslehre
an der Universität-Gesamthochschule-Siegen

R. Oldenbourg Verlag München Wien

Die Deutsche Bibliothek - CIP-Einheitsaufnahme

Brinkmann, Gerhard:
Einführung in die Arbeitsökonomik / von Gerhard Brinkmann. -
München ; Wien : Oldenbourg, 1999
(Wolls Lehr- und Handbücher der Wirtschafts- und
Sozialwissenschaften)
ISBN 3-486-24859-6

Rosenheimer Straße 145, D-81671 München
Telefon: (089) 45051-0, Internet: http://www.oldenbourg.de

Gedruckt auf säure- und chlorfreiem Papier
Gesamtherstellung: WB-Druck, Rieden

ISBN 3-486-24859-6

Vorwort

Viele Personen haben dazu beigetragen, dass ich dieses Buch schreiben konnte, und sie haben mitgeholfen, wenigstens einige (wie ich hoffe) seiner Fehler zu eliminieren: die Studenten vieler Semester, denen ich Vorlesungen über Arbeitsökonomik gehalten habe; die Lehrstuhlassistenten mehrerer Generationen, mit denen ich die Inhalte des Buches diskutiert habe; schließlich, aber nicht zuletzt Frau Volkmann, welche die Rolle des Schriftsetzers übernommen hat, der - nach dem Satz von Karl Kraus - in den guten alten Zeiten das Schlimmste verhindert hat.

Ihnen allen danke ich sehr herzlich.

Gerhard Brinkmann

Inhaltsverzeichnis

Abkürzungsverzeichnis

AFG:	Arbeitsförderungsgesetz
ArbPlatzSchG:	Arbeitsplatzschutzgesetz
BAG AP:	Nachschlagewerk des Bundesarbeitsgerichts - Arbeitsrechtliche Praxis
BBiG:	Berufsbildungsgesetz
BDA:	Bundesvereinigung der Deutschen Arbeitgeberverbände
BErzgG:	Bundeserziehungsgeldgesetz
BetrVG:	Betriebsverfassungsgesetz
BGB:	Bürgerliches Gesetzbuch
BRRG:	Beamtenrechtsrahmengesetz
DAG:	Deutsche Angestellen Gewerkschaft
DGB:	Deutscher Gewerkschaftsbund
GG:	Grundgesetz
IAB:	Institut für Arbeitsmarkt- und Berufsforschung der Bundesanstalt für Arbeit
KSchG:	Kündigungsschutzgesetz
MuSchG:	Mutterschutzgesetz
s.:	siehe
S.:	Seite
Sp.:	Spalte
TVG:	Tarifvertragsgesetz

0 Einleitung

0.1 Inhalt des Buches

Die Themen dieses Buches über Arbeitsökonomik sind

- die Beschäftigung,
- die Entlohnung,
- die Arbeitslosigkeit

unselbständiger Erwerbspersonen.

Mit Selbständigen beschäftigt sich die Arbeitsökonomik traditioneller Weise nicht. Dies ist einerseits bedauerlich, weil die Selbständigen einen wichtigen Teil der Gesamtarbeit einer Volkswirtschaft leisten; andererseits ist es insofern verständlich, als in allen modernen kapitalistischen Volkswirtschaften die Unselbständigen über 90 % der Erwerbspersonen bilden und weil die ökonomischen und sozialen Probleme dieser überwältigenden Mehrheit als besonders drängend angesehen werden.

Aus der Sicht der einzelnen unselbständigen Erwerbsperson ist ihre Beschäftigung und ihre Entlohnung von überragender Bedeutung, entsprechend ist eine länger dauernde Arbeitslosigkeit für sie eine Katastrophe:

- für die meisten Unselbständigen ist die Arbeit die Hauptquelle ihres Primäreinkommens (des Einkommens vor dem Einsetzen der staatlichen oder privaten Umverteilung); Einkommen aus Vermögen beziehen zwar auch viele Unselbständige, dessen Anteil an ihrem Gesamteinkommen ist aber doch insgesamt gering;
- die Arbeit bestimmt heute immer noch die Position der Erwachsenen in den modernen Gesellschaften und wird das auch in der absehbaren Zukunft tun; das Leben der Kinder und vor allem der Jugendlichen besteht zu einem nicht geringen Teil in der Vorbereitung auf die Arbeitswelt und die durch Arbeit zu erlangenden Positionen;
- Arbeitslosigkeit, vor allem wenn sie länger dauert, beraubt den Arbeitslosen nicht nur seines Primäreinkommens (oder doch des größten Teils von diesem), sondern auch seiner Position in der Gesellschaft und damit häufig des Sinns des Lebens.

Die Arbeitsökonomik hat die Aufgabe, einerseits Beschäftigung, Entlohnung und Arbeitslosigkeit sowie deren Folgen darzustellen und zu erklären, d.h. eine explikative empirische Theorie aufzustellen; andererseits, dem Staat Handlungsanweisungen zu geben, wie er bestimmte Ziele bei Beschäftigung und Entlohnung erreichen kann, d.h. eine dezisive Theorie, genannt „Arbeitsmarktpolitik", zu entwickeln.

Als Haupterklärungsfaktoren für Beschäftigung, Entlohnung und Arbeitslosigkeit werden das Arbeitsangebot und die Arbeitsnachfrage angesehen, die ihrerseits zu erklären sind. Beide sowie das Resultat von Angebot und Nachfrage werden sehr stark bestimmt durch die Struktur der Märkte, insbesondere der Arbeitsmärkte, und die staatliche Arbeitsmarktpolitik.

Die vorstehenden Darlegungen machen die gewählte Gliederung des Buches verständlich: Beschäftigung und Entlohnung einerseits, Arbeitslosigkeit andererseits werden in je eigenen Teilen abgehandelt; diesen Teilen vorgeordnet ist die Erörterung der beiden Haupterklärungsfaktoren: Arbeitsnachfrage und Arbeitsangebot. Erörterungen des Arbeitsmarktes eröffnen, Erörterungen der staatlichen Arbeitsmarktpolitik beschließen das Buch:

Teil I: Der Arbeitsmarkt,
Teil II: Das Arbeitsangebot,
Teil III: Die Arbeitsnachfrage,
Teil IV: Beschäftigung und Entlohnung,
Teil V: Die Arbeitslosigkeit,
Teil VI: Arbeitsmarktpolitik.

0.2 Literaturhinweise zum gesamten Buch

0.2.1 Lehrbücher

In den USA und in Großbritannien ist das Fach „Labor Economics", anders als in Deutschland, in praktisch jeder wirtschaftswissenschaftlichen Fakultät vertreten. Demzufolge existiert eine große Anzahl von Lehrbüchern, von denen hier eine kleine Auswahl angeführt wird, die von GERLACH/HÜBLER 1992 besprochen worden ist:

EHRENBERG/SMITH 1991;
ELLIOTT 1991;
FALLON/VERRY 1988;
KAUFMAN 1991.

Es handelt sich durchweg um elementare Darstellungen. Deutsche Lehrbücher sind seltener, die angeführte Auswahl ist umfassender:

G. BRINKMANN 1981 a und b; 1984;
ENDRUWEIT/GAUGLER/STAEHLE/WILPERT 1985;
FRANZ 1996; GOERKE/HOLLER 1997;
KELLER 1997 (vor allem eine umfassende Darstellung der Beziehungen zwischen den Arbeitsmarktparteien);
MÜLLER-JENTSCH 1997 (ebenfalls eine umfassende Darstellung der Arbeitsmarktbeziehungen);
SESSELMEIER/BLAUERMEL 1998.

Im Allgemeinen werden die hier genannten Lehrbücher bei den Literaturhinweisen zu den einzelnen Kapiteln nicht mehr aufgeführt; es wird jedoch geraten, sie zu jedem einzelnen Kapitel zu konsultieren.

0.2.2 Handbücher und Handwörterbücher

ASHENFELTER/LAYARD 1986 a und b (repräsentiert den Stand der angelsächsischen Forschung bis zum Redaktionsschluß etwa 1984);
HÖD 1976;
HWP 1992; erste Auflage 1975.
SCHMID/O'REILLY/SCHÖMANN 1996.

0.2.3 Spezialisierte Zeitschriften

BESCHÄFTIGUNGSOBSERVATORIUM. Die Zeitschrift des Europäischen Systems für Dokumentation, Evaluation und Begleitung der Beschäftigungspolitiken (SYSDEM), herausgegeben von der Europäischen Kommission;
INDUSTRIAL AND LABOR RELATIONS REVIEW;
INTERNATIONAL LABOR REVIEW, herausgegeben vom Internationalen Arbeitsamt Genf;
JOURNAL OF LABOR ECONOMICS;
JOURNAL OF LABOR RESEARCH;
JOURNAL OF HUMAN RESOURCES;
MITTEILUNGEN AUS DER ARBEITSMARKT- UND BERUFSFORSCHUNG, (faktisch, wenn auch nicht formal) herausgegeben vom Institut für Arbeitsmarkt- und Berufsforschung der Bundesanstalt für Arbeit (IAB).

0.2.4 Schriftenreihen

BEITRÄGE AUS DER ARBEITSMARKT- UND BERUFSFORSCHUNG, herausgeben vom IAB, Nürnberg;
STUDIEN ZUR ARBEITSMARKTFORSCHUNG, herausgegeben von W. Franz, K. Gerlach, O. Hübler, J. Wagner, Frankfurt;
SOZIALWISSENSCHAFTLICHE ARBEITSMARKTFORSCHUNG, herausgegeben von Mitgliedern des gleichnamigen Arbeitskreises, Berlin.

0.2.5 Statistiken

AMTLICHE NACHRICHTEN DER BUNDESANSTALT FÜR ARBEIT (monatlich), Nürnberg;
ERWERBSTÄTIGKEIT, in mehrjährigen Abständen, Fachserie 1, Reihe 4, herausgegeben vom Statistischen Bundesamt, Wiesbaden;
LÖHNE UND GEHÄLTER, in mehrjährigen Abständen, Fachserie 16, herausgegeben vom Statistischen Bundesamt, Wiesbaden;
STATISTISCHES JAHRBUCH, jährlich, herausgegeben vom Statistischen Bundesamt, Wiesbaden;
INSTITUT DER DEUTSCHEN WIRTSCHAFT, Taschenbüchlein (jedes Jahr neu), Ergebnisse der amtlichen Statistik, u.a. auch zum Arbeitsmarkt, Köln;
IAB (Hrsg.): Zahlen-Fibel. Ergebnisse der Arbeitsmarkt- und Berufsforschung in Tabellen (in zwei bis drei Jahresabständen jeweils neu; neueste Ausgabe 1997), Nürnberg;
ARBEITS- UND SOZIALSTATISTIK, jährlich, herausgegeben vom Bundesministerium für Arbeit und Sozialordnung, Bonn;
TARIFVERTRÄGE, jährlich: Verzeichnis der für allgemeinverbindlich erklärten Tarifverträge, herausgegeben vom Bundesministerium für Arbeit und Sozialordnung, Bonn;
TARIFVERTRAGLICHE ARBEITSBEDINGUNGEN im Jahre..., jährlich, herausgegeben vom Bundesministerium für Arbeit und Sozialordnung, Bonn.

Teil I: Der Arbeitsmarkt

Lehrziele

Der Arbeitsmarkt ist in Marktwirtschaften die Institution, in der über Beschäftigung, Entlohnung und Arbeitslosigkeit der abhängigen Erwerbspersonen entschieden wird. Wie diese Entscheidungen ausfallen, wird auch durch gewisse Eigenschaften des Arbeitsmarktes mitbestimmt. Teil I will Kenntnisse über solche Eigenschaften des Arbeitsmarktes vermitteln, damit der Leser verstehen kann, wie ein so beschaffener Arbeitsmarkt Arbeitsangebot (Teil II), Arbeitsnachfrage (Teil III) und das Ergebnis ihres Zusammentreffens beeinflusst (Teil IV und V). Die Beschaffenheit des Arbeitsmarktes ist zu einem nicht geringen Teil Ergebnis der Ordnungspolitik des Staates. Über diese wird in Teil VI dieses Lehrbriefes gesprochen, die in Teil I vermittelten Informationen werden dort vorausgesetzt.

In den neun Kapiteln des Teiles I werden Kenntnisse über folgende Tatbestände vermittelt:

- Definition und statistische Konzepte des Arbeitsmarktes (Kapitel 1),
- den Arbeitsvertrag (Kapitel 2),
- die Struktur des Arbeitsmarktes (Kapitel 3),
- die Akteure des Arbeitsmarktes (Kapitel 4), insbesondere über
  - die Gewerkschaften, die Arbeitgeberverbände und ihre Beziehungen, wie Tarifvertrag und Arbeitskampf (Kapitel 5 bis 7),
  - die Arbeitsgerichtsbarkeit (Kapitel 8),
  - die Bundesanstalt für Arbeit (Kapitel 9).

Auf dieses Wissen über die Institutionen wird in allen folgenden Teilen dieses Buches häufig zurückgegriffen.

1 Definition und statistische Konzepte des Arbeitsmarktes

1.1 Definition des Arbeitsmarktes

Arbeitsmarkt (a) $=_{def}$ Markt der unselbständigen Erwerbspersonen.

Markt des Gutes x $=_{def}$ Ort, an dem das Gut x angeboten, nachgefragt und über dessen Nutzung Verträge abgeschlossen werden. (In der Regel denken wir bei solchen Verträgen an Kaufverträge, aber auf Märkten werden auch andere Verträge abgeschlossen, z. B. Mietverträge, Pachtverträge, Arbeitsverträge).

Erwerbspersonen $=_{def}$ „alle Personen ..., die eine unmittelbar oder mittelbar auf Erwerb gerichtete Tätigkeit ausüben oder suchen (Selbständige, mithelfende Familienangehörige, Abhängige), ... Als Erwerbspersonen zählen die Erwerbstätigen und die Erwerbslosen“ (STATISTISCHES JAHRBUCH 1997, S. 101).

Erwerb $=_{def}$ Tätigkeit gegen Entlohnung.

Unselbständige Erwerbspersonen $=_{def}$ diejenigen Erwerbspersonen (Arbeitnehmer), die ihre Arbeitskraft anderen Personen (Arbeitgebern) zur Verfügung stellen oder anbieten; der Art, dass sie bei ihrer Tätigkeit den Weisungen des Arbeitgebers unterliegen; der Art, dass die Ergebnisse der Tätigkeit dem Arbeitgeber zukommen; der Art, dass das Risiko für das Gelingen der Tätigkeit der Arbeitgeber trägt; der Art, dass der Arbeitgeber verpflichtet ist, dem jeweiligen Arbeitnehmer den vereinbarten Lohn zu zahlen.

Erwerbstätige $=_{def}$ „Personen, die in einem Arbeitsverhältnis stehen (einschließlich Soldaten und mithelfender Familienangehöriger) oder selbständig ein Gewerbe oder eine Landwirtschaft betreiben oder einen freien Beruf ausüben“ (STATISTISCHES JAHRBUCH 1997, S. 101).

Erwerbslose $=_{def}$ „Personen ohne Arbeitsverhältnis, die sich jedoch um eine Arbeitsstelle bemühen, unabhängig davon, ob sie beim Arbeitsamt als arbeitslos gemeldet sind“ (STATISTISCHES JAHRBUCH 1997, S. 101).

Arbeitslose $=_{def}$ „Personen ohne Arbeitsverhältnis - abgesehen von einer geringfügigen Beschäftigung - die sich als Arbeitsuchende beim Arbeitsamt gemeldet haben, eine Beschäftigung von mindestens 18 oder mehr Stunden für mehr als 3 Monate suchen, für eine Arbeitsaufnahme sofort zur Verfügung stehen, nicht arbeitsunfähig erkrankt sind und das 65. Lebensjahr noch nicht vollendet haben" (STATISTISCHES JAHRBUCH 1997, S. 101).

Wenn wir in die Definition a des Arbeitsmarktes einige der später eingeführten definierenden Begriffe hineinnehmen, erhalten wir die Definition b:

Arbeitsmarkt (b) $=_{def}$ Ort, an dem die unselbständigen Erwerbspersonen ihre Arbeitskraft anbieten, an dem die Arbeitskraft nachgefragt und an dem Verträge über die Nutzung der Arbeitskraft abgeschlossen werden.

1.2 Erläuterungen zur Definition

Die vorgetragene Definition ist zunächst eine festsetzende Nominaldefinition: eine Vereinbarung, das Wort „Arbeitsmarkt" als Abkürzung für die angeführten zahlreichen definierenden Begriffe zu benutzen. Gleichzeitig behaupten wir jedoch auch (und machen damit die Nominal- zu einer Realdefinition), dass die reale Institution, die wir mit dem Wort „Arbeitsmarkt" belegen, durch die Merkmale gekennzeichnet ist, welche die definierenden Begriffe intendieren.

In vielen deutschen Publikationen jedoch wird „Arbeitsmarkt" definiert als *Markt für Arbeitsleistungen*. Wenn diese Definition als Realdefinition verstanden wird, halte ich sie für falsch; denn Arbeitsleistungen werden von selbständigen Gewerbetreibenden und Angehörigen freier Berufe angeboten (Handwerkern, Ärzten, Rechtsanwälten etc.), die ihre Arbeit selbst bestimmen und bei dieser Weisungen nicht unterliegen, während auf dem Arbeitsmarkt die unselbständigen Erwerbspersonen sich selbst anbieten und von Arbeitgebern nachgefragt werden, weil ihre Arbeitskraft von ihrer Person nicht zu trennen ist. Natürlich können die Unselbständigen nicht verkauft und gekauft werden wie eine Sache, sondern sie schließen einen Vertrag sui generis ab, den Arbeitsvertrag (s. Kapitel 2). Jene falsche Realdefinition soll wohl - bewusst oder unbewusst - den unselbständigen Erwerbspersonen eine Selbständigkeit unterschieben, die sie nicht haben.

Ist der Arbeitsmarkt ein Markt wie jeder andere? Mit der Bejahung dieser Frage können verschiedene Sätze gemeint sein:

1. *Das Gut, das auf dem Arbeitsmarkt gehandelt wird, unterscheidet sich nicht wesentlich von den Gütern beliebiger anderer Märkte.* Wer die in Abschnitt 1.1 vorgeschlagene Realdefinition des Arbeitsmarktes akzeptiert, muss diese Behauptung als falsch zurückweisen. Nur auf dem Arbeitsmarkt wird individuelle Arbeitskraft, unlösbar mit der betreffenden Person verbunden, angeboten und nachgefragt, und dieses Gut unterscheidet sich tiefgreifend von allen übrigen Gütern, die sonst auf Märkten gehandelt werden.

2. *Der Arbeitsmarkt funktioniert wie jeder andere Markt auch: Freier Wettbewerb erzeugt Gleichgewicht; wenn kein Gleichgewicht herrscht, liegt das nur daran, dass der Wettbewerb behindert ist.* Diese Aussage kann nicht auf Grund einer Realdefinition des Arbeitsmarktes entschieden werden, sondern nur durch Theorie und deren empirische Überprüfung, wie bei jedem anderen Markt auch. Hierüber handelt dieses Buch.

3. *Sonderregelungen für den Arbeitsmarkt, z. B. Ausnahmen vom allgemeinen Kartellverbot, sind unzulässig.* Dies ist - in Form eines Werturteils - eine Anweisung an Politiker, solche Ausnahmen abzuschaffen. Sie kann ebenfalls nicht aus einer Realdefinition des Arbeitsmarktes abgeleitet werden, sondern nur aus einer Theorie der Arbeitsmarktpolitik.

1.3 Die Bestandsmengen des Arbeitsmarktes

Die deutsche amtliche Arbeitsmarktstatistik teilt die gesamte Einwohnerschaft der Bundesrepublik nach dem Erwerbspersonenkonzept so auf, wie Darstellung 1/1 es zeigt (auch alle anderen entwickelten Länder gehen so vor).

Darstellung 1/1: Die Gliederung[a] der Bevölkerung (Bestandsmenge) nach dem Erwerbspersonenkonzept

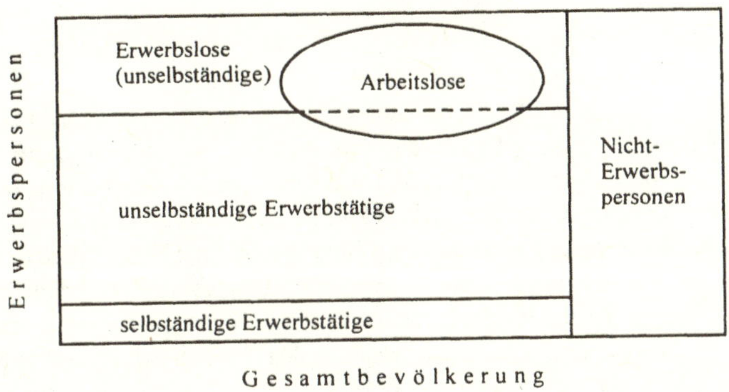

(a) Die Darstellung zeigt nur das logische Verhältnis der Begriffe; die Größe der Flächen ist nicht proportional der Menge der mit ihnen bezeichneten Personen.

Die Begriffe sind in Abschnitt 1.1 definiert. Die Zahlen über Arbeitslose (s. Kapitel 25) stammen aus der Arbeitslosenstatistik, die übrigen aus der Volkszählung und dem Mikrozensus. Die Angaben beziehen sich auf einen Zeit*punkt*; sie sind deshalb Bestandsmengen.

Eine wichtige Information über jede Person innerhalb einer Bestandsmenge ist die Angabe, wie lange sie sich bereits innerhalb ihrer gegenwärtigen Position befindet. Die Daten über alle Personen einer Gruppe bilden die *Verteilung der Bestandsmenge jener Personen nach ihrer bisherigen Verweildauer*; ein Beispiel ist die Verteilung der am 31.1. eines Jahres bestehenden Menge der Arbeitslosen nach der bisherigen Dauer der Arbeitslosigkeit (s. Abschnitt 24.3). Es leuchtet unmittelbar ein, dass diese Information zur Beurteilung der herrschenden Arbeitslosigkeit nützlich ist; das gilt aber auch für die Beurteilung der Erwerbstätigkeit und der Nicht-Erwerbstätigkeit.

Zu den Bestandsmengen des Arbeitsmarktes gehört auch die Anzahl der offenen Stellen, die Arbeitgeber zu besetzen wünschen. Die Bundesanstalt für Arbeit führt eine Statistik der offenen Stellen. Diese erfasst jedoch nur die beim Arbeitsamt gemeldeten Stellen; sie ist in unbekanntem Maße verzerrt, einerseits, weil nicht alle wirklich offenen Stellen angemeldet werden, andererseits, weil nicht alle besetzten oder gestrichenen Stellen abgemeldet werden.

1.4 Die Flussmengen des Arbeitsmarktes

Von gleicher Wichtigkeit wie die Kenntnis der Bestandsmengen ist diejenige der Flussmengen (der Bewegungen) auf dem Arbeitsmarkt, wenn man Beschäftigung, Erwerbslosigkeit und Arbeitslosigkeit verstehen will.

Bewegung der Person x auf dem Arbeitsmarkt $=_{def}$ Wechsel der Person x von der ursprünglichen Position A zur Position B.

Bewegungsmengen (Flussmengen) des Arbeitsmarktes $=_{def}$ Anzahl der Personen, die innerhalb eines bestimmten Zeitraumes ihre Position auf dem Arbeitsmarkt gewechselt haben.

Zur empirischen Erfassung der Bewegungsmengen müssen also angegeben werden: (a) der betrachtete Zeitraum, (b) die Art der Bewegung.

Als Zeitraum wird in der Regel ein Jahr angenommen. Die einfachste Operationalisierung der Bewegung einer Person auf dem Arbeitsmarkt besteht darin festzustellen, ob sie einen neuen Arbeitsvertrag abgeschlossen oder (und) aus einem bestehenden Arbeitsvertrag ausgeschieden ist; die Menge der Bewegungen von Personen ist dann die Summe der neu abgeschlossenen plus die Summe der aufgelösten Arbeitsverträge. Diese Summe wird „Labor Turnover" (Umschlag der Arbeitskräfte) genannt, die Differenz der beiden Summen ist die Nettoänderung der Beschäftigung.

Diese Operationalisierung der Bewegung hat den Nachteil, dass Herkunft und Ziel der Bewegungen nicht erfasst werden. Ausgangs- und Endpositionen der sich bewegenden Personen könnten nach dem Schema von Darstellung 1/1 definiert werden. Dann ergibt sich das Schema der Darstellung 1/2. Wechsel von einem Arbeitsplatz zu einem anderen werden in diesem Schema herkömmlicher Weise nicht registriert, obwohl diese Veränderungen einen großen Teil der Dynamik des Arbeitsmarktes ausmachen, wie eben dargelegt.

Wie wichtig die Kenntnis der Flussgrößen ist, möge folgendes fiktive Beispiel klarmachen:

Am ersten Januar eines Jahres möge der Bestand an Arbeitslosen (gleich Erwerbslosen) 1.000 betragen, der Bestand an unselbständigen Erwerbspersonen (unselbständigen Erwerbstätigen und Erwerbslosen) 10.000, die Arbeitslosenquote (s. Kapitel 24) also 10 %. Bis zum 31. Dezember desselben Jahres mögen sämtliche 1.000 Erwerbslose eine Stellung als abhängige Erwerbstätige gefunden haben, 1.000 bisher Erwerbstätige mögen in Pension gegangen sein (in die Menge der Nicht-Erwerbspersonen), 1.000 Studenten mögen aus der Universität (aus den Nicht-Erwerbspersonen) gegen Ende des Jahres in die Menge der Erwerbspersonen übergewechselt sein, aber noch keine Arbeit gefunden haben, also arbeitslos sein.

Darstellung 1/2: Ein Schema zur Erfassung der Bewegungen von Personen auf dem Arbeitsmarkt

Abfluss aus der Gruppe	Zufluss in die Gruppe					Summe der Abflüsse
	Arbeitslose	unselbst. Erwerbstätige	selbst. Erwerbstätige	Nicht-Erwerbspersonen	Nach außerhalb (Auswanderung, Tod)	
Arbeitslose	-					
unselbständige Erwerbstätige		-				
selbständige Erwerbstätige			-			
Nicht-Erwerbspersonen				-		
Von außerhalb (Einwanderer, Geburt)					-	
Summe der Zuflüsse						

Die Bestandsstatistik zeigt von einem Jahr zum anderen ein völlig unverändertes Bild, so dass man zu dem Urteil kommen könnte, der Arbeitsmarkt funktioniere nicht und die Arbeitslosigkeit bilde ein gravierendes soziales Problem, während die Verlaufsstatistik zusammen mit der Bestandsstatistik einen voll funktionierenden Arbeitsmarkt zeigt, auf dem die Arbeitslosigkeit *bestimmter Personen* (und nur eine solche ist ein soziales Problem) ein vorübergehendes, kein dauerndes Phänomen ist.

Fazit: Nur Bestands- und Verlaufsstatistik zusammen ergeben ein zutreffendes Bild der Situation auf dem Arbeitsmarkt.

Kenntnisse über die Bewegungen der Personen auf dem Arbeitsmarkt werden von der amtlichen Statistik nur in völlig unzureichender Weise erhoben und zur Verfügung gestellt. Ein schwerwiegender Mangel der vorhandenen Verlaufsstatistiken (s. Kapitel 24) besteht darin, dass die Zuflüsse in die Gruppen, die in Darstellung 1/2 aufgeführt sind, nicht pro Jahr in einer leeren Tabelle registriert und dass aus diesen Zuflüssen nicht die Abflüsse aufgezeichnet werden, ebenso nicht die Abflüsse aus dem Bestand am Anfang des Jahres, wie es in dem Beispiel geschehen ist. Vielmehr werden die Zuflüsse eines Jahres dem Bestand am Anfang des Jahres hinzugezählt und aus der so vergrößerten Bestandsmasse dann die Abflüsse erfasst. Diese Vorgehensweise macht es unmöglich zu erkennen, ob und in welchem Ausmaß die Abflüsse aus dem Bestand zu Anfang eines Jahres oder in welchem Ausmaß sie aus den Zuflüssen stattgefunden haben. Das Problem der Langzeitarbeitslosen wird damit verdeckt.

Wie die Bestandsmengen nach ihrer *bisherigen* Verweildauer aufgegliedert werden können (s. Abschnitt 1.3), so die Flussmengen nach der *abgeschlossenen* Verweildauer in der Position, die sie innerhalb eines bestimmten Zeitraumes verlassen haben; ein Beispiel ist die Verteilung der Abgänger aus der Arbeitslosigkeit nach der Dauer der abgeschlossenen Arbeitslosigkeit (s. Abschnitt 24.3). Wie bisherige und abgeschlossene Verweildauer sich zueinander verhalten, wird ebenfalls in Abschnitt 24.3 diskutiert.

Wie bei der Statistik der Bestände, so sollten auch bei der Statistik der Bewegungen die Stellen berücksichtigt werden, etwa nach dem Schema in Darstellung 1/3.

Darstellung 1/3: Ein Schema zur Erfassung der Bewegungen von Stellen auf dem Arbeitsmarkt

Abfluss aus der Stelle	Zufluss in die Stelle			Summe der Abflüsse
	unbesetzt	besetzt	aufgehoben	
unbesetzt	-			
besetzt		-		
nicht existent			-	
Summe der Zuflüsse				

Die Summe der Flüsse von „nicht existent" in die Felder „unbesetzt" und „besetzt" ist die Gesamtzahl der neu geschaffenen Stellen; man könnte sie aufgliedern in die Stellen, die in bereits existierenden, und in die Stellen, die in neu gegründeten Unternehmen geschaffen worden sind. Die Summe der Flüsse aus den Feldern „unbesetzt" und „besetzt" in das Feld „aufgehoben" ist die Gesamtzahl der aufgehobenen Stellen; man könnte sie aufgliedern in die Stellen, die in weiter existierenden, und in die Stellen, die in untergegangenen Unternehmen verloren worden sind.

Die Neuschaffung von Stellen in existierenden Unternehmen wird häufig „Expansion", der Verlust von Stellen in solchen Unternehmen wird häufig „Schrumpfung" genannt; das gilt natürlich nur, wenn es sich, anders als in der hier gewählten Darstellung, um Nettowerte innerhalb jedes einzelnen Unternehmens handelt.

Die Summe der neu geschaffenen Stellen und der aufgehobenen Stellen, „Job Turnover" (Umschlag der Arbeitsplätze) genannt, wird häufig als der Gesamtfluss der Stellen angesehen, was streng genommen nicht korrekt ist, weil z. B. besetzte Stellen geändert werden können, was auch einen Fluss darstellt. Die Differenz der beiden Summen ist die Nettoänderung der Stellenzahl; sie wird häufig mit der Nettobeschäftigungsänderung gleichgesetzt, was jedoch ebenfalls nicht korrekt ist, weil eine Stelle mit mehr als einer Person besetzt sein kann, z. B. im Schichtbetrieb.

Wie wichtig auch die Kenntnis dieser Vorgänge ist, zeigen wir, indem wir das eben gebrachte fiktive Beispiel um den Fluss der Stellen erweitern: Die Arbeitsplätze der 1.000 ausscheidenden Personen mögen sämtlich aufgehoben werden (Summe der Abflüsse aus der Position „besetzt" in die Position „aufgehoben", gleich 1.000), für die 1.000 neu eingestellten Arbeitskräfte mögen völlig neue Arbeitsplätze eingerichtet werden (Summe der Abflüsse aus der Position „nicht existent" in die Position „besetzt" gleich 1.000). Hinter dem unveränderten Bestand an Erwerbspersonen und Stellen verbirgt sich ein starker Strukturwandel der Wirtschaft.

Um den Strukturwandel der Wirtschaft genauer zu erfassen, müsste man die Eigenschaften der ab- und zufließenden Stellen kennen (Arbeitsanforderungen, hierarchische Position, Entlohnung, Branchenzugehörigkeit), außerdem, wieweit die Aufhebung von Stellen durch die Schließung, die Neueinrichtung durch die Gründung von Unternehmen oder innerhalb bestehender Unternehmen vor sich geht.

Die Flüsse der Personen auf dem Arbeitsmarkt lassen sich durch *Einstellungsketten* verständlicher machen: Angenommen, es existiere eine unbesetzte Stelle, die das Unternehmen besetzt (Abfluss aus der Position „unbesetzt“ in die Position „besetzt“ in Darstellung 1.3). Wenn das Unternehmen die Stelle mit einem Nicht- oder selbständigen Erwerbstätigen besetzt, wird auch in Darstellung 1.2 eine entsprechende Bewegung registriert, der Fluss der Stellen und der Personen ist beendet. Wenn das Unternehmen aber die freie Stelle mit einem unselbständigen Erwerbstätigen besetzt, wird anderswo eine Stelle frei, und der Prozess beginnt von neuem. Angenommen, alle freiwerdenden Stellen werden wieder besetzt, dann beträgt der Gesamtzufluss in die Position „unbesetzte Stelle“

(1-1) $Z_u = z_u p + z_u p^2 + ... + z_u p^T$,

bei großem T:

(1-2) $Z_u = z_u \frac{1}{1-p}$.

Z_u	:	Summe der Zuflüsse,
z_u	:	ursprünglicher (erster) Zufluss,
p	:	Wahrscheinlichkeit, dass die freie Stelle mit einem unselbständigen Erwerbstätigen besetzt wird,
1 - p	:	Wahrscheinlichkeit, dass die freie Stelle mit einer anderen Person besetzt wird,
1, ..., T	:	betrachtete Zeiträume.

Die Formel nimmt natürlich an, dass die Wahrscheinlichkeit p bei allen aufeinander folgenden Besetzungen den gleichen Wert aufweist. Je näher p an eins liegt, desto mehr Flüsse von Personen werden ausgelöst, die in Darstellung 1/2 nicht erscheinen, die aber große Wirkungen auf dem Arbeitsmarkt haben, z. B. höhere Löhne für die Arbeitskräfte und vielleicht auch für die anstellenden Unternehmen.

Es handelt sich bei den in Abschnitt 1.4 vorgestellten Konzepten, ebenso wie bei denen des gesamten Kapitels 1, um solche, mit denen Vorgänge und Zustände auf dem Arbeitsmarkt erfasst, nicht erklärt werden sollen. Die Erfassung ist jedoch ein notwendiger - aber häufig vernachlässigter - Bestandteil jeder empirischen Theorie, und deshalb haben wir den statistischen Konzepten so viel Platz gewidmet.

Literaturhinweise:
Theoretische Erörterungen über Konzepte der Arbeitsmarktstatistik: FUCHS 1992; KIEFER 1988; RIESE 1986; SCHETTKAT 1996b. Empirische Ergebnisse: S. die in der Einleitung aufgeführten Statistiken, außerdem CRAMER/KOLLER 1988; SCHETTKAT 1996b.

2 Der Arbeitsvertrag

Die abhängigen Erwerbspersonen, soweit sie Arbeiter oder Angestellte sind, kommen in der Regel in ein Arbeitsverhältnis, indem sie mit dem Arbeitgeber einen Arbeitsvertrag abschließen (Begründungen von Arbeitsverhältnissen auf andere Weise, z. B. die Zwangseinstellung von Schwerbehinderten durch einen Verwaltungsakt, können wir hier vernachlässigen). Beamte dagegen haben kein privatrechtliches Arbeitsverhältnis, sondern ein öffentlich-rechtliches Dienstverhältnis, in das sie durch einen einseitigen Hoheitsakt ihres Dienstherrn berufen werden, wozu allerdings ihre Zustimmung erforderlich ist. Wir behandeln hier nur den Arbeitsvertrag. Der Arbeitsvertrag ist als solcher in den Gesetzen der Bundesrepublik Deutschland nicht geregelt, obwohl es eine große Menge von Gesetzen gibt (z. B. Arbeitszeitordnung, Betriebsverfassungsgesetz, Kündigungsschutzgesetz, Mutterschutzgesetz, Tarifvertragsgesetz und andere), die bei Abschlüssen und Handhabung von Arbeitsverträgen zu berücksichtigen sind. Für diese angesichts der Regelungswut des deutschen Gesetzgebers erstaunliche Tatsache gibt es zwei Gründe:

1. Die Bundesrepublik Deutschland besitzt kein Arbeitsgesetzbuch (was seinerseits zu erklären wäre);
2. die Schöpfer des Bürgerlichen Gesetzbuches (BGB), das bei Fehlen eines Arbeitsgesetzbuches den Arbeitsvertrag zu regeln hätte, haben sich geweigert (darin durchaus der bürgerlichen Ideologie des ausgehenden 19. Jahrhunderts verhaftet), die Besonderheiten des Arbeitsvertrages gegenüber anderen schuldrechtlichen Verhältnissen zur Kenntnis zu nehmen.

Rechtswissenschaft und Rechtsprechung haben diese Lücke ausgefüllt. Von der Mehrheit ihrer Vertreter (bezeichnet als herrschende Meinung) wird der Arbeitsvertrag als eine Unterform des Dienstvertrages angesehen, den das Bürgerliche Gesetzbuch in den §§ 611 bis 630 regelt. Das BGB sieht den Dienstvertrag als ein Schuldverhältnis an, durch welches

> „derjenige, welcher Dienste zusagt, zur Leistung der versprochenen Dienste, der andere Teil zur Gewährung der vereinbarten Vergütung verpflichtet" wird (§ 611 BGB).

Die herrschende Meinung nimmt an, dass der Arbeitsvertrag sich dadurch vom Dienstvertrag unterscheidet, dass unter jenem die geschuldeten Dienste in *persönlicher Abhängigkeit*, unter diesem dagegen selbständig (etwa durch einen selbständigen Rechtsanwalt oder Steuerberater) erbracht werden müssen. Wegen dieses persönlichen Abhängigkeitsverhältnisses hat die herrschende Meinung lange angenommen, der Arbeitsvertrag sei nicht nur ein Schuldverhältnis, sondern, ähnlich dem Ehevertrag, ein personenrechtliches Gemeinschaftsverhältnis (HUECK/ NIPPERDEY 1963, S. 128f.), um hierdurch die schwache Stellung des Arbeitnehmers gegenüber dem Arbeitgeber zu stärken. Da dieser Zweck inzwischen durch Gesetze (Arbeitsschutzgesetze, Tarifvertragsgesetz, Betriebsverfassungsgesetz) und Tarifverträge erreicht wird, tendiert die Rechtswissenschaft allmählich wieder dahin, den Arbeitsvertrag als ein reines Schuldverhältnis anzusehen.

Durch den Arbeitsvertrag verpflichtet sich der Arbeitnehmer, nach den Weisungen des Arbeitgebers Dienste zu leisten. Dies ist seine Hauptpflicht. Bei der Gestaltung von Arbeitsplatz, Arbeitsablauf, Arbeitsumgebung ist der Arbeitgeber jedoch durch das Mitbestimmungsrecht der Arbeitnehmer in seiner Freiheit eingeschränkt (§§ 74ff. Betriebsverfassungsgesetz), außerdem durch die Arbeitsschutzgesetze. Das Risiko für das Gelingen der Dienste trägt der Arbeitgeber; der Arbeitnehmer haftet lediglich für die schuldhafte Nichterfüllung und für schuldhafte Schlechterfüllung seiner Arbeitspflicht. Die Nebenpflichten des Arbeitnehmers werden unter dem Begriff der Treuepflicht zusammengefasst; sie bestehen unter anderem darin, Wettbewerb mit dem Arbeitgeber zu unterlassen, Betriebsgeheimnisse zu wahren, keine geschäftsschädigenden Äußerungen zu machen.

Die Hauptpflicht des Arbeitgebers besteht darin, die vereinbarte Vergütung zu bezahlen; bei der Vereinbarung dieser Vergütung dürfen die Bestimmungen des Tarifvertrages, sofern die Vertragsschließenden einem solchen unterliegen (s. dazu Abschnitt 7.1), nicht unter-, wohl aber überschritten werden. Die Nebenpflichten des Arbeitgebers bestehen in der Beschäftigungs-, der Gleichbehandlungs- und der Fürsorgepflicht. Der Arbeitgeber hat die Pflicht, den Arbeitnehmer zu beschäftigen, d.h. ihm die Möglichkeit zur Arbeit zu verschaffen, weil die grundlose Verweigerung dieser Möglichkeit eine Missachtung des Arbeitnehmers darstellen und ihn deshalb in seinen Persönlichkeitsrechten beeinträchtigen würde, ebenso wie eine grundlose Ungleichbehandlung. Die Fürsorgepflicht des Arbeitgebers betrifft das Leben, die Gesundheit und die ordnungsgemäße Verwahrung der eingebrachten Sachen des Arbeitnehmers.

Was die Nichtigkeit, die Anfechtbarkeit und die Beendigung des Arbeitsvertrages durch Kündigung angeht, so haben Gesetzgebung und Rechtsprechung ein umfangreiches und kompliziertes Regelungsgebäude errichtet, aus dem einige Teile in Kapitel 32.4 besprochen werden.

In den Vereinigten Staaten von Amerika ist in den letzten 20 Jahren eine umfangreiche ökonomische Theorie der Verträge, besonders der Arbeitsverträge, entstanden. Die Mehrheit dieser Veröffentlichungen beschäftigt sich mit vollständigen Verträgen, solchen, die lückenlos die Rechte und Pflichten der Vertragsparteien beschreiben. Zu den lückenlosen Verträgen werden auch die „impliziten Verträge" gezählt; das sind solche, die stillschweigend, nicht ausdrücklich, aber im beiderseitigen Einvernehmen gewisse Bestandteile enthalten, z. B. eine implizite Versicherung gegen Entlassung bei Nachfragerückgang der Firma. In der jüngeren Zeit haben jedoch auch Ökonomen allmählich wahrgenommen, was die Juristen schon immer wussten: dass es unmöglich ist, Verträge, vor allem solche von langer oder unbestimmter Dauer, wie es Arbeitsverträge in der Regel sind, vollständig zu machen, weil die Vertragsparteien nicht alle zukünftigen Umstände voraussehen können, von denen ihre Rechte und Pflichten abhängen. Diese Unmöglichkeit hat übrigens zu der erstaunlichen Konstruktion geführt, dass ein Tarifvertrag auslaufen oder gekündigt werden kann, ohne den betroffenen individuellen Arbeitsvertrag zu beenden (s. Abschnitt 7.1). Unvollständige Verträge nehmen aber noch keinen großen Raum in der Literatur ein.

Literaturhinweise zum Arbeitsvertrag:

Juristische Literatur: HANAU/ADOMEIT 1994; HUECK/NIPPERDEY 1963; 1970 a, b, c; REUTER 1977; SCHMID/TRENK-HINTERBERGER 1994.

Ökonomische Literatur: HART 1987; MALCOMSON 1997; ROSEN 1985.

3 Die Struktur des Arbeitsmarktes

3.1 Definition und Einteilungskriterien

Wenn man unter jenem Ort t, aus dem der Arbeitsmarkt gemäß der Definition b in Abschnitt 1.1 besteht, ein ausgedehntes Gebiet, etwa die ganze Bundesrepublik Deutschland versteht, dann kann definiert werden:

Struktur des Arbeitsmarktes der Bundesrepublik Deutschland (a) $=_{def}$ Menge der Teilarbeitsmärkte, aus denen sich die Bundesrepublik Deutschland zusammensetzt.

Jeder Teilmarkt weist (gleich zu benennende) Eigenschaften auf, die häufig ebenfalls als seine Struktur bezeichnet werden. Wir vereinigen die zwei Definitionen zu einer einzigen:

Struktur des Arbeitsmarktes der Bundesrepublik Deutschland (b) $=_{def}$ Menge der Teilarbeitsmärkte dieses Gebietes und deren Eigenschaften.

Die Teilarbeitsmärkte der Bundesrepublik (und auf dieselbe Weise natürlich auch die Teilarbeitsmärkte jedes anderen geographisch ausgedehnten Gebildes) könnten nach folgenden Kriterien voneinander abgegrenzt werden:

- nach der Region, auf die Angebot und Nachfrage sich beschränken;
- nach der Branche der Arbeitgeber, die Arbeitskräfte nachfragen;
- nach dem Kriterium, ob Arbeitskräfte für bestimmte Stellen, meist die hierarchisch besonders ausgezeichneten, nur betriebs- und unternehmensintern rekrutiert werden (sogenannte betriebsinterne Arbeitsmärkte) oder auch von außerhalb des Unternehmens;
- nach den angebotenen und nachgefragten Stellen, die ihrerseits nach vielen Kriterien unterteilt werden können, etwa nach Bezahlung, Arbeitsanforderungen, hierarchischer Anordnung im Unternehmen, Berufszugehörigkeit;
- nach den Eigenschaften der gesuchten und sich anbietenden Arbeitskräfte; Ausbildung, Qualifikation, Geschlecht und Alter dürften die wichtigsten dieser Eigenschaften sein, aber auch die Rasse (etwa in den USA und Südafrika), die regionale Herkunft (etwa Türken in Deutschland) und die soziale Schichtzugehörigkeit sind nicht ohne Einfluss.

Die Teilarbeitsmärkte der Bundesrepublik müssten nach allen Kriterien gleichzeitig voneinander abgegrenzt werden. Die Eigenschaften der so abgegrenzten Teilarbeitsmärkte könnten nach den folgenden Kriterien beschrieben werden:

- nach der auf ihnen herrschenden Transparenz;
- nach der Menge der auf ihnen agierenden Teilnehmer;
- nach der Intensität des auf ihnen herrschenden Wettbewerbes, sowohl zwischen den Anbietern als auch zwischen den Nachfragern;
- nach der Möglichkeit des Zugangs zu dem Markt, sowohl für Arbeitgeber als auch für Arbeitnehmer;

- nach der Macht bestimmter Marktteilnehmer;
- nach dem Einfluss der Gewerkschaften, der Arbeitgeberverbände, der Arbeitsgerichtsbarkeit und sonstiger staatlicher Behörden;
- nach der Menge und Art der staatlichen Regelungen;
- nach den Steuerungsmöglichkeiten des Staates.

Im Grunde sind diese Kriterien nichts anderes als Kategorien, mit denen die Abweichung eines Teilarbeitsmarktes vom Ideal der vollständigen Konkurrenz beschrieben wird. Wir können deshalb auch sagen, dass die interne Struktur eines Teilarbeitsmarktes in seiner Differenz zur vollständigen Konkurrenz besteht.

3.2 Die Rolle der Arbeitsmarktstruktur

Aufgabe der Arbeitsökonomik wäre es,

1. aus Axiomen abzuleiten, welche Teilarbeitsmärkte in einem bestimmten, regional abgegrenzten Gebiet, etwa in der Bundesrepublik Deutschland, sich bilden und wie deren interne Struktur ist; die Teilarbeitsmärkte und ihre interne Struktur könnten mit den angegebenen Kategorien beschrieben werden;
2. zu überprüfen, ob die aus Axiomen abgeleiteten Behauptungen die Wirklichkeit beschreiben;
3. sodann abzuleiten, welchen Einfluss die reale Struktur des Arbeitsmarktes auf Beschäftigung und Entlohnung der Arbeit hat, und diese Behauptungen zu überprüfen.

Die Arbeitsmarkttheorie und Arbeitsmarktforschung sind weit von der Erfüllung dieser Aufgaben entfernt. Es existieren lediglich einige rudimentäre Ansätze, die - ohne große theoretische Fundierung - die Segmentierung des Arbeitsmarktes in Teilarbeitsmärkte behaupten. Die Beschreibung der internen Struktur dieser Segmente ist unterentwickelt. Man kann die Ansätze in vier Gruppen einteilen:

1. in die Abgrenzung lokaler Arbeitsmärkte, wie sie vor allem von der Sozialgeographie und den Regionalwissenschaften vorgenommen wird;
2. in die statistische Segmentierung der Arbeitskräfte, welche die Kategorien der amtlichen Statistik für Ausbildung, Berufe und Wirtschaftszweige zur Abgrenzung der Arbeitsmärkte benutzt (dieser Ansatz ist in der Bildungsökonomik entwickelt worden);
3. in die institutionalistische Segmentierung, welche die interne Struktur der Märkte als Abgrenzungskriterium benutzt;
4. in die für U.S.-amerikanische Verhältnisse entwickelte Theorie des dualen Arbeitsmarktes und ihre Übertragung auf die Bundesrepublik Deutschland.

Nur in der zuletzt genannten Theorie und in der Bildungsökonomik werden Aussagen darüber gemacht, wie die Struktur des Arbeitsmarktes auf Beschäftigung und Entlohnung der Arbeit wirkt.

Natürlich hat die Arbeitsökonomik aus der Preistheorie die Klassifikation der Märkte und der Konkurrenz übernommen, um dann abzuleiten, was sich aus diesen Bedingungen für Beschäftigung und Entlohnung der Arbeit ergibt. Sie werden in diesem Buch in ihren Grundzügen dargestellt (Teile II, III und IV), erfüllen jedoch nicht die vorstehenden Anforderungen, da sie nicht empirisch sind.

In den folgenden Abschnitten stellen wir drei Beispiele für Strukturierungen des Arbeitsmarktes vor.

3.3 Die institutionelle Segmentierung des Arbeitsmarktes

Amerikanische Autoren, die als „institutionalistische Schule der Labor Economics" bezeichnet werden (z. B. *Dunlop, Kerr, Reynolds, Ross*) nehmen folgende Segmentierung der Arbeitsmärkte an (die Darstellung folgt KERR 1954): Das Hauptkriterium, nach dem Arbeitsmärkte sich voneinander abgrenzen, besteht in den Präferenzen sowohl der Arbeitnehmer als auch der Arbeitgeber. Die Arbeitnehmer sind nur bereit, solche Arbeitsstellen anzunehmen, die innerhalb einer bestimmten Region liegen und die solche Arbeitsanforderungen stellen, die ihrem Beruf entsprechen. Die Arbeitgeber haben dieselben Präferenzen, sie suchen also Arbeitskräfte aus einer bestimmten Region mit bestimmten Fähigkeiten, bevorzugen darüber hinaus aber noch Arbeitssuchende mit bestimmter Rasse, bestimmtem Geschlecht und weiteren Merkmalen, auch wenn diese keinen Zusammenhang mit der zu besetzenden Stelle aufweisen. Die nach Region, Arbeitsanforderungen, Beruf, Geschlecht, Rasse voneinander separierten Arbeitsmarktsegmente sind nicht völlig voneinander getrennt, sondern überdecken sich wenigstens teilweise, weil ein Arbeitsanbieter mehreren von den Arbeitgebern konstituierten Segmenten angehören kann und weil ein Nachfrager für dieselbe Stelle auch in verschiedenen, von den Anbietern konstituierten Segmenten nach passenden Angeboten suchen kann. Außerdem sind die Grenzen der Arbeitsmärkte im Zeitablauf nicht stabil, weil sich die Präferenzen sowohl der Arbeitgeber als auch der Arbeitnehmer ändern.

Zwischen diesen Teilarbeitsmärkten mit wenigstens partiell durchlässigen Grenzen können nun institutionelle Schranken errichtet werden, welche die Grenzen undurchdringlich machen, und zwar durch Maßnahmen der Gesamtheit der Arbeitgeber, der Gesamtheit der Arbeitnehmer und der Regierung. Die wichtigsten dieser Schranken in den USA sind

1. die „closed shops" und „union shops" der Gewerkschaften;
   „closed shop" bedeutet, dass nur Mitglieder einer bestimmten Gewerkschaft in ein Unternehmen eintreten dürfen; „union shop" bedeutet, dass innerhalb einer gewissen Frist alle Arbeitnehmer eines Unternehmens der Gewerkschaft beitreten oder das Unternehmen verlassen müssen; früher wurde das System häufig noch dadurch verschärft, dass die Gewerkschaften bestimmte Personen nicht aufnahmen, z. B. keine Schwarzen, keine Frauen, keine Angehörigen bestimmter Berufe, keine „überzähligen" Arbeitskräfte, was heute allerdings verboten ist;
2. die internen Arbeitsmärkte für höhere Positionen, so dass Arbeitsanbieter außerhalb des internen Marktes (wenn überhaupt) nur die Chance erhalten, auf der Eingangsstufe in die betreffende Organisation einzutreten;
3. die Zuteilung der höheren Positionen auf dem internen Arbeitsmarkt nicht nach Leistung, sondern nach Seniorität.

Die Grundidee der institutionellen Arbeitsmarktsegmentierung ist einleuchtend, dennoch lassen sich die Schwächen des Ansatzes nicht übersehen: Über die Beispiele hinaus ist für die USA - von der Bundesrepublik zu schweigen - keine vollständige

Aufgliederung des gesamten Arbeitsmarktes in Teilarbeitsmärkte vorgenommen; es fehlt weitgehend an einer theoretischen Erklärung für das Entstehen und Fortbestehen der Arbeitsmarktsegmente; Aussagen über die Wirkung der Segmentierung der Arbeitsmärkte auf Beschäftigung und Entlohnung der Arbeit sind ebenfalls nur schwach entwickelt. Hier dürfte eine dringende Aufgabe der künftigen Forschung liegen.

3.4 Interne und externe Arbeitsmärkte

Interner Arbeitsmarkt $=_{def}$ ein Arbeitsmarkt, auf dem die Nachfrager bestimmte Stellen ihrer Organisation nur mit Anbietern besetzen, die bereits in dieser Arbeitsorganisation tätig sind.

Externer Arbeitsmarkt $=_{def}$ ein Arbeitsmarkt, auf dem die Nachfrager bestimmte Stellen ihrer Organisation auch mit Anbietern besetzen, die noch nicht in ihrer Organisation tätig sind.

Jede Arbeitsorganisation mit internem Arbeitsmarkt muss, wenn sie überleben will, auch Personen von außen, vom externen Arbeitsmarkt rekrutieren; meistens sind dafür Eintrittsstellen eingerichtet, von denen aus man aufsteigen kann. Der interne Arbeitsmarkt hat in Deutschland seine reinste Ausprägung bei den Laufbahnbeamten des öffentlichen Dienstes (des Bundes, der Länder, der Gemeinden, der öffentlich-rechtlichen Körperschaften) erfahren, weshalb wir dieses System hier vorstellen:

Jeder aktive Beamte in der Bundesrepublik Deutschland hat ein Amt inne, das auf mindestens zwei Weisen bezeichnet werden kann: mit seinem Titel (z. B. Ministerialdirektor, Oberfinanzpräsident, Amtsbote) und mit der zugehörigen Besoldungsgruppe. Da die Titel außerordentlich vielgestaltig sind, die Besoldungsgruppen aber einheitlich, benutzen wir nur noch diese zur Kennzeichnung der Ämter. Ämter und Besoldungsgruppen sind in aufsteigender Reihenfolge geordnet: Besoldungsgruppe A 1, A 2, ..., A 16; B 1, B 2, ..., B 11. Alle Beamten befinden sich in der Bundesrepublik in einer dieser Besoldungsgruppen, abgesehen von den Hochschullehrern und Richtern, für die eigene Gruppen gelten. Die B-Gehälter (abgesehen von B 1) und damit die zugeordneten Ämter sind höher als die A-Gehälter, in jeder der Klassifikationen ist ein Amt um so höher, je größer seine Ordnungsnummer ist. Die Ämter sind in vier Laufbahngruppen geordnet, in die

- des einfachen Dienstes: A 1 bis A 5;
- des mittleren Dienstes: A 5 bis A 9;
- des gehobenen Dienstes: A 9 bis A 13;
- des höheren Dienstes: A 13 bis A 16; B 1 bis B 11.

Die Ämter in den sogenannten Überlappungsgruppen A 5, A 9 und A 13 gehören, obwohl sie gleich bezahlt werden, eindeutig einer Laufbahn an, was dann aus ihrer Bezeichnung hervorgeht. Bewerber um Laufbahnbeamtenstellen werden zwingend (Ausnahmen machen nur die Hochschullehrer und die kommunalen Wahlbeamten, die keine Laufbahnbeamten sind), wenn sie berücksichtigt werden, für eine Laufbahngruppe angestellt, in der Regel werden sie in deren unterstes Amt eingewiesen. Die normale Karriere des Beamten spielt sich innerhalb der Laufbahngruppe ab, in die er eingetreten ist: Nach einiger Zeit kann er damit rechnen, dass er rein routinemäßig in das zweite Amt der Laufbahn befördert wird; die weiteren Beförderungen richten sich nach der Menge der in den Stellenplänen vorgesehenen Ämter, ihrem Freiwerden und den Beförderungskriterien, unter denen die Anciennität rein faktisch eine erhebliche Rolle spielt. Im Übrigen gilt, dass bei der Beförderung Ämter nicht übersprungen werden dürfen und dass man mindestens ein Jahr in ihnen verweilen muss. An den Laufbahngrenzen hat die Beförderung ihr normales Ende. Die Grenzen können nur überwunden werden, wenn eine zusätzliche Prüfung abgelegt wird.

Angesichts dieser Regelungen erhalten die Kriterien, nach denen erfolgreiche Bewerber in die Laufbahngruppen eingewiesen werden, für das gesamte Berufsschicksal eine überragende Bedeutung. Der Gesetzgeber hat die Kriterien so geregelt:

> „Für die Zulassung ist zu fordern
> 1. für die Laufbahnen des einfachen Dienstes mindestens der erfolgreiche Besuch einer Hauptschule oder ein als gleichwertig anerkannter Bildungsstand,
> 2. für die Laufbahnen des mittleren Dienstes mindestens der Abschluss einer Realschule oder der erfolgreiche Besuch einer Hauptschule und eine förderliche abgeschlossene Berufsausbildung oder ein als gleichwertig anerkannter Bildungsstand,
> 3. für die Laufbahnen des gehobenen Dienstes eine zu einem Hochschulstudium berechtigende Schulbildung oder ein als gleichwertig anerkannter Bildungsstand,
> 4. für die Laufbahnen des höheren Dienstes ein nach Absatz 3 Satz 2 geeignetes, mindestens dreijähriges mit einer Prüfung abgeschlossenes Studium an einer Hochschule“ (BRRG § 13 Abs. 2).

Die vorgeschriebene Parallelität von absolviertem Bildungsniveau und Niveau der Laufbahngruppe ist durch die Vorstellung begründet, dass, je höher eine Laufbahngruppe, desto höher seien auch die in ihren Ämtern gestellten formalen Arbeitsanforderungen, und dass, je höher eine Schule im Bildungssystem angesiedelt sei, desto besser vermittle sie ihren Absolventen die entsprechenden formalen Fähigkeiten (unter „formaler Fähigkeit“ eines Menschen verstehen wir seine Fähigkeit, ein ihm bisher noch nicht bekanntes Problem zu lösen). An den Grenzen zwischen den Laufbahngruppen - das ist die implizite Voraussetzung ihrer relativen Undurchlässigkeit - erreichen die formalen Anforderungen solche Unterschiede, dass zur Überwindung einer Grenze der Beamte das nächst höhere Bildungsniveau absolviert haben muss.

Der interne Arbeitsmarkt der Laufbahnbeamten des öffentlichen Dienstes ist also durch Ausbildungsanforderungen, wie sie im Abschnitt 3.3 erwähnt worden sind, weiter segmentiert. Die Privatwirtschaft in Deutschland hat zwar kein so rigoroses System der internen Arbeitsmärkte wie der öffentliche Dienst, aber Großunternehmen weisen durchaus ähnliche, wenn auch etwas abgeschwächte Formen auf.

Interne Arbeitsmärkte haben mit hoher Wahrscheinlichkeit erheblichen Einfluss auf Arbeitsangebot, Arbeitsnachfrage, Entlohnung und Beschäftigung sowie Leistung der Organisation, aber in welche Richtung dieser Einfluss geht und wie stark er ist, ist in systematischer Weise kaum untersucht.

3.5 Der duale Arbeitsmarkt

3.5.1 Die Beschreibung der Arbeitsmarktsegmente und deren Begründung

Das ursprüngliche Konzept des dualen Arbeitsmarktes wird von *Michael J. Piore*, einem seiner Begründer, so beschrieben:

> „The basic hypothesis of the dual labor market was that the labor market is divided into two essentially distinct segments, termed the primary and the secondary sectors. The former offers jobs with relatively high wages, good working conditions, chances of advancement, equity and due process in the administration of work rules, and above all, employment stability. Jobs in the secondary sector, by contrast, tend to be low-paying, with poorer working conditions and little chance of advancement; to have a highly personalized relationship between workers and supervisors which leaves wide latitude for favoritism and is conducive to harsh and capricious work discipline; and to be characterized by considerable instability in jobs and a high turnover among the labor force" (PIORE 1975b, S. 126).

Dieses Konzept ist entwickelt worden, um zu erklären, warum schwarze Arbeiter in den Großstädten der Vereinigten Staaten von Amerika fortdauernd, auch wenn man ihnen Ausbildungshilfen zuteil werden ließ, in ihrem schlechten wirtschaftlichen Stand verharrten: Es liege daran, dass es einfach keine anderen Arbeitsplätze für sie gebe, nicht an persönlicher Unfähigkeit.

Die Schwierigkeiten, das primäre von dem sekundären Segment des Arbeitsmarktes in der Realität zu unterscheiden, haben die Theoretiker bewogen, nur die ursprüngliche Beschreibung des sekundären Sektors als zutreffend anzuerkennen, den primären Sektor dagegen aufzuteilen in eine obere und eine untere Schicht. Die obere Schicht bestehe aus den leitenden Angestellten und den Angehörigen der professionalisierten Berufe (Musterbeispiel: Mediziner), die untere Schicht enthalte die nicht leitenden und nicht professionalisierten Angestellten (abgesehen von den instabilen Angestelltenverhältnissen, wie sie vor allem halbtagsbeschäftigte Frauen aufwiesen) sowie die Arbeiterelite. Die Unterschiede zwischen den beiden Schichten des primären Sektors könnten so beschrieben werden:

- höhere Bezahlung, höherer Status, höhere Ausbildungsanforderungen, bessere Aufstiegschancen, größere Freiheiten bei der Arbeit, größere ökonomische Sicherheit in der oberen als in der unteren Schicht des primären Sektors;
- größere Fluktuation und größere Mobilität in der oberen als in der unteren Schicht des primären Sektors; hierin ähnele die obere Schicht dem sekundären Segment des Arbeitsmarktes, mit dem wichtigen Unterschied allerdings, dass ein Wechsel der Firma in der oberen Schicht des primären Sektors in der Regel mit einem Aufstieg verbunden sei, im sekundären Segment dagegen nicht.

Um die Arbeitsanforderungen, welche in der oberen Schicht des primären Sektors gestellt würden, bewältigen zu können, benötigten die betreffenden Arbeitskräfte „task-general traits"; sie bestünden aus einer Menge von Regeln, aus denen das Individuum die Verhaltensweisen ableite, mit denen es ein jeweils konkretes Problem löse. Solche Fähigkeiten würden nur in langer formalisierter Ausbildung erworben. Um die Arbeitsanforderungen der unteren Schicht des primären Sektors bewältigen zu können, benötigten die betreffenden Arbeitskräfte „task-specific traits"; sie bestünden aus Verhaltensweisen, die allein durch Übung erworben und die automatisch produziert würden, wenn die Umwelt die entsprechenden Auslösungsreize liefere.

Um die Arbeitsanforderungen des sekundären Segments bewältigen zu können, benötigen die betreffenden Arbeitskräfte nach den Theoretikern anscheinend gar keine Fähigkeiten.

Jedem der drei Bereiche des Arbeitsmarktes sind typische Karrierepfade zugewiesen, von *Piore* „Mobilitätsketten (mobility chains)“ genannt: Im primären Sektor führten die typischen Pfade zu Stellen mit höherer Bezahlung und höherem Ansehen, im sekundären Sektor sei das nicht der Fall, die Stellen seien eher zufällig auf den Pfad verteilt. Die Karrierepfade in der unteren Schicht des primären Sektors verliefen typischerweise nur in einer Firma; sie konstituierten dadurch die internen Arbeitsmärkte (s. Abschnitt 3.4); die Zuteilung der höheren Positionen sei in der Regel streng geordnet, häufig nach dem Senioritätsprinzip. Die Pfade in der oberen Schicht dagegen verliefen in der Regel nicht nur in einer Firma, sondern berührten viele Firmen, viele Orte und viele verschiedene Aufgaben; hierdurch würden die allgemeinen Fähigkeiten, welche ein Kennzeichen der Angehörigen der oberen Schicht seien, dauernd geübt und vor dem Verfall bewahrt. *Piore* tendiert dazu, die typischen Mobilitätsketten an Stelle der Eigenschaften einer einzigen Stelle als Unterscheidungskriterium der drei Arbeitsmarktsegmente zu benutzen.

Zur Erklärung der Dualisierung des Arbeitsmarktes (die eigentlich eine Trialisierung ist) werden zwei Konzepte angeboten: 1. die Dualisierung der gesamten Volkswirtschaft in marktbeherrschende Großunternehmen und von ihnen abhängige Kleinunternehmen; 2. die Schichtung der Bevölkerung in zwei oder drei Schichten, die den Segmenten des Arbeitsmarktes entsprechen. Eine Verbindung der beiden Konzepte ist möglich.

Die These von der Dualisierung aller hochindustrialisierten Volkswirtschaften behauptet, dass diese aus zwei Sektoren bestehe: aus einem stabilen Kernbereich standardisierter Massenproduktion, die konjunkturunabhängig sei; und einem peripheren Bereich, der die mit dem Konjunkturverlauf schwankende Produktion zu übernehmen habe. Die standardisierte, konjunkturunabhängige Massenproduktion geschehe in Großunternehmen, die schwankende Residualproduktion in Klein- und Mittelunternehmen (s. dazu GALBRAITH 1968; AVERITT 1968). Der Kernbereich der Wirtschaft wurde zunächst mit dem primären, der periphere Bereich mit dem sekundären Arbeitsmarktsegment gleichgesetzt. Es erwies sich jedoch als unmöglich, die Definitionen der Arbeitsmarktsegmente aufrechtzuerhalten, wenn man jene Gleichsetzung vornahm, weil offensichtlich auch im sogenannten peripheren Wirtschaftsbereich Stellen des höchsten Arbeitsmarktsegmentes vorkommen. Deshalb nahm PIORE 1975 b eine Zuordnung vor, wie sie in Darstellung 3/1 skizziert ist.

Darstellung 3/1: Die Zuordnung von Arbeitsmarktsegmenten und Wirtschaftsbereichen

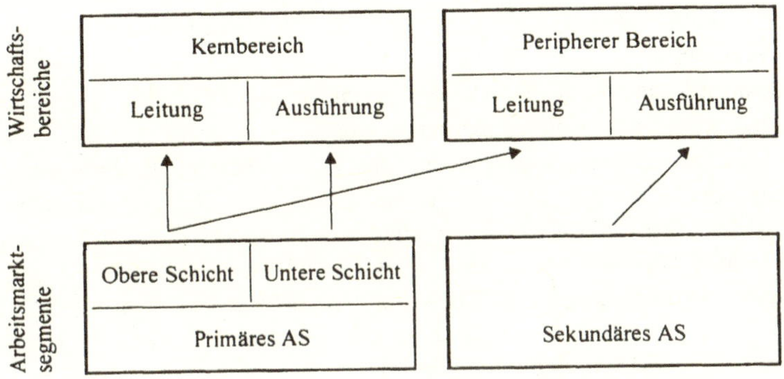

Sowohl der Kernbereich wie der periphere Bereich der Wirtschaft werden in Leitung und Ausführung getrennt. Die Leitungspositionen stehen in beiden Bereichen nur der oberen Schicht des primären Arbeitsmarktsegments offen, gelegentlich jedoch dringt ein Angehöriger der unteren Schicht in die Leitung des peripheren Bereiches ein. Die ausführenden Positionen des Kernbereiches sind der unteren Schicht des primären Arbeitsmarktsegmentes zugeordnet. Die ausführenden Positionen des peripheren Bereiches stellen den sekundären Arbeitsmarkt dar, gelegentlich dringt jedoch auch ein Angehöriger dieses Segments in die ausführende Schicht des Kernbereichs vor. Diese Zuordnung wird durch unterschiedliche Grade der Technisierung und der Arbeitsteilung begründet, worauf wir nicht näher eingehen.

Zur Erklärung der Dualisierung des Arbeitsmarktes durch die Schichtung der Bevölkerung ist weiter nichts zu sagen, als dass die drei Arbeitsmarktsegmente mit drei entsprechenden Strata der Population identifiziert werden: die obere Schicht des primären Segments mit der Ober- und Mittelschicht; die untere Schicht des primären Segments mit der Schicht der Facharbeiter; das sekundäre Segment mit der Schicht der ungelernten Arbeiter.

3.5.2 Zur Kritik des Ansatzes

Zur Kritik ist zunächst zu fragen, ob mit den skizzierten Kategorien überhaupt Arbeitsmarktsegmente beschrieben und voneinander abgegrenzt werden können, das heißt Orte, an denen Angebot von Arbeitskräften und Nachfrage nach diesen sich treffen. Dies ist nicht der Fall, die Kategorien sind viel zu grob, als dass sie das leisten könnten. Wenn die Theorie überhaupt etwas leistet, dann beschreibt sie die Schichtung der Bevölkerung in drei verschiedene Strata und einige von deren Eigenschaften, aber nicht Arbeitsmärkte. Denn angeboten und gesucht werden nicht (um mit dem obersten Segment zu beginnen) schlechthin Führungskräfte, sondern vielmehr Führungskräfte für bestimmte Aufgaben, die deshalb bestimmte Fähigkeiten haben müssen; nicht Angehörige irgendwelcher professionalisierter Berufe, sondern ganz bestimmter, z. B. Apotheker, und nicht Rechtsanwälte. Es ist deshalb falsch anzunehmen, dass die Angehörigen der oberen Schicht des primären Segmentes zur Erledigung ihrer Aufgaben nur „allgemeine" Fähigkeiten benötigten; sie benötigen genau so dringend auch die spezifischen, ebenso wie die Angehörigen der anderen Segmente sowohl allgemeine als auch spezielle Fähigkeiten haben müssen, um ihre Tätigkeiten auszuüben.

Arbeitsanforderungen, Sicherheit der Beschäftigung, Bezahlung sind Eigenschaften der Stellen, die von vielen Faktoren abhängen, z. B. vom Angebots-Nachfrageverhältnis auf dem Arbeitsmarkt, vom Angebots-Nachfrageverhältnis auf den Produktmärkten der Unternehmung, vom Technisierungsgrad der Unternehmung. Häufig schlagen diese Faktoren auf alle Eigenschaften aller Stellen durch oder doch wenigstens auf einige Eigenschaften aller Stellen einer Unternehmung, z. B. auf die Sicherheit der Beschäftigung. Schon dies Letztere, aber auch die erwähnte Tatsache, dass auf allen Arbeitsstellen spezifische und allgemeine Fähigkeiten gefordert werden, führt dazu, dass die Arbeitsmarktsegmente nach der Qualitätsthese nicht sauber voneinander unterschieden werden können, oder anders ausgedrückt: Derselbe Arbeitsplatz kann verschiedenen Segmenten angehören, je nachdem, auf welche seiner Eigenschaften man schaut.

Piore will diesem Mangel durch die Konstruktion der Mobilitätsketten abhelfen, die Arbeitsplätze miteinander verbinden, die sich durch die Kombination und das Überwiegen bestimmter Eigenschaften voneinander unterscheiden. Die Karriere eines Individuums ist jedoch nie mit Sicherheit vorauszusagen, so dass man nicht weiß, welchem Arbeitsmarktsegment es zuzuordnen ist.

Außerdem - und dieser Mangel ist ebenfalls nicht klein - können die theoretischen Begriffe nur mit großer Willkür operationalisiert werden. Wo zum Beispiel verläuft die Grenze zwischen einer gut und einer schlecht bezahlten Stelle? Wo verläuft die Grenze zwischen einem sicheren und einem unsicheren Arbeitsverhältnis? Wo verläuft die Grenze zwischen guten und schlechten Arbeitsbedingungen? Selbstverständlich ist es ohne Schwierigkeiten möglich, die Extrempunkte jener Kontinua anzugeben, aber nicht hierdurch können die Arbeitsmarktsegmente voneinander abgegrenzt werden, sondern nur dadurch, dass man durch den mittleren Bereich der Arbeits- und Bezahlungsverhältnisse die Trennungslinie zieht.

Empirische Tests der These, es bestünde ein dualer Arbeitsmarkt, das heißt also genauer formuliert, die Bevölkerung sei so geschichtet, wie die betreffenden Autoren es behaupten, müssen zunächst darunter leiden, dass die Operationalisierung der Arbeitsmarktsegmente willkürlich ist (so OSTERMAN 1975; CARNOY/RUMBERGER 1976; LEIGH 1976). *Osterman* hält die These von der Dualität des Arbeitsmarktes für bestätigt, die anderen Autoren halten sie für widerlegt. Wir sehen die Argumente dieser Gruppe als durchschlagend an, und dies selbst für die Vereinigten Staaten von Amerika: Dort (und auch in der Bundesrepublik Deutschland) ist die Schichtung komplexer, als die These vom dualen Arbeitsmarkt es annimmt.

Da die abgeleitete These (die Dualität oder Trialität des Arbeitsmarktes) falsch ist, müssen auch die Axiome, aus der jene These abgeleitet wurde, falsch sein, vorausgesetzt, die Ableitung verstößt nicht gegen die logischen Regeln. Dies lässt sich allerdings kaum überprüfen, da der Ableitungszusammenhang nicht formalisiert worden ist. Aber auch unabhängig davon sprechen viele Gründe dafür, dass die These von der Dualisierung der gesamten Volkswirtschaft hochindustrialisierter Staaten falsch ist: Auch die Großunternehmen unterliegen Konjunktureinflüssen (man denke an die Stahlproduktion, die fast ausschließlich in Großunternehmen vor sich geht, aber starken Schwankungen der Nachfrage unterliegt; ähnliches gilt für die Chemiefaserproduktion und die Automobilproduktion); auch die Großunternehmen haben Arbeitsstellen mit sehr geringen Anforderungen und hoher Fluktuation. Andererseits gibt es auch kleinere und mittlere Unternehmen mit stabiler, von der Konjunktur weithin unabhängiger Nachfrage und einer stabilen Gruppe von Beschäftigten. Auch im Bereich der Unternehmen dürften die Verhältnisse also komplexer sein, als die These von der Dualisierung der Volkswirtschaften es behauptet.

Literaturhinweise:
Segmentierung insgesamt: CAIN 1987; TAUBMAN/WACHTER 1986. Insitutionelle Segmentierung: KERR 1954. Geschlechtsspezifische Segmentierung: HEINTZ u.a. 1997. Interne und externe Arbeitsmärkte: ALEWELL 1993; LINDBECK/SNOWER 1988. Zum deutschen Beamtenrecht: BRRG. Dualer Arbeitsmarkt: CARNOY/RUMBERGER 1976; LEIGH 1976; LUTZ 1958; MCNABB 1987; OSTERMAN 1975; PIORE 1975 a und b; RYAN 1987. Empirische Überprüfung der Segmentation insgesamt: BLOSSFELD/MAYER 1988

4 Überblick über die Aktoren des Arbeitsmarktes

Die *Anbieter* auf dem Arbeitsmarkt sind natürliche Personen: Sie bieten selber einem anderen die Nutzung ihrer Arbeitskraft an (Leiharbeitsfirmen ändern an dieser Tatsache nichts). Da jede natürliche Person in einem Haushalt lebt (allein lebende Personen führen einen Einzelhaushalt), betrachtet die Ökonomik häufig die Haushalte als Anbieter; dies ist insofern gerechtfertigt, als in Mehrpersonenhaushalten die Entscheidung der einzelnen Mitglieder, z. B. des Ehemannes und der Ehefrau, sich gegenseitig beeinflussen. In den weiteren Teilen dieses Buches werden die Anbieter von Arbeit ausführlich behandelt, so dass sie in diesem Teil I (Arbeitsmarkt) keiner weiteren Erwähnung bedürfen.

Die *Nachfrager* auf dem Arbeitsmarkt sind

- Unternehmen einschließlich der freien Berufe: Etwa 77 Prozent aller unselbständig Beschäftigten in der Bundesrepublik Deutschland arbeiteten 1996 in Unternehmen;
- der Staat in allen seinen Ausprägungen: Bund, Länder, Gemeinden, parastaatliche Einrichtungen und private Haushalte: Etwa 17 Prozent der unselbständig Beschäftigten Deutschlands arbeiteten 1996 in diesem Bereich;
- private Organisationen ohne Erwerbscharakter (z. B. Arbeitgeberverbände, Gewerkschaften): Etwa 6 Prozent der Beschäftigten entfielen auf sie[1].

Die Arbeitsökonomik betrachtet bei der Theorie der Nachfrage nach Arbeit (Teil III), der Beschäftigung und Entlohnung (Teil IV) und der Arbeitsmarktpolitik (Teil VI) fast ausschließlich die Unternehmen als Arbeitsnachfrager; angesichts der Bedeutung, die vor allem der Staat als Nachfrager hat, und zwar sowohl in Hinsicht auf die Quantität der Nachfrage als auch in Hinsicht auf die Qualität der Arbeitsbedingungen, halten wir dies für einen Mangel, sehen aber keine Möglichkeit, ihn in diesem Buch zu beheben. Auch die Unternehmen werden in den folgenden Teilen dieses Buches ausführlich behandelt, so dass sie ebenfalls in diesem Teil I (Arbeitsmarkt) keiner weiteren Erwähnung bedürfen.

In allen westlichen entwickelten Ländern und so auch in der Bundesrepublik Deutschland sind die individuellen, sich selbst anbietenden Arbeitskräfte und die individuellen Nachfrager nach Arbeitskräften, obwohl nur sie Arbeitsverträge abschließen, nicht die alleinigen Akteure auf dem Arbeitsmarkt (s. dazu Darstellung 4/1): In allen westlichen Ländern betreibt der *Staat* Arbeitsmarktpolitik und wird dadurch zum Aktor auf dem Arbeitsmarkt. Selbstverständlich müssen die Arbeitsverträge, wie alle anderen Verträge auch, mit der geltenden Rechtsordnung konform sein; gerade für das Arbeitsleben hat die Bundesrepublik Deutschland eine Vielzahl von Normen geschaffen. Diese Vorschriften üben Einfluss auf den Arbeitsmarkt und seine Funktionen aus. In der Bundesrepublik ist eine eigene *Arbeitsgerichtsbarkeit* geschaffen worden, welche die ausschließliche Zuständigkeit für Streitigkeiten aus

[1] Quelle: STATISTISCHES JAHRBUCH FÜR DIE BUNDESREPUBLIK DEUTSCHLAND 1997, S. 106; eigene Berechnungen.

Arbeitsverhältnissen hat. Die *Bundesanstalt für Arbeit*, eine Körperschaft des öffentlichen Rechts mit eigener Finanzhoheit, ist dafür eingerichtet worden, den Anbietern und Nachfragern auf dem Arbeitsmarkt vielfältige Dienste zu liefern, welche diese zum Teil annehmen können, zum Teil annehmen müssen, wie etwa die Arbeitslosenversicherung. Die Vereinigungen der Arbeitnehmer, die *Gewerkschaften*, und der Arbeitgeber, die *Arbeitgeberverbände*, haben vielfältige Beziehungen miteinander; unter anderem schließen sie miteinander Tarifverträge ab, wodurch auch die Arbeitsverträge zwischen den individuellen Arbeitnehmern und Arbeitgebern stark geprägt werden.

Darstellung 4/1: Modell der Aktoren des Arbeitsmarktes

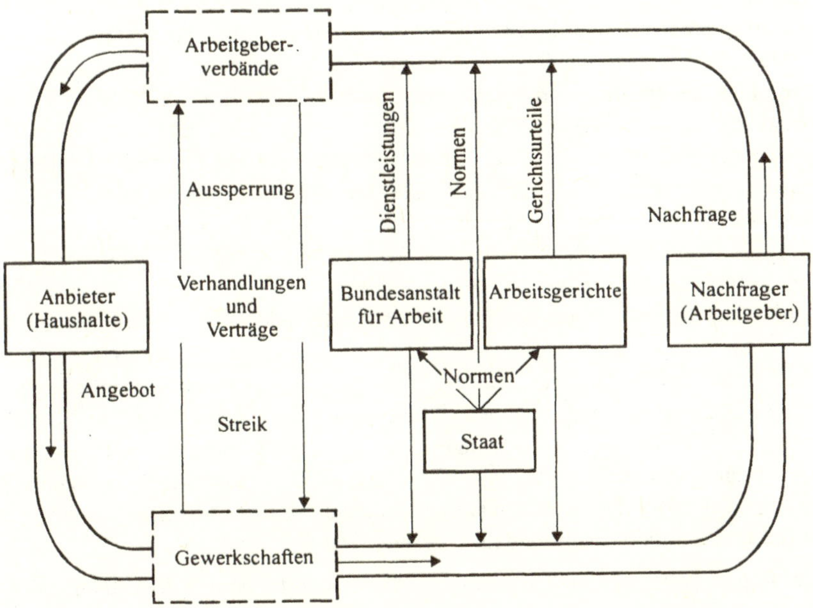

Wegen des Einflusses, den sie auf die Arbeitsverträge und die Arbeitsverhältnisse, auf Beschäftigung und Entlohnung der Arbeit ausüben, ist es gerechtfertigt, nicht nur die *individuellen Anbieter* und *Nachfrager*, sondern auch die *Gewerkschaften*, die *Arbeitgeberverbände*, die *Bundesanstalt für Arbeit*, die *Arbeitsgerichte* und den *Staat* allgemein als Aktoren des Arbeitsmarktes anzusehen.

In den folgenden Abschnitten dieses Kapitels bringen wir einige Informationen über die genannten institutionellen Aktoren des Arbeitsmarktes, außer über den Staat allgemein; dieser wird in Teil VI (Arbeitsmarktpolitik) behandelt.

5 Die Gewerkschaften

5.1 Begriff und Merkmale

Obwohl in allen entwickelten westlichen Ländern Einigkeit darüber besteht, dass die Gewerkschaften erheblichen Einfluss zumindest auf den Arbeitsmarkt ausüben, und obwohl ihnen viele Gesetze, so in der Bundesrepublik Deutschland, diesen Einfluss ausdrücklich zuweisen, besteht keine Einigkeit darüber, durch welche Merkmale eine Organisation überhaupt zur Gewerkschaft wird: Eine Legaldefinition besteht (glücklicher Weise, weil dadurch künftige Entwicklungen unnötig erschwert würden) in der Bundesrepublik trotz dem hier existierenden Drang zur rechtlichen Überformung immer weiterer Lebensgebiete nicht; die von der Wissenschaft genannten Merkmale von Gewerkschaften sind strittig. Die Gewerkschaften sind im Frühkapitalismus als Vereinigungen von Arbeitern zur Wahrung und Durchsetzung ihrer Interessen im Arbeitsleben entstanden; diese Interessen mussten praktisch immer im Kampf gegen den Unternehmensinhaber, gegen Unternehmerverbände und gegen den Staat durchgesetzt werden. Vor diesem geschichtlichen Hintergrund sind die Merkmale zu sehen, die auch heute noch häufig als unerlässlich für eine Gewerkschaft angesehen werden: *Gegnerfreiheit, Unabhängigkeit* und *Kampfbereitschaft.*

Zur *Gegnerfreiheit*: Gegner der Arbeiter bei dem Kampf um bessere Arbeitsbedingungen, vor allem um höhere Löhne, kürzere Arbeitszeit, menschlichere Arbeitsanforderungen, waren im Frühkapitalismus die Eigentümerunternehmer und ihre Vertrauten. Wenn diese den Gewerkschaften hätten angehören können, wäre eine wirksame Interessenvertretung der Arbeiter kaum möglich gewesen. Gegnerfreiheit bedeutet also, dass nur Arbeitnehmer, insbesondere keine Arbeitgeber den Gewerkschaften angehören dürfen.

Auch unter den Bedingungen des hochentwickelten Kapitalismus müssen die Interessen der Arbeitnehmer gegen die Arbeitgeber durchgesetzt werden (die Vorschriften für die Auseinandersetzungen um Lohnerhöhungen etwa haben diesen Kampf nur an bestimmte Regeln gebunden, aber nicht abgeschafft), aber heute kann, vor allem in der Bundesrepublik Deutschland, die Grenze zwischen Arbeitnehmern und Arbeitgebern nicht mehr eindeutig gezogen werden:

1. Die Angehörigen des unselbständigen Managements, vom Vorstandsmitglied einer Aktiengesellschaft bis zum letzten leitenden Angestellten, der etwa Arbeitskräfte selbständig einstellen und entlassen kann, sind einerseits unzweifelhaft Arbeitnehmer und können als solche Gewerkschaftsmitglieder sein (und sind es auch tatsächlich, wie etwa der Arbeitsdirektor eines Montanunternehmens), andererseits üben sie unzweifelhaft Arbeitgeberfunktionen aus und sind als solche im Arbeitskampf die Gegner der Gewerkschaften.
2. Das Betriebsverfassungsgesetz und die Mitbestimmungsgesetze in der Bundesrepublik Deutschland bringen Gewerkschaftsmitglieder und Arbeitnehmer in die Aufsichtsräte der Unternehmen, wo sie nach dem gesetzlichen Auftrag die Interessen der Unternehmen, nicht die der Gewerkschaften und deren Mitglieder oder die der Arbeitnehmer allgemein wahrzunehmen haben.

Zur *Unabhängigkeit*: Um die Interessen ihrer Mitglieder, der Arbeitnehmer, vertreten zu können, müssen die Gewerkschaften von solchen Organisationen unabhängig sein, die andere Interessen vertreten. In der Geschichte gab es vor allem drei Organisationen, welche Gewerkschaften von sich abhängig zu machen versucht haben:

1. Unternehmer und Unternehmerorganisationen; Gewerkschaften unter deren Einfluss nennt man „gelb". Solche Gewerkschaften existieren heute in Deutschland nicht mehr.
2. Kirchen oder andere Weltanschauungsgruppen; in der Bundesrepublik spielen die christlichen Gewerkschaften nur noch eine sehr geringe Rolle (s. Abschnitt 5.3.1), in den romanischen Ländern sind sie stärker vertreten.
3. Politische Parteien; wohl in allen Ländern hatten die Gewerkschaften (und haben sie heute noch) mindestens emotionale Bindungen an bestimmte Parteien, die sich häufig auch Arbeiterparteien oder ähnlich nannten und nennen. Bei einer solchen Bindung ist die Gefahr nicht von der Hand zu weisen, dass entweder die Gewerkschaften sich den Parteien unterordnen oder dass die Gewerkschaften die Parteien beherrschen, was ihren Einfluss ungemein ausweiten würde. In der Bundesrepublik sind die Gewerkschaften formell von den Kirchen, den Parteien und selbstverständlich von den Arbeitgebern unabhängig. Von den Mitgliedern der dem DGB angehörenden Gewerkschaften und von deren Funktionären dürften aber mehr der SPD nahestehen oder angehören als irgendeiner anderen Partei. Da viele (als solche anerkannte) Gewerkschaften eng mit politischen Parteien liiert sind, ist auch die Unabhängigkeit kein notwendiges Merkmal von Gewerkschaften.

Zur *Kampfbereitschaft*: Unter Kampfbereitschaft versteht man die Bereitschaft der Gewerkschaft, notfalls zur Durchsetzung ihrer Forderungen Streiks zu organisieren (andere Kampfmaßnahmen, etwa Boykott, sind weniger wichtig). Auch dieses Merkmal ist zunächst aus der Geschichte der Gewerkschaften zu verstehen: Der Streik war und ist auch heute noch häufig das einzige Mittel, Forderungen durchzusetzen. In allen westlichen demokratischen Ländern ist das Streikrecht heute einem großen Teil der abhängig Beschäftigten zuerkannt, dennoch gibt es in der Bundesrepublik Deutschland und anderswo Gewerkschaften, welche die Bereitschaft zum Kampf nicht haben: Beamte in der Bundesrepublik (und ähnlich in vielen anderen westlichen Ländern Staatsangestellte) haben kein Streikrecht; ihre Interessenorganisationen sind demzufolge häufig auch nicht bereit, Streiks zu organisieren. Dennoch sollte man ihnen den Gewerkschaftscharakter nicht absprechen, weil sie im Übrigen (man denke an den Deutschen Beamtenbund) die typischen Verhaltensmuster und Funktionen dieser Organisation zeigen.

Keines der drei Merkmale, die häufig als unerlässlich für eine Gewerkschaft angesehen werden, wird also durchgängig von allen Organisationen erfüllt, die allgemein als Gewerkschaften anerkannt sind. Als Ausweg aus dieser Schwierigkeit bleibt wohl nur übrig, alle Organisationen, die sich als Gewerkschaften bezeichnen und in irgendeiner Weise Arbeitnehmerinteressen vertreten, als Gewerkschaften anzusehen. Die Versuche des Bundesarbeitsgerichtes, durch Gerichtsentscheid hinreichende Eigenschaften von Gewerkschaften festzulegen, müssen bis jetzt ebenfalls als gescheitert angesehen werden (s. dazu SCHMID/TRENK-HINTERBERGER 1994, S. 194-196).

5.2 Gewerkschaftstypen und deren Kriterien

Aus der Menge der möglichen Kriterien, nach denen man Gewerkschaften einteilen kann, stellen wir solche dar, die das Verhalten der Gewerkschaften am Arbeitsmarkt besonders deutlich beeinflussen dürften. Es sind dies 1. die in einer Gewerkschaft vorherrschende Ideologie; 2. das Demokratieverständnis der Gewerkschaft; 3. das Organisationsprinzip der Gewerkschaft; 4. die Methode der Mitgliederakquirierung.

1. Nach der in ihnen *vorherrschenden Ideologie* kann man die Gewerkschaften einteilen in

   - liberale,
   - christlich-soziale,
   - reformerisch-sozialistische,
   - revolutionäre.

   Diese Reihenfolge dürfte eine immer stärkere Ablehnung der Marktwirtschaft oder des kapitalistischen Systems durch die betreffenden Gewerkschaften indizieren. Eine Gewerkschaft wird auf dem kapitalistischen Arbeitsmarkt um so stärker systemsprengend agieren, je mehr sie das Marktwirtschaftssystem ablehnt.

2. Nach ihrem *Demokratieverständnis* kann man die Gewerkschaften einteilen in

   - räte-demokratische,
   - repräsentativ-demokratische,
   - zentralistisch-demokratische.

   Der „demokratische Zentralismus" ist das Lenkungsprinzip der marxistisch-leninistischen Parteien, das in Wirklichkeit ein reiner Zentralismus ohne demokratische Rechte der Mitglieder ist; es wird in orthodox kommunistischen Gewerkschaften angewandt. In Gewerkschaften der westlichen Länder, sofern sie nicht orthodox kommunistisch sind, wird so gut wie ausschließlich das Modell der repräsentativen Demokratie verwendet; es schließt die Herrschaft einer Funktionärsoligarchie keineswegs aus, dennoch wird man im Allgemeinen annehmen können, dass in einem solchen Modell die Mitglieder die größte Chance haben, ihren Willen zur Geltung zu bringen. Demgemäß hinge das Verhalten solcher Gewerkschaften auf dem Arbeitsmarkt stark von der Einstellung ihrer Mitglieder ab.

3. Nach dem *Organisationsprinzip* kann man die Gewerkschaften einteilen in

   - Berufs- oder Fachverbände (z. B. Schlosser-Gewerkschaft, Maurer-Gewerkschaft und so fort),
   - Industrieverbände (z. B. Industriegewerkschaft Druck: die Gewerkschaft steht allen [aber auch nur diesen] im Druckgewerbe Beschäftigten offen, ohne Rücksicht, welchen Beruf sie dort ausüben),
   - Betriebs- oder Unternehmensverbände (die Gewerkschaft steht allen [aber auch nur diesen] Angehörigen eines Betriebes oder eines Unternehmens offen).

   Fach- und Berufsverbände tendieren im Allgemeinen wegen der Konkurrenz mit anderen solchen Verbänden zu kämpferischem Verhalten auf dem Arbeitsmarkt, um für ihre Mitglieder einen Vorteil gegenüber den Mitgliedern anderer Gewerkschaften zu gewinnen, während Betriebs- und Industriegewerkschaften eher auf einen Ausgleich zwischen den in ihnen organisierten verschiedenen Berufen bedacht sind und außerdem stärker auf die wirtschaftlichen Möglichkeiten des Industriezweiges oder Betriebes, in dem sie agieren, achten.

4. Nach den *Methoden der Mitgliederakquirierung* kann man die Gewerkschaften einteilen in
   - freie Vereinigungen (das einzelne Mitglied kann nach eigenem Entschluß ein- und austreten),
   - Zwangsvereinigungen.

Nach der Art dieses Zwanges kann man unterscheiden das „closed shop-Prinzip“, das „union shop-Prinzip“ (s. Abschnitt 3.3) und schließlich den universellen Zwang für alle Arbeitnehmer, in die für sie zuständige Gewerkschaft einzutreten, wie er faktisch in den sozialistischen Ostblockstaaten herrschte. Es ist damit zu rechnen, dass die Macht der Funktionärsoligarchie um so stärker ist, je schärfer der Zwang zur Mitgliedschaft ausgeübt wird.

5.3 Die Gewerkschaften in der Bundesrepublik Deutschland

5.3.1 Die einzelnen Gewerkschaften und ihr Organisationsprinzip

Darstellung 5/1 gibt einen Überblick über die Organisationen und deren Mitglieder, die in der Bundesrepublik Deutschland allgemein als Gewerkschaften anerkannt sind, auch wenn sie sich nicht als solche bezeichnen, wie der Deutsche Beamtenbund. Sie sind mit Ausnahme der Deutschen Angestellten Gewerkschaft Verbände von Gewerkschaften, während die DAG ein Verband von Einzelpersonen ist. Die DAG sowie die Einzelgewerkschaften des Deutschen Beamtenbundes und des Christlichen Gewerkschaftsbundes Deutschlands sind - ebenso wie die nicht aufgeführten gewerkschaftsähnlichen Vereinigungen - nach dem Berufsprinzip, praktisch alle Einzelgewerkschaften, die dem Deutschen Gewerkschaftsbund angehören, sind dagegen nach dem Industrieprinzip organisiert.

Die Vorherrschaft dieses Prinzips im DGB und damit in der Bundesrepublik Deutschland ist eine Folge der Erfahrungen mit der nationalsozialistischen Diktatur: Bis 1933 bestanden im Deutschen Reich sehr viele Gewerkschaften, die, überwiegend nach dem Berufsprinzip organisiert, sich in drei ideologisch voneinander abgegrenzte Richtungsbünde zusammengeschlossen hatten: den „Allgemeinen Freien Deutschen Gewerkschaftsbund“ (sozialistisch) mit etwa 4,6 Millionen Mitgliedern; den „Deutschen Gewerkschaftsbund“ (christlich) mit etwa 1,2 Millionen Mitgliedern; die „Hirsch-Dunckerschen Gewerksvereine“ (liberal) mit etwa 0,5 Millionen Mitgliedern. Sie konnten ihrer Auflösung keinen geschlossenen Widerstand entgegensetzen. Um solche Entwicklungen in Zukunft zu verhindern, lag den meisten Gewerkschaftsvertretern nach 1945 daran, eine einheitliche Gewerkschaftsbewegung, die sogenannte Einheitsgewerkschaft, zu schaffen.

Dieses Ziel, tatkräftig unterstützt von den Besatzungsmächten, die keiner anderen Gewerkschaft die damals notwendige Lizenz erteilten, war nur mit dem Industrieprinzip zu erreichen, weil dieses eine notwendige (noch keine hinreichende) Bedingung für den Ausschluss der Konkurrenz zwischen verschiedenen Gewerkschaften im selben Bereich ist (eine weitere notwendige Bedingung für die Existenz der Einheitsgewerkschaft ist ihre ideologische Neutralität). Im Jahre 1949, nach der Gründung der Bundesrepublik, haben die Industriegewerkschaften den Deutschen Gewerkschaftsbund als Dachverband gegründet. Durch die Konzentration der ehemals vielen auf einige wenige haben die Gewerkschaften ihre Macht in der westdeutschen Gesellschaft ungemein gesteigert. Gerade durch diesen Machtzuwachs nahmen sie aber auch immer mehr die Funktion eines Ordnungsfaktors in der kapitalistischen Gesellschaft an; ihr ursprüngliches Ziel, diese Gesellschaft zu überwinden, trat faktisch in den Hintergrund, wodurch sie die zweite eben genannte notwendige Bedingung für die Existenz der Einheitsgewerkschaft wenigstens tendenziell erfüllten.

Darstellung 5/1[a]: Gewerkschaftsbünde in der Bundesrepublik Deutschland und die Deutsche Angestelltengewerkschaft nach Gesamtmitgliederzahl und deren Status, in % (1996)

Verband	Angeschlossene Verbände	Mitglieder[b]				
		insgesamt	Beamte	Angestellte	Arbeiter	k.A. über Status
DGB[c]	15	8.972.672	7,4	28,5	60,7	3,4
DBB[d]	57[b]	1.101.598	71,0	27,1	1,9	-
DAG[e]	-	501.009	-	100,0	-	-
CGB[f]	15[b]	303.106	12,7	49,4	37,9	-

(a) Quelle: INSTITUT DER DEUTSCHEN WIRTSCHAFT 1998, Tabellen 127, 128 und eigene Berechnungen.
(b) Angaben der Gewerkschaften.
(c) Deutscher Gewerkschaftsbund
(d) Deutscher Beamtenbund
(e) Deutsche Angestelltengewerkschaft
(f) Christlicher Gewerkschaftsbund

5.3.2 Die Mitgliederakquirierung

Alle Gewerkschaften in der Bundesrepublik Deutschland sind freie Vereinigungen; das Prinzip des „closed shop“ oder des „union-shop“ ist in unserem Lande nicht zugelassen. Die Gewerkschaften in allen Ländern und so auch hier argumentieren zwar, und das mit einem gewissen Recht, dass, weil ihre Wirksamkeit allen Arbeitnehmern zu Gute komme, diese deshalb mindestens die moralische Pflicht hätten, der Gewerkschaft anzugehören; die Rechtsprechung in der Bundesrepublik Deutschland hat es jedoch stets abgelehnt, die Gewerkschaften zu Zwangsvereinigungen sich entwickeln zu lassen. Aus diesem Grunde liegt der Organisationsgrad (der Anteil der aktuellen potenziellen Mitglieder) unter 100 % (s. Darstellung 5/2).

Darstellung 5/2[a]: Gewerkschaftlicher Organisationsgrad (in %) nach Gewerkschaft und Stellung im Beruf im Jahre 1996

Gewerkschaft	Beamte	Angestellte	Arbeiter	Insgesamt	darunter Frauen
DGB	26,9	15,3	42,0	27,0	19,5
DBB	31,8	1,8	0,2	3,4	2,3
DAG	-	3,0	-	1,6	1,9
CGB	1,7	0,9	0,9	0,9	0,5
Summe	60,3	20,9	43,1	33,8	24,3
Basis in Tsd. (Erwerbstätige)	2.461	16.753	12.976	32.190	14.078

(a) Quelle: INSTITUT DER DEUTSCHEN WIRTSCHAFT 1998, Tabellen 127, 128, 17 und eigene Berechnungen.

Insgesamt beträgt der gewerkschaftliche Organisationsgrad, gemessen an der Zahl der abhängig Erwerbstätigen, nur ein Drittel, mit erheblichen Unterschieden bei den einzelnen Statusgruppen: Die kleinste Gruppe (die Beamten mit einem Anteil von 7,7 % an den abhängig Erwerbstätigen) weist den größten Anteil von Gewerkschaftsmitgliedern auf (60,3 %), die größte Gruppe (die Angestellten mit einem Anteil von 52,0 % an den abhängig Erwerbstätigen) den kleinsten (20,9 %). Die Arbeiter, die zweitgrößte Statusgruppe (40,3 %) liegt mit ihrem Organisationsgrad zwischen den beiden Extremgruppen (43,1 %).

Diese Zahlen kennzeichnen eine beträchtliche Schwierigkeit, in der sich die deutschen Gewerkschaften, insbesondere die DGB-Gewerkschaften befinden: Die Arbeiter, einstmals die zahlenmäßig überragende Gruppe unter den abhängig Erwerbstätigen, haben ihre Position zu Gunsten der Angestellten in den letzten 100 Jahren stetig verkleinert und werden ihn aller Wahrscheinlichkeit nach weiter verkleinern (s. dazu G. BRINKMANN 1981a, S. 91-95).

Immer mehr Beschäftigte werden Angestellte sein, aber die Gewerkschaften haben es nicht geschafft, diese Personen entsprechend deren Bedeutung für sich zu gewinnen. Die Mitgliedschaft der Gewerkschaft repräsentiert nicht mehr die abhängig Erwerbstätigen der Bundesrepublik Deutschland.

Dass die Angestellten einen so geringen gewerkschaftlichen Organisationsgrad aufweisen, hat viele Gründe, wir nennen zwei:

1. Unter den Angestellten befinden sich mehr Frauen als in den beiden anderen Gruppen, und Frauen sind, aus welchen Gründen auch immer, schwächer gewerkschaftlich organisiert als Männer.
2. Angestellte fühlen sich den Arbeitgebern näher und den Gewerkschaften deshalb ferner als Arbeiter (z. den Angestellten: s. G. BRINKMANN 1981a, S. 95-99).

Dass aber auch die Arbeiter, die tradizionelle Zielgruppe der Gewerkschaften, zu weniger als der Hälfte in diesen Mitglieder sind, bedarf der Erklärung, die wir hier jedoch nicht geben können.

5.3.3 Die Ideologie der Gewerkschaften

Wenn wir der These folgen, dass die Gewerkschaften überwiegend von einer kleinen Funktionärskaste beherrschte Institutionen sind, käme es auf die Ideologie jener Oligarchen an. Deren Handlungen in der Vergangenheit der (westlichen) Bundesrepublik bewegten sich durchweg im Rahmen der vorgegebenen Wirtschaftsordnung, wobei man höchstens darüber streiten könnte, ob der jahrzehntelange Kampf der Gewerkschaftsführer um die Mitbestimmung das System der Marktwirtschaft nicht transzendiert. Insgesamt würden nach dieser Interpretation die Funktionäre in ihren Handlungen also der These von BRIEFS 1965 folgen, dass die Gewerkschaften zu ihrer Existenz des Kapitalismus bedürfen wie der Fisch des Wassers. Was die verbalen ideologischen Äußerungen der Gewerkschaftsführer angeht, so gibt es hierin größere Unterschiede als in den Taten: Die Vorstände und Funktionäre der meisten (durchaus nicht aller) DGB-Gewerkschaften, einschließlich des Dachverbandes selber, neigen zur reformerisch-sozialistischen, die Vorstände und Funktionäre der übrigen Gewerkschaften eher zur liberalen und bei den christlichen Gewerkschaften zur christlich-sozialen Ideologie (vgl. dazu verschiedene Dokumente bei LIESEGANG 1975). Wie immer bei einem Auseinanderfallen von Handlungen und Ideologien ist zu fragen, ob die Ideologie nicht doch langfristig die Handlungen determinieren wird. Gerade im Zusammenhang mit den Mitbestimmungsgesetzen wird diese Befürchtung in der Bundesrepublik geäußert, bis heute gibt es jedoch keine Hinweise, dass dies eingetreten ist oder eintreten wird.

Diese Vermutung wird auch rechtlich abgestützt: Alle Gewerkschaften in der Bundesrepublik, mit Ausnahme der zahlenmäßig unbedeutenden christlichen, sind formal an keine Ideologie und an keine Partei gebunden, sie sind in diesem Sinne Einheitsgewerkschaften. Das Grundsatzprogramm des Deutschen Gewerkschaftsbundes von 1963 zum Beispiel hat wirtschafts- und sozialpolitische Grundsätze festgelegt, die sich wie solche der „Sozialen Marktwirtschaft" lesen, die jedenfalls dem Mischsystem von Markt- und Staatswirtschaft, das in der Bundesrepublik Deutschland herrscht, nicht widersprechen. Diese Auffassung ist allerdings strittig: So liest NOÉ 1970 (S. 33ff.) aus dem damaligen Grundsatzprogramm der IG Metall das Ziel „Abschaffung der kapitalistischen Wirtschaftsordnung" heraus, und in demselben Sinne interpretiert er auch das zurückhaltendere Programm des DGB. Für die Auffassung von *Noé* könnte unserer Meinung nach allenfalls sprechen, dass das DGB-Programm von 1963 die Überführung von Schlüsselindustrien und anderen markt- und wirtschaftsbeherrschenden Unternehmen in Gemeineigentum fordert, wie es die Satzung der IG Metall von 1998 immer noch tut (IG METALL 1988, S. 8, Nr. 4). Das neue Grundsatzprogramm des DGB von 1996 (das Programm von 1981 übergehen wir) enthält jene Forderung nicht mehr. Sein Geist kann durch die folgenden Zitate charakterisiert werden:

> „Wir setzen sowohl auf marktwirtschaftliche Steuerung wie auf Intervention durch den aktiv handelnden Sozialstaat" (DGB 1996, S. 22).

Als Begründung kann dienen:

> „Auf der einen Seite hat sich der autoritäre Staat als unvereinbar gezeigt mit Grundrechten der politischen Freiheit und Geboten ökonomischer Effektivität. Auf der anderen Seite sind kapitalistisch verfasste Marktwirtschaften aus sich heraus unfähig, Vollbeschäftigung, Verteilungsgerechtigkeit, soziale Sicherheit, humane Arbeit und eine ökologisch verantwortbare Zukunftsvorsorge zu sichern" (DGB 1996, S. 21).

Im gesamten Text des Programmes kommen die Forderungen nach Staatsintervention und nach einer starken Stellung der Gewerkschaften sehr viel häufiger vor als die Hinweise auf die Leistungen der Marktwirtschaft; aber von deren Abschaffung ist sicher nicht die Rede.

5.3.4 Funktionen von Gewerkschaften

Die Gewerkschaften, im Frühkapitalismus in England entstanden, verdanken ihre ursprünglichen historischen Funktionen den Arbeitsmarktbedingungen jener Zeit: BRIEFS 1965 beschreibt diese und die aus ihr entstandenen Gewerkschaftsaufgaben folgendermaßen:

1. Im Frühkapitalismus wurde zum ersten Male in der Geschichte der Menschheit die Arbeitskraft zur Ware, die auf Märkten gehandelt und deren Preis durch Angebot und Nachfrage bestimmt wurde. *Briefs* nennt dies die Kommerzialisierung der Arbeit. Der einzelne Arbeiter wurde zum Händler mit seiner Arbeitskraft, wodurch er aus vielfachen Gründen überfordert wurde. Die Gewerkschaft nahm deshalb dem Einzelnen die Händlerfunktion ab, oder mit anderen Worten: Sie handelte den Lohn aus.
2. Der Frühkapitalismus brachte eine rapide Verschlechterung der Arbeitsbedingungen mit sich: Verlängerung der täglichen Arbeitszeit, Kinder- und Frauenarbeit, außerordentlich gesundheits- und lebensgefährdende Arbeitsumwelten. Die Gewerkschaften kämpften von Anfang an gegen solche Arbeitsbedingungen und für ihre Verbesserung, was dem einzelnen Arbeiter völlig unmöglich war.
3. Da es im Frühkapitalismus keine staatliche oder parastaatliche Arbeitslosenversicherung gab, übernahmen die Gewerkschaften auch diese Aufgabe, zwar nicht generell, aber doch, soweit sie Berufsverbände von gelernten Arbeitern waren (Buchdrucker, Mechaniker und so fort), weil nur diese die notwendigen Mittel für die gegenseitige Hilfe aufbringen konnten.

Von diesen drei historischen, herkömmlichen Aufgaben üben die Gewerkschaften in den hochindustrialisierten kapitalistischen Ländern in jedem Fall noch die ersten beiden aus: Sie sind weiterhin Preis- und Konditionenkartelle der Anbieter von Arbeit, während sie in der Regel die Arbeitslosenversicherung an den Staat oder parastaatliche Organisationen abgegeben haben. Weiter haben sie eine große Menge zusätzlicher Aufgaben erworben, wie das Beispiel der deutschen Gewerkschaften zeigen möge (ein Teil dieser Funktionen ist ihnen vom Bundes- oder von den Landesgesetzgebern zugewiesen worden): Die Gewerkschaften entsenden (neben anderen Organisationen) Vertreter in die Leitungs- und Aufsichtsorgane der Sozialversicherungsanstalten, der Bundesanstalt für Arbeit, der öffentlich-rechtlichen Rundfunkanstalten in der Bundesrepublik; das *Betriebsverfassungsgesetz* räumt ihnen in den Betrieben eine starke Stellung ein, z. B. können die Beauftragten der Gewerkschaften die Betriebe betreten (§ 2) und an den Sitzungen des Betriebsrates teilnehmen (§ 31); das *Montanmitbestimmungsgesetz* gibt ihnen einen gewichtigen Einfluss auf die Wahl der Arbeitnehmervertreter im Aufsichtsrat (§ 6); außerdem können sie praktisch direkt Vertreter in dieses Gremium entsenden, was auch durch das *Mitbestimmungsgesetz* vorgesehen ist (§ 7); die Gewerkschaften sind in Arbeitsgerichtsverfahren parteifähig, ebenso wie die Arbeitgeberverbände (§ 10 *Arbeitsgerichtsgesetz*).

Rein faktisch haben die Gewerkschaften noch mehr Aufgaben: Praktisch stellen sie die Betriebsräte (diese werden zu 70 % bis 90 % über Gewerkschaftslisten gewählt, s. HIMMELMANN 1977, S. 670), ebenso die Arbeitsdirektoren in den Montanunternehmen. Die Gewerkschaften üben, wie viele andere Verbände auch, informell (durch Kontakte mit den zuständigen Referenten) und formell (durch Anhörungen in den Parlamentsausschüssen) Einfluss auf das Gesetzgebungsverfahren aus, außerdem auch dadurch, dass ein nicht unbeträchtlicher Teil der Bundestagsabgeordneten und der Landtagsabgeordneten Gewerkschaftsmitglieder sind. Darüber hinaus verstehen sich die Gewerkschaften als Garant des demokratischen Rechtsstaates (DGB 1996, S. 2). Sie haben sich weitere allgemein-politische Ziele gesetzt, etwa die Förderung der europäischen Einigung, die Förderung einer fortschrittlichen nationalen und internationalen Bildungs- und Kulturpolitik, und viele andere.

5.4 Gewerkschaftstheorie

Eine Gewerkschaftstheorie (bisher existieren nur Rudimente einer solchen) müsste, wie jede empirische Theorie, einerseits zu erklärende Aussagen über Tatbestände enthalten, andererseits Axiome, aus denen jene Aussagen abgeleitet und damit erklärt werden können.

Die zu erklärenden Tatbestände könnten durch die folgenden Fragen indiziert werden:

- Wie entstehen Gewerkschaften?
- Warum treten Mitglieder ihnen bei?
- Warum treten potenzielle Mitglieder ihnen nicht bei?
- Welche Ziele verfolgen sie?
- Welche Methoden wenden sie an?
- Welche Erfolge und Misserfolge haben sie?

Als Axiome im Sinne der ökonomischen Rationaltheorie könnten benutzt werden:

- Nutzenmaximierung der Mitglieder,
- Nutzenmaximierung aller abhängig Beschäftigten,
- Nutzenmaximierung der Gewerkschaftsfunktionäre.

Eine realistische Theorie wird, wie PHELPS BROWN 1987 es betont, auch die geschichtlichen Umstände, in denen Gewerkschaften entstanden sind und handeln, beachten, wie wir es in den vorstehenden Abschnitten dieses Kapitels zu tun versucht haben.

Literaturhinweise:

BOGNANNO/KLEINER 1997; BOOTH 1995; BRIEFS 1965; FARBER 1986; GARONNA/MORI/TEDESCHI 1992; HORNSTEIN 1996; LIESEGANG 1975; NOÉ 1970; PHELPS BROWN 1987; PORNSCHLEGEL 1987; TOWERS 1997.

6 Die Arbeitgeberverbände

6.1 Begriff und Merkmale

Arbeitgeber $=_{def}$ diejenige Person, die mit einer anderen (dem Arbeitnehmer) einen Arbeitsvertrag abschließt, der Gestalt, dass der Arbeitnehmer zur Verfügungstellung seiner Arbeitskraft, der Arbeitgeber zur Gewährung der vereinbarten Vergütung verpflichtet ist (s. dazu Kapitel 2).

Mitglieder der Arbeitgeberverbände sind, anders, als die Definition des Arbeitgebers es vermuten lässt, nicht Einzelpersonen, sondern Organisationen, nämlich privatwirtschaftliche Unternehmen und öffentlich-rechtliche Institutionen; sie haben je getrennte Arbeitgeberverbände gegründet. Unternehmen können vielen Verbänden angehören; von anderen Unternehmensverbänden unterscheiden sich die Arbeitgeberverbände dadurch, dass ihr Zweck die Vertretung der Unternehmen in Fragen der Sozialpolitik und der sozialen Verhältnisse ist, vor allem jedoch die Führung von Tarifverhandlungen mit den Gewerkschaften. Dies ist auch der Zweck der Arbeitgeberverbände der öffentlichen Hand.

Die Literatur über die Arbeitgeberverbände ist weniger umfangreich als die über die Gewerkschaften, insbesondere existiert kein Gegenstück zur Theorie der Gewerkschaften, also keine Theorie der Arbeitgeberverbände. Dennoch, da sie vor allem bei Tarifverhandlungen Partner und Gegenmacht der Gewerkschaften sind, wie in vielen anderen Betätigungsfeldern auch, wollen wir versuchen, dieselben Merkmale wie bei den Gewerkschaften auch bei den Arbeitgeberverbänden zu diskutieren, nämlich Gegnerfreiheit, Unabhängigkeit und Kampfbereitschaft.

Zur *Gegnerfreiheit*: Gegner der privatwirtschaftlichen Arbeitgeber bei Auseinandersetzungen um Lohn, Arbeitszeit, Arbeitsanforderungen sind die abhängig Beschäftigten; die Arbeitgeberverbände wären also gegnerfrei, wenn die ihnen angeschlossenen Unternehmen nur durch die Eigentümer, seien diese nun selber Unternehmer oder auf die Rolle des Kapitalgebers beschränkt, vertreten wären. Dies ist nicht der Fall: Auch in ihrer Funktion als Arbeitgeber werden die Unternehmen zu einem nicht geringen Teil von Angestellten, das heißt unselbständig beschäftigten Managern vertreten. Man könnte vermuten, dass diese bei Auseinandersetzungen um die Entlohnung der abhängig beschäftigten Arbeitnehmer immer in einen Konflikt zwischen ihren Auftraggebern, den Eigentümern, deren Interesse eine möglichst geringe Entlohnung ist, und den Arbeitnehmern, zu denen sie selber gehören, gerieten. Dies wird jedoch dadurch vermieden, dass bei Tarifverhandlungen das Arbeitseinkommen der angestellten Verhandlungsführer auf der Arbeitgeberseite kein Verhandlungsgegenstand ist, hoch über den auszuhandelnden Lohn- und Gehaltssätzen liegt und außerdem häufig in starkem Maße vom Gewinn des Unternehmens abhängt. Hierdurch (und durch weitere Umstände, auf die wir hier nicht eingehen wollen) wird erreicht, dass jene Angestellten ihre eigenen Interessen mit denen der Eigentümer identifizieren. Dennoch ist, genau wie bei den Gewerkschaften, durch die Übertragung von Eigentümerfunktionen auf Angestellte auch bei den Arbeitgeberverbänden die Gegnerfreiheit nicht mehr grundsätzlich garantiert.

Dies gilt in noch stärkerem Maße für die Arbeitgeberverbände der öffentlich-rechtlichen Institutionen. Diese haben keine Privateigentümer; das Einkommen der Verhandlungsführer steigt grosso modo wie die ausgehandelten Tariflöhne.

Zur *Unabhängigkeit*: Anders als die Gewerkschaften haben die Verbände der privatwirtschaftlichen Arbeitgeber in keinem westlichen Land sich jemals der Gefahr ausgesetzt gesehen, von ihren Gegnern (den Gewerkschaften) abhängig zu werden. Auch die Kirchen haben bei Arbeitgeberverbänden zumindest in der Bundesrepublik Deutschland nie einen nennenswerten Einfluss ausgeübt, obwohl es hier nicht an Versuchen gefehlt hat, christliche oder katholische Verbände zu gründen. Im Großen und Ganzen sind diese jedoch auf dem hier interessierenden Feld, dem der Tarifverhandlungen mit Gewerkschaften, ohne nennenswerten Einfluss geblieben.

Was das Verhältnis der Arbeitgeberverbände privatwirtschaftlicher Unternehmen zu den politischen Parteien angeht, so ist dieses in der Bundesrepublik Deutschland ähnlich beschaffen wie das der Gewerkschaften zu den Parteien, mit der allerdings gravierenden Abweichung, dass die Parteipräferenzen andere sind: Es gibt keine formale Bindung der Arbeitgeberverbände an politische Parteien; rein faktisch dürften von den Personen, welche die Firmen in den Verbänden vertreten, und von deren angestellten Funktionären mehr den konservativen Parteien nahestehen oder angehören, also der CDU und der CSU, als der FDP oder gar der SPD. Wieweit dies nun die Verbände abhängig macht, ist noch weniger als bei den Gewerkschaften für den Außenstehenden zu durchschauen. Neben identischen Zielen und Aktionen von Arbeitgeberverbänden und konservativen Parteien gibt es auch Differenzen; so hat, um ein Beispiel aus der jüngeren Vergangenheit zu nennen, die Bundesvereinigung der Deutschen Arbeitgeberverbände eine Verfassungsbeschwerde beim Bundesverfassungsgericht gegen das Mitbestimmungsgesetz initiiert, das von allen im Deutschen Bundestag vertretenen Parteien beinahe einhellig Zustimmung erfahren hat (die Beschwerde ist zurückgewiesen worden).

Zur *Kampfbereitschaft*: Unter Kampfbereitschaft der Arbeitgeberverbände soll, analog zur Kampfbereitschaft der Gewerkschaften, die Bereitschaft verstanden werden, Aussperrungen (Verweigerung der Arbeitsmöglichkeit) von abhängig Beschäftigten zu organisieren. In der Geschichte der Bundesrepublik ist die erste Aussperrung, an der sich ein weiter Kreis von privatwirtschaftlichen Unternehmen beteiligt hat, 1963 in der metallverarbeitenden Industrie Baden-Württembergs von dem dortigen Metallarbeitgeberverband organisiert worden (s. dazu NOÉ 1970). Die Bereitschaft des Verbandes, diese Kampfmaßnahme zu organisieren, und sein Erfolg, die angeschlossenen Unternehmen tatsächlich zur Aussperrung zu bewegen, galten damals als außergewöhnlich. In der Zeit danach haben Arbeitgeberverbände mehrfach erfolgreich Aussperrungen organisiert. Diese Erfahrungen scheinen die privatwirtschaftlichen Arbeitgeberverbände dazu veranlasst zu haben, die Bereitschaft zu Aussperrungen als ein wesentliches Merkmal ihrer Organisation anzusehen. Von den Gewerkschaften wird das Recht der Arbeitgeber auf Aussperrung heftig bestritten, ohne dieses Recht gäbe es jedoch kaum eine etwa gleiche Machtverteilung im Arbeitskampf (s. dazu Kapitel 32, insbesondere Abschnitt 32.3).

Die Arbeitgeberverbände der öffentlich-rechtlichen Institutionen haben in der Bundesrepublik noch nie eine Aussperrung organisiert und nehmen dieses Recht für sich auch nicht in Anspruch.

6.2 Die Arbeitgeberverbände in der Bundesrepublik Deutschland

6.2.1 Die einzelnen Organisationen

Was die Verbände der privatwirtschaftlichen Arbeitgeber angeht, so gibt es zwar eine große Vielzahl von ihnen (nach HIMMELREICH 1977, S. 640, etwa 800), aber dies ist, anders als bei ihren Gegnern, den Gewerkschaften, ohne besonderen theoretischen Reiz, weil alle nach denselben Prinzipien organisiert sind und sie sich gegenseitig keine Konkurrenz machen, sondern sich vielmehr in einem Dachverband, der „Bundesvereinigung der Deutschen Arbeitgeberverbände" (BDA) zusammengeschlossen haben.

Die Mitgliederorganisationen der BDA bestehen aus zwei Gruppen: aus den Verbänden auf Landesebene, in denen alle Arbeitgeberorganisationen des jeweiligen Bundeslandes zusammengefasst sind (nur Südbaden hat sich aus politisch-historischen Gründen dem baden-württembergischen Verband nicht angeschlossen), und aus den Bundesverbänden, die nach Wirtschaftszweigen organisiert sind. Diese sogenannten Fachverbände sind wiederum, wo es nötig erscheint, nach Subdivisionen der Wirtschaftszweige und nach Regionen gegliedert. Ein Landesfachverband gehört also in der Regel sowohl der Landesvereinigung aller Arbeitgeberverbände als auch dem Bundesverband seines Wirtschaftszweiges an. Die einzelnen Firmen sind Mitglieder der fachorientierten regionalen Arbeitgeberverbände, die in kleinen Ländern mit dem Landesverband identisch sind, in größeren Ländern (Nordrhein-Westfalen, Bayern, Baden-Württemberg, Niedersachsen, Hessen) ihrerseits den fachorientierten Landesverband bilden.

Die öffentlich-rechtlichen Arbeitgeber haben sich 1949 zu folgenden Verbänden zusammengeschlossen: die Kommunen zu Kommunalen Arbeitgeberverbänden auf Landesebene, die ihrerseits einen Bundesverband bilden; die Länder zur Tarifgemeinschaft deutscher Länder; der Bund gehört keinem Verband an. Bund und Länder handeln jedoch häufig gemeinsam Tarifverträge mit den Gewerkschaften aus.

6.2.2 Die Mitgliederakquirierung

Sowohl die Verbände der privatwirtschaftlichen wie der öffentlich-rechtlichen Arbeitgeber sind freie Vereinigungen. Dennoch beträgt der Organisationsgrad der letzteren 100 % (der Organisationsgrad ist, wie bei den Gewerkschaften, der Quotient aus tatsächlichen und potenziellen Mitgliedern). Neuere exakte Untersuchungen über den Organisationsgrad der privatwirtschaftlichen Firmen existieren offenbar nicht. HIMMELREICH 1977 (S. 640) berichtet jedoch, dass, gemessen an der Beschäftigungszahl oder an der Lohn- und Gehaltssumme, der Organisationsgrad 80 % bis 90 % beträgt, dass er aber, gemessen an der Zahl der Unternehmen, kleiner ist, weil die kleineren Unternehmen in geringerem Maße den Arbeitgeberverbänden beitreten als größere (NOÉ 1970 hat herausgefunden, dass nur etwa 20 % der in Frage kommenden Kleinunternehmen dem „Verband Württemberg-Badischer Metallindustrieller" angehörten).

6.2.3 Die Ideologie der Arbeitgeberverbände

Was die in den privatwirtschaftlichen Arbeitgeberverbänden vorherrschende Ideologie angeht, so müsste man, ähnlich wie bei den Gewerkschaften, angeben, ob eine solche Aussage sich auf die Personen bezieht, welche die Mitgliedsfirmen in den Verbänden der untersten Ebene vertreten, oder auf die Funktionäre in den Verbänden aller Stufen (zu den Funktionären zählen wir hier sowohl die hauptamtlichen als auch die nebenamtlichen Funktionsträger). Wenn wir uns auf die Funktionäre beschränken, so scheinen Handlungen und verbale Äußerungen, anders als bei manchen Gewerkschaftsfunktionären, weitgehend übereinzustimmen: Die Arbeitgeberverbände der privatwirtschaftlichen Unternehmen haben gegenüber allen Versuchen, das gesellschaftliche System der Bundesrepublik Deutschland zu ändern, insbesondere, soweit die Organisation der Arbeit und die Entscheidungsfreiheit der Unternehmer betroffen sind, auf die Erhaltung des Bestehenden gedrängt. Besonders deutlich ist dies bei der Ablehnung des Mitbestimmungsgesetzes von 1976 geworden, gegen das die Arbeitgeber Beschwerde beim Bundesverfassungsgericht eingelegt haben; bei der quantitativen Ausdehnung des Bildungssektors, welcher die Arbeitgeber sehr reserviert gegenüberstehen; bei den Versuchen, die Lehrlingsausbildung im dualen System zu verbessern, welche die Arbeitgeberverbände mindestens als zu teuer erachtet haben. Im Übrigen vertreten die Arbeitgeberverbände in der Bundesrepublik Deutschland die soziale Marktwirtschaft, wobei sie denjenigen Programmpunkten, die eine Einschränkung der Unternehmensfreiheiten vorsehen, wie etwa das Gesetz gegen Wettbewerbsbeschränkungen, deutlich kühler gegenüberstehen als solchen, welche die unternehmerischen Freiheiten betonen.

Die Arbeitgeberverbände der öffentlichen Hand halten sich mit ideologischen Verlautbarungen zurück. Gegen die Einführung der Personalräte in den öffentlichen Verwaltungen, die in manchem den Betriebsräten der Unternehmen entsprechen, haben sie keinen erkennbaren Widerstand geleistet.

Bei Tarifverhandlungen müssen die Arbeitgeberverbände der privatwirtschaftlichen Unternehmen allein schon wegen ihrer Rolle, Gegenmacht der Gewerkschaften zu sein, den Forderungen der Gegner entgegentreten, gleichgültig, ob sich diese Forderungen auf Lohnerhöhungen, Verkürzung der Arbeitszeit, Erleichterung der Arbeitsbedingungen oder Ähnliches beziehen; denn alles dies verursacht Kostenerhöhungen und damit mindestens potenziell eine Verminderung der Gewinne. Insgesamt müssen die Arbeitgeberverbände in ihrer verbal geäußerten Ideologie zum konservativen Gegenspieler der in ihren verbalen Äußerungen auf Änderungen drängenden Gewerkschaften werden. Ob die konservativen Ideologien auch verhaltenswirksam werden, wie es in manchen Bereichen bei den deutschen Arbeitgeberverbänden der Fall war, hängt auch davon ab, ob die beiden in ihren Ideologien einander entgegengesetzten Oligarchien sich nicht auf Kosten Dritter einigen können. Bei Tarifverhandlungen dürfte diese Möglichkeit relativ groß sein, wenigstens solange, als die Unternehmen eine Möglichkeit sehen, die Lohnerhöhungen auf die Preise zu überwälzen, und als die Gewerkschaftsvertreter von Geldillusion bei ihren Mitgliedern ausgehen können.

6.2.4 Funktionen von Arbeitgeberverbänden

Die Arbeitgeberverbände der privatwirtschaftlichen Unternehmen, in Deutschland gegen Ende des 19. Jahrhunderts entstanden, hatten sich hier - wie wahrscheinlich in jedem anderen Land auch - von Anfang an die Aufgabe gesetzt, Gegenmacht gegen die Gewerkschaften zu sein. Dies ist bis heute, vielfältig aufgegliedert, ihre Hauptfunktion geblieben. Ihr Verhältnis zu den Gewerkschaften hat sich dabei allerdings grundlegend geändert: Bis zu Beginn des ersten Weltkriegs wurden die Gewerkschaften durchweg als Feind angesehen, der bekämpft, dessen Forderung nach kollektiven Tarifverträgen zurückgewiesen werden musste. Nach dem Ende des Ersten Weltkrieges, während dessen die Streitigkeiten zwischen Gewerkschaften und Arbeitgebervertretern stillgelegt wurden, wuchsen die Arbeitgeberverbände allmählich in ihre heutige Haltung hinein, die Gewerkschaften als die notwendige Bedingung ihrer eigenen Existenz anzusehen, deren Daseinsberechtigung nicht anzuzweifeln ist und welche den natürlichen Gegenpart für die eigenen Aktionen bilden.

Am stärksten prägt sich die Aufgabe der Arbeitgeberverbände, Gegenmacht der Gewerkschaften zu sein, darin aus, dass etwa zwei Drittel der Tarifverträge nicht von einzelnen Arbeitgebern, sondern von deren Verbänden mit den Gewerkschaften abgeschlossen werden (TARIFVERTRAGLICHE ARBEITSBEDINGUNGEN 1998 und weiter zurückliegende Jahrgänge, s. auch Abschnitt 7.1.1). Wie diese Preis- und Konditionenkartelle der Anbieter von Arbeit, so sind die Arbeitgeberverbände ebensolche Kartelle der Nachfrager nach Arbeit. Hierauf beschränkt sich im Großen und Ganzen die Funktion der Arbeitgeberverbände der öffentlichen Hand.

Die Funktion, Gegenmacht der Gewerkschaften zu sein, erstreckt sich bei den Arbeitgeberverbänden der privatwirtschaftlichen Unternehmen aber nicht nur auf die Tarifverhandlungen, sondern auch auf alle anderen Aufgaben, welche Arbeitnehmervereinigungen heute wahrnehmen: Auch die Arbeitgeberverbände entsenden Vertreter in die Leitungs- und Aufsichtsorgane der Sozialversicherungsanstalten, der Bundesanstalt für Arbeit, der öffentlich-rechtlichen Rundfunkanstalten in der Bundesrepublik; sie sind in Arbeitsgerichtsverfahren parteifähig (§ 10 Arbeitsgerichtsgesetz); sie wirken informell (durch Kontakte mit den zuständigen Referenten) und formell (durch Anhörungen in den Parlamentsausschüssen) am Gesetzgebungsverfahren mit; sie versuchen, Vertreter in die Parlamente zu bringen, wobei ihr Erfolg, ausgedrückt in der Zahl der Abgeordneten, allerdings erheblich kleiner ist als derjenige der Gewerkschaften. Kurz, wo immer Gewerkschaftsvertreter in staatlichen und parastaatlichen Organisationen Sitz und Stimme haben, sind auch die Vertreter der Arbeitgeberverbände anzutreffen. Wie schon weiter vorn angedeutet, führt ihre Gegenmachtfunktion die Arbeitgeberverbände mit Notwendigkeit in eine defensive und konservative Haltung gegenüber den Forderungen der Gewerkschaften; Kompromisse zwischen den beiden Verbänden werden unvermeidlich. Wir knüpfen hieran die Hoffnung, dass so ein Machtgleichgewicht entsteht, welches den Interessen aller Staatsbürger am besten dient.

Literaturhinweise:
HARTMANN 1985; KELLER 1989; SADOWSKI/JAKOBI 1991.

7 Die Beziehungen zwischen Gewerkschaften und Arbeitgebern auf dem Arbeitsmarkt

7.1 Der Tarifvertrag

7.1.1 Rechtliche Grundlagen und Erscheinungsformen

Die wichtigste Funktion der Gewerkschaften in den kapitalistischen Ländern besteht darin, Preis- und Konditionenkartelle der Anbieter von Arbeit zu sein (s. Abschnitt 5.3.4). Diese Funktion üben sie aus, indem sie mit einzelnen Arbeitgebern oder mit deren Preis- und Konditionenkartellen, den Arbeitgeberverbänden (s. Abschnitt 6.2.4), Tarifverträge abschließen.

Die Bundesrepublik Deutschland garantiert die Möglichkeit der Tarifverträge durch ihre Verfassung und deren verbindliche Interpretation durch das Bundesverfassungsgericht:

> „Das Recht, zur Wahrung und Förderung der Arbeits- und Wirtschaftsbedingungen Vereinigungen zu bilden, ist für jedermann und für alle Berufe gewährleistet. Abreden, die dieses Recht einschränken oder zu behindern suchen, sind nichtig, hierauf gerichtete Maßnahmen sind rechtswidrig" (Art. 9 Abs. 3 Satz l GG).

Dem Wortlaut nach garantiert das Grundgesetz durch diesen Artikel die Freiheit, Gewerkschaften und Arbeitgeberverbände zu gründen; aus ihr folgt jedoch, wie das Bundesverfassungsgericht formuliert hat,

> „dass der Staat den Kernbereich eines Tarifvertragssystems überhaupt zur Verfügung stellen muss (BAG AP Nr. 1 zu Art. 9 GG).

Dieser Kernbereich, genannt Tarifautonomie, ist dadurch in den Rang eines Grundrechtes erhoben worden. Der Gesetzgeber hat das Recht des Tarifvertrages bereits 1949 durch das „Tarifvertragsgesetz" (TVG) geregelt, das noch heute, wenn auch mit Änderungen, in Kraft ist. In ihm werden der Begriff und der Inhalt des Tarifvertrages folgender Maßen festgelegt:

> „Der Tarifvertrag regelt die Rechte und Pflichten der Tarifvertragsparteien und enthält Rechtsnormen, die den Inhalt, den Abschluss und die Beendigung von Arbeitsverhältnissen sowie betriebliche und betriebsverfassungsrechtliche Fragen ordnen können" (§ 1 Abs. 1 TVG).

Tarifverträge können nur von Gewerkschaften einerseits sowie einzelnen Arbeitgebern und Vereinigungen von Arbeitgebern andererseits abgeschlossen werden (§ 2 Abs. 1 TVG). Sie müssen beim Bundesminister für Arbeit und Sozialordnung registriert werden (§§ 6 und 7 TVG). Dass der Tarifvertrag die Rechte und Pflichten der Vertragsschließenden regelt (dies ist sein schuldrechtlicher Teil), ist eine Eigenschaft, die er mit jedem anderen Vertrag gemeinsam hat; dass der Tarifvertrag aber auch Rechtsnormen für Arbeitsverhältnisse und für betriebliche Angelegenheiten setzt, das heißt Rechtsnormen für andere als die Vertragsschließenden (dies ist sein normativer Teil), macht seine Einzigartigkeit unter allen Verträgen aus, die zwischen Privatpersonen geschlossen werden. Gerade der normative Teil des Tarifvertrages beeinflusst die Entlohnung der Arbeit auf das Tiefste.

Nach verschiedenen Kriterien kann man verschiedene Erscheinungsformen des Tarifvertrages voneinander unterscheiden:

Nach dem Vertragspartner auf der Arbeitgeberseite unterscheidet man den *Verbandstarifvertrag* vom *Werks-*, *Firmen-* oder *Haustarifvertrag*; dieser wird von einem einzelnen Arbeitgeber, jener von einem Arbeitgeberverband mit einer oder mehreren Gewerkschaften geschlossen. Von den am 31.12.1997 beim Bundesministerium für Arbeit und Sozialordnung registrierten geltenden Tarifverträgen (rd. 47.300 Stück) waren 16.500 (34,9 %) Werks-, die übrigen 30.800 Verbandstarifverträge (TARIFVERTRAGLICHE ARBEITSBEDINGUNGEN 1998, S. 5).

Nach dem Vertragsinhalt kann man Tarifverträge vielfältig unterscheiden. Es ist allgemein üblich, dass auch dieselben Partner je einen getrennten Vertrag über die Löhne der Arbeiter (*Lohntarifvertrag*) und die Gehälter der Angestellten (*Gehaltstarifvertrag*) abschließen. Die allermeisten Tarifverträge legen Normen des Einkommens fest und überlassen es den Unternehmen, die Beschäftigung zu bestimmen (right to manage). Verträge über Einkommen *und* Beschäftigung werden zwar von der Wissenschaft seit langem erörtert, kommen aber selten vor (s. Abschnitt 19.3.2 „Effiziente Verträge"). *Schlichtungs-* und *Urlaubsvereinbarungen* dagegen kommen häufig vor. Überhaupt können hinsichtlich aller Gegenstände, die nach dem Tarifvertragsgesetz Tarifverträgen zugänglich sind, je getrennte Vereinbarungen getroffen werden. Auch wenn die Lohn- und Gehaltstarifverträge im Vordergrund des Interesses stehen, sollte man nicht vergessen, dass die Tarifpartner auch einen großen Teil der betrieblichen Sozialpolitik durch Verträge regeln:

> „Die durch die tarifvertragliche Sozialpolitik erreichten Ansprüche und Rechte der Arbeitnehmer betragen z.T. 30-50 % der tariflichen Nominallöhne" (HIMMELMANN 1977, S. 685).

Nach ihrer zeitlichen Dauer und gleichzeitig nach ihrem Verhältnis zueinander unterscheidet man *Manteltarifverträge* von Verträgen, deren Differenz zum Manteltarifvertrag nicht in ihrem Namen erscheint (sie müssten, wenn man im Bekleidungsgenre bleibt, „Hemd"- oder „Rock"-Tarifverträge heißen). Ein Manteltarifvertrag hat in der Regel eine längere Laufzeit als der Hemdtarifvertrag (das Hemd wechselt man eben häufiger als den Mantel). Der Manteltarifvertrag regelt häufig im schuldrechtlichen Teil die Vorgehensweise bei zukünftigen Tarifverhandlungen; im normativen Teil setzt er solche Normen fest, welche die Vertragsschließenden als langfristig ansehen, etwa Kündigungsregelungen, Arbeitsbewertungsregelungen, Grundsätze der Entlohnung, Arbeitsanforderungsregelungen, Lohn- und Gehaltsgruppen. Die Hemd-Tarifverträge (sie sind in die Manteltarifverträge eingebettet) bestehen durchweg aus den Lohn- und Gehaltstarifverträgen; sie haben meistens eine Laufzeit von einem Jahr oder können frühestens ein Jahr nach Inkrafttreten von einer der vertragsschließenden Parteien gekündigt werden. Die Aufteilung des Vertragsstoffes zwischen Mantel und Hemd liegt, ebenso wie die Entscheidung, ob sie eine solche Aufteilung überhaupt vornehmen wollen, im Belieben der Vertragsschließenden.

7.1.2 Der normative Teil des Tarifvertrages

Die Rechtsnormen, welche die Tarifparteien vereinbaren, können den

> „Inhalt, den Abschluss und die Beendigung von Arbeitsverhältnissen sowie betriebliche und betriebsverfassungsrechtliche Fragen" (§ 1 TVG)

betreffen. Auf dem zuletzt genannten Gebiet ist die Gestaltungsmöglichkeit der Tarifpartner durch das Betriebsverfassungsgesetz allerdings drastisch eingeschränkt worden, weil dieses die Betriebsverfassung erschöpfend regelt und staatlich gesetzte

Normen privat gesetzten vorgehen. In betrieblichen Fragen dagegen haben die Tarifvertragsparteien großen Spielraum. In § 87 Betriebsverfassungsgesetz werden solche Fragen aufgezählt (es wird deklariert, dass der Betriebsrat in ihnen nur mitbestimmen kann, soweit eine gesetzliche oder tarifliche Regelung nicht besteht), wir zitieren nur einige von ihnen:

- „Fragen der Ordnung des Betriebs und des Verhaltens der Arbeitnehmer im Betrieb";
- „Beginn und Ende der täglichen Arbeitszeit einschließlich der Pausen sowie Verteilung der Arbeit auf die einzelnen Wochentage";
- „Einführung und Anwendung von technischen Einrichtungen, die dazu bestimmt sind, das Verhalten oder die Leistung der Arbeitnehmer zu überwachen".

Den größten Umfang beanspruchen im normativen Teil des Tarifvertrages jedoch die Arbeitsverhältnisse. Der Lohntarifvertrag, um diesen als Beispiel zu nehmen, enthält typischer Weise

- die Beschreibung von Tätigkeitsgruppen, die mit bestimmten, im Vertrag festgelegten Beträgen zu entlohnen sind;
- Bestimmungen über die Arbeitszeit;
- Bestimmungen über Schichtzulagen;
- Bestimmungen über Schmutzzulagen;
- Bestimmungen über Urlaubsgeld;
- Bestimmungen über Weihnachtsgratifikationen;
- Bestimmungen über die Entlohnung von Überstunden.

Wie schon mehrfach erwähnt, können die Normen auch Arbeitsbedingungen und Arbeitsanforderungen sowie den gesamten Bereich der betrieblichen Sozialpolitik betreffen. Typische Beispiele solcher Regelungen (sie stammen aus dem Manteltarifvertrag für die chemische Industrie, abgeschlossen zwischen dem Bundesarbeitgeberverband Chemie e.V. und dem Hauptvorstand der Industriegewerkschaft Chemie-Papier-Keramik am 24. Juni 1992) sind die folgenden:

- Freistellung von der Arbeit ohne Urlaubs- und Verdienstminderung aus persönlichen Anlässen (z. B. Eheschließung, Geburt eines Kindes);
- Lohn- und Gehaltsfortzahlungen bei Krankheit über die gesetzlichen Verpflichtungen hinaus;
- Entgeltfortzahlung im Todesfall;
- Rationalisierungsschutz und Arbeitsplatzsicherung;
- Verdienstsicherung im Alter.

Die Liste macht noch einmal deutlich, dass Löhne und Gehälter bei weitem nicht der einzige Gegenstand der Tarifverträge sind.

Was die Wirkung der Rechtsnormen des Tarifvertrages angeht, so unterscheidet das Tarifvertragsgesetz zwischen den betrieblichen und betriebsverfassungsrechtlichen Normen einerseits sowie den Normen, welche die Arbeitsverhältnisse betreffen, andererseits. Über jene bestimmt es:

> „Rechtsnormen des Tarifvertrages über betriebliche und betriebsverfassungsrechtliche Fragen gelten für alle Betriebe, deren Arbeitgeber tarifgebunden ist"(§3 Abs. 2 TVG).

Über die anderen Normen bestimmt das Gesetz:

> „Die Rechtsnormen des Tarifvertrages, die den Inhalt, den Abschluss oder die Beendigung von Arbeitsverhältnissen ordnen, gelten unmittelbar und zwingend zwischen den beiderseits Tarifgebundenen, die unter den Geltungsbereich des Tarifvertrages fallen“ (§ 4 Abs. 1 TVG).

Dabei sind tarifgebunden die Mitglieder der Tarifvertragsparteien, also die Gewerkschaftsmitglieder und die Mitglieder der Arbeitgeberverbände (bzw. der einzelne Arbeitgeber), die den betreffenden Tarifvertrag abgeschlossen haben (§ 3 TVG).

Auch ein tarifgebundener Arbeitgeber könnte also einen nicht der vertragsschließenden Gewerkschaft angehörenden Arbeitnehmer schlechter stellen als ein vergleichbares Gewerkschaftsmitglied; er wird sich in der Regel allerdings hüten, dies zu tun, um die Arbeitnehmer nicht in die Hände der Gewerkschaften zu treiben. Vereinbarungen, die dem Arbeitgeber vorschreiben, bestimmte Normen des Tarifvertrages, etwa Lohnerhöhungen, nur auf Gewerkschaftsmitglieder anzuwenden, Differenzierungsklauseln zu Gunsten der Gewerkschaftsmitglieder also, hat das Bundesarbeitsgericht für unzulässig erklärt (BAG AP Nr. 13 zu Art. 9 GG).

Wird ein Tarifvertrag beendet (durch Kündigung oder durch Ablauf der vereinbarten Dauer), werden die bisher geltenden Normen ungültig: Die Tarifgebundenheit endet mit dem Ende des Tarifvertrages (§ 3 Abs. 3 TGV). Die individuellen Arbeitsverträge bleiben jedoch in Kraft; wenn der bisher tarifgebundene Arbeitgeber etwa den Lohn herabsetzen wollte, müsste er das mit jedem einzelnen betroffenen Arbeitnehmer vereinbaren. In den neuen Bundesländern ist das durchaus vorgekommen, in der westlichen Bundesrepublik aber wohl nur sehr selten. Hier hält man sich im Allgemeinen an die bisherigen Normen, bis ein neuer Tarifvertrag abgeschlossen ist.

Die Normen der Tarifverträge sind Mindestvorschriften. Im Arbeitsvertrag können also auch tarifgebundener Arbeitgeber und tarifgebundener Arbeitnehmer bessere Bedingungen vereinbaren. In Bezug auf die Löhne und Gehälter ist dies allgemein üblich (den Unterschied zwischen den tariflich vereinbarten und den tatsächlich gezahlten Löhnen und Gehältern (den Effektivlöhnen) nennt man „Lohnspanne“, ihre Entwicklung im Zeitablauf „Lohndrift“). Vereinbarungen im Tarifvertrag, dass auch die Effektivlöhne um die prozentuale Steigerung der Tariflöhne zu erhöhen sind, dass die Lohnspanne also erhalten bleibt (sogenannte Effektivklauseln), sind jedoch unzulässig (BAG AP Nr. 7 zu § 4 TVG „Effektivklausel“).

Über den Kreis der Tarifgebundenen hinaus kann der Bundesminister für Arbeit und Sozialordnung die Normen eines Tarifvertrages für allgemein verbindlich erklären, der Art, dass im Geltungsbereich des Vertrages die Normen dann auch für die bisher nicht-tarifgebundenen Arbeitgeber und Arbeitnehmer gelten. Der Bundesarbeitsminister kann auch einem Landesarbeitsminister das Recht zur Erklärung der Allgemeinverbindlichkeit übertragen. Sie muss im Allgemeinen (außer sie ist zur Behebung eines sozialen Notstandes erforderlich) im Einvernehmen mit einem paritätisch aus Vertretern von Arbeitgeber- und Arbeitnehmerverbänden besetzten Ausschuss erfolgen; der Antrag muss von einer Tarifvertragspartei ausgehen (§ 5 TVG). Am 31. Dezember 1997 waren von den geltenden 47.334 Tarifverträgen 558 (1,2 %) für allgemein verbindlich erklärt worden, also ein sehr kleiner Prozentsatz (TARIFVERTRAGLICHE ARBEITSBEDINGUNGEN 1998, S. 6 und S. 49). Leider gibt es keine Informationen darüber, wie viel Prozent der Arbeitnehmer von diesen Tarifverträgen insgesamt, wie viele ursprünglich nicht tarifgebundene Arbeitnehmer von der Allgemeinverbindlichkeit betroffen worden sind. Erst dann könnte man, unter Berücksichtigung der Gegenstände, die Bedeutung der Allgemeinverbindlichkeit beurteilen. Das Bundesministerium für Arbeit und Sozialordnung gibt allerdings eine Aufgliederung der für allgemein verbindlich erklärten Verträge nach Wirtschaftsgruppen (TARIFVERTRÄGE) und Art des Tarifvertrages an; wir zitieren die Gliederung nach Art des Vertrages.

Darstellung 7/1[a]: Die für allgemein verbindlich erklärten Tarifverträge nach Art, in absoluten Zahlen und in % der gültigen Tarifverträge insgesamt am 1. Januar 1997

Art des Tarifvertrages	allgemein verbindlich absolut	% der gültigen Tarifverträge	gültige Tarifverträge
Manteltarifverträge:	75	1,4	5.211
Lohn- und Gehalts- bzw. Ausbildungsvergütungstarifverträge:	90	1,4	6.335
Tarifverträge über einzelne Regelungsgegenstände (u.a. Arbeitszeit, Urlaub, Berufsbildung, Zusatzversorgung, Verfahrenstarifverträge):	163	1,6	10.437
Sonstige (u.a. Änderungstarifverträge, Protokollnotizen):	230	1,0	23.165
Insgesamt:	558	1,2	45.148[b]

(a) Quelle: TARIFVERTRAGLICHE ARBEITSBEDINGUNGEN 1998, S. 10, und eigene Berechnung.
(b) Die Abweichung von der weiter vorn zitierten Zahl wird in der Quelle nicht erklärt.

Die Gliederung nach Art des Vertrages bringt keine neuen Erkenntnisse: Die Zahlen verstärken den Eindruck, dass das Instrument der Allgemeinverbindlichkeitserklärung keine große Bedeutung hat.

7.1.3 Der schuldrechtliche Teil des Tarifvertrages

Im Tarifvertrag können die Parteien, wie in jedem Vertrag, vielfältige gegenseitige Pflichten und Rechte vereinbaren, zwei von ihnen sind jedoch für jeden Tarifvertrag unabdingbar, die Friedenspflicht und die Durchführungspflicht.

Zum *Frieden* sind die Partner während der Geltung des Tarifvertrages insoweit verpflichtet, als keiner von ihnen gegen den anderen Kampfmaßnahmen ergreifen darf, um die beschlossenen Regelungen einseitig zu ändern. Die Kampfmaßnahmen bestehen nicht nur in Streik oder Aussperrung, sondern auch schon in deren Vorbereitung. Die Friedenspflicht ist relativ, nicht absolut, da sie sich immer nur auf bestimmte Tarifverträge bezieht. So bricht eine Gewerkschaft den Frieden nicht, wenn sie einen Streik organisiert, um einen neuen Lohntarifvertrag zu erreichen, während ein Manteltarifvertrag, in den jener eingebettet werden soll, noch in Geltung ist. Die Friedenspflicht folgt aus dem Grundsatz, dass Verträge einzuhalten sind.

Aus diesem Grundsatz folgt auch die *Durchführungspflicht:* Die Gewerkschaften und die Arbeitgeberverbände müssen ihre Mitglieder mit allen satzungsgemäßen Mitteln anhalten, sich an die Normen des Tarifvertrages, soweit diese für sie zutreffen, zu halten. Die Gewerkschaft darf deshalb zum Beispiel an Mitglieder, die während der Zeit der Friedenspflicht einen Streik durchführen, keine Unterstützungen zahlen; der Arbeitgeberverband muss gegen ein Mitglied einschreiten, das sich etwa weigert, tarifgebundene Arbeitnehmer einzustellen.

Regelmäßig vereinbaren die vertragsschließenden Parteien Kündigungsfristen und gehen die Verpflichtung ein, nach der Kündigung Tarifverhandlungen aufzunehmen. Häufig werden für den Fall, dass diese scheitern, weitere Prozeduren festgelegt, etwa, dass man zunächst eine Schlichtung versucht, bevor man Kampfmaßnahmen ergreift. Auch solche Bestimmungen gehören zum schuldrechtlichen Teil des Tarifvertrages.

7.1.4 Die Bewertung des Tarifvertrages

7.1.4.1 Vor- und Nachteile der Institution „Tarifvertrag“

7.1.4.1.1 Für die Anbieter von Arbeit

Den Anbietern von Arbeit könnte die Institution des Tarifvertrages die folgenden *Vorteile* bringen:

Wenn der einzelne Anbieter völlig auf sich gestellt mit dem Nachfrager verhandeln müsste, bräuchte er, um ein möglichst gutes Ergebnis zu erreichen, Informationen über die Gesamtwirtschaft, über die Branche des Nachfragers, über den individuellen Nachfrager und über die Konkurrenzsituation seines Berufes. Diese Informationen zu beschaffen und zu verwerten kostet Geld, dem einzelnen Anbieter werden durch den Tarifvertrag diese Transferkosten abgenommen, ebenso die Mühen des Aushandelns der Regelungen, die im Kollektivvertrag vereinbart werden.

Die Verhandlungsposition des einzelnen Anbieters ist notorisch schwächer als die des Nachfragers, vor allem deshalb, weil der Nachfrager in geringerem Maße auf den Arbeitsvertrag mit dem einzelnen Anbieter angewiesen ist als dieser auf einen Vertrag mit dem Nachfrager. Durch die Kollektivvereinbarungen wird das Übergewicht des Nachfragers wenigstens teilweise ausgeglichen; ob ein Arbeitsvertrag zu Stande kommt, bestimmt aber nicht der Tarifvertrag, so dass in dieser Hinsicht die Verhandlungsmacht des Anbieters nicht verbessert wird. Selbstverständlich hängt die Stärke der jeweiligen Positionen auch von den Angebots-Nachfrage-Verhältnissen auf dem Produkt- und dem Arbeitsmarkt ab (s. dazu Kapitel 19 und Abschnitt 30.2.4.). Aber auch *Nachteile* kann der Tarifvertrag für den einzelnen Anbieter von Arbeit erzeugen. Wenn durch den Tariflohn Arbeitslosigkeit erzeugt wird (s. Abschnitt 19.3.1) und der einzelne Anbieter von dieser betroffen wird, hat der Tarifvertrag ihm offensichtlich Schaden gebracht (s. dazu auch Abschnitt 19.3.3). Ein solcher Schaden kann auch entstehen, wenn die Gewerkschaft in einem Flächentarifvertrag einen Lohnsatz vereinbart, Rücksicht nehmend auf die Firma mit mittlerer Gewinnlage, der in einer besser verdienenden Firma vielleicht höher ausfallen würde (s. Abschnitt 7.1.4.2) und wenn der betreffende Anbieter in dieser arbeitet.

7.1.4.1.2 Für die Nachfrager von Arbeit

Verglichen mit dem Zustand, in dem es keine Gewerkschaft und also auch keinen Tarifvertrag gab, scheint dessen Existenz für die Unternehmen auf den ersten Blick nur *Nachteile* zu bringen: Wenn vollständige Konkurrenz vor Abschluss des Kollektivvertrages herrscht, zerstört die Gewerkschaft diesen idealen Zustand. Wenn die Unternehmen ein Übergewicht gegenüber den individuellen Anbietern von Arbeit haben, wird ihnen dieses genommen oder doch mindestens vermindert: ein schmerzhafter Prozess für die Unternehmen. Diese Erwägungen erklären, warum die Unternehmer so lange erbittert gegen das Entstehen von Gewerkschaften und den Abschluss von Tarifverträgen gekämpft haben (s. Kap. 5).

Auf den zweiten Blick jedoch bringt der Tarifvertrag den Nachfragern nach Arbeit auch *Vorteile*: Er kann die Kosten, die der Abschluss der individuellen Arbeitsverträge immer verursacht, senken, weil über die kollektiven Normen nicht mehr verhandelt werden muss; er kann den Arbeitsfrieden erhöhen, weil die Beschäftigten mit den Arbeitsverträgen unter dem Tarifvertrag vielleicht zufriedener sind als ohne Tarifvertrag; die höhere Zufriedenheit könnte die Fluktuation und deren Kosten senken. Die Vorteile können natürlich nur eintreten, wenn der Tarifvertrag die Leistungsfähigkeit des einzelnen Unternehmens langfristig nicht überschreitet.

7.1.4.1.3 Für die gesamte Wirtschaft

Um die *Vor-* und *Nachteile* der Institution „Tarifvertrag“ für die gesamte Wirtschaft abzuschätzen, müsste man zunächst feststellen, für wie viele und welche Arbeitsverhältnisse Tarifverträge gelten, und dann in Erfahrung bringen, ob und inwieweit die Normen angewandt werden. LÖWISCH 1975 (Sp. 1925) vermutet, dass 1970 rund ein Drittel aller Arbeitsverträge Tarifverträgen unterlag[2]. Ihre wirtschaftliche Bedeutung dürfte jedoch sehr viel größer sein. Denn, wie bereits erwähnt, wenden die tarifgebundenen Arbeitgeber mindestens in Westdeutschland die Tarifverträge durchweg auch auf die nicht-tarifgebundenen Arbeitnehmer an, sofern diese tarifgebundenen vergleichbar sind. Und auch nicht-tarifgebundene Arbeitgeber scheinen sich im Westen in großem Umfang an Tarifverträge zu halten, sofern sie nicht ein Monopson für Arbeit haben, weil sie sonst auf dem Arbeitsmarkt nicht konkurrenzfähig wären. Dies deutet auch darauf hin, obwohl uns eigentliche Informationen darüber nicht zur Verfügung stehen, dass die Normen der Tarifverträge weithin befolgt werden. Diese Aussage behaupten wir nicht für Ostdeutschland; dort scheinen die Normen der Tarifverträge die Leistungsfähigkeit vieler Firmen zu überschreiten, weshalb sie nicht eingehalten werden.

Wir können also konstatieren, dass, obwohl ihr Organisationsgrad in der Bundesrepublik Deutschland nicht übermäßig hoch ist, die Gewerkschaften doch mindestens im Westen ein fast lückenloses Preis- und Konditionenkartell der Anbieter von Arbeit bilden. Ausgenommen von ihm sind nur die angestellten Organvertreter von Kapitalgesellschaften, die leitenden Angestellten im Sinne des Betriebsverfassungsgesetzes und diejenigen Angestellten, die, ohne leitend im Sinne des Gesetzes zu sein,

2 FRANZ 1996, S. 235, gibt viel größere Zahlen an, allerdings, ohne Quellen zu nennen.

doch eine Tätigkeit ausüben, die über dem Niveau liegt, das in der höchsten Tarifgehaltsgruppe definiert ist (sogenannte AT-Angestellte).

Wenn vor der Einführung der Institution „Tarifvertrag" vollständige Konkurrenz in der gesamten Wirtschaft und damit auch auf dem Arbeitsmarkt herrschte, würden die Kollektivvereinbarungen diesen Zustand aufheben und einen Nachteil für die gesamte Wirtschaft herbeiführen. So argumentiert die Chicagoer-Schule der neoklassischen Nationalökonomik. Da es jedoch bisher noch niemals vollständige Konkurrenz in der gesamten Wirtschaft und vor allem nicht auf dem Arbeitsmarkt gegeben hat und auch in Zukunft nicht geben wird, ist das Argument nicht schlüssig.

Die Gewerkschaften können durch den Tarifvertrag die monopsonistische Macht der Unternehmen neutralisieren und damit einen Wohlstandszuwachs für die gesamte Wirtschaft erzeugen. Es ist allerdings auch möglich, dass ihre Macht die der Unternehmen übersteigt, dass sie diese Position ausnutzen und so der gesamten Wirtschaft Nachteile zufügen: Es kommt auf die Inhalte der Tarifverträge an (s. dazu Abschnitt 19.3 und 32.3).

7.1.4.2 Flächentarifvertrag versus Haustarifvertrag

In den 90er Jahren ist in der Bundesrepublik eine lebhafte Diskussion darüber geführt worden, ob der Haustarifvertrag dem Flächentarifvertrag vorzuziehen sei. Als *Vorteil des Haustarifvertrages* wird genannt, dass er auf die Situation der einzelnen Unternehmung Rücksicht nehmen kann, während der *Nachteil des Flächentarifvertrages* darin besteht, dass er dies gerade nicht kann. Die Vorteile können aber auch in Nachteile umschlagen: Im Haustarifvertrag kann die Gewerkschaft die Unternehmung bis an die Grenze von deren Leistungsfähigkeit belasten und so einerseits kostenträchtige Innovationen bei fortschrittlichen Unternehmen verhindern, andererseits aber auch eigentlich nicht mehr lebensfähige Unternehmen durch geringe Löhne am Sterben hindern, während sie im Flächentarifvertrag sich im Allgemeinen an der Leistungsfähigkeit eines durchschnittlichen Unternehmens orientieren wird und so sowohl den besten als auch den nicht so guten Unternehmen Freiräume zur Entwicklung lässt. Diese Freiräume sollen, so fordern die Arbeitgeber neuerdings, durch sogenannte „Öffnungsklauseln" erweitert werden: die Erlaubnis für einzelne Unternehmen, die Normen des Tarifvertrages zu unterschreiten. Außerdem entlastet der Flächentrarifvertrag die Unternehmen von den Kosten der Tarifverhandlungen, die beachtlich hoch sein können.

Auch hier zeigt sich also, dass die Wirkungen von Einzel- und Flächentarifvetrag ganz wesentlich von deren Inhalt abhängen. Ich vermute, dass bei vernünftiger Handhabung die Vorteile des Flächen- diejenige des Haustarifvertrages übersteigen. Ostdeutschland zeigt jedoch eine unvernünftige Anwendung des Flächentarifvertrages, was ihn vor allem dort in Verruf gebracht hat.

Literaturhinweise:
ALBACH 1995; KISSLER/LASSERRE 1992; LÖWISCH 1975; MÜLLER 1990; SISSON 1987; WIEDEMANN/STUMPF 1977.

7.1.5 Verhandlungstheorien

Theorien der Tarifverhandlungen beschäftigen sich mit mindestens zwei Themen:

- mit den Gegenständen, über die verhandelt wird;
- mit den Ergebnissen, die bei den Verhandlungen erzielt werden.

Alle Theorien der Tarifverhandlungen behandeln den Lohnsatz; meistens nehmen sie die außerordentliche Anzahl der Lohnsätze nicht zur Kenntnis, sondern tun so, als würde nur über einen verhandelt. Die große Fülle der übrigen Gegenstände der Tarifverträge wird ebenfalls von den meisten Theorien ignoriert, Begründungen dafür werden nicht geliefert. Es gibt einige Theorien, die als Gegenstand der Tarifverhandlungen neben dem Lohnsatz auch die Beschäftigung vorschlagen, diese also nicht, wie es in der Realität weithin üblich ist, den Entscheidungen der Arbeitsnachfrager allein überlassen wollen. Neben eigentlichen Theorien der Tarifverhandlungen existieren auch sehr viele Theorien von Verhandlungen, deren Gegenstand nicht angegeben ist, die aber für Tarifverhandlungen von Interesse sein könnten.

Nach der Art der Sätze, von denen sie ausgehen und die sie ableiten, unterscheiden wir dezisive von explikativen Theorien: Jene leiten Regeln ab, wie die Verhandlungspartner sich verhalten und welche Ergebnisse sie erzielen *sollten*, diese Aussagen, wie die Verhandlungspartner sich *tatsächlich* verhalten und welche Ergebnisse sie *tatsächlich* erzielen. Die neoklassische Wirtschaftstheorie, von Haus aus dezisiv, ignoriert die explikativen Theorien vollständig und bringt nur dezisive Theorien hervor. Dabei nimmt sie an, wie bei allen anderen Entscheidungen der Wirtschaftssubjekte auch, dass die Entscheidungssitutationen wohl definiert seien, dass alle Adressaten sich an die Empfehlungen der dezisiven Theorien hielten und dass diese dadurch explikativ würden (s. dazu Kapitel 10 und 14).

Da es eine große Zahl von Übersichten über Theorien der Tarifverhandlungen gibt, referieren wir in diesem Buch nur eine: die Theorie der effizienten Verträge (Abschnitt 19.3.2); sie ist dezisiv.

Zu Tarifvertragstheorien s.: BOOTH 1995 S. 120-156; G. BRINKMANN 1984, S. 107-195; FARBER 1986; GOERKE/HOLLER 1997, S. 156-212; PENCAVEL 1991.

7.1.6 Der Einfluss des Tariflohns auf den Reallohn

7.1.6.1 Die Fragestellung

Die Tariflöhne[3], die Gewerkschaft und Arbeitgeber im Tarifvertrag vereinbaren, sind Mindestlöhne, die Arbeitgeber können höhere Effektivlöhne[4] zahlen und tun dies auch häufig, so dass eine positive Lohnspanne[5] und Lohndrift[6] entstehen. Es erhebt sich also die Frage, ob und wie die Tariflöhne die Effektivlöhne bestimmen. Mit der

[3] Tariflohn $=_{def}$ der im Tarifvertrag vereinbarte Lohn.

[4] Effektivlohn $=_{def}$ der von den Unternehmen gezahlte Lohn, gleich Bruttolohn (vor Abzug aller vom Arbeitnehmer zu zahlenden Abgaben, aber ohne Berücksichtigung der vom Unternehmen zu zahlenden Abgaben).

[5] Lohnspanne $=_{def}$ Differenz zwischen Effektivlohn und Tariflohn.

[6] Lohndrift $=_{def}$ Entwicklung der Lohnspanne im Zeitablauf.

Beantwortung dieser Frage darf man sich aber nicht zufrieden geben, denn die Reallöhne[7] könnten geringer sein als die Effektivlöhne, und auf jene kommt es an. Besonders muss darauf geachtet werden, ob die Steigerung des Tariflohnes über die Steigerung des Effektivlohnes nicht die Inflation in Gang setzt, so dass die Gewerkschaft ihren Erfolg durch diesen selber (wenigstens teilweise) wieder zunichte macht. Die Frage lautet also: Sind die Gewerkschaften im Stande, durch ihren Machteinsatz die Reallöhne über ein Niveau zu heben, das sich auch ohne diesen Machteinsatz einstellen würde?

Selbstverständlich sind die Gewerkschaften entstanden und am Leben geblieben, weil ihre Mitglieder der Überzeugung waren und sind, dass der Lohn sowie alle übrigen Arbeitsbedingungen durch Macht beeinflusst werden; hier geht es darum, jene tief verwurzelte Überzeugung zu überprüfen: Die Überprüfung geschieht sowohl durch theoretische Überlegungen als auch durch empirische Untersuchungen; ich gebe auf diese im Folgenden einige sehr kurze Hinweise.

7.1.6.2 Lohnunterschiede zwischen Gewerkschafts- und Nicht-Gewerkschaftsmitgliedern

In Nordamerika besteht der bevorzugte Forschungsansatz darin, die Lohnunterschiede zwischen Gewerkschaftsmitgliedern und Nicht-Gewerkschaftsmitgliedern zu untersuchen. Voraussetzung dieses Ansatzes ist natürlich, dass solche Unterschiede existieren, was in den USA der Fall ist, kaum aber in Deutschland, weshalb hier dieser Forschungsansatz so gut wie nicht angewendet wird.

Das ursprüngliche Interesse dieses Ansatzes bestand darin, wie es der Fragestellung dieses Abschnittes entspricht, herauszufinden, ob und wieweit die Gewerkschaften den Lohn über das Niveau anheben könnten, das sich ohne den Einsatz von Gewerkschaftsmacht einstellen würde. Der relative Lohnunterschied M (genannt „relativer Lohn*gewinn*", „wage *gain*")

$$M = \frac{w_g - w_n}{w_n} \qquad (7\text{-}1)$$

M: relativer Lohnunterschied,

w_g: Lohn der Gewerkschaftsmitglieder nach Einsatz der Gewerkschaftsmacht,

w_n: Lohn der Nicht-Gewerkschaftsmitglieder vor Einsatz der Gewerkschaftsmacht,

stellte die Antwort auf die Frage dar, wenn alle seine Bestandteile beobachtet werden könnten. Das ist nicht möglich, weil in heutigen Beobachtungsfeldern Gewerkschaften seit langem existieren und man damit rechnen muss, dass ihr Machteinsatz nicht nur den Lohn ihrer Mitglieder, sondern auch denjenigen der Nicht-Mitglieder in die Höhe treibt (in Deutschland besteht, wie gesagt, so gut wie kein Unterschied zwischen beiden). In den USA ist nach dem Vorbild von LEWIS 1963 (s. dazu auch G. BRINKMANN 1984, S. 189-194; PARSLEY 1980) lange versucht worden, die nicht

[7] Reallohn $=_{def}$ der Effektivlohn, deflationiert durch einen geeigneten Preisindex.

beobachtbare Größe w_n aus beobachteten Daten zu berechnen. Die Versuche konnten nicht befriedigen und sind in der neueren Literatur aufgegeben worden.

Statt dessen wird in Formel (7-1) die Größe w_n nun als der beobachtbare und beobachtete Lohn der Nicht-Gewerkschaftsmitglieder nach Einsatz der Gewerkschaftsmacht interpretiert, der also in unbekanntem Maße von jener Macht beeinflusst ist. Die Frage dieses Abschnittes können solche Untersuchungen nicht beantworten, aber immerhin zeigt ein positiver Lohnunterschied zwischen Mitgliedern und Nicht-Mitgliedern, dass die Gewerkschaften Macht ausüben, aber ein Nicht-Unterschied nicht, dass sie keine Macht ausüben. Der Ansatz ist auch nicht geeignet, den Einfluss der Gewerkschaftsmacht auf die Inflation darzustellen.

Der Vergleich der Löhne von Gewerkschafts- und Nicht-Gewerkschaftsmitgliedern setzt natürlich voraus, dass die verglichenen Arbeitnehmer in allen Faktoren, die ihren Lohn bestimmen, einander gleich sind, abgesehen von der Mitgliedschaft in der Gewerkschaft. Zu diesem Zweck werden Lohnfunktionen

$$(7\text{-}2) \qquad \begin{cases} w_g = a_g + a_{gx}x + e_g \\ w_n = a_n + a_{nx}x + e_n \end{cases}$$

x: Vektor von persönlichen Eigenschaften, die den Lohn bestimmen,
a: Parameter,
e: Zufallsterm,
w: natürlicher Logarithmus der Löhne,

berechnet. Die Indizes g und n bei den Parametern a_{gx} und a_{nx} der Vektoren zeigen an, dass ein Zusammenhang zwischen Mitgliedschaft (bzw. Nicht-Mitgliedschaft) in der Gewerkschaft und persönlichen Eigenschaften bestehen kann. Existiert ein solcher Zusammenhang nicht, sind die Indizes g und n wegzulassen. Die Untersuchungen sind durchweg mikroökonomisch, sie benutzen Querschnittdaten (als Zusammenfassung s. LEWIS 1986 a und b).

7.1.6.3 Durchschnittslohn und Gewerkschaften

In Europa, und so auch in Deutschland, wird zur Bearbeitung der Frage dieses Abschnittes (Können die Gewerkschaften den Reallohn anheben?) ein Weg beschritten, der in vollständiger Form so beschrieben werden könnte:

Man stellt eine Regressionsrechnung für den Tariflohn oder dessen Wachstumsrate auf, z. B.:

$$(7\text{-}3) \qquad \hat{w}_T = \hat{w}_T(r, \hat{P}, QAL, t, \ldots)$$

$\hat{w}_T$: Wachstumsrate der Tariflohnes,
r : Machtindex der Gewerkschaften,
$\hat{P}$: Wachstumsrate des Preisindex,
QAL : Arbeitslosenquote,
t : Zeitindex.

Dieser Funktionsoperator stellt also die Hypothese auf, dass der Tariflohn von der Macht der Gewerkschaft, der Inflation, der Arbeitslosenquote abhängt. Die Gleichung sollte dynamisch sein, d.h. die Zeit ausdrücklich als Variable enthalten. Andere Variablen können bei Bedarf in die Gleichung hineingenommen werden. Sodann müsste eine Regressionsgleichung für den Zusammenhang von Effektivlohn und Tariflohn folgen:

(7-4) $\hat{w}_E = \hat{w}_E(\hat{w}_T, t, ...)$,

$\hat{w}_E$: Wachstumsrate des Effektivlöhne.

Häufig wird diese Gleichung auch geschrieben mit

(7-5) $w_E - w_T = f(t, QAL, ...)$,

d.h.: die Lohndrift ist die abhängige Variable, als Regressor tritt häufig die Arbeitslosenquote auf.

Dann wäre der Zusammenhang zwischen Inflation und Effektivlohnentwicklung zu modellieren:

(7-6) $\hat{P} = \hat{P}(\hat{w}_E, t, ...)$,

so dass schließlich die Entwicklung des Reallohnes modellendogen erklärt werden könnte:

(7-7) $\hat{w}_R = \hat{w}_R(\hat{P}, t, ...)$.

Ein Modell mit Regressionsrechnungen, fast so ausführlich wie das eben skizzierte, ist von HINES 1964 vorgelegt worden. Jüngere deutsche Untersuchungen (z. B. GÄRTNER 1985; MEYER 1989 und 1990) verzichten auf die Rückführung der Inflation auf die Gewerkschaftsmacht; der zu erklärende Tatbestand ist dann der Effektivlohn, der höchstens mit dem Reallohn gleichgesetzt wird. Auch aus diesem Grunde geben diese Studien keine befriedigende Antwort auf die Frage dieses Abschnittes, ebensowenig wie der Vergleich der Löhne von Gewerkschafts- und Nicht-Gewerkschaftsmitgliedern.

Literaturhinweise: S. die im Text genannten Publikationen.

7.2 Der Streik

7.2.1 Begriff und rechtliche Grundlagen

Wenn die Tarifverhandlungen und das anschließende Schlichtungsverfahren nicht zu einem neuen Tarifvertrag geführt haben (oder wenn ein nicht-tarifgebundener Arbeitgeber sich überhaupt weigert, Tarifverhandlungen aufzunehmen), können die Gewerkschaften und mit ihnen die Arbeitnehmer entweder den tariflosen Zustand akzeptieren, oder sie können einen Arbeitskampf beginnen, um den potenziellen Kontrahenten zu zwingen, einen Tarifvertrag abzuschließen. Als Mittel stehen ihnen der Boykott und der Streik zur Verfügung.

Streik = $_{def}$ kollektive Verweigerung der dem Arbeitgeber geschuldeten Arbeitsleistung.

Boykott von Arbeitgebern = $_{def}$ Verweigerung von Geschäftsbeziehungen mit den betreffenden Arbeitgebern, insbesondere Weigerung, Arbeitsverträge mit ihnen abzuschließen und die Produkte dieser Unternehmer zu kaufen.

Wir behandeln nur den Streik. Die Bundesrepublik Deutschland garantiert durch ihre Verfassung zusammen mit der Koalitionsfreiheit auch die Freiheit, Arbeitskämpfe zu führen.

Weitere Aussagen über die Rechtmäßigkeit von Streiks gibt es in deutschen Bundesgesetzen nicht. Den freien Raum hat das Bundesarbeitsgericht und die Rechtswissenschaft auszufüllen versucht. Nach der Rechtsprechung des Bundesarbeitsgerichtes muss ein Arbeitskampf, und damit auch ein Streik, folgende Bedingungen erfüllen, wenn er rechtmäßig sein soll (nach RÜTHERS 1975, Sp. 180; s. auch BEUTHIEN 1992, Sp. 138-140):

1. Der Arbeitskampf muss zwischen Tarifparteien geführt werden.
2. Der Gegner muss das Kampfziel durch einen Tarifvertrag gewähren können.
3. Alle friedlichen Mittel müssen ausgeschöpft sein (der Arbeitskampf ist die ultima ratio).
4. Es besteht keine Einrichtung zur verbindlichen Entscheidung über den Konfliktstoff.
5. Die Verhältnismäßigkeit der Kampfführung muss gewahrt sein.

Durch diese *Grundsätze* wird der Streik sehr stark domestiziert. Wilde Streiks, politische Streiks (es sei denn, sie richteten sich gegen die Beseitigung der verfassungsmäßigen Ordnung, s. Art. 20 Abs. 4 GG), Sympathiestreiks, Warnstreiks wären nach ihnen rechtswidrig; kurze Warnstreiks werden jedoch inzwischen als legal angesehen.

Was die *rechtlichen Wirkungen* des Streiks angeht, so suspendiert er für seine Dauer die Streikenden und die Bestreikten von den Hauptpflichten des Arbeitsvertrages (zu diesem s. Kapitel 2): Die Streikenden brauchen ihre Arbeitspflicht nicht zu erfüllen, die Bestreikten nicht ihre Lohnzahlungspflicht. Die Nebenpflichten bleiben, soweit das möglich ist, bestehen; so müssen die Streikenden notwendige Erhaltungsarbeiten ausführen, der Bestreikte ist weiter an seine Fürsorgepflicht, z. B. in Bezug auf die eingebrachten Sachen des Arbeitnehmers, gebunden. Mit dem Ende des Streiks treten die Hauptvertragspflichten wieder in Kraft. Das Arbeitsverhältnis der nicht streikenden Arbeitnehmer (derjenigen, die nicht der kämpfenden Gewerkschaft angehören) wird vom Streik nicht berührt. Allerdings trägt, anders als sonst bei den Arbeitsverhältnissen, der Arbeitnehmer das Risiko einer fehlenden Beschäftigungsmöglichkeit: Kann ihm der Arbeitgeber wegen des Streiks keine Beschäftigung verschaffen, braucht er ihm auch keine Vergütung zu zahlen. Wenn die Gewerkschaften einen Streik organisieren, haben ihre streikenden Mitglieder Anspruch auf Unterstützung durch die Gewerkschaft. Deshalb hängt die Kampfbereitschaft der Gewerkschaften in hohem Maße von der Verfügbarkeit von Streikgeldern ab.

Um mit einem bestimmten Mitteleinsatz den höchstmöglichen Effekt zu erzielen, bevorzugten die deutschen Gewerkschaften in den 70er und 80er Jahren Schwerpunktstreiks. Die IG Metall zum Beispiel bestreikte im Tarifgebiet Stuttgart nur diejenigen Betriebe der Robert Bosch GmbH, die damals in der deutschen Autoindustrie ein Monopol für gewisse unersetzliche Teile hatten, etwa Lichtmaschinen, Anlasser, Einspritzanlagen. Da die Lagervorräte der Automobilindustrie nach relativ kurzer Zeit erschöpft wären, könnte die Gewerkschaft den Arbeitskampf auf die gesamte deutsche Automobilindustrie sowie deren Zulieferer und Abnehmer ausdehnen und doch nur die Kosten eines sehr begrenzten Streikes in Kauf nehmen müssen. Vorausgesetzt ist hierbei natürlich, dass, wenn die Autoindustrie Beschäftigte entlassen muss, diese Anspruch auf Arbeitslosengeld oder Kurzarbeitergeld haben. Um diese Strategie der Gewerkschaften zunichte zu machen, haben die Arbeitgeber Aussperrungen organisiert (s. Abschnitt 7.3). Die Bundesanstalt für Arbeit hat sich bei einem solchen Arbeitskampf im Jahre 1984 geweigert, den mittelbar betroffenen Arbeitnehmern Arbeitslosengeld oder Kurzarbeitergeld zu zahlen, wogegen die IG Metall geklagt hat. Nachdem einige Arbeitsgerichte dieser Klage stattgegeben hatten, verdeutlichte der Gesetzgeber die Neutralitätsvorschriften des Arbeitsförderungsgesetzes (§ 116 AFG): Die Strategie der Gewerkschaften wurde zunichte gemacht (s. dazu KELLER 1997, S. 175-182).

In der jüngsten Vergangenheit ist die IG-Metall von Schwerpunktstreiks der geschilderten Art wieder abgekommen, einerseits um keine Aussperrungen zu provozieren, andererseits wegen der erwähnten Gesetzesänderung. Statt dessen bestreikt sie einzelne, vor allem kleinere Unternehmen, von deren Zulieferung andere Unternehmen kaum abhängen, um so die geschlossene Front der Arbeitgeberverbände zu erschüttern.

Die Streiks, die von Gewerkschaften organisiert oder wenigstens genehmigt werden, unterliegen während ihres Organisations-, Genehmigungs- und Durchführungsprozesses strengen innergewerkschaftlichen Regeln.

7.2.2 Häufigkeit und Erklärung von Streiks

Als Maß für die Häufigkeit von Streiks werden die Ausfalltage je 1.000 abhängig Beschäftigte in einem Zeitraum, hier in einem Jahr, benutzt (s. Darstellung 7/2). Wir stellen diese Zahl neben die tariflichen Arbeitstage. Bei diesen beschränken wir uns auf das Jahr 1995, weil ihre Schwankungen von 1993 bis 1995 so gering sind, dass die Relation „Streiktage/Arbeitstage" davon nicht merklich beeinflusst wird.

Die betrachteten Länder unterscheiden sich in ihrer Streikhäufigkeit erheblich: In fast jedem der vier Jahre steht Italien an der Spitze, Österreich und Japan am Ende der Reihe, dann folgt bereits Deutschland. Aber auch in den streikfreudigsten Ländern stellen die durch Streik während eines Jahres ausgefallenen Arbeitstage nur einen sehr geringen Bruchteil der tariflichen Arbeitstage dar: Der größte Wert aus Darstellung 7/2 beträgt 1 % (die Streiktage in Italien im Jahre 1994, bezogen auf die tariflichen Arbeitstage im Jahre 1995).

Darstellung 7/2: Tarifliche Arbeitstage[a] sowie Ausfalltage durch Arbeitskämpfe[b] je 1.000 abhängig Beschäftigte nach Jahr und Ländern

Land	Tarifliche Arbeitstage	Ausfalltage			
	1995	1993	1994	1995	1996
Österreich	220.000	4	0	0	0
Deutschland	220.000	18	7	8	3
Frankreich	225.000	49	40	308	59
Großbritannien	227.000	29	13	19	58
Italien	215.000	235	236	64	135
Japan	229.000	2	2	1	1
USA	237.000	36	45	51	42

Quellen: (a) INSTITUT DER DEUTSCHEN WIRTSCHAFT 1996, Tabelle 149; eigene Berechnungen aus den dort angegebenen Zahlen unter der Voraussetzung, dass an 5 Tagen in der Woche gearbeitet wird.
(b) Dasselbe 1998, Tabelle 149.

Die neoklassischen Ökonomen tun sich mit der Erklärung von Streiks schwer: Wenn sie, wie ihre Grundüberzeugung es ihnen nahe legt, annehmen, dass Gewerkschaften und Arbeitgeber sich rational verhalten und dass diese die notwendigen Informationen besitzen, sind Streiks unerklärlich: Rationale Verhandlungspartner würden sich auf ein pareto-optimales Ergebnis einigen. Mehrere Lösungen dieses Paradoxons bieten sich an:

1. Man erklärt die sehr geringe Streikhäufigkeit als die unvermeidliche Abweichung der sozialen Wirklichkeit von der Theorie, nimmt sie vielmehr als überwältigende Bestätigung der Theorie an. Dieser Weg wird von den neoklassischen Autoren nicht beschritten.
2. Man nimmt an, dass sich mindestens eine Seite nicht rational verhält (z. B. ASHENFELTER/JOHNSON 1969) oder dass sie nicht genügend Informationen besitzt (so z. B. HICKS 1932).
3. Man nimmt an, dass Arbeitskämpfe, insbesondere Streiks doch rational seien: Waffen, die nicht gelegentlich gebraucht werden, rosten und verlieren so ihre Wirksamkeit (HICKS 1932). Für die deutschen Verhältnisse könnte man hinzufügen, dass die Gewerkschaften gelegentlich die Streikkasse an die Mitglieder wenigstens zum Teil ausschütten müssen, was auch den angenehmen Effekt hat, den vom Streik betroffenen Nicht-Mitgliedern den Vorteil einer Mitgliedschaft vor Augen zu führen. Bei Informationsvorsprung des Arbeitgebers kann ein Streik rational sein, weil die Gewerkschaft sonst schlechter abschneiden würde als ohne Streik (z. B. HAYES 1984).

Neben den Versuchen, Streiks durch Theorien zu erklären, die im Allgemeinen schwer oder gar nicht empirisch überprüfbar sind, gibt es eine große Menge von Untersuchungen, welche Streiks mit anderen Phänomenen korrelieren, häufig in methodisch dubioser Weise. Hier dennoch drei immer wieder kehrende Ergebnisse: Streiks sind negativ korreliert mit der Arbeitslosenrate, dagegen positiv mit der Inflationsrate und mit dem Konjunkturzyklus (mehr Streiks im Aufschwung als im Abschwung). Insgesamt schließe ich mich dem Urteil von KENNAN 1986 an, dass auf diesem Feld noch sehr viel Forschungsarbeit notwendig ist.

Literaturhinweise zu den rechtlichen Aspekten:
BEUTHIEN 1992; BROX/RÜTHERS/JÜLICHER/SCHLÜTER 1982; RÜTHERS 1975.
Übersichtsartikel zu Streiktheorien: KENNAN 1986.

7.3 Die Aussperrung

Als Mittel des kollektiven Arbeitskampfes stehen den Arbeitgebern der Boykott und die Aussperrung zur Verfügung.

Boykott durch Arbeitgeber	$=_{def}$	Weigerung der Arbeitgeber, mit bestimmten Arbeitnehmern, die auf schwarzen Listen geführt werden, Arbeitsverträge abzuschließen.
Aussperrung	$=_{def}$	Versagung der geschuldeten Arbeitsgelegenheit durch den Arbeitgeber, obwohl eine solche besteht, gegenüber einer großen Anzahl von Arbeitnehmern.

Wir behandeln nur die Aussperrung. In der Regel wird die Aussperrung dadurch vorgenommen, dass ein gesamter Betrieb stillgelegt wird. Wenn ein Arbeitgeber Arbeitnehmer nicht mehr beschäftigen kann, weil er in Folge eines Arbeitskampfes - finde dieser nun in seinem eigenen oder in anderen Unternehmen statt - auch für die nicht betroffenen Arbeitnehmer keine Arbeitsgelegenheit mehr besitzt, wollen wir das nicht als Aussperrung bezeichnen. Die Gewerkschaften nennen diesen Vorgang „kalte Aussperrung".

Aussperrungen könnte man grundsätzlich nach denselben Kriterien wie Streiks einteilen (s. Abschnitt 7.2), was jedoch nicht üblich ist. Statt dessen unterscheidet man nur Angriffs- und Abwehraussperrungen. Eine *Angriffsaussperrung* liegt vor, wenn ein oder mehrere Unternehmen mit ihr den Arbeitskampf eröffnen. Eine *Abwehraussperrung* liegt vor, wenn die Arbeitgeber sich mit ihr gegen Streiks der Gewerkschaften, insbesondere gegen Schwerpunktstreiks zur Wehr setzen.

Indem der zuständige Arbeitgeberverband die nicht bestreikten Unternehmen des gesamten Tarifgebietes zur Aussperrung veranlasst, also Flächenaussperrungen organisiert, versucht er, die Streikkosten für die Gewerkschaft möglichst groß zu machen. Damit will er die Kampfkraft der Gewerkschaft schwächen und sie zu Kompromissen im Tarifstreit zwingen.

Alles, was wir in Abschnitt 7.2 über die rechtlichen Grundlagen und die rechtlichen Wirkungen des Streiks gesagt haben, gilt nach überwiegender Meinung in Wissenschaft und Rechtsprechung mutatis mutandis auch für die Aussperrung (was von den Gewerkschaften allerdings zum Teil heftig bestritten wird): Artikel 9 des Grundgesetzes garantiere wie den Streik so auch die Aussperrung.

Alle weiteren Bestimmungen über den Arbeitskampf sind von den Gerichten, vor allem dem Bundesarbeitsgericht, nicht vom Gesetzgeber, getroffen worden: Um rechtmäßig zu sein, muss die Aussperrung dieselben Bedingungen wie der Streik erfüllen. Die Aussperrung suspendiert die Aussperrenden und die Ausgesperrten von den Hauptpflichten des Arbeitsvertrages, der grundsätzlich jedoch bestehen bleibt.

Die Gewerkschaften in der Bundesrepublik Deutschland, vor allem die im DGB zusammengeschlossenen, bestreiten heftig, dass die Aussperrung rechtmäßig sei. Zu diesem Problem lautet der Tenor der Rechtsprechung durch das Bundesarbeitsgericht und das Bundesverfassungsgericht, dass Abwehraussperrungen dann gerechtfertigt sind, wenn die angreifende Gewerkschaft durch Schwerpunktstreiks ein Verhandlungsübergewicht erzielen kann. Der Umfang der Aussperrung muss verhältnismäßig sein, das heißt, nicht mehr Arbeitnehmer dürfen in einem Tarifgebiet ausgesperrt werden als in diesem Tarifgebiet streiken (s. hierzu SCHMID/TRENK-HINTERBERGER 1994, S. 278-287). Die beste Lösung dieses Problems bestünde sicher darin, dass Gewerkschaften und Arbeitgeberverbände im Tarifvertrag auch Arbeitskampfordnungen vereinbarten. Angesichts des tiefen Gegensatzes zwischen den beiden Parteien ist jedoch mit solchen Verträgen kaum zu rechnen (s. dazu auch Teil VI, insbesondere Abschnitt 32.3).

Literaturhinweise:
BROX/RÜTHERS/JÜLICHER/SCHLÜTER 1982; SCHMID/TRENK-HINTERBERGER 1994, S. 278-287.

8 Die Arbeitsgerichtsbarkeit

8.1 Rechtliche Grundlagen und Zuständigkeiten

Durch das Arbeitsgerichtsgesetz von 1953, neugefasst 1979, seit dem häufiger geändert, ist in der Bundesrepublik Deutschland einheitlich für deren ganzes Territorium eine spezielle Arbeitsgerichtsbarkeit eingeführt worden. Ihre Zuständigkeiten werden durch dieses Gesetz definiert: Die Arbeitsgerichte sind ausschließlich zuständig (§§ 2 und 3 Arbeitsgerichtsgesetz; die folgende Aufzählung stellt nur eine Auswahl dar):

- für Tarifstreitigkeiten, das heißt für bürgerliche Rechtsstreitigkeiten aus Tarifverträgen zwischen den Parteien dieser Verträge, aber auch aus Streitigkeiten aus solchen Verträgen zwischen mindestens einer ihrer Parteien und Dritten. Typische Streitigkeiten der ersten Art handeln etwa über die Verletzung des Friedens, zu dem die Tarifparteien sich im Tarifvertrag verpflichtet haben; typische Streitigkeiten der zweiten Art handeln etwa über die Verletzung der Begünstigung eines Dritten, zu der eine Vertragspartei sich verpflichtet haben mag, also über Verletzungen der Tarifvertragsnormen (s. Abschnitt 7.1);
- für bürgerliche Rechtsstreitigkeiten zwischen Arbeitgebern und Arbeitnehmern aus dem Arbeitsverhältnis (z. B. über die Höhe des Lohnes), über das Bestehen oder Nicht-Bestehen eines Arbeitsverhältnisses, aus Verhandlungen über die Eingehung eines Arbeitsverhältnisses sowie für Streitigkeiten aus unerlaubten Handlungen, soweit diese mit dem Arbeitsverhältnis in Zusammenhang stehen; über Arbeitspapiere;
- für bürgerliche Rechtsstreitigkeiten zwischen Arbeitnehmern aus gemeinsamer Arbeit und aus unerlaubten Handlungen, soweit diese mit dem Arbeitsverhältnis in Zusammenhang stehen; typische Streitigkeiten der zuerst genannten Art handeln etwa über die Verteilung des Gesamtakkords einer Arbeitsgruppe auf die einzelnen Gruppenmitglieder;
- für Angelegenheiten aus dem Betriebsverfassungsgesetz; typische Streitigkeiten dieser Art betreffen etwa die Frage, ob ein bestimmter Arbeitnehmer zu Recht als leitender Angestellter nach § 5 Abs. 3 Betriebsverfassungsgesetz eingestuft worden ist oder nicht;
- für Angelegenheiten aus dem Mitbestimmungsgesetz und aus dem Betriebsverfassungsgesetz von 1952, soweit über die Wahl und Abberufung von Vertretern der Arbeitnehmer im Aufsichtsrat zu entscheiden ist;
- für die Entscheidung über die Tariffähigkeit einer Vereinigung.

Die vom Gesetz vorgenommene Unterscheidung zwischen bürgerlichen Rechtsstreitigkeiten und anderen Angelegenheiten ist insofern von Bedeutung, als für jene das Urteils-, für diese das Beschlussverfahren (§ 2a Abs. 2 Arbeitsgerichtsgesetz) von den Arbeitsgerichten anzuwenden ist. Das *Urteilsverfahren* unterscheidet sich nicht von demjenigen in allgemeinen bürgerlichen Rechtsstreitigkeiten. Das *Beschlussverfahren* dagegen kennt keine Parteien, sondern nur Beteiligte. Es gibt weder eine Behauptungs- noch eine Beweislast für die Beteiligten, das Verfahren wird vielmehr von Amts wegen betrieben. Zu seiner Eröffnung bedarf es jedoch eines Antrags eines Beteiligungsbefugten. In höheren Instanzen kann keiner der Beteiligten seinen Antrag von sich aus zurücknehmen. Der Grund für diese eigenartige Konstruktion liegt darin, dass die zu klärenden Streitigkeiten nicht nur die Interessen Einzelner (wie in bürgerlichen Rechtsstreitigkeiten), sondern die Arbeits- und Wirtschaftsordnung insgesamt berühren.

Tarifvertragsparteien im Sinne des Gesetzes können Gewerkschaften auf der einen und Arbeitgeberverbände, aber auch eine Einzelfirma auf der anderen Seite sein. Arbeitnehmer im Sinne des Gesetzes sind Arbeiter, Angestellte, in Heimarbeit Beschäftigte sowie sonstige Erwerbstätige, die wegen ihrer wirtschaftlichen Unselbständigkeit als arbeitnehmerähnliche Personen anzusehen sind. Unter den Begriff des Arbeitnehmers nach dem Arbeitsgerichtsgesetz fallen nicht: Beamte (für Streitigkeiten aus dem Beamtenverhältnis sind die Verwaltungsgerichte zuständig) und diejenigen unselbständig Beschäftigten in Betrieben einer juristischen Person oder Personengesamtheit, die Kraft Gesetzes, Satzung oder Gesellschaftsvertrages zur Vertretung jener Körperschaft berufen sind.

8.2 Die Organisation der Arbeitsgerichtsbarkeit

Die Arbeitsgerichtsbarkeit ist dreistufig; sie besteht aus den Arbeitsgerichten, den Landesarbeitsgerichten und dem Bundesarbeitsgericht. Arbeitsgerichte und Landesarbeitsgerichte sind Institutionen der Länder; sie unterstehen der Dienstaufsicht der Arbeitsminister der jeweiligen Länder, so wie das Bundesarbeitsgericht der Dienstaufsicht des Bundesarbeitsministers untersteht. Erste Instanz ist immer, unabhängig vom Streitwert, das Arbeitsgericht. Zweite Instanz ist immer das Landesarbeitsgericht; es entscheidet über Berufungen und Beschwerden gegen die Entscheidungen der Arbeitsgerichte. Die dritte Instanz, die ausschließlich Rechts-, keine Tatsachenprüfungsinstanz ist, bildet das Bundesarbeitsgericht.

Die Gerichte aller drei Instanzen sind mit Berufsrichtern und - paritätisch - mit ehrenamtlichen Richtern aus den Kreisen der Arbeitnehmer und Arbeitgeber besetzt, und zwar folgender Maßen:

Das Arbeitsgericht bildet Kammern, deren Vorsitzender ein Berufs-, deren Beisitzer ehrenamtliche Richter der Arbeitgeber- und der Arbeitnehmerseite sind; ein Berufsrichter kann mehreren Kammern angehören; die Kammern haben, je nach Streitgegenstand, drei oder fünf Richter. Die ehrenamtlichen Richter werden von den Arbeitsministern der Länder auf Vorschlag der Gewerkschaften und der Arbeitgeberverbände für die Dauer von vier Jahren berufen.

Das Landesarbeitsgericht bildet ebenfalls Kammern, die aber nur aus drei Richtern bestehen. Im Übrigen gelten dieselben Vorschriften wie für die Arbeitsgerichte. Das Bundesarbeitsgericht bildet Senate, die mit dem Vorsitzenden (einem Berufsrichter), zwei Berufsrichtern als Beisitzern und je einem ehrenamtlichen Richter aus den Kreisen der Arbeitnehmer und der Arbeitgeber besetzt sind; diese werden durch den Bundesarbeitsminister auf Vorschlag der Gewerkschaften und Arbeitgeberverbände berufen.

Die Besetzung der Arbeitsgerichte in der Bundesrepublik Deutschland ist also ein Kompromiss zwischen einem rein staatlichen (ordentlichen) Gericht, in welchem in aller Regel und in allen Ländern Organisationen der streitenden Parteien keinen Anteil an den Richtersitzen haben, und einem reinen Standesgericht (wenn man Arbeitnehmer und Arbeitgeber als einen Stand bezeichnen will), in welchem die Richter demselben Stand wie die streitenden Parteien angehören. Dass die streitenden Parteien tatsächlich Richtersitze innehaben, wird auch dadurch deutlich, dass Arbeitgeberverbände und Gewerkschaften Parteien im Urteilsverfahren sein können; dass sie private Parteien (Arbeitgeber und Arbeitnehmer) in erster und zweiter Instanz vertreten können und schließlich dadurch, dass im Beschlussverfahren Betriebsräte sich durch Gewerkschaftsangehörige vertreten lassen können, falls auch nur ein Arbeitnehmer des betreffenden Betriebes in der Gewerkschaft organisiert ist (dies ist allerdings strittig).

8.3 Die Wirkungen der Arbeitsgerichtsbarkeit auf das Arbeitsleben

Die Frage, welche Wirkungen die Arbeitsgerichtsbarkeit auf das Arbeitsleben ausübt, ist sehr umfassend, die Antwort jedoch, die wir auf sie geben können, nur sehr beschränkt, vor allem deshalb, weil es einschlägige Untersuchungen nicht zu geben scheint. Teilfragen jener umfassenden Frage wären etwa die folgenden:

- Wie ist das Verhältnis von Rechtschöpfung und Anwendung bestehender Gesetze in den Urteilen der Arbeitsgerichtsbarkeit?
- Wie wird die Entscheidung der Streitfragen von den Parteien beurteilt, als ausgewogen und unparteiisch oder als parteiisch?
- Stiftet die Arbeitsgerichtsbarkeit Frieden im Arbeitsleben oder stimuliert sie Streit?
- Ist der Zugang zur Arbeitsgerichtsbarkeit rein faktisch für bestimmte Personen und Parteien leichter als für andere und entsteht dadurch eine gewisse Parteilichkeit der Gerichte?
- Wie schnell arbeiten die Gerichte (nur schnelles Recht ist wirkliches Recht)?

Wir können lediglich versuchen, auf einige dieser Fragen einige bruchstückhafte Antworten zu geben. Was die Rechtschöpfung durch die Arbeitsgerichtsbarkeit angeht, so ist die Literatur sich weitgehend darüber einig, dass das Arbeitskampfrecht in der Bundesrepublik Deutschland ganz überwiegend Richterrecht ist.

Verglichen mit der schleppenden Erledigung von Streitsachen vor den ordentlichen Gerichten sprechen die Arbeitsgerichte schnell Recht: Im Jahre 1996 sind knapp 58 % der erledigten Urteilsverfahren, knapp 56 % der erledigten Beschlussverfahren innerhalb von drei Monaten erledigt worden. Wie Darstellung 8/1 zeigt, ist die Erledigungsquote jedoch von 1985 bis 1996 sowohl bei den Urteils- als auch bei den Beschlussverfahren zurückgegangen, und zwar in einem Maße, das Besorgnis erwecken kann, nämlich um etwa je 10 Prozentpunkte.

Die Angaben der Darstellung 8/1 können die Schnelligkeit der Arbeitsgerichtsverfahren nur verzerrt abbilden. Eigentlich müsste man wissen, ein wie großer Anteil der *eingereichten* Klagen und Anträge innerhalb bestimmter Fristen erledigt worden ist. Solche Angaben sind leider in der Quelle nicht enthalten, aber immerhin kann man ihr entnehmen, dass von den im Jahre 1996 hängigen 918.779 Klagen 656.207 (71,4 %), von den 12.231 hängigen Beschlusssachen 9.794 (68,8 %) in dem selben Jahr erledigt worden sind. Das berechtigt zu der Hoffnung, dass die Verzerrung nicht allzu groß ist.

Darstellung 8/1[a]: Innerhalb von 3 Monaten erledigte Verfahren vor den Arbeitsgerichten (in % aller erledigten Klagen) nach Jahr und Verfahren

Jahr	Verfahren	
	Urteilsverfahren	Beschlussverfahren
1985	67,5	66,2
1993	60,3	59,2
1996	57,8	55,6

(a) Quelle: ARBEITS- UND SOZIALSTATISTIK 1986, S. 191 (für 1985); 1994, S. 229 (für 1993); 1997, S. 228 (für 1996).

Ganz überwiegend werden die Klagen von den Arbeitnehmern angestrengt, die Arbeitsgerichte sind also eine Institution zum Schutz der Anbieter auf dem Arbeitsmarkt, was auch aus den Klagegegenständen hervorgeht: Arbeitsentgelt und Kündigungen machen den Hauptteil der Streitpunkte aus (man darf vermuten, dass hier so gut wie ausschließlich die Arbeitnehmer gegen die Arbeitgeber klagen). Auch die Beschlussverfahren werden überwiegend, wenn auch nicht so stark wie die Urteilsverfahren, von den Arbeitnehmern in Gang gesetzt (Quellen: ARBEITS- UND SOZIALSTATISTIK 1986, S. 191; 1994, S. 229; 1997, S. 228). Auf Grund dieses Zuganges zu den Arbeitsgerichten könnte man sich fragen, ob sie von den Arbeitgebern nicht als parteiisch zu Gunsten der Arbeitnehmer angesehen werden. Selbst wenn dies so wäre - worüber wir keine Informationen haben -, müsste man selbstverständlich weiterfragen, ob ein solches Urteil berechtigt ist. Dies könnte man keinesfalls aus der Tatsache ableiten, dass die Verfahren überwiegend von den Arbeitnehmern begonnen werden; denn dies ist eine natürliche Folge ihrer schwächeren Position in den Arbeitsbeziehungen.

In Kapitel 32 (Ordnungspolitik) kommen wir auf die Frage zurück, ob Gesetzgebung und Rechtsprechung in Arbeitsangelegenheiten nicht der Arbeitnehmerseite ein Übergewicht in ihren Beziehungen mit der Arbeitgeberseite verschafft haben und dadurch - ungewollt - Arbeitslosigkeit erzeugen.

Literaturhinweis:
STAHLHACKE 1986.

9 Die Bundesanstalt für Arbeit

9.1 Rechtliche Grundlagen, Aufgaben und Organisation

Das Arbeitsförderungsgesetz der Bundesrepublik Deutschland von 1969 in der Fassung vom 29. April 1997 (AFG) definiert in § 3 die Aufgaben der Bundesanstalt für Arbeit:

> „Der Bundesanstalt obliegen
> 1. die Berufsberatung,
> 2. die Arbeitsvermittlung,
> 3. die Förderung der beruflichen Bildung, soweit sie ihr in diesem Gesetz übertragen ist,
> 4. die Gewährung von berufsfördernden Leistungen zur Rehabilitation, soweit sie ihr in diesem Gesetz übertragen ist,
> 5. die Gewährung von Leistungen zur Erhaltung und Schaffung von Arbeitsplätzen,
> 6. die Gewährung von Arbeitslosengeld,
> 7. die Gewährung von Konkursausfallgeld.
>
> Die Bundesanstalt hat Arbeitsmarkt- und Berufsforschung zu betreiben" (§ 3 Abs. 2 AFG).

Außerdem zahlt die Bundesanstalt im Auftrage des Bundes die Arbeitslosenhilfe; weitere Aufgaben können ihr durch Rechtsverordnung übertragen werden.

Organisation und Finanzierung der Bundesanstalt für Arbeit sind ebenfalls durch das Arbeitsförderungsgesetz festgelegt. Wir bringen hier eine kurze Inhaltsangabe der betreffenden Paragraphen (§§ 167 bis 224) mit einigen Hinweisen auf die Probleme, die sich bei der Umsetzung der Vorschriften in die Wirklichkeit ergeben.

Die Bundesanstalt ist eine Körperschaft des öffentlichen Rechts mit Selbstverwaltung, das heißt: Sie ist rechtlich selbständig, nur dem Gesetz unterworfen. Der Bundesminister für Arbeit und Sozialordnung hat die Rechtsaufsicht über die Anstalt, das heißt: Er hat von Amts wegen darauf zu achten, dass die geltenden Gesetze befolgt werden (ob die Rechtsaufsicht nicht dahin tendiert, die zu Überprüfenden zu Untergebenen zu machen, scheint ein untersuchenswertes Problem zu sein, das jedoch nicht an dieser Stelle untersucht werden kann).

Die Bundesanstalt ist in drei Ebenen gegliedert: die Zentralebene, die Landesebene, die örtliche Ebene. Die örtliche Ebene besteht aus den Arbeitsämtern und deren Nebenstellen mitsamt den zugehörigen Selbstverwaltungsorganen. Die örtlichen Ämter haben, von wenigen Ausnahmen abgesehen, die Leistungen zu erbringen, für die die Bundesanstalt eingerichtet ist, die übrigen Ebenen stellen den bürokratischen Überbau dar, abgesehen von den folgenden Ausnahmen: Das zentral angesiedelte Institut für Arbeitsmarkt- und Berufsforschung erfüllt die vom Gesetzgeber vorgeschriebene Aufgabe der Forschung für die gesamte Anstalt; die Zentralstelle für Arbeitsvermittlung in Frankfurt und entsprechende Landesstellen widmen sich vor allem der Vermittlung von Angehörigen besonders qualifizierter Berufe. Dies ist durch die Vorstellung begründet, dass der Arbeitsmarkt für bestimmte, eben die hochqualifizierten Arbeitskräfte nicht örtlich begrenzt ist, sondern die ganze Bundesrepublik oder doch mindestens größere Teile von ihr umfasst; den zu vermittelnden Arbeitssuchenden wird also regionale Mobilität zugemutet. Dies trifft auch für eine Reihe anderer Berufe zu (z. B. Kneipp-Bademeister und Masseure), die deshalb ebenfalls von den überregionalen Büros vermittelt werden. Diese sind darüber hinaus auch noch um einen überregionalen Ausgleich der regionalen Arbeitsmärkte, auf welche sich die Vermittlungstätigkeit der örtlichen Stellen beschränkt, bemüht, indem sie Arbeitssuchende und Arbeitgeber über die regionalen Grenzen zusammenbringen.

Die Selbstverwaltung der Bundesanstalt für Arbeit besteht auf allen drei Ebenen, wobei die Rechte der zweiten und dritten Ebene durch ihre Unterordnung unter die erste Ebene begrenzt sind. Wir beschränken uns auf einen kurzen Abriss der Organisation der ersten Ebene. Diese besteht aus drei Gruppierungen: dem Verwaltungsrat, dem Vorstand und dem Präsidenten.

Der *Verwaltungsrat* ist die Legislative der Anstalt. Er erlässt die Satzung, er beschließt den Haushalt, er legt fest, wie die Gesetze, insbesondere das Arbeitsförderungsgesetz anzuwenden sind. Er besteht aus je 13 ehrenamtlichen Vertretern der Arbeitgeber, der Arbeitnehmer und öffentlicher Körperschaften. Berufen werden die Mitglieder vom Bundesminister für Arbeit, der dabei an die Vorschläge der Gewerkschaften (für die Arbeitnehmervertreter), der Arbeitgeberverbände (für die Arbeitgebervertreter) und der öffentlichen Körperschaften (für deren Vertreter) gebunden ist. Die vorschlagende Organisation kann jederzeit die Abberufung eines von ihr vorgeschlagenen Mitgliedes verlangen, worauf der Bundesminister für Arbeit dieses abberufen muss.

Der *Vorstand* vertritt die Bundesanstalt gerichtlich und außergerichtlich, sofern dieses nicht der Präsident tut; er ist oberste Dienstbehörde für die Beamten der Bundesanstalt mit Ausnahme des Präsidenten und Vizepräsidenten, kann seine Befugnisse jedoch auf diese übertragen. Er stellt den Haushalt auf, der dem Verwaltungsrat zur Beschlussfassung vorgelegt wird; er erlässt Richtlinien für die Geschäftsführung der Anstalt durch den Präsidenten; er verwaltet das Vermögen der Anstalt; er besteht aus je drei ehrenamtlichen Vertretern der Arbeitgeber, der Arbeitnehmer und öffentlicher Körperschaften. Vorschlag und Berufung der Mitglieder sind wie beim Verwaltungsrat geregelt.

Der *Präsident* führt die laufenden Geschäfte der Bundesanstalt, soweit sie der Vorstand sich nicht selbst vorbehalten hat.

Die Bundesanstalt für Arbeit ist also ein Gebilde, das von vier Großbürokratien gelenkt wird: Der Anstaltsbürokratie selber, der Gewerkschaftsbürokratie, der Bürokratie der Arbeitgeberverbände und schließlich der Ministerialbürokratie der Bundesrepublik Deutschland, ohne dass dem Außenstehenden einsichtig ist, wie diese vier sich zueinander verhalten und wie die Machtverhältnisse zwischen ihnen verteilt sind.

9.2 Der Haushalt der Bundesanstalt für Arbeit

Als Körperschaft des öffentlichen Rechts besitzt die Bundesanstalt für Arbeit einen eigenen Haushalt, auf den die Vorschriften der Bundeshaushaltsordnung sinngemäß anzuwenden sind, und der, wie das gesamte Finanzgebaren des Bundes, vom Bundesrechnungshof überprüft wird. Die Mittel der Bundesanstalt kommen aus drei Hauptquellen: aus Zwangsbeiträgen von Arbeitnehmern und Arbeitgebern; aus Zwangsumlagen bei Unternehmungen und Berufsgenossenschaften und schließlich aus Darlehen und Zuschüssen der Bundesrepublik Deutschland (§§ 167 bis 188 AFG). Ihre Leistungen gibt die Bundesanstalt grundsätzlich ohne individuelles Entgelt ab. Mittel, welche die Anstalt im Auftrag der Bundesrepublik verteilt, wie die Arbeitslosenhilfe und früher das Kindergeld, werden ihr erstattet.

Die Zwangsbeiträge (§§ 167 bis 186 AFG) werden von Arbeitnehmern und Arbeitgebern aufgebracht; beitragspflichtig sind fast alle Arbeitnehmer (die wichtigste Ausnahme bilden die Beamten) und alle Arbeitgeber, die mindestens einen beitragspflichtigen Arbeitnehmer beschäftigen.

Umlagen (§§ 186a bis 186d AFG) werden zur Förderung des Winterbaus von den Arbeitgebern des Baugewerbes erhoben (§§ 74-76 AFG). Zur Finanzierung des Konkursausfallgeldes (bei Zahlungsunfähigkeit des Arbeitgebers haben die Arbeitnehmer Anspruch auf Ausgleich ihres ausgefallenen Arbeitsentgeltes durch die Bundesanstalt) werden Umlagen bei den Berufsgenossenschaften erhoben (Berufsgenossenschaften sind Zwangsversicherungen der Arbeitgeber gegen eigene Berufsunfälle und Berufskrankheiten sowie gegen die ihrer Arbeitnehmer).

Die Bundesrepublik Deutschland hat der Bundesanstalt Darlehen (§§ 187 und 188 AFG) bis zur Höhe ihrer Rücklagen, darüber hinaus Zuschüsse zu gewähren, wenn die eigenen Mittel der Bundesanstalt nicht ausreichen, ihre Aufgaben zu erfüllen. Auf diese Weise ist eine höchstmögliche Sicherheit ihrer Zahlungsfähigkeit gewährleistet. Die Kosten der Arbeitslosenhilfe wie auch aller anderen Aufgaben, die der Anstalt vom Bund übertragen werden, bringt dieser auf.

Darstellung 9/1 gibt einen Überblick über die Entwicklung der Einnahmen der Bundesanstalt (ohne Darlehen und Zuschüsse des Bundes gemäß § 187 AFG) von 1970 bis 1997. Die Beiträge haben immer den Hauptteil der Einnahmen ausgemacht.

Darstellung 9/1[a]: Die Einnahmen der Bundesanstalt für Arbeit nach Jahren und Arten in %

Einnahmeart	Jahr			
	1997[b]	1992[b]	1980	1970
Beitragsaufkommen	92,1	96,2	90,9	86,7
Winterbau-Umlage	0,6	1,3	4,8	[c])
Sonstige Einnahmen	7,3	2,5	4,35	[c])
Summe der Einnahmen (in Mio. DM)	93.148,7	79.681,5	19.049,9	3.574,3

(a) Quellen: 1997: Amtliche Nachrichten der Bundesanstalt für Arbeit, 1998, S. 120,
1992: Amtliche Nachrichten der Bundesanstalt für Arbeit, 1993, S. 381,
1980: Amtliche Nachrichten der Bundesanstalt für Arbeit, 1981, S. 291,
1970: Amtliche Nachrichten der Bundesanstalt für Arbeit, 1971, S. 269-270, und eigene Berechnungen.

(b) Inklusive neue Bundesländer.

(c) Keine weiteren Angaben in der Quelle.

Darstellung 9/2: Die Ausgaben der Bundesanstalt für Arbeit in % nach Jahren, Zwecken und Gebieten

Ausgabearten	Jahr und Gebiet							
	1997[a]			1992[a]			1980[b]	1970[b]
	West	Ost	gesamt	West	Ost	gesamt	West	West
Arbeitslosengeld, Schlechtwettergeld, Kurzarbeitergeld und Konkursausfallgeld	64,6	54,8	60,9	45,8	32,1	39,1	45,1	48,2
Fortbildung/Umschulung und Leistungen zur Rehabilitation	9,1	8,0	8,7	14,6	12,2	13,4	14,0	11,8
Maßnahmen zur Arbeitsbeschaffung	3,1	13,6	7,1	5,3	16,9	11,0	4,7	0,4%
Unterhaltsgeld	6,7	9,9	7,9	8,9	13,1	10,9	6,9	9,5
Durchführung der Fachaufgaben	8,8	4,6	7,2	12,4	2,9	7,7	13,4	21,6
sonstige Ausgaben	7,7	9,1	8,2	13,0	22,9	17,9	15,9	8,5
Σ	100	100	100	100	100	100	100	100
Summe der Ausgaben (in Mrd. DM) als Basis	64,1	38,7	102,8	47,5	46,0	93,5	21,7	3,9
danach Überschüsse (+) / Fehlbeträge (-) (in % der Ausgaben)	+ 39,5	- 90,4	- 9,4	+ 60,7	- 92,8	- 14,8	- 12,1	- 8,5

nachrichtlich: Arbeitslosenhilfe (in Mrd. DM)	19,6	8,4	28,0	7,6	1,5	9,1	1,9	0,07

Quellen: (a) INSTITUT DER DEUTSCHEN WIRTSCHAFT, 1998, Tabelle 98
(b) INSTITUT DER DEUTSCHEN WIRTSCHAFT, 1984, Tabelle 39
sowie eigene Berechnungen

Diese haben sich in den betrachteten 27 Jahren mehr als verzwanzigfacht (von etwa 3,6 Milliarden auf etwa 93,1 Milliarden DM). Dies ist nicht überwiegend dadurch bewirkt worden, dass der Kreis der Beitragspflichtigen durch die staatliche Vereinigung (der Beitrag der neuen Bundesländer beträgt für 1997 lediglich 3,7 Mrd. DM, INSTITUT DER DEUTSCHEN WIRTSCHAFT 1998, Tabelle 98) ausgeweitet worden ist, sondern vielmehr dadurch, dass die Bemessungsgrundlage sowie die Beitragssätze erhöht worden sind und dass die Beitragspflichtigen ihr Arbeitseinkommen steigern konnten; natürlich steckt auch ein gut Teil inflationärer Aufblähung in den Zahlen.

Die Ausgaben der Bundesanstalt (s. Darstellung 9/2) haben sich in den Jahren von 1970 bis 1997 noch stärker erhöht als die Einnahmen (von 3,9 Milliarden auf 102,763 Milliarden DM), dem zu Folge sind auch die Darlehen und Zuschüsse, die der Bund der Anstalt gemäß § 187 AFG zu gewähren hatte, kräftig angestiegen. In den Ausgabezwecken ist eine charakteristische Verschiebung eingetreten: Kurzarbeitergeld, Arbeitslosengeld und Konkursausfallgeld machten 1970 48 %, 1997 dagegen knapp 65 % der Aufwendungen im Westen aus: eine Folge der Beschäftigungskrise, in der sich auch die westliche Bundesrepublik Deutschland befindet (s. dazu Kapitel 24). Die enorme Ausweitung der gesamten Ausgaben ist, wie die Tabelle zeigt, aber auch durch den Zusammenbruch der Wirtschaft der ehemaligen DDR verursacht worden: Fast 50 % ihrer Ausgaben hat die Bundesanstalt für Arbeit 1992 im Osten ausgegeben. 1997 immer noch fast 38 %. Die Zahlen zeigen, dass das Sicherheitsnetz gegen die Folgen der Arbeitslosigkeit in der gegenwärtigen schwierigen Lage, anders als in der Weltwirtschaftskrise von 1929, bisher nicht gerissen ist. Den Einsatz der dokumentierten Mittel und ihre Wirkungen auf den Arbeitsmarkt werden wir kurz in Teil VI besprechen.

Literaturhinweis:
PFUHLMANN/SPIEGL 1987.

Teil II: Das Arbeitsangebot

Lehrziele

Das Angebot an Arbeit ist der eine Hauptfaktor (der andere ist die Arbeitsnachfrage), der in Marktwirtschaften Beschäftigung, Entlohnung und Arbeitslosigkeit bestimmt. Der Leser soll lernen,

- welche Entscheidungen ein Arbeitsanbieter sein Leben lang treffen muss,
- von welchen Faktoren die Entscheidung beeinflusst wird,
- dass die Entscheidungssituation schlecht definiert ist,
- wie die Entscheidungssituation in der herrschenden neoklassischen Wirtschaftstheorie modelliert wird.

Aus dieser Theorie werden zwei Hauptmodelle vorgestellt:

- ein statisches Modell, in dem die Entscheidungen über Beteiligung am Erwerbsleben und Arbeitsstundenangebot vor allem abhängig gemacht werden vom Lohnsatz, vom Geschlecht und bei verheirateten Frauen von der Kinderzahl;
- ein dynamisches Modell, in dem es letztlich um die optimale Aufteilung der gesamten Lebenszeit auf Freizeit, Ausbildungszeit und Arbeitszeit geht.

Der Leser soll diese Modelle - ihre Axiome, ihre Theoreme, ihre Ableitungsschritte - verstehen und beurteilen lernen. Als Beurteilungskriterium wird die Übereinstimmung der Aussagen der Theorie mit der Realität vorgeschlagen.

10 Die Entscheidungssituation und ihre Behandlung in der Wirtschaftswissenschaft

Wir betrachten eine Person mit folgenden Eigenschaften:

Geschlecht:	männlich,
Alter:	25 Jahre,
Familienstand:	ledig,
Ausbildung:	gerade abgeschlossenes Studium der Betriebswirtschaftslehre, Grad: Diplom-Kaufmann,
Studien- und Wohnort:	Siegen,
Bisherige Erwerbsarbeit:	keine (abgesehen von gelegentlichen Arbeiten in den Ferien),
Finanzielle Ressourcen:	keine (die betrachtete Person hat bisher Bafög erhalten).

Dieser Mann muss nun Entscheidungen darüber treffen,

- ob er eine Erwerbsarbeit anstreben soll;
- wenn ja: ob eine selbständige oder eine unselbständige;
- wenn eine unselbständige:
  - welchem Arbeitgeber er sich anbieten soll;
  - an welchem Ort er sich anbieten soll;
  - für welche Art von Arbeit er sich anbieten soll;
  - wie viel Arbeitszeit er anbieten soll (pro Tag, pro Woche, pro Monat, pro Jahr);
  - welchen Lohn er mindestens fordern soll.

Die Entscheidungen beeinflussen offensichtlich einander: Die Festlegung auf einen bestimmten Ort des Angebotes, um ein Beispiel zu nennen, beschränkt die Menge der potenziellen Arbeitgeber, denen ein Angebot gemacht werden kann. Einige der Entscheidungen, die der betrachtete Mann treffen muss, sind durch frühere Entscheidungen bereits determiniert: Die Art der angebotenen Arbeit ist wahrscheinlich durch seine Ausbildung festgelegt, der Ort seines Angebots wird vermutlich zunächst einmal sein Studien- und Wohnort sein, den entweder er oder seine Eltern gewählt haben. Das Angebot an Arbeitszeit wird sich im Rahmen dessen halten, was auf dem Arbeitsmarkt, auf dem er sich anbietet, üblich ist, ebenso wie sein geforderter Mindestlohn.

Im Laufe des Entscheidungsprozesses kann der Arbeitsanbieter jedoch alle früheren Entscheidungen revidieren (z. B. bereit sein, umzuziehen), wodurch sein Entscheidungsspielraum vergrößert wird). Auch wenn er seine erste Arbeitsstelle gefunden hat, muss der betrachtete Mann immer wieder Entscheidungen der skizzierten Art treffen, solange, bis er endgültig aus dem Erwerbsleben ausscheidet.

Die kurze Skizze macht deutlich, dass der individuelle Entscheidungsprozess über das Arbeitsangebot einen Menschen dessen ganzes Leben lang begleitet: Er setzt spätestens mit der ersten Entscheidung über eine Ausbildung ein und endet frühestens mit der Pensionierung.

In der Beschreibung der betrachteten Person haben wir wichtige persönliche Eigenschaften genannt, die den Entscheidungsprozess über das Arbeitsangebot bestimmen: Geschlecht, Alter, Familienstand, Ausbildung, Wohnort, Berufserfahrung, finanzielle Ressourcen; sie sind in empirischen Untersuchungen leicht erfassbar. Andere, ebenfalls wichtige Bestimmungsfaktoren sind dagegen schwer operationalisierbar und deshalb schwer erhebbar: Gesundheit, Leistungsmotivation, Arbeitsfähigkeiten. Außer den individuellen bestimmen auch nicht-individuelle Faktoren das Arbeitsangebot; wir wollen diese unter dem Begriff „Arbeitsmarktsituation“ zusammenfassen. Das quantitative Verhältnis von Angebot und Nachfrage sowie die Struktur des Arbeitsmarktes (s. Kapitel 3) sind Bestandteile dieser Situation.

In der Realität befinden sich die arbeitsanbietenden Personen meistens in *schlecht definierten Entscheidungssituationen*: Sie können ihre Ziele nicht klar und widerspruchsfrei definieren; sie haben keine exakten Kenntnisse über die Faktoren, von denen Erfolg oder Misserfolg ihrer Entscheidungen abhängen: Die Zukunft, über die sie Entscheidungen treffen müssen, ist immer unsicher, aber auch viele gegenwärtige Faktoren, z. B. die tatsächlich gezahlten Löhne, sind immer nur ungefähr bekannt; ob die in Aussicht genommenen Methoden, ein Ziel zu erreichen, erfolgreich sind, ist in der Entscheidungssituation ebenfalls unsicher. Eine realistische explikative empirische Wissenschaft müsste, ausgehend von dieser schlecht definierten Entscheidungssituation, beschreiben und erklären, wie Menschen sich in ihr verhalten und wie davon ihre Entscheidungen geformt werden; darauf aufbauend könnte eine dezisive Wissenschaft Vorschläge zur Verbesserung des Entscheidungsverhaltens unterbreiten.

Die herrschende Wirtschaftswissenschaft, von welcher die Arbeitsökonomik ein Teil ist, hat bekanntlich einen anderen Weg eingeschlagen: Sie unterstellt, dass alle Wirtschaftssubjekte bei ihren Entscheidungen über wirtschaftliche Güter sich in einer *wohldefinierten Entscheidungssituation* befinden, d.h. alle eben aufgeführten negativen Beschreibungen der Entscheidungssituation sind durch die entsprechenden positiven zu ersetzen: An die Stelle von Unsicherheit tritt Sicherheit oder eine wohlbekannte (subjektive) Wahrscheinlichkeitsverteilung der relevanten Faktoren und der Erfolgsaussichten der möglichen Maßnahmen.

Die Wirtschaftswissenschaft geht davon aus, dass jedes Wirtschaftssubjekt, so auch jeder Arbeitsanbieter, seine Verhaltensweise nach einer der beiden Formen des Rationalprinzips ausrichtet:

„Realisiere ein gegebenes Ziel mit so geringen Mitteln als möglich!“

oder

„Realisiere mit gegebenen Mitteln ein so großes Ziel als möglich!“

Die Wirtschaftswissenschaft nimmt an, dass das einzelne Wirtschaftssubjekt definiert, was sein Ziel ist; mit welchen Mitteln es dieses erreichen will; was der Maßstab für die Minimierung der Mittel oder die Maximierung des Zieles ist. Sie sieht ihre Aufgabe darin, dem Wirtschaftssubjekt einen Algorithmus anzugeben, mit dem es in einer endlichen Anzahl von Schritten bestimmen kann, wie sein Ziel zu erreichen ist. Ein solcher Ausdruck ist keine Aussage, sondern ein Befehl. Er wird jedoch dadurch zu einer Aussage, dass die Wirtschaftswissenschaft annimmt, alle Adressaten der Befehle führten diese auch aus. Die dezisive Theorie wird so zu einer explikativen.

Neben den Algorithmen gibt die Wirtschaftswissenschaft auch an, was die Ziele der Wirtschaftssubjekte sind, d.h. wie das Rationalprinzip zu konkretisieren ist: Den Einzelpersonen und deren Lebensgemeinschaften, den Haushalten, wird unterstellt, dass sie ihren Nutzen; den Unternehmen, dass sie ihren Gewinn maximieren wollen. Diese Annahmen werden in der herrschenden Theorie niemals direkt empirisch überprüft (was natürlich möglich ist und von anderen Wissenschaftsschulen auch getan worden ist), sondern aus ihnen werden empirisch wahrnehmbare Verhaltensweisen abgeleitet, so etwa in unserem Fall das Arbeitsangebot in Abhängigkeit von anderen Faktoren. Die Abhängigkeiten werden durch Funktionen beschrieben, deren Parameter mit Hilfe empirischer Daten bestimmt werden können.

In den folgenden Kapiteln dieses Teils II wird diese Vorgehensweise der Arbeitsökonomik vorgeführt.

Literaturhinweise:
KILLINGSWORTH 1983; KILLINGSWORTH/HECKMAN 1986; PENCAVEL 1986; SCHNABEL 1995; WEBER 1996.

11 Ein statisches Modell des Arbeitsangebotes bei vollständiger Konkurrenz

11.1 Das Angebot von Arbeitsstunden bei konstantem Lohnsatz

Wir betrachten wiederum den zu Beginn des Kapitels 10 skizzierten Mann und nehmen an:

1. Der Arbeitsanbieter hat außerhalb des folgenden Kalküls eine Entscheidung darüber getroffen, für welche Art von Arbeit er sich anbieten und auf welchem lokalen Markt er das tun will.
2. Der Markt dieser Arbeit ist vollkommen, es herrscht auf ihm vollständige Konkurrenz. Das bedeutet unter anderem, dass es nur einen Lohnsatz auf diesem Markt gibt, der allen Teilnehmern vorgegeben und bekannt ist.
3. Die Arbeit kann in beliebig kleinen Zeiteinheiten angeboten werden.
4. Der Anbieter hat eine Nutzenfunktion

(11-1) $\quad u = u(e, f),$

u: Nutzen,
e: Einkommen,
f: Freizeit,

mit den bekannten neoklassischen Eigenschaften

(11-2) $\quad \frac{\partial u}{\partial e} > 0, \quad \frac{\partial u}{\partial f} > 0,$

(11-3) $\quad \frac{\partial^2 u}{\partial e^2} < 0, \quad \frac{\partial^2 u}{\partial f^2} < 0.$

5. Die einzige Einkommensquelle ist der Verkauf von Freizeit als Arbeitszeit:

(11-4) $\quad e = e(-f).$

6. Von den Gesamtstunden einer Periode, etwa eines Tages, kann aus physischen und rechtlichen Gründen höchstens die Menge T als Arbeitszeit verkauft werden, so dass sich als Einkommensfunktion für diese Periode ergibt:

(11-5) $\quad e = (T - f)\, w,$

w : vorgegebener Lohnsatz,
T - f : Arbeitszeit,
T : maximal mögliche Arbeitszeit pro Periode.

7. Der Arbeitsanbieter möchte seinen möglichen Nutzen aus Einkommen und Freizeit in der betrachteten Periode maximieren. Der entsprechende Kalkül lautet deshalb

(11-6) $\quad \begin{cases} u(e, f) \rightarrow \text{max.!} \\ \text{unter der Bedingung} \\ e = (T - f)\, w. \end{cases}$

Die Maximierungsaufgabe (11-6) ist bei den getroffenen Annahmen mit Hilfe der Differentialrechnung, hier der Lagrange'schen Multiplikatoren, lösbar und ergibt:

$$(11\text{-}7) \qquad w\frac{\partial u(e^{*},f^{*})}{\partial e}=\frac{\partial u(e^{*},f^{*})}{\partial f},$$

e^{*}, f^{*} : Nutzenmaximierende Mengen von e und f.

Dies bedeutet: Der Haushalt teilt die Gesamtzeit von (T-f) Stunden pro Tag so auf Freizeit und Arbeitsangebot auf, dass der Grenznutzen der Freizeit ($\partial u/\partial f$) gleich dem mit dem Lohnsatz multiplizierten Grenznutzen des Einkommens ist. Da die Opportunitätskosten der Einkommenserzielung in der verkauften Freizeit bestehen, kann man die Formel (11-7) auch so interpretieren: Der Haushalt erzielt dasjenige Einkommen, bei dem der Grenzertrag gleich den Grenzkosten ist. Diese Interpretation gilt auch dann, wenn man als Ertrag die Freizeit und als deren Opportunitätskosten das entgangene Einkommen ansieht.

Die Lösung (11-7) ist identisch mit

$$(11\text{-}8) \qquad w=\left|\frac{de^{*}}{df^{*}}\right|,$$

was bedeutet: Der Haushalt bietet so viel Arbeitszeit an, dass die Grenzrate der Substitution von Einkommen durch Freizeit, absolut genommen, gleich dem herrschenden Lohnsatz ist.

Darstellung 11/1: Graphische Darstellung des Maximierungskalküls

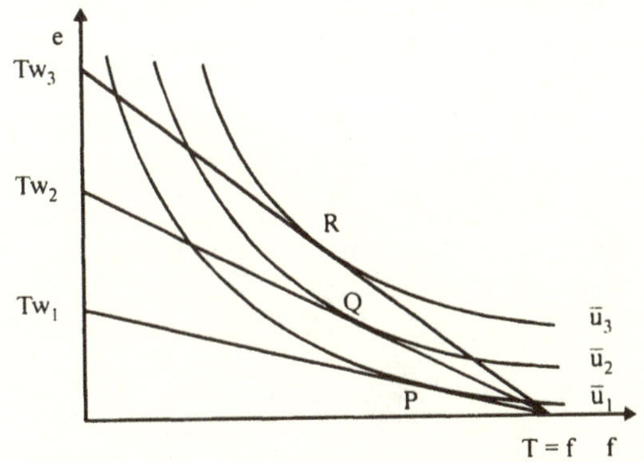

Graphisch lässt sich die Lösung des Algorithmus mit Hilfe der Indifferenzkurven und des Graphes der Nebenbedingung darstellen. In Darstellung 11/1 sind mehrere Indifferenzkurven

$\bar{u}_i = \bar{u}_i\,(e, f),\ i \in \{1,2,3\},\ \bar{u}_3 > \bar{u}_2 > \bar{u}_1,$

und mehrere Einkommensfunktionen

$e = (T - f)\, w_j,\ j \in \{1,2,3\},\ w_3 > w_2 > w_1$

eingezeichnet.

Bei gegebenem Lohnsatz ist der höchstmögliche Nutzen durch diejenige Indifferenzkurve symbolisiert, welche den Graphen der Einkommensfunktion gerade tangiert; denn dort ist die Grenzrate der Substitution von Einkommen durch Freizeit (absolut genommen) gerade gleich dem herrschenden Lohnsatz (11-8); die Koordinaten des Tangentenpunktes bezeichnen die angebotene Arbeitszeit (T-f) und das mit ihr bei gegebenem Lohnsatz zu realisierende Einkommen. Bei T = f wird keine Arbeit angeboten, das Einkommen ist deshalb null.

11.2 Die Partizipation am Erwerbsleben und das Arbeitsstundenangebot

Die Lösungen (11-7) und (11-8) aus dem Abschnitt 11.1 bedeuten, dass der betrachtete Mann zu jedem positiven Lohnsatz Arbeit anbietet, weil Arbeit seine einzige Einkommensquelle ist und weil er das Einkommen zum Leben benötigt. Wir nehmen nun an, dass er pro Periode ein von Arbeit unabhängiges konstantes Einkommen v besitzt, etwa aus Vermögen; die übrigen Annahmen bleiben unverändert. Da die Zeitrestriktion für das Arbeitsangebot bestehen bleibt, lautet die Einkommensfunktion

(11-9) $e = (T\text{-}f)\, w + v,$

v: arbeitsunabhängiges, konstantes Einkommen pro Periode.

Der betrachtete Mann ist nun nicht mehr gezwungen, zu jedem positiven Lohnsatz Arbeit anzubieten, er kann sich auch entscheiden, nur von seinem arbeitsunabhängigen Einkommen zu leben. Sein Nutzenmaximierungskalkül lautet nun

$$\text{(11-10)} \quad \begin{cases} u = u(e, f) \rightarrow \max! \\ \text{unter den Bedingungen} \\ e = (T - f)\, w + v, \\ (t - f) \geq 0, \\ f \geq 0, \\ e > 0. \end{cases}$$

Wenn die Funktionen konkav sind, ist dies eine konkave Optimierungsaufgabe. Sie ergibt nach dem Satz von *Kuhn/Tucker*:

$$\text{(11-11)} \quad T - f^{*} \begin{cases} = 0 \text{ bei } wT \leq v. \\ > 0 \text{ bei } w(T - f) > v. \end{cases}$$

Daraus folgt:

$$\text{(11-12)} \quad \left|\frac{de^{*}}{df^{*}}\right| \begin{cases} = w \text{ für } \left(T - f^{*}\right) > 0, \\ \geq w \text{ für } \left(T - f^{*}\right) = 0. \end{cases}$$

Das heißt: Wenn der betrachtete Mann überhaupt Arbeit anbietet, realisiert er genau den Punkt, an dem die Grenzrate der Substitution von Einkommen durch Freizeit (absolut genommen) gleich dem herrschenden Lohnsatz ist, wie in Abschnitt 11.1; wenn er gar keine Arbeit anbietet, dass diese Grenzrate (absolut genommen) größer ist als der herrschende Lohnsatz oder höchstens diesem gleich. Wir demonstrieren diese Lösung graphisch in Darstellung 11/2; sie ist dadurch zu Stande gekommen, dass in das e/f-Koordinatensystem zwei Indifferenzkurven $\bar{u}_2 > \bar{u}_1$ und drei Einkommensfunktionen e_3, e_2 und e_1 mit $w_3 > w_2 > w_1$ eingezeichnet worden ist. Bei e_3 gilt: $w_3(T\text{-}f) > 0$; bei w_2 gilt: $w_2T = v$; bei w_1 gilt: $w_1\ T < v$.

Darstellung 11/2: Der Optimierungskalkül bei konstantem Einkommen v

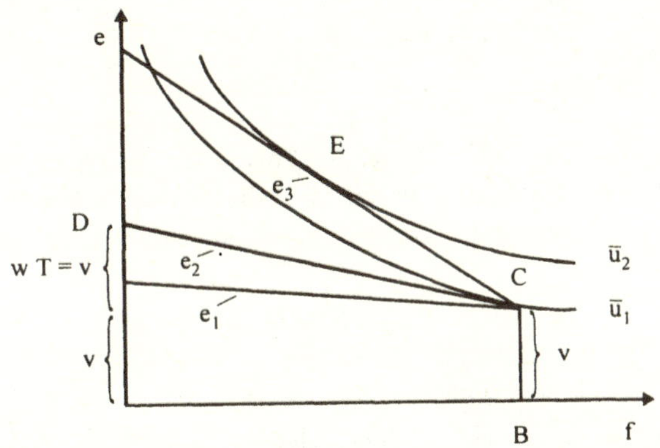

Die höher gelegene Indifferenzkurve ($\bar{u}_2$) tangiert die Einkommensfunktion e_3 in Punkt E; es gilt $\left|\frac{de^*}{df^*}\right| = w_3$; es handelt sich um eine Lösung im Inneren des Definitionsbereiches von T - f. Die Indifferenzkurve $\bar{u}_1$ tangiert die Einkommensfunktion e_2 gerade im Punkt C; der betrachtete Mann bietet gerade keine Arbeit mehr an; es handelt sich um eine Ecklösung, d.h. um eine Lösung am Rande des Definitionsbereiches T - f. Wenn w noch kleiner wird (auf w_1 sinkt), besteht für den betrachteten Mann erst recht kein Anlass, den Punkt C zu verlassen.

Der betrachtete Mann trifft also simultan eine Entscheidung, ob er sich bei dem herrschenden Lohnsatz und seinem konstanten arbeitsunabhängigen Einkommen überhaupt am Erwerbsleben beteiligt und, wenn ja, wie viel Arbeitszeit er anbietet.

11.3 Die Arbeitsangebotsfunktion

Wenn wir die Gleichung (11-12) nach (T-f*), der Arbeitszeit, auflösen und annehmen, dass w und v variabel ist, erhalten wir

(11-13) $a^* = a^*(w, v)$,

$a^* = T - f^*$: nutzenmaximierende Arbeitszeit.

Die angebotene Arbeitszeit hängt ab vom Lohnsatz und vom arbeitsunabhängigen Einkommen; die Funktion repräsentiert optimales Verhalten (die Sterne zur Kennzeichnung der Optimalität lassen wir von nun an fort). Für a = 0 kann der geforderte Mindestlohnsatz bestimmt werden, bei dem und unter dem Arbeitszeit anzubieten das betrachtete Individuum nicht bereit ist. Wie bei a > 0 die Funktion (11-13) verläuft, das heißt: ob bei steigendem Lohnsatz das Individuum mehr Arbeit, weniger

Arbeit oder gleichviel Arbeit anbietet, hängt ab von der Differenz des Einkommens- zum Substitutionseffekt.

Der Einkommenseffekt (EE) bezeichnet Folgendes: Wenn der Lohnsatz steigt, steigt bei gleichbleibender Arbeitszeit das Einkommen. Wenn Freizeit ein superiores Gut ist (was allgemein angenommen wird), steigt die Nachfrage nach ihr mit steigendem Einkommen, sinkt die Nachfrage nach ihr mit sinkendem Einkommen. Der Einkommenseffekt bedeutet also in Bezug auf die Arbeit

$$\text{(11-14)} \qquad EE =_{def} \begin{cases} \Delta w > 0 \Rightarrow \Delta a_{EE} < 0. \\ \Delta w < 0 \Rightarrow \Delta a_{EE} > 0. \end{cases}$$

Der Substitutionseffekt (SE) bezeichnet Folgendes: Wenn der Lohnsatz steigt, wird die Freizeit teurer (denn die Freizeit stellt die Opportunitätskosten des Arbeitseinkommens dar). Deshalb sinkt die Nachfrage nach Freizeit mit steigendem, steigt mit sinkendem Lohnsatz:

$$\text{(11-15)} \qquad SE =_{def} \begin{cases} \Delta w > 0 \Rightarrow \Delta a_{SE} > 0. \\ \Delta w < 0 \Rightarrow \Delta a_{SE} < 0. \end{cases}$$

Ob nun bei steigendem Lohnsatz (vorausgesetzt, es wird überhaupt Arbeit angeboten) mehr, weniger oder gleichviel Arbeit angeboten wird, hängt von der Differenz der beiden Effekte ab (s. auch Darstellung 11/3):

$$\text{(11-16)} \qquad \begin{cases} SE - |EE| > 0 \Rightarrow [\Delta w > 0 \Rightarrow \Delta a > 0]. \\ SE - |EE| = 0 \Rightarrow [\Delta w > 0 \Rightarrow \Delta a = 0]. \\ SE - |EE| < 0 \Rightarrow [\Delta w > 0 \Rightarrow \Delta a < 0]. \end{cases}$$

Darstellung 11/3: Lohnsatz-Arbeitsangebotsfunktion in Abhängigkeit von der Differenz SE - |EE|

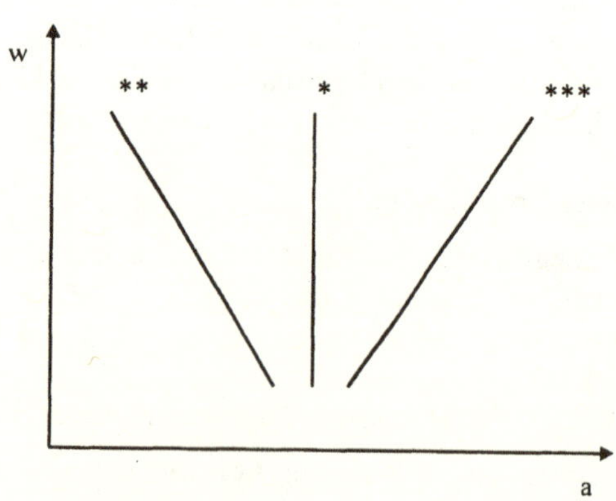

*) SE - |EE| = 0
**) SE - |EE| < 0
***) SE - |EE| > 0

Da der Einkommenseffekt (EE) negativ ist, können die Differenzen in (11-16) unter Fortlassung der Betragszeichen „| |“ auch als Summen geschrieben werden. Der Ausdruck (11-16) gibt uns die Richtung einer Änderung des Arbeitsangebotes bei einer Änderung des Lohnsatzes an; der Betrag der Änderung wird nach der Slutsky-Gleichung (s. dazu die mikroökonomischen Lehrbücher, etwa HENDERSON/QUANDT 1983, S. 25-29) bestimmt mit

$$(11\text{-}17) \qquad \frac{\partial a}{\partial w} = \left(a\frac{\partial a}{\partial v}\right)_{EE} + \left(\frac{\partial a}{\partial w}\right)_{SE},$$

$\left(\frac{\partial a}{\partial w}\right)_{SE}$: Substitutionseffekt,

$\left(a\frac{\partial a}{\partial v}\right)_{EE}$: Einkommenseffekt.

11.4 Empirische Überprüfung der statischen Arbeitsangebotsfunktion

11.4.1 Vorgehensweise

Die Versuche, die Parameter oder sonstige Eigenschaften der statischen Arbeitsangebotsfunktion empirisch zu bestimmen, sehen sich verschiedenen Schwierigkeiten gegenüber, die wir im Folgenden, zusammen mit Lösungsvorschlägen, aufzählen:

(1) *Reichen makroökonomische Daten zur Bestimmung der Parameter aus, oder sind mikroökonomische Daten notwendig?*

Mikroökonomische Daten sind solche, deren individueller Zusammenhang nicht zerstört ist (s. dazu G. BRINKMANN 1997, S. 155-174). In dem hier interessierenden Fall geben mikroökonomische Daten also für jede untersuchte Person mindestens ihr individuelles Arbeitsangebot und ihren individuellen Lohnsatz an. Makroökonomische Daten dagegen sind Aggregate, die nicht mehr in ihrem individuellen Zusammenhang stehen; in dem hier interessierenden Fall wäre also einerseits über alle untersuchten Personen das durchschnittliche Arbeitsangebot, andererseits der durchschnittliche Lohnansatz berechnet worden.

In der einschlägigen Literatur herrscht weitgehend Einigkeit darüber, dass Mikroden Makrodaten vorzuziehen sind, weil die Makrodaten, in einen funktionalen Zusammenhang gesetzt, das Ergebnis der individuellen Entscheidungsprozesse nur unter ganz unwahrscheinlichen Bedingungen unverzerrt abbilden können. Vor allem die neueren amerikanischen Untersuchungen benutzen immer häufiger Mikrodaten.

(2) *Reichen Querschnittuntersuchungen aus, oder sind Längsschnittuntersuchungen notwendig?*

Querschnittuntersuchungen simulieren die Lohnsatzänderung einer Person und die daraufhin stattfindende (oder nicht stattfindende) Arbeitsangebotsänderung, indem sie möglichst gleichartige Personen mit verschiedenen Lohnsätzen zu einem Zeitpunkt als eine Person mit ihren sich ändernden Lohnsätzen und den dazugehörigen Arbeitsangeboten zu verschiedenen Zeitpunkten ansehen. *Längsschnittuntersuchungen* dagegen erfassen die untersuchten Personen zu verschiedenen Zeitpunkten mit den jeweiligen Lohnsätzen und Arbeitsangeboten.

Längsschnittuntersuchungen sind Querschnittuntersuchungen vorzuziehen, weil diese ebenfalls nur unter sehr unwahrscheinlichen Bedingungen den eigentlich interessierenden Tatbestand repräsentieren können. Leider existieren jedoch kaum Längsschnittuntersuchungen.

(3) *Sollen Nicht-Erwerbsbeteiligung und Arbeitsstundenangebot durch eine Funktion erfasst und erklärt werden?*

Ältere Untersuchungen haben nur die Arbeitenden und deren Arbeitsstundenangebot erfasst. Es herrscht jedoch heute weitgehend Einigkeit darüber, dass gleichzeitig und durch dieselbe Funktion die Entscheidung, sich nicht am Erwerbsleben zu beteiligen, und, wenn jemand sich beteiligt, sein Arbeitsstundenangebot erklärt werden muss, d.h. die Funktionen sollten so eingerichtet sein, dass sie Ecklösungen (s. Abschnitt 11.3) miterfassen.

(4) *Wie sind die Funktionen zu gestalten, damit sie sowohl die Partizipationswahrscheinlichkeit als auch das Arbeitsstundenangebot erfassen können?*

Die Partizipationswahrscheinlichkeit hängt gemäß Voraussetzung vom Lohnsatz ab, aber gleichzeitig noch von einer Anzahl weiterer persönlicher Variablen (Alter, Geschlecht, bei Frauen Familienstand, Kinderzahl und Ausbildung). Bei Personen, die keine Arbeit haben, ist außerdem aus empirischen Datensätzen kein Lohnsatz bekannt. Diese letztere Schwierigkeit versucht man dadurch zu beheben, dass man für die arbeitenden Probanden Lohnfunktionen

(11-18) $w_i = w_i\left[x_i^j\right]$

w_i : Lohnsatz der Person i,

$\left[x_i^j\right]$: Vektor von Variablen, auf die Person i bezogen, die ihren Lohnsatz bestimmen.

berechnet und dann annimmt, dass eine solche Lohnfunktion auch für jede Person i + 1 gilt, sofern sie die Eigenschaften $[x^j]$ aufweist. Diese Eigenschaften bestimmen nicht nur den Lohnsatz, sondern unabhängig von diesem auch die Partizipationswahrscheinlichkeit. Die Funktion für die Teilnahmewahrscheinlichkeit ist so zu gestalten, dass ihre abhängige Variable, die Partizipationswahrscheinlichkeit, wie jede Wahrscheinlichkeit, zwischen 0 und 1, mit Einschluss dieser beiden Werte, liegt. Dies wird erreicht, indem die Funktion $w_i\left(\left[x_i^j\right]\right)$als Verteilungsfunktion definiert wird, entweder als Normalverteilung (Probit-Modelle) oder als logistische Verteilung (Logit-Modelle).

Für die angebotenen Arbeitsstunden kann ebenfalls eine Wahrscheinlichkeit berechnet werden, die von denselben Faktoren abhängt wie die Partizipationswahrscheinlichkeit. Die zu konstruierende Arbeitsangebotsfunktion, nach *James Tobin*, ihrem Erfinder „Tobin-Methode" genannt, schätzt dann uno actu die Wahrscheinlichkeit, dass das Arbeitsangebot gleich 0 ist, oder die Wahrscheinlichkeit, dass das Arbeitsstundenangebot eine bestimmte Höhe erreicht (zu den erwähnten Modellen s. RONNING 1991).

(5) *Wie werden die benötigten Variablen definiert und erhoben?*

Das Angebot an Arbeitsstunden wird praktisch immer durch die geleisteten Arbeitsstunden operationalisiert; mit hoher Wahrscheinlichkeit sind die geleisteten nur ein verzerrter Indikator der angebotenen Arbeitsstunden, weshalb die Ergebnisse der empirischen Untersuchung nur eine eingeschränkte Gültigkeit aufweisen.

Der Lohnsatz wird in vielen Studien durch eine Lohnsatzfunktion bestimmt, wie Ausdruck (11-18) sie andeutet; der Lohnsatz (bzw. Gesamtlohn und Arbeitsstunden) sowie die den Lohn bestimmenden Variablen werden empirisch erhoben. So gut wie nie handelt es sich dabei um Erhebungen, die durchgeführt wurden, um das Arbeitsangebot zu erheben und zu erklären, sondern um Erhebungen, die anderen Zwecken dienten (in Deutschland der Mikrozensus, die amtliche Statistik und das Sozioökonomische Panel des *Deutschen Instituts für Wirtschaftsforschung* in Berlin; in den USA ist die Situation nicht anders).

(6) *In welcher Form werden die Ergebnisse der empirischen Untersuchungen präsentiert?*

Die Ergebnisse der empirischen Untersuchungen werden meistens als Elastizitäten präsentiert, die durch Erweiterungen aus dem Ausdruck (11-17) gewonnen werden:

$$(11\text{-}19) \qquad \underbrace{\frac{\partial a}{\partial w}\cdot\frac{w}{a}}_{\eta_{a,w}} = \underbrace{\frac{\partial a}{\partial v}\cdot\frac{v}{a}}_{\eta_{EE}}\cdot\frac{a\cdot w}{v} + \underbrace{\left(\frac{\partial a}{\partial w}\cdot\frac{w}{a}\right)_{SE}}_{\eta_{SE}}.$$

Die beiden Summanden der rechten Seite der Gleichung (11-17) sind, wie das Glied auf der linken Seite, mit w/a multipliziert worden, das erste Glied auf der rechten Seite ist außerdem mit v/v erweitert worden, es resultiert der Ausdruck (11-19). Das Glied auf der linken Seite, mit den gängigen Elastizitätssymbolen bezeichnet als $\eta_{a,w}$, heißt „unkompensierte Lohnelastizität“, der zweite Summand auf der rechten Seite (η_{SE}) heißt „kompensierte Lohnelastizität“, der erste Summand auf der rechten Seite heißt „Einkommenselastizität“. Die kompensierte Lohnelastizität ist unbeobachtbar nur aus den beiden anderen Ausdrücken zu berechnen:

$$(11\text{-}20) \qquad \eta_{SE} = \eta_{a,w} - \eta_{EE}\cdot\frac{a\cdot w}{v}.$$

Die unkompensierte Lohnelastizität ist aus den empirischen Daten zu berechnen, die Einkommenselastizität ebenfalls, indem nämlich für sie ein Wert eingesetzt wird, der aus der Änderung des Arbeitsangebotes bei Änderung des Vermögenseinkommens oder des Arbeitseinkommens des Lebenspartners resultiert (es handelt sich aber, um es zu wiederholen, um den Einkommenseffekt einer Lohnsatzänderung).

11.4.2 Ergebnisse

Überblicke über die empirischen Ergebnisse neuerer Studien bieten KILLINGSWORTH 1983 für Männer und Frauen, KILLINGSWORTH/HECKMAN 1986 für Frauen, PENCAVEL 1986 für Männer, FRANZ 1996 (S. 74) für Männer und Frauen aus dem deutschsprachigen Raum.

Die Untersuchungen kommen durchweg zu dem Ergebnis,

- dass für verheiratete Frauen in den USA sowohl die kompensierte als auch die unkompensierte Lohnelastizität größer als Null ist,
- dass ledige Frauen in den USA eine Lohnelastizität (sowohl kompensiert als auch unkompensiert) aufweisen, die geringer ist als die der verheirateten Frauen, aber auch meistens positiv,
- dass die Spannweite der Lohnelastizitäten (sowohl der kompensierten als auch der unkompensierten) bei den Männern in den USA beträchtlich ist und auch negative Werte einschließt,
- dass bei Frauen im deutschen Sprachraum die Ergebnisse ähnlich sind wie in den USA,
- dass es kaum Untersuchungen über Männer im deutschen Sprachraum gibt.

Insgesamt sind die Spannen bei den Lohnelastizitäten so groß, dass die Werte schon aus diesem Grund nicht als zuverlässig und damit auch nicht als gültig angesehen werden können. Eine der Hauptursachen für diesen Mangel dürfte, wie erwähnt, darin bestehen, dass das *Angebot* an Arbeitsstunden durch die *geleisteten* Arbeitsstunden operationalisiert wird. Die geleisteten Arbeitsstunden jedoch kommen zu Stande durch Angebot und Nachfrage, wobei von dieser höchstwahrscheinlich ein größerer Einfluss ausgeübt wird als von jener und wobei die Wirkungen einer Lohnerhöhung auf Angebot und Nachfrage gegenläufig sein dürften.

Die Untersuchungen geben auch Partizipationswahrscheinlichkeiten an; als Beispiel bringen wir ein Ergebnis von FRANZ 1996 für Frauen in Deutschland.

Darstellung II/4[a]: Die Partizipationswahrscheinlichkeit von verheirateten Frauen in Abhängigkeit von persönlichen Merkmalen

Charakteristika	Wahrscheinlichkeit
hypothetische Frau[b]	0,284
Abitur statt Hauptschulabschluss	0,409
Keine abgeschlossene Berufsausbildung	0,201
Keine Kinder	0,745
Ausländerin statt Deutsche	0,431
1.000 DM höheres Einkommen des Ehemannes	0,176

(a) Quelle: FRANZ 1996, S. 75

(b) Diese Frau ist verheiratet, 30 Jahre alt, hat 1 Kind unter 3 Jahren und 1 Kind im Alter zwischen 3 und 6 Jahren, ist Deutsche, hat einen Hauptschulabschluss und eine abgeschlossene Berufsausbildung. Ihr Ehemann ist nicht selbständig mit einem monatlichen Nettoeinkommen von 1.649 DM (= durchschnittliches Einkommen aller Ehemänner im Datensatz). Die weiteren Zeilen geben die Partizipationswahrscheinlichkeit an bei Änderung *eines* Merkmales und Konstanz der anderen Merkmale der hypothetischen Frau.

Offensichtlich spielen andere Faktoren als der Lohn die Hauptrolle bei der Entscheidung verheirateter Frauen, ob sie sich am Erwerbsleben beteiligen wollen oder nicht: Von überragender Bedeutung ist das Vorhandensein von Kindern, sodann die Nationalität und die Ausbildung; diese beiden letzteren Merkmale haben allerdings wieder Einfluss auf den Lohnsatz.

Insgesamt ist gegen die referierten empirischen Untersuchungen einzuwenden, dass die überprüften theoretischen Aussagen unter anderen Axiomen aus dem Axiom der vollständigen Konkurrenz abgeleitet sind, in welchem das Axiom des rationalen Verhaltens impliziert ist, während doch in der betrachteten Realität sicher keine vollständige Konkurrenz herrscht und Menschen sich sehr selten, wenn überhaupt, nach den Vorschriften der Rationaltheorie verhalten. Die Benutzung offensichtlich falscher Axiome zur Herleitung empirischer Behauptungen ist, obwohl in der herrschenden Wirtschaftstheorie weit verbreitet, ein Missbrauch axiomatischer Systeme (s. dazu G. BRINKMANN 1997, S. 62-64).

Literaturhinweise:
S. die Hinweise am Schluss von Kapitel 10, außerdem die im Text genannte Literatur.

12 Erwerbsbeteiligung und Arbeitszeitwünsche

Noch genauere Aufschlüsse über das Arbeitsangebot als aus den Ergebnissen des Abschnittes 11.4.2 erhält man, wenn man ganz ohne komplizierte Berechnungen von Funktionen einen Blick auf die Entwicklung der Erwerbsquoten im Zeitablauf und auf die Arbeitszeitwünsche wirft.

12.1 Erwerbsbeteiligung der Männer

Männer unterscheiden sich in ihrer Erwerbsbeteiligung von den Frauen, wie jedermann weiß und wie Abschnitt 11.4.2 zeigt, sie differenzieren ihre Erwerbsbeteiligung aber auch sehr stark nach dem Alter, wie Darstellung 12/1 es demonstriert.

Darstellung 12/1[a]: Die Erwerbsquoten der Männer in der Bundesrepublik Deutschland von 1950 bis 1997 nach Altersgruppen (alte Bundesländer)

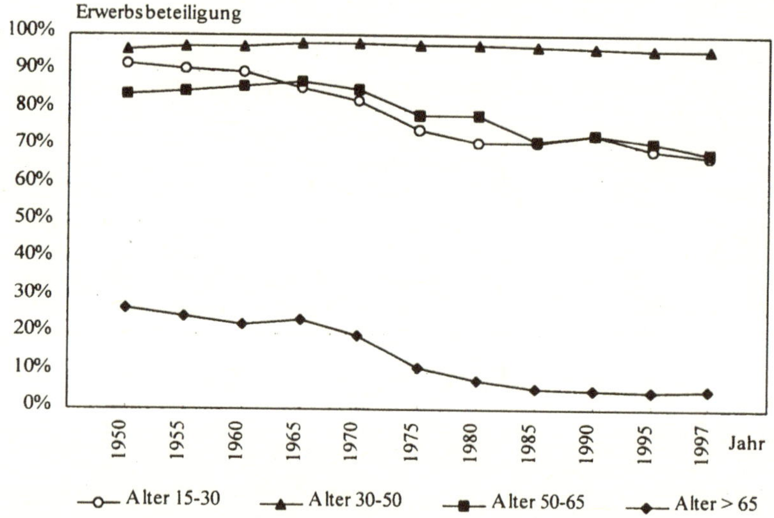

(a) Quellen:
1950: STATISTISCHES JAHRBUCH 1953, S. 43 und 123.
1960: STATISTISCHES JAHRBUCH 1962, S. 143.
1965: STATISTISCHES JAHRBUCH 1966, S. 157.
1970: STATISTISCHES JAHRBUCH 1971, S. 122.
1975: STAND UND ENTWICKLUNG DER ERWERBSTÄTIGKEIT 1976, S. 35.
1980: STAND UND ENTWICKLUNG DER ERWERBSTÄTIGKEIT 1981, S. 31.
1985: STAND UND ENTWICKLUNG DER ERWERBSTÄTIGKEIT 1986, S. 49.
1990: STAND UND ENTWICKLUNG DER ERWERBSTÄTIGKEIT 1991, S. 55.
1995: STAND UND ENTWICKLUNG DER ERWERBSTÄTIGKEIT 1996, S. 145.
1997: STAND UND ENTWICKLUNG DER ERWERBSTÄTIGKEIT 1998, S. 183.

Jugendliche unter 15 Jahren werden in der Graphik nicht ausgewiesen, weil sie dem Verbot der Kinderarbeit unterliegen (§ 5 JArbSchG).

Altersgruppe von 15 Jahren bis unter 30 Jahre (Zeit der Ausbildung): Die Erwerbsquoten dieser Altersklasse haben in den letzten 30 Jahren abgenommen, und zwar deshalb, weil immer mehr dieser Männer freiwillig Vollzeitschulen besuchten. Die individuellen Entscheidungen dieser Männer, ob und wann sie sich am Erwerbsleben beteiligen, lassen sich also nur erklären, wenn man gleichzeitig erklärt, warum sie nach dem Ende der allgemeinen Schulpflicht ihre Ausbildung entweder fortsetzen oder nicht fortsetzen (s. dazu Kapitel 13).

Altersgruppe von 30 Jahren bis unter 50 Jahre (volle Leistungsfähigkeit): Im Alter von 30 bis 50 gehört in der westlichen Bundesrepublik fast jeder Mann zur Erwerbsbevölkerung: Die Erwerbsquoten liegen durchweg über 95 %, im letzten Vierteljahrhundert hat sich daran nichts geändert. Diese hohe Erwerbsbeteiligung kann man leicht durch drei Faktoren erklären:

1. Auf männliche Angehörige dieser Altersgruppen wird ein starker sozialer Druck ausgeübt, einer Erwerbsarbeit nachzugehen, dem sich nur Kranke, sehr reiche Personen und Asoziale entziehen können.
2. Der soziale Druck wird durch die ökonomische Unmöglichkeit verstärkt, seinen Lebensunterhalt anders als durch Erwerbsarbeit zu bestreiten.
3. Krankheiten sind in dieser Altersgruppe noch nicht so gravierend, dass sie die Männer arbeitsunfähig machen.

Altersgruppe von 50 Jahren bis unter 65 Jahre (beginnende Invalidität): In dieser Altersklasse haben die Erwerbsquoten in den letzten 15 Jahren beträchtlich abgenommen. Dies dürfte vor allem dadurch verursacht sein, dass mit steigendem Alter die Arbeitskräfte häufiger und ernster erkranken, so dass eine merkbare Anzahl von ihnen arbeitsunfähig wird; außerdem dürfte mit steigendem Alter auch der soziale Druck nachlassen, sich am Erwerbsleben zu beteiligen. Die 63- bis 65-jährigen können von der Möglichkeit der flexiblen Altersgrenze Gebrauch machen, die im Jahre 1972 eingeführt wurde („flexible Altersgrenze" besagt, dass die Rentenversicherten nach eigener Wahl sich im Alter von 63 bis 65 Jahren pensionieren lassen können). Außerdem haben viele Unternehmen ihre Beschäftigungszahlen durch den Vorruhestand reduziert: Ältere entlassene Arbeitnehmer erhalten bis zum Eintritt der vorgezogenen Pensionierung Arbeitslosengeld, das von dem entlassenden Unternehmen durch eine Abfindung aufgestockt wird.

Altersgruppe über 65 Jahre (Pensionierung): Bei Männern liegt die Altersgrenze, an der sie spätestens einen Anspruch auf Leistungen aus der Rentenversicherung haben, bei 65 Jahren. In aller Regel endet an dieser Grenze das bisherige Arbeitsverhältnis der abhängig Beschäftigten; infolgedessen sinken die Erwerbsquoten scharf ab. Dass es in dieser Altersklasse überhaupt noch Erwerbstätige gibt, liegt einerseits daran, dass Selbständige sich häufig an der angegebenen Altersgrenze nicht aus ihrer bisherigen Tätigkeit zurückziehen; andererseits daran, dass viele vormals unselbständig Beschäftigte sich eine neue Arbeit suchen. Die Gründe für beide Verhaltensweisen sind vielfältig: ökonomischer Zwang, aber auch Freude an der Arbeit könnten eine Rolle spielen. Was immer diese Gründe sind, ihre Wirksamkeit hat in den letzten 20 Jahren erheblich nachgelassen: Waren im Jahre 1970 noch fast 25 % der über 65jährigen Männer Erwerbspersonen, so 1992 weniger als 5 %. Der Übergang von der Erwerbstätigkeit in den Ruhestand verursacht vielen Menschen erhebliche Schwierigkeiten; sie werden als Rollen- und Identitätsverlust, als Desozialisierung beschrieben, die den Prozess des Alterns, dem sie sich angeblich verdanken, erst hervorrufen oder doch mindestens beschleunigen. Wir können hier auf diese Probleme nicht eingehen, sondern müssen auf die entsprechende Literatur verweisen (einen knappen, aber instruktiven Überblick findet man bei SADOWSKI 1977, S. 6-20; s. auch LAZEAR 1986).

Die vorstehenden Erörterungen dürften deutlich gemacht haben, dass die Arbeitsangebotsfunktionen die Bedeutung des Lohnsatzes bei der Entscheidung der Männer, ob sie sich am Erwerbsleben beteiligen sollen oder nicht, stark übertreiben.

12.2 Erwerbsbeteiligung der verheirateten Frauen

Die Erwerbsquoten der ledigen und der geschiedenen Frauen sind zwar niedriger als die der Männer, folgen aber deren Muster. Wir beschränken uns deshalb auf die verheirateten Frauen. Auch bei ihnen differenziert das Lebensalter, wie Darstellung 12/2 zeigt, die Erwerbsbeteiligung sehr stark. Die Entscheidungsprozesse der verheirateten Frauen dürften sehr komplex sein. Wir nehmen an, dass die hinter dem Alter sich verbergenden Faktoren ebenso auf sie wie auf Männer wirken; besonders deutlich wird dies an der Tatsache, dass die Erwerbsquoten auch der verheirateten Frauen, die 60 Jahre und älter sind, in den letzten 40 Jahren immer deutlich niedriger waren als die der jüngeren. Neben diesen allgemeinen Ursachen gibt es aber auch spezifische, denen ausschließlich oder doch vorzüglich verheiratete Frauen unterliegen: die Existenz von Kindern, insbesondere von Kleinkindern (s. Abschnitt 11.4.2) und die Einstellung zur Arbeit.

Da die Erziehung von Kleinkindern nach der in unserer Gesellschaft vorherrschenden Anschauung besser in der Familie als in anderen Institutionen erfolgt; da weiterhin die vorherrschende Familienform die Kleinfamilie aus Vater, Mutter und Kindern ist; da die Arbeitsteilung eine Berufstätigkeit zu Hause nur Wenigen gestattet, wird ein Elternteil sich hauptberuflich der Erziehung der Kleinkinder widmen, und meistens ist dies die Mutter. Die Existenz von Kleinkindern ist für die verheiratete Frau also immer ein Hindernis, das ihrer Beteiligung am Erwerbsleben im Wege steht. Es muss von anderen Faktoren überwunden werden, wenn die verheiratete Mutter sich zur Teilnahme am Erwerbsleben entschließen soll (s. dazu Darstellung 11/5).

Der Faktor, der die verheiratete Frau immer zur Berufstätigkeit drängt, ist die positive Einstellung zur Arbeit. Empirische Erhebungen (HOFBAUER 1978) zeigen, dass es dabei vor allem auf die Einstellung des Ehemannes zur Berufstätigkeit seiner Ehefrau ankommt: Die Erwerbsquote von Frauen, deren Ehemänner gegen eine Erwerbstätigkeit ihrer Frauen eingestellt sind, beträgt 8 %; aber 81 % der Frauen sind berufstätig, deren Männer eine Erwerbstätigkeit ihrer Frauen befürworten. Die Wertschätzung, die Ehemänner der Berufsarbeit ihrer Ehefrau entgegenbringen, dürfte im Allgemeinen um so höher sein, je höher die Ausbildung der Frau ist und je mehr die Arbeitsbedingungen, die sie gerade wegen ihrer Ausbildung zu erwarten hat, von ihr und ihrem Ehemann als angenehm empfunden werden. Unter diesen Umständen kann die verheiratete Frau die Berufsarbeit benutzen, um sich von den Beschränkungen, die Küche und Kinder ihr auferlegen, zu emanzipieren. Wenn die verheiratete Frau die Berufsbedingungen als unangenehm empfindet, dann verhelfen ihr dagegen Küche und Kinder, das Dasein der Hausfrau insgesamt, zur Emanzipation von jenen Bedingungen.

Darstellung 12/2[a]*:* Die Erwerbsquoten der verheirateten Frauen in der Bundesrepublik Deutschland von 1950 bis 1997 nach Altersgruppen (alte Bundesländer)

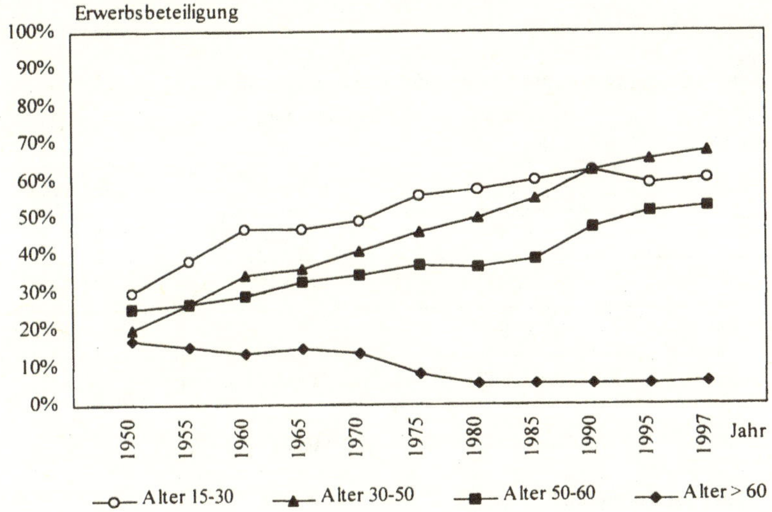

(a) Quellen:
1950: STATISTISCHES JAHRBUCH 1953, S. 43 und 123.
1960: STATISTISCHES JAHRBUCH 1962, S. 47, 143 und 144.
1965: ARBEITS- UND SOZIALSTATISTIK 1973/4, S. 38.
1970: STATISTISCHES JAHRBUCH 1971, S. 122.
1975: STAND UND ENTWICKLUNG DER ERWERBSTÄTIGKEIT 1975, S. 35.
1980: STAND UND ENTWICKLUNG DER ERWERBSTÄTIGKEIT 1981, S. 31.
1985: STAND UND ENTWICKLUNG DER ERWERBSTÄTIGKEIT 1986, S. 49.
1990: STAND UND ENTWICKLUNG DER ERWERBSTÄTIGKEIT 1991, S. 55.
1995: STAND UND ENTWICKLUNG DER ERWERBSTÄTIGKEIT 1996, S. 145.
1997: STAND UND ENTWICKLUNG DER ERWERBSTÄTIGKEIT 1998, S. 183.

Die Wirkung aller dieser Faktoren hängt auch davon ab, ob die verheiratete Frau ihre Berufstätigkeit für längere Zeit unterbrochen hat oder nicht. Hat sie ihren Beruf einmal aufgegeben, fällt es ihr schwer, ihn wieder aufzunehmen, weil sie viele der notwendigen Fähigkeiten, die sie früher besessen, verloren hat und weil sie neue sich nicht hat erwerben können, oder: weil die Nachfrager nach Arbeit dies glauben. Alle Faktoren zusammengenommen haben in den letzten 40 Jahren die Erwerbsquoten der verheirateten Frauen stetig erhöht.

12.3 Erwerbspersonen von 1970 bis 1997 in der Bundesrepublik Deutschland (West)

Die in den Abschnitten 12.1 und 12.2 dargestellten Entwicklungen der Erwerbsquoten haben (zusammen mit der Vergrößerung der Bevölkerung) zu einer Erhöhung der

Zahl der Erwerbspersonen von 1970 bis 1997 in Westdeutschland um etwa 4 Millionen geführt. In Darstellung 12/3 sind die Zahlen von 1970 bis 1997, getrennt für Männer und Frauen, dokumentiert. Die Steigerung ist praktisch allein von den Frauen verursacht worden, während die Anzahl der Männer, die sich am Erwerbsleben beteiligen, nur in sehr bescheidenem Maße (um etwa 365 Tausend) gestiegen ist. Die Zahl der Erwerbstätigen ist zwar in dem selben Zeitraum ebenfalls gestiegen, aber um einen geringeren Betrag (s. Kapitel 19, Darstellung 19/1); die Differenz sind die Arbeitslosen (deren Zahl allerdings um die geringfügig Beschäftigten [s. Abschnitt 1.3] zu vergrößern ist).

Darstellung 12/3[a]*:* Erwerbspersonen in der Bundesrepublik Deutschland (West) nach Geschlecht (in 1.000) und Jahren

Jahr	Männer	Frauen	insgesamt
1970	17.197	9.620	26.817
1980	17.082	10.866	27.948
1990	17.967	12.395	30.362
1997	17.562	13.005	30.567

(a) Quelle: INSTITUT DER DEUTSCHEN WIRTSCHAFT 1998, Tabelle 14.

12.4 Arbeitszeitwünsche

12.4.1 Arbeitszeitwünsche als Indikatoren des Arbeitszeitangebotes

In Abschnitt 11.4 ist das *Angebot* an Arbeitsstunden in Abhängigkeit vom Lohnsatz durch die *tatsächlich gearbeiteten* oder die *vereinbarten* Stunden operationalisiert worden, was, wie erwähnt, unbefriedigend ist, weil die Nachfrage nach Arbeitsstunden und die institutionellen Regelungen der Arbeitszeit möglicher Weise einen überragenden Einfluss auf die vereinbarten Stunden ausüben, vor allem dann, wenn der Lohnsatz sich nur marginal ändert. Besser könnte das Arbeitszeitangebot vielleicht durch Arbeitszeitwünsche operationalisiert werden. Natürlich muss man fragen, ob die geäußerten Wünsche ein ernsthaftes Angebot darstellen, was wir nach Möglichkeit prüfen werden.

12.4.2 Die Dimensionen der Arbeitszeit

Anders als das einfache statische Modell des Kapitels 11 es annimmt, ist das Problem der Arbeitszeit sehr vielschichtig: Im Arbeitsvertrag muss entschieden werden,

- wie lang die Arbeitszeit ist,
- wie sie angeordnet wird,
  - innerhalb eines Tages,
  - innerhalb einer Woche,
  - innerhalb eines Monats,
  - innerhalb eines Jahres,
  - innerhalb des individuellen Lebens.

In Deutschland besteht ein Normalmuster dieser Entscheidungen, die Vollzeitarbeitszeit: Die Arbeitszeit

- beträgt etwa sieben Stunden am Tag;
- liegt zwischen 8 und 16 Uhr;
- findet statt von Montag bis Freitag (Samstag und Sonntag sind frei), außer an Feiertagen;
- gearbeitet wird während elf Monaten, einen Monat beträgt die bezahlte Urlaubszeit, wobei sehr häufig dieser Urlaub nicht an einem Stück, sondern in mehreren Teilen genommen wird;
- dieses Arbeitszeitmuster wird während der gesamten Erwerbsbeteiligung eingehalten.

Von diesem Arbeitszeitmuster existieren vielfältige Abweichungen: Überstunden, Schichtarbeit, Nachtarbeit, Samstagsarbeit, Sonntagsarbeit, Gleitzeitarbeit (die Arbeitsstunden müssen während einer Woche oder eines Monats die vereinbarte Zahl erreichen, ihre Verteilung jedoch ist innerhalb gewisser Grenzen flexibel), Teilzeitarbeit (meistens die Hälfte der Vollzeitarbeitsstunden).

Sowohl das Normalmuster der Arbeitszeit als auch die Abweichungen von ihm sind weitgehend durch Tarifverträge und Betriebsvereinbarungen geregelt, der einzelne Arbeitsanbieter hat im Allgemeinen höchstens die Möglichkeit, eines dieser Muster nach seinen Wünschen auszuwählen, marginale individuelle Änderungen der Arbeitszeit innerhalb des gewählten Musters bei marginalen Änderungen des Lohnsatzes dürften ihm nur sehr schwer möglich sein. Der in Abschnitt 11.4 dargestellte, von der herrschenden Ökonomik favorisierte Ansatz zur empirischen Überprüfung der Arbeitsangebotsfunktion ist also der Situation nicht angemessen.

12.4.3 Vollzeit- und Teilzeitbeschäftigungswünsche

Das *Institut zur Erforschung sozialer Chancen* in Köln (ISO) hat drei Mal (ISO 1987, 1989, 1993) Vollzeit- und Teilzeitbeschäftigte nach ihren Wünschen in Bezug auf dieses Arbeitszeitregime befragt (s. Darstellung 12/4).

Ein überwältigend großer Teil der Befragten möchte das Arbeitszeitregime, unter dem sie arbeiten, nicht ändern. Dieser Anteil ist bei den Vollzeit- noch größer als bei den Teilzeitarbeitskräften; die Änderungen, die sich von 1987 bis 1993 ergeben haben, sind unbedeutend. Als wesentliches Motiv der Vollzeit-Arbeitenden und derjenigen, die es werden möchten, die Vollzeitarbeit beizubehalten bzw. in sie zu wechseln, geben die Verfasser den Erhalt des Arbeitseinkommens bzw. den Erwerb eines größeren Einkommens an, als Beharrensmotiv der Teilzeit-Arbeitenden, die fast ausschließlich Frauen seien, die Vereinbarkeit von Beruf und Familie. Diejenigen Vollzeit arbeitenden Frauen, die zur Teilzeitarbeit wechseln möchten, haben nach Angabe der Autoren ganz überwiegend einen Vollzeit beschäftigten Partner und mindestens ein Kind (ISO 1994, S. 132; s. dazu auch Darstellung 12/5).

Darstellung 12/4[a]*:* Teilzeit- und Vollzeit-Beschäftigungswünsche nach tatsächlicher Beschäftigung und Jahren, in %

Jahr	Tatsächliche Beschäftigung	Wunsch		
		Teilzeit	Vollzeit	keine Angaben
1987[b]	Teilzeit	82	18	-
	Vollzeit	7	92	1
1889[c]	Teilzeit	89	11	-
	Vollzeit	6	93	1
1993[d]	Teilzeit	87	10	3
	Vollzeit	9	88	3

(a) Quelle: ISO 1994, S. 135

(b) Nach Angabe von ISO 1989 (S. 31) betrug die Stichprobe etwa 2.128 abhängige Erwerbspersonen.

(c) „In der repräsentativ angelegten Arbeitszeitumfrage wurden bundesweit 3.328 Beschäftigte ... sowie in einer Aufstockungserhebung 184 Teilzeitbeschäftigte aus Nordrhein-Westfalen ... interviewt“ (ISO 1989, S. 31).

(d) Stichprobe: „2.577 Zielpersonen (deutsche abhängig Beschäftigte im Alter von 18 bis 65 Jahren in dem Gebiet der alten Bundesrepublik einschließlich Westberlin)“, die repräsentativ für Westdeutschland sind (ISO 1994, S. 11).

Es ist plausibel, dass die geäußerten Wünsche dem ernsthaften Arbeitsangebot entsprechen, denn den Befragten ist bewusst, welche Konsequenzen die Realisierung ihrer Wünsche für ihr Arbeitseinkommen hat. Das tatsächliche Arbeitszeitregime ist also weitgehend nicht durch die Arbeitsnachfrage bestimmt, sondern entspricht dem Angebot der Erwerbstätigen. Änderungsmöglichkeiten des Regimes sind gering, wenn sie den Erwerbstätigen nicht aufgezwungen werden sollen und wenn sie mit Einkommenseinbußen verbunden sind. Ob das Angebot der Arbeitslosen von dem der Erwerbstätigen abweicht, kann aus diesem Ergebnissen natürlich nicht entnommen werden.

12.4.4 Arbeitszeitwünsche in Vollzeit- und Teilzeitbeschäftigung

Der Wunsch, das derzeit ausgeübte Arbeitszeitregime beizubehalten, führt die betreffenden Erwerbstätigen nicht notwendig zu dem Wunsch, auch die bisherige Arbeitszeit innerhalb dieses Regimes beizubehalten. ISO 1994 hat die Stichprobe nach tatsächlichen vertraglichen und gewünschten Wochenarbeitszeiten befragt (s. Darstellung 12/5). Die gewünschten Änderungen der Wochenarbeitszeit sind insgesamt gering, am stärksten sind sie noch bei den Männern: Diese möchten ihre tatsächliche Wochenarbeitszeit, die über der vertraglich vereinbarten liegt, noch unter dieses Maß senken, dies allerdings nicht in großem Umfang.

Darstellung 12/5[a]: Tatsächliche, vertragliche und gewünschte Wochenarbeitszeiten (Durchschnitt in Stunden)[b] nach Familien und Geschlecht

	Alleinstehend			Allein-erzie-hende*	Verheiratet, zusammenlebend, ohne Kind			Verheiratet, zusammenlebend, mit Kind			Be-schäf-tigte
	Männer	Frauen	insge-samt		Männer	Frauen	insge-samt	Männer	Frauen	insge-samt	insge-samt
1. tatsächliche Wochenarbeitszeit	40,3	37,8	39,1	35,9	41,8	35,9	39,5	42,6	27,8	37,7	38,5
2. vertragliche Wochenarbeitszeit	38,1	36,4	37,3	34,6	38,5	35,2	37,2	37,9	27,2	34,4	36,0
3. gewünschte Wochenarbeitszeit	36,7	34,3	35,6	34,1	35,9	31,9	34,4	37,1	26,0	33,5	34,5

* Wegen zu geringer Fallzahlen war hier eine Differenzierung zwischen Männern und Frauen nicht möglich.

(a) Quelle: ISO 1994, S. 115

(b) Frage: „Wenn Sie die Wahl hätten, wieviele Stunden Sie arbeiten wollen: Wieviele Stunden würden Sie dann gerne in der Woche arbeiten?" (Gestellt an alle Befragten.)

Insgesamt leidet die Interpretation der Ergebnisse darunter, dass bei der Frage nach den Arbeitszeitwünschen keine Bedingung in Bezug auf den Lohnsatz genannt wurde: Es ist also nicht möglich anzugeben, ob die Befragten eine geringere Arbeitszeit bei gleichem Wochenlohn und damit höherem Lohnsatz oder bei gleichem Lohnsatz und damit geringerem Wochenlohn wünschen. Die Ernsthaftigkeit des Angebots kann also auf Grund der referierten Untersuchung nicht beurteilt werden, aber die im Folgenden erwähnte Studie hat das Arbeitseinkommen bei der Frage nach den Arbeitszeitwünschen nicht vergessen:

Die Europäische Kommission hat 1994 eine Untersuchung des Arbeitsmarktes in der Europäischen Union durchgeführt (EUROPEAN COMMISSION 1995) und dabei etwa 10.000 abhängige Erwerbspersonen (S. 5) interviewen lassen. Den Beschäftigten wurde u.a. folgende Frage vorgelegt: (1f, S. 47):

> „If the choice were offered at the next wage round, which of the following two possibilities would you prefer?"

wobei die deutschen Befragten zwischen den beiden Möglichkeiten sich so entschieden (S. 150, Table 25 b):

- increase in pay (for the same hours of work): 58 %,
- shorter working time (for the same weekly or monthly pay you get now): 33 %,
- don't know: 9 %.

Die Veröffentlichung gliedert diese Zahlen leider nicht nach Geschlecht, Familienstand und Arbeitszeitregime, die, wie die vorstehenden Informationen gezeigt haben, die Arbeitszeitwünsche stark differenzieren. Brauchbare Untersuchungen über das Arbeitszeitangebot stehen also noch aus.

Literaturhinweise:
S. die Hinweise am Schluss von Kapitel 10, außerdem die im Text genannte Literatur.

13 Das Angebot an Humankapital

13.1 Überblick über das Problem

Die Beteiligung am Erwerbsleben und das Angebot an Arbeitsstunden während eines bestimmten Zeitraumes sind nur zwei, wenn auch sehr wichtige Aspekte des Arbeitsangebotes der Mitglieder einer Volkswirtschaft. Ein weiterer außerordentlich wichtiger Aspekt sind die Fähigkeiten, welche die sich auf dem Arbeitsmarkt anbietenden Arbeitskräfte aufweisen und die deshalb von den Arbeitsnachfragern im Arbeitsprozess eingesetzt werden könnten; wichtig ist der Aspekt deshalb, weil das Ergebnis des Arbeitsprozesses, das Produkt, außerhalb jedes vernünftigen Zweifels ebenso wie die möglichen Arbeitsprozesse von den Fähigkeiten der Arbeitenden, ihrem Humankapital, mitbestimmt werden.

Humankapital	$=_{def}$	die im Produktionsprozess einsetzbaren Fähigkeiten der Arbeitenden.
Kapital	$=_{def}$	alle Güter, die zur Produktion anderer Güter eingesetzt werden, ohne in der betrachteten Produktionsperiode vollständig aufgezehrt zu werden oder vollständig in die produzierten Güter einzugehen.
Investition	$=_{def}$	die Aussonderung bestimmter Güter als Kapital.
Investitionen in Humankapital	$=_{def}$	alle veranstalteten Lernprozesse (= Ausbildung).

Humankapital entsteht (s. Darstellung 13/1) einerseits durch Investitionen in dieses, andererseits durch angeborene Fähigkeiten, schließlich aber auch durch Verhaltensweisen, die keine bewusste Investition darstellen, sondern naturwüchsig vorkommen und dabei eher unbeabsichtigt Humankapital bilden. Als Beispiele mögen die Verhaltensweisen eines heranwachsenden Kindes in seiner Familie und seiner Nachbarschaft sowie die Berufserfahrungen eines Berufstätigen dienen.

Darstellung 13/1: Modell der Bildung von Humankapital

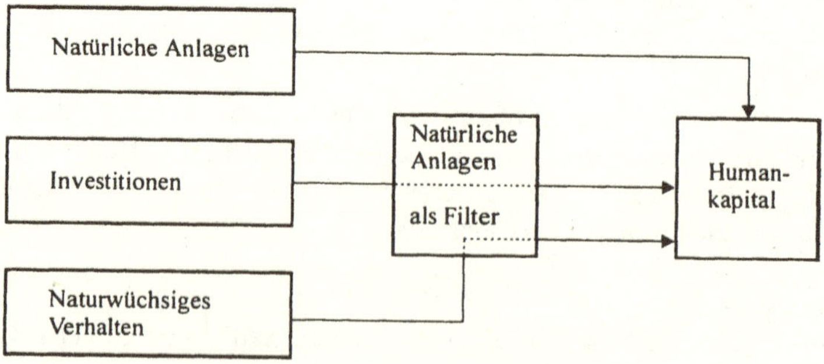

Der Erfolg der Investitionen und des naturwüchsigen Verhaltens bei der Bildung von Humankapital dürfte weitgehend von den natürlichen Anlagen eines Menschen abhängen; in Darstellung 13/1 haben wir sie deshalb als Feld eingezeichnet, das Investitionen und naturwüchsiges Verhalten bearbeiten, um so Humankapital zu erzeugen.

Die Fähigkeiten der Arbeitsanbieter sind außerordentlich vielgestaltig. Um ihr Angebot erklären zu können, müssten sie zunächst mit einem geeigneten Klassifikationssystem beschrieben werden, sodann müsste aus einer Theorie abgeleitet werden, wie Menschen dazu kommen, bestimmte Fähigkeiten zu erwerben und sich mit diesen auf dem Arbeitsmarkt anzubieten. Die herrschende Bildungs- und Arbeitsmarktökonomik führt nur einige dieser Schritte aus: Sie beschreibt die Fähigkeiten der Menschen allein durch die zeitliche Dauer ihrer Ausbildung und Berufserfahrung und macht davon ihr Einkommen abhängig (Abschnitt 13.2); sodann wird in einem mikroökonomischen Optimierungskalkül dem einzelnen Wirtschaftssubjekt vorgeschrieben, wie es zum Zwecke seiner Nutzenmaximierung seine Lebenszeit auf Arbeit, Bildung und Freizeit aufteilen soll (Abschnitt 13.3).

13.2 Die Rendite der Ausbildung

13.2.1 Investitionsrechnungen und ihre Voraussetzungen

„Investitionen" haben wir im vorhergehenden Abschnitt als dauerhafte Verwendung eines wirtschaftlichen Gutes zur Produktion anderer Güter definiert. Investitionsrechnungen werden zu dem Zwecke angestellt, den Ertrag einer Investition zu bestimmen und die Erträge verschiedener Investitionen miteinander vergleichbar zu machen, so dass der Investor aus denjenigen sich gegenseitig ausschließenden Möglichkeiten, die ihm zur Wahl stehen, die günstigste auswählen kann. Damit ein potenzieller Investor verschiedene Investitionen miteinander vergleichen kann, empfehlen ihm die Investitionsrechnungen, sowohl die investierten als auch die produzierten Güter in Geld zu bewerten. Dies wiederum ist ihm nur möglich, wenn er die Art und die Menge der zu investierenden Güter sowie deren Preise; wenn er die Art und die Menge der zu produzierenden Güter und deren Preise; wenn er die sonstigen Kosten der Produktion (z. B. die Lohnkosten und die Kosten der Roh-, Hilfs- und Betriebsstoffe) kennt, so dass er den Nettoertrag der Investition errechnen kann.

Da die Produktion über mehrere Perioden hin stattfindet und da auch die Investitionen häufiger über mehrere Perioden hin vorgenommen werden, muss der Investor einen zeitlichen Bezugspunkt wählen, an dem er Aufwand und Erträge miteinander vergleicht. Zu diesem Zweck sind die gleich vorzustellenden (bekannten) Rechenmodelle entwickelt worden. Damit ein potenzieller Investor sie anwenden kann, muss er neben den Tatbeständen, die wir bereits erwähnt haben, auch noch wissen, wie lange die Investitionsphase, wie lange die Produktionsphase dauern werden und wie innerhalb dieser Phasen die betreffenden Preise sich entwickeln werden.

In Kenntnis all dieser Dinge kann der potenzielle Investor für alle ihm zur Wahl stehenden Investitionen den Barwert oder den Endwert oder den internen Zinsfuß berechnen. Endwert und Barwert unterscheiden sich nur durch den zeitlichen Bezugspunkt; wir gehen nur auf den Barwert ein. Der Barwert einer Investition, wenn wir nachschüssige Verzinsung annehmen, ist definiert mit

$$(13\text{-}1) \qquad \text{Bar (I)} = \sum_{t=1}^{T} \frac{Y(t)}{(1+r_{markt})^t} - \sum_{t=1}^{T} \frac{I(t)}{(1+r_{markt})^t},$$

Bar (I) : Barwert der Investition,

Y(t) : Nettoertrag der betrachteten Gesamtinvestition im Zeitraum t (im Nettoertrag zum Ende der Zeitperiode T möge auch ein eventueller Restwert der Investition mit erfasst sein);

I(t) : Investition im Zeitraum t;

r_{markt} : Zinssatz, mit dem gerechnet wird, tentativ ein Marktzinssatz, ausgedrückt als Bruch, nicht als Prozentsatz;

$t \in \{1,...,T\}$: Index der betrachteten Perioden.

An die Stelle der sicheren Kenntnis aller Variablen, die Formel (13-1) voraussetzt, kann man die Kenntnis der objektiven oder subjektiven Wahrscheinlichkeitsverteilung einer Variablen schieben; statt dessen kann man auch Investitionsrechnungen unter Unsicherheit anstellen oder einen spieltheoretischen Ansatz verwenden. Wir gehen darauf jedoch nicht ein, weil diese Erweiterungen des Kalküls in der Humankapitaltheorie bisher kaum Verwendung gefunden haben.

Der interne Zinsfuß (im Folgenden werden wir ausschließlich diesen zur Bestimmung der Rendite einer Ausbildungsinvestition benutzen) ist definiert als derjenige Zinsfuß, der die abgezinsten Nettoerträge den abgezinsten Investitionen gleichmacht:

$$(13\text{-}2) \qquad \sum_{t=1}^{T} \frac{Y(t)}{(1+r_{int})^t} = \sum_{t=1}^{T} \frac{I(t)}{(1+r_{int})^t},$$

r_{int}: interner Zinsfuß.

Aus diesem Polynom t-ten Grades kann der interne Zinsfuß r_{int} bestimmt werden, wenn alle Teilbeträge I(t) der Gesamtinvestition und wenn alle ihre Nettoerträge Y(t) bekannt sind. Wenn wir die Rendite der Ausbildungsinvestitionen einer Person berechnen wollen, bedeutet dies: Wir müssen die Art sowie die Menge aller Ausbildungsinvestitionen kennen und sie in Geld bewerten; wir müssen die Art sowie die Menge aller Nettoausbildungserträge kennen und sie in Geld bewerten. Als Zeithorizont sollte die gesamte Lebenszeit der betrachteten Person angenommen werden. Der Begriff „Nettoausbildungsertrag" besagt, dass vom Bruttowert aller Güter, die einem Menschen im Laufe seines Lebens zufließen, diejenigen Beträge abgezogen werden müssen, die er auf Grund anderer Faktoren als seiner Ausbildung erlangt hat; der Begriff „Nettoausbildungsertrag" besagt nicht, dass die direkten Steuern von ihm bereits abgezogen sind.

Wie erwähnt, dienen die vorgestellten Investitionsrechnungen dem Zweck, einem potenziellen Investor den Vergleich mehrerer Investitionen und eine rationale Wahl zwischen ihnen zu ermöglichen. Die Entscheidungsregel lautet:

Wähle aus mehreren Investitionen diejenige, deren Barwert am größten ist!

beziehungsweise

Wähle aus mehreren Investitionen diejenige, deren interner Zinsfuß am größten ist!

Dies sind jedoch nur dann sinnvolle Regeln, wenn die zu vergleichenden, sich gegenseitig ausschließenden Vorhaben gleiche Höhe und gleiche zeitliche Verteilung der Investitionsbeträge sowie eine gleichlange zeitliche Nutzungsdauer der Investitionen aufweisen. Sonst wäre es zum Beispiel denkbar, dass die Investition, die den höchsten Barwert aufweist, aus Liquiditätsschwierigkeiten nicht durchgeführt werden kann; oder dass die Investition, die den höchsten internen Zinssatz aufweist, vielleicht die kürzeste Nutzungsdauer besitzt, ohne dass nach deren Ende eine profitable Verwendung, wie sie die alternativen Investitionen bieten, in Sicht wäre.

13.2.2 Das Schulmodell

Das einfachste Modell zur Berechnung der Ausbildungsrendite, das Schulmodell, ist mit dem Namen von *Jacob Mincer* verknüpft (s. dazu MINCER 1974), Professor an der Columbia-Universität in New York, der es in seiner Dissertation entwickelt hat (MINCER 1957 und 1958). Ganz ähnliche Gedanken haben *G. S. Becker* (BECKER 1962 und 1993) sowie *Theodore W. Schultz* (SCHULTZ 1960 und 1961) von der Universität von Chicago vorgelegt; das Modell wird in der Literatur deshalb auch häufig das „Chicago-Columbia“-Modell genannt. Es geht von den folgenden Annahmen aus (extrahiert aus MINCER 1974, S. 7-11):

1. Jeder Mensch kann ein bestimmtes Arbeitseinkommen y_0 ohne Bildungsinvestition erzielen.
2. Die einzige Möglichkeit des Menschen, sein Arbeitseinkommen über y_0 hinaus zu steigern, besteht darin, in seine Bildung zu investieren.
3. Die einzige Möglichkeit der Bildungsinvestition ist die formale Schulbildung.
4. Die formale Schulbildung findet in einem Block vor dem Eintritt in das Berufsleben statt.
5. Art und Qualität der formalen Schulbildung werden objektiv, zuverlässig und gültig durch die Länge der Schulzeit operationalisiert.
6. Die jährlichen Verdienste eines Menschen nach Abschluss der formalen Schulbildung sind immer konstant.
7. Die Kosten der Investitionen in Bildung sind allein Zeitkosten, das heißt, sie sind direkt proportional der Ausbildungszeit. In der Regel nimmt man an, dass sie aus dem während der Ausbildungszeit entgangenen Arbeitseinkommen bestehen, das nach Annahme 6 pro Jahr konstant ist.
8. Der interne Zinsfuß aller Investitionen in die Schulbildung eines Menschen ist konstant; dies gilt sowohl für den durchschnittlichen als auch für den marginalen Zinsfuß, die deshalb einander gleich sein müssen. Erhöht oder senkt ein Mensch also seine Schulausbildungsinvestitionen, so ändern sich durchschnittlicher und marginaler interner Zinsfuß der Investitionen nicht. Der Barwert aller Ausbildungsinvestitionen ist also immer gleich.

9. Diese Annahmen gelten nicht nur für eine Person, sondern für alle Personen. Interne Zinsfüße und Barwerte aller Schulausbildungsinvestitionen sind also einander gleich. Dies wird dadurch bewirkt, dass alle Märkte vollkommen sind, die Konkurrenz auf ihnen vollständig ist, alle Faktorleistungen mit dem Wert ihres Grenzproduktes entlohnt werden und alle Menschen rational handeln.

Unter den gemachten Annahmen kann der interne Zinsfuß als die Wachstumsrate des Arbeitseinkommens interpretiert werden, die sich ergibt, wenn ein Individuum seine Schulausbildung um ein Jahr verlängert:

(13-3) $$r_{\text{int}\,s} = \frac{y_s - y_{s-1}}{y_{s-1}}$$

$s \in \{1, ..., S\}$: Anzahl der Jahre formaler Schulbildung,
y_S : Arbeitseinkommen pro Jahr eines Menschen mit s Jahren Schulbildung.

Anders ausgedrückt: Der interne Zinsfuß ist identisch mit der relativen Differenz der Jahresarbeitseinkommen zweier Personen, die sich gerade durch ein Jahr Schulausbildung unterscheiden (von nun an werden wir den Index „int" zum Symbol r weglassen). Das jährliche Arbeitseinkommen eines Menschen mit insgesamt S Jahren Schulausbildung beträgt bei Gelten von (13-3)

(13-4) $$y_S = y_o \prod_{s=1}^{S} (1 + r_s),$$

y_o: Arbeitseinkommen ohne Bildungsinvestition,

bzw., da wir r_s als konstant ($r_s = r$) annehmen:

(13-5) $$y_S = y_o(1 + r)^S,$$

oder in natürlichen Logarithmen:

(13-6) $$\ln y_S = \ln y_o + S \ln (1 + r).$$

Wegen

(13-7) $$\ln (1 + r) = r - \frac{1}{2}r^2 + \frac{1}{3}r^3 - \frac{1}{4}r^4 + \dots,$$

gilt bei $|r| < 1$:

(13-8) $$\ln (1 + r) \approx r.$$

Da der interne Zinsfuß der Ausbildungsinvestition in der Regel Werte unter 100 % annimmt (s. weiter hinten in diesem Abschnitt), wird Ausdruck (13-6) zu

(13-9) $$\ln y_S \approx \ln y_o + rS.$$

Da in diesem Ausdruck die formale Ausbildung das einzige Argument der Lohnfunktion bildet (r wird gemäß Annahmen 8 und 9 als Parameter betrachtet), heißt er häufig auch das Schulmodell (schooling model). Es eignet sich gut für ökonometrische Untersuchungen. Man benötigt dazu lediglich Angaben über die Jahresarbeitseinkommen verschiedener Personen und über die Länge ihrer Schulzeit, gemessen in

Jahren. Aus solchem Material lässt sich dann der Parameter r bestimmen, der gemäß Annahmen die Rendite (den internen Zinsfuß der Ausbildung) darstellt. Untersuchungen mit dem Schulmodell sind häufig durchgeführt worden. Sie haben in der Regel eine Rendite der Ausbildung (r) zwischen 5 % und 15 % ergeben; der Anteil (R^2) der erklärten an der Gesamtvarianz der logarithmierten Einkommen betrug zwischen 3 % und 12 % (s. dazu die Literaturhinweise bei G. BRINKMANN 1984, S. 215f.; WILLIS 1986).

13.2.3 Die Erweiterung des Schulmodells um die Variable „Berufserfahrung"

Eine der vielen auffälligen Abweichungen des einfachen Schulmodells von der Wirklichkeit besteht in der Annahme, die Arbeitenden investierten nach dem Abschluss ihrer Schulbildung nicht mehr in ihr menschliches Kapital. Tatsächlich jedoch muss mindestens die Berufserfahrung, abgesehen von späteren Perioden der formalen Ausbildung, als eine solche Investition betrachtet werden. Um auch unter solchen Umständen mindestens die Rendite der Schulausbildung, nach Möglichkeit jedoch auch die Rendite der Berufserfahrung berechnen zu können, ändert und erweitert die Theorie des menschlichen Kapitals die Annahmen (1) bis (9) aus dem vorhergehenden Abschnitt, zum Teil übernimmt sie jene auch:

1. und 2. wie in Abschnitt 13.2.2.
3. Die Möglichkeiten zu Bildungsinvestitionen bestehen in der formalen Schulbildung und in der Berufserfahrung.
4. und 5. wie in Abschnitt 13.2.2.
6. Der Teil der jährlichen Verdienste eines Menschen, der seiner Schulausbildung zugerechnet werden muss, ist konstant.
7., 8. und 9. wie in Abschnitt 13.2.2.
10. Art, Qualität und Höhe der jährlichen Bildungsinvestition nach der formalen Schulausbildung werden objektiv, zuverlässig und gültig durch den Teil seines jährlichen Lohnes operationalisiert, den ein Arbeitender sich entgehen lässt, um eine Berufserfahrung zu machen, auf Grund deren er sein Einkommen später steigern kann.
11. Der interne Zinsfuß der Investition in Berufserfahrung ist konstant.
12. Die jährliche Investition in Berufserfahrung nimmt mit der Dauer des Berufslebens in gesetzmäßiger Form ab.
13. Die Investitionen in die Berufserfahrung sind unabhängig von den vorhergehenden Investitionen in die formale Schulbildung.
14. Diese Annahmen gelten nicht nur für eine Person, sondern für alle Personen, weil alle Märkte vollkommen sind, die Konkurrenz auf ihnen vollständig ist und alle Menschen rational handeln.

Der beobachtbare Jahreslohn eines Arbeitenden im t-ten Jahr seiner Berufsausübung ist nach den gemachten Annahmen also um den Anteil seines eigentlich erzielbaren Jahreseinkommens (genannt Verdienstmöglichkeit oder earning power) kleiner, den er in seine Berufserfahrung investiert hat:

(13-10) $y_t = z_t(1 - k_t)$,

oder in natürlichen Logarithmen

(13-11) $\ln y_t = \ln z_t + \ln (1 - k_t)$,

y_t : beobachtbarer Jahreslohn im t-ten Jahr der Berufsausübung,

z_t : erzielbarer Jahreslohn (Verdienstmöglichkeit),

k_t : Anteil des erzielbaren Jahreslohnes im t-ten Jahr der Berufsausübung, der in Berufserfahrung investiert wird (Anteil des entgangenen Jahreslohnes an der Verdienstmöglichkeit),

$t \in \{1,...,T\}$: Jahre der Berufsausübung.

Wenn wir, abweichend von den gemachten Annahmen, zunächst unterstellen, dass die Rendite der Ausbildung in jedem Jahr verschieden ist und wenn wir auch zunächst nicht zwischen der Investition in die Berufserfahrung und der Investition in die Schulbildung unterscheiden, sondern Berufserfahrung wie Schulausbildung behandeln, dann erhalten wir als Bestimmungsgleichung für die Verdienstmöglichkeit nach insgesamt T Jahren Berufsausübung:

(13-12) $$z_T = z_0 \prod_{t=1}^{T} (1 + r_t k_t),$$

z_0: Verdienstmöglichkeit ohne Bildungsinvestition,

r_t: Rendite der Ausbildung im Jahre t,

oder in natürlichen Logarithmen

(13-13) $$\ln z_T = \ln z_0 + \sum_{t=1}^{T} \ln (1 + r_t \ k_t).$$

Wegen (13-8) setzen wir

(13-14) $\ln (1 + r_t k_t) \approx r_t k_t$

und

(13-15) $\ln (1 - k_t) \approx -k_{t,}$

so dass wir aus Ausdruck 13-11 unter Berücksichtigung von 13-13, 13-14 und 13-15 erhalten:

(13-16) $$\ln y_T = \ln z_0 + \left(\sum_{t=1}^{T} r_t \ k_t \right) - k_T .$$

Wenn wir nun gemäß den Annahmen (1) bis (14) unterstellen, dass vor den insgesamt T Jahren der Berufsausübung ebenfalls insgesamt S Jahre der formalen Schulbildung liegen, in denen das gesamte mögliche Einkommen investiert wird ($k_s = 1$); dass der interne Zinsfuß r der Investition in die Schulausbildung ebenso konstant ist wie derjenige (q) der Investition in die Berufserfahrung, dann wird Ausdruck (13-16) zu

(13-17) $\ln y_T = \ln z_0 + rS + q\left(\sum_{t=1}^{T} k_t\right) - k_T,$

q: Rendite der Investition in Berufserfahrung.

Hierdurch zeigt sich, dass das einfache Schulmodell nur ein Spezialfall des um die Berufserfahrung erweiterten Investitionsmodells ist.

Gemäß Annahme (12) möge der in Berufserfahrung investierte Lohnanteil nach der folgenden Formel abnehmen:

(13-18) $k_t = k_0 - bt,$

k_0, b: konstante Parameter, $0 < k_t < 1, 0 < k_0 < 1, 0 < b < 1,$

so dass wir erhalten:

(13-19) $\ln y_T = \ln z_0 - k_0 + rS + bT + q\sum_{t=1}^{T}(k_0 - bt).$

Ausdruck 13-19 entwickelt ergibt:

(13-20) $\ln y_T = \ln z_0 - k_0 + rS + (qk_0 + b - 0{,}5qb)T - 0{,}5qbT^2.$

13.2.4 Empirische Ergebnisse

In der Form (13-20) eignet sich der Ausdruck nicht für ökonometrische Untersuchungen, weil es keine Möglichkeiten gibt, ($\ln z_0 - k_0$), ($qk_0 + b - 0{,}5\ qb$) sowie 0,5 qb in ihre jeweiligen Bestandteile zu zerlegen, es sei denn, der Forscher hätte Informationen über die Einkommensströme und das Investitionsverhalten individueller Personen, das heißt echte individualisierte Längsschnittuntersuchungen. Soweit dies nicht der Fall ist, setzt man

(13-21) $c_0 = \ln z_0 - k_0,$

(13-22) $c_1 = qk_0 + b - 0{,}5\ qb,$

(13-23) $c_2 = 0{,}5\ qb,$

so dass wir für den Ausdruck (13-20) erhalten:

(13-24) $\ln y_T = c_0 + rS + c_1T + c_2T^2.$

Die Parameter dieses Ausdrucks (c_0, r, c_1, c_2) können ökonometrisch bestimmt werden, sofern Angaben über die Arbeitslöhne von Personen vorliegen, die sich durch die Dauer ihrer formalen Bildung (S) und durch die Dauer ihrer Berufsausübung (T) unterscheiden. Technisch ausgedrückt, sind die eigentlich benötigten Längsschnittdaten über je eine Person durch Querschnittdaten über viele Personen ersetzt worden. Der Ausdruck (13-24) erlaubt auf keinen Fall, die Rendite der Investition in Berufserfahrung, er erlaubt aber, die Rendite der Investition in Schulausbildung zu berechnen, sofern die getroffenen Annahmen (1) bis (14) richtig sind. Auch von den Anhängern der Theorie des menschlichen Kapitals wird in Zweifel gezogen, dass die Investitionen in die Berufserfahrung von den Investitionen in die formale

Schulausbildung (Annahme 13) unabhängig sind. Diese Interaktion könnte man dadurch berücksichtigen, dass man 13-24 erweitert zu

(13-25) $\ln y_T = c_0 + rS + c_1T + c_2T^2 + c_3ST.$

Wenn der Parameter c_3 bei der ökonometrischen Bestimmung der Gleichung hohe Werte erreicht, ist die Schätzung des Parameters r verzerrt, weil zwischen den Variablen S und T eine hohe Multikollinearität vorliegt. Die Berücksichtigung der Berufserfahrung neben der Dauer der Schulbildung steigert in allen herangezogenen Untersuchungen den Anteil der erklärten Varianz an der Gesamtvarianz des logarithmierten Arbeitseinkommens ganz beträchtlich: von 3,1 % im einfachen Modell auf, grosso modo gesprochen, ein knappes Drittel bei allen Autoren. Der Parameter r steigt beträchtlich, wenn außer der Schulzeit auch die Dauer der Berufsausübung als Regressor benutzt wird. In allen Untersuchungen weist der Parameter c_2 das erwartete negative Vorzeichen auf, der Parameter c_3 ist überall so klein, dass die Schätzung von r durch die Korrelation von S und T kaum beeinträchtigt werden dürfte (Literaturhinweise s. bei G. BRINKMANN 1984, S. 219; WILLIS 1986).

Wir wollen die Ergebnisse so zusammenfassen: Wie es nicht anders zu erwarten ist, steigt der Anteil der erklärten Varianz der logarithmierten Löhne, wenn als Argument in der Lohnfunktion außer der Dauer der formalen Ausbildung auch die Dauer der Berufsausübung berücksichtigt wird. Dies allerdings provoziert die Frage, ob es nicht insgesamt sinnvoller wäre, das enge Modell des menschlichen Kapitals für weitere erklärende Variable zu öffnen. Wir erhalten dann kompliziertere Einkommensfunktionen, wie die Gleichungen 7-2 und 11-18, die in der Regel aber keine Renditeberechnung mehr erlauben.

13.3 Die Optimierung der Zeitallokation über den gesamten Lebenslauf

Im vorhergehenden Abschnitt 13.2 ist dargelegt worden, wie - unter stark idealisierten Bedingungen - die Ausbildung auf das Einkommen wirkt. In diesem Abschnitt wird (in Anlehnung an POHMER 1985) dargelegt, wie ein rationales Individuum - der homo oeconomicus der Wirtschaftstheorie - seine gesamte Lebenszeit auf

Freizeit,
Ausbildung,
Erwerbsarbeit

verteilen sollte, und zwar in jeder einzelnen Periode seines gesamten Lebens. Die erwähnten Entscheidungen schließen eine Verwendung des Einkommens für Konsum einerseits und Ersparnis andererseits ein. Der homo oeconomicus, lebend von $t = 0$ bis $t = T$, hat perfekte Voraussicht. Alle Entscheidungen trifft er durch Maximierung seines Nutzens über seine gesamte Lebenszeit. Der Nutzen u der gesamten Lebenszeit beträgt:

(13-26) $u = \int_0^T u\left(c, f, H, t\right) e^{-\rho t} dt + Z\left[K\left(T\right)\right],$

mit

u	:	Nutzen,
c	:	Konsum,
f	:	Freizeit,
H	:	Humanvermögen,
t	:	Zeit,
ρ	:	Abzinsungsfaktor (Zeitpräferenzrate),
Z[K(T)]	:	Nutzen des Geldvermögens, das am Ende des Lebens den Erben hinterlassen wird.

Das Humankapital H ist unter die Argumente der Nutzenfunktion aufgenommen worden, weil es nicht nur der Erzielung von Einkommen dient, sondern auch direkt Nutzen stiftet: Die Bildung hat auch einen Konsumaspekt.

Die Nebenbedingungen, unter denen die Funktion (13-26) maximiert werden soll, lauten:

Das Einkommen während einer Periode t, aus dem der Konsum c(t) und die Ersparnisbildung $\dot{K}(t)$ bestritten werden müssen, setzt sich zusammen aus Arbeits- und Vermögenseinkommen

(13-27) $v(t) = y(t) + z(t),$

v(t) : Gesamtperiodeneinkommen,
y(t) : Arbeitseinkommen,
z(t) : Vermögenseinkommen.

Das Arbeitseinkommen entsteht durch den Verkauf der Arbeitszeit:

(13-28) $y(t) = w(t) \cdot a(t),$

w(t) : Lohnsatz,
a(t) : Arbeitszeit.

Der Lohnsatz wird erklärt durch

(13-29) $w(t) = rH(t)\, g[s(t)],$

r : Preis pro Einheit Humankapital,
s(t) : der Teil der Arbeitszeit, den die betrachtete Person auf ihrem Arbeitsplatz für den Erwerb weiteren Humankapitals einsetzt,
g[·] : Proportionalitätsfaktor in Abhängigkeit von s(t).

Es gilt:

(13-30) $0 \le g \le 1,$

(13-31) $g(0) = 1,$

(13-32) $g(1) = 0.$

Die Formeln (13-29) bis (13-32) bedeuten:
Es wird angenommen, dass der Preis für Humankapital auf dem Markt gegeben ist (13-29). Wendet die betrachtete Person ihre gesamte Nicht-Freizeit (Arbeitszeit) für die Ausbildung auf (s = 1), kann sie kein Arbeitseinkommen erzielen [g(1) = 0], betreibt sie dagegen keine Ausbildung (s = 0), wird die gesamte Arbeitszeit für die Erzielung von Einkommen verwandt [g(0) = 1].

Verwendet der homo oeconomicus einen Teil seiner Arbeitszeit für Ausbildung ($0 < s < 1$), vermindert sich sein potenzielles Einkommen um den entsprechenden Proportionalitätsfaktor $0 < g < 1$.

Die maximal mögliche Arbeitszeit ist, wie auch in Kapitel 11 angenommen, beschränkt:

(13-33) $$f + a = B,$$

B: disponible Zeit pro Periode.

Bildet der homo oeconomicus sich fort, wächst sein Humankapital mit

(13-34) $$\dot{H}(t) = F\left[H(t), s(t), a(t)\right] - \delta H(t),$$

$$\dot{H}(t) = \frac{dH(t)}{dt},$$

F [·] : Produktfunktion für Humankapital,

δH(t) : Abschreibung auf Humankapital.

Der homo oeconomicus beginnt seinen Lebenslauf mit einer Erstausstattung an Humankapital und an Geldvermögen:

(13-35) $$H(t = 0) = H_0,$$

(13-36) $$K(t = 0) = K_0.$$

Die Kapitalbildung (gleich Ersparnis) beträgt

(13-37) $$\dot{K}(t) = iK(t) + y(t) - c(t),$$

i : Zinssatz,

$$\dot{K}(t) = \frac{dK(t)}{dt}.$$

Dies ist der Katalog der Nebenbedingungen, unter denen die Nutzenfunktion (13-26) zu maximieren ist. Die Aktionsvariablen (auch Kontrollvariablen genannt), die dem homo oeconomicus zur Verfügung stehen, sind:

- der Konsum in jedem Zeitpunkt t: c(t),
- die Arbeitszeit in jedem Zeitpunkt t: a(t),
- der Anteil der für Ausbildung verwandten Arbeitszeit in jedem Zeitpunkt t: s(t).

Diese Kontrollvariablen hat er, unter den angegebenen Nebenbedingungen, so zu wählen, dass sein gesamter Lebensnutzen maximiert wird. Dies erreicht er durch Maximierung der Hamilton-Funktion

$$\text{(13-38)} \qquad Ha = \left\{ u(c,f,H,t) + \lambda\left[F(H,s,a) - \delta H\right] + \mu\left[iK + rH(t)g\{s(t)\} \cdot a - c\right] \right\} e^{-\rho t}.$$

Dies ist ein Problem der Kontrolltheorie, eines mathematischen Verfahrens, das Verhalten eines dynamischen Systems zu steuern, oder: das Problem besteht darin, eine dynamische Funktion von mehreren Veränderlichen unter einer Reihe von Nebenbedingungen zu maximieren. Wir gehen auf die mathematischen Probleme nicht ein, sondern nennen nur einige Bedingungen für das Nutzenmaximum:

- Der Grenznutzen des Konsums muss in jedem Augenblick dem Grenznutzen des Geldvermögens entsprechen;
- der Grenznutzen der Freizeit muss in jedem Augenblick dem Grenznutzen der Nicht-Freizeit gleich sein;
- der Grenznutzen der Ausbildungszeit muss in jedem Augenblick dem Grenznutzen der Arbeitszeit entsprechen.

Dass Arbeitszeit, Bildungszeit und Konsum nicht nur in jedem Moment, sondern über die gesamte Lebenszeit des homo oeconomicus ihren optimalen Wert erreichen, wird unter anderem dadurch sichergestellt, da die Entwicklung des Humankapitals H und des Geldvermögens K gemäß den Gleichungen (13-34) bis (13-37), d.h. gemäß den Nebenbedingungen, modellimmanent bestimmt wird.

Soweit das Referat des Modells von POHMER 1985. Es zeigt alle Eigenschaften, die wir bereits in Kapitel 10 genannt haben: Der Entscheidende kennt seine wohldefinierte Nutzenfunktion; er weiß, was ihm Nutzen stiftet; er kennt, für seinen gesamten Lebenslauf, die Entwicklung seiner Nutzenfunktion und die Entwicklung ihrer Argumente (in dem hier zitierten Fall weiß er, dass während seines gesamten Lebens seine Nutzenfunktion, der Preis pro Einheit Humankapital, der Zinssatz konstant bleiben); er beherrscht die Algorithmen der Kontrolltheorie, so dass er sein Maximierungsproblem lösen kann. Wären die Verhältnisse so, wie die Theorie sie unterstellt, hätten alle Menschen die erwähnten Kenntnisse und verhielten sie sich so, wie ihnen die Theorie vorschreibt, dann bestünde sie nicht nur aus einem Befehl (der natürlich gewisse Aussagen als wahr voraussetzt), sondern aus einer wahren Aussage darüber, wie Menschen sich tatsächlich verhalten.

13.4 Ein realistischer Blick auf das Angebot an Humankapital in der Bundesrepublik Deutschland

Die in den Abschnitten 13.2 und 13.3 vorgestellten Modelle setzen nicht nur voraus, dass die Arbeitsanbieter eine wohldefinierte Nutzenfunktion und die benötigten Kenntnisse für deren Maximierung haben, sondern auch, dass die Bildung pro Jahr ein homogenes Gut ist und dass die Entscheidungen über deren Produktion und deren Einsatz im Erwerbsleben auf vollkommenen Märkten unter vollständiger Konkurrenz getroffen werden. Auch in dieser Hinsicht sind die realen Verhältnisse völlig anders: Die Bildung in der Bundesrepublik Deutschland, sowohl verstanden als Prozess als auch als Ergebnis, ist nicht homogen, sondern höchst inhomogen; wir können sie in zeitlicher Hinsicht einteilen in die Bildung vor dem Eintritt in das Berufsleben und die berufsbegleitende Bildung (diese Einteilung trifft auf die meisten Prozesse immer noch zu, obwohl es nun auch in Deutschland häufiger vorkommt, dass Phasen der Berufsbildung mit Phasen der Berufstätigkeit abwechseln oder dass beide nebeneinander absolviert werden). Die Bildung vor dem Eintritt in den Beruf wird so gegliedert, wie Darstellung 13/2 es zeigt. Die einzelnen Abschnitte sind höchst inhomogen, und das gilt auch für die berufsbegleitende Bildung. Weitere Abweichungen vom Ideal der vollständigen Konkurrenz werden jedem mit den Verhältnissen auch nur flüchtig Vertrauten bei Betrachtung der Darstellung 13/2 vor Augen treten:

Darstellung 13/2: Die Gliederung der formalen Bildung in der Bundesrepublik Deutschland vor dem ersten Eintritt in das Berufsleben

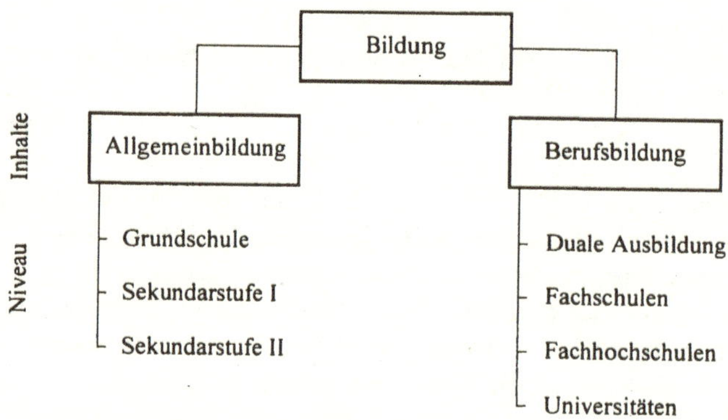

Bis zum Abschluss der Sekundarstufe I (16. Lebensjahr) herrscht Zwang, eine Vollzeitschule, bis zum Abschluss des 18. Lebensjahres herrscht Zwang, mindestens eine Teilzeitschule zu besuchen. Die Schüler und deren Eltern können innerhalb des vom Staat ausgeübten Zwangs die Art der besuchten Schule bestimmen, wobei auch diese Möglichkeit bei der Grundschule stark eingeschränkt ist. Die Schüler, Lehrlinge und Studenten zahlen nicht die Kosten der Bildungsproduktion, sie haben nur die Kosten des entgangenen Einkommens zu tragen. Die Bildungsproduktion geschieht ganz überwiegend in staatlichen Monopolbetrieben, die auf die Nachfrage der Auszubildenden kaum, dafür stärker auf die Entscheidung der Politiker reagieren. Von Nutzenmaximierung bei vollständiger Konkurrenz kann schon aus diesem Grunde keine Rede sein.

Wie die Bildungsproduktion nicht auf vollkommenen Märkten unter vollständiger Konkurrenz stattfindet, so auch nicht die Verwertung des durch Bildung geschaffenen Humankapitals: Viele Berufspositionen sind durch vom Staat geschaffene Bildungsvoraussetzungen nur einem beschränkten Wettbewerb ausgesetzt, z. B. die Berufe des Arztes, des Richters, des Rechtsanwaltes, des Lehrers, des staatlichen Verwaltungsbeamten; ein Wettbewerb über den Arbeitslohn findet um solche Positionen in der Regel nicht statt; die Marktbeschränkungen tendieren dazu, vom öffentlichen Dienst, ihrem Entstehungsort, in die Privatwirtschaft überzuschwappen. Es ist nicht zu erkennen, wie unter diesen Bedingungen eine optimale Allokation der Arbeit stattfinden kann.

Schließlich lassen sich die Anbieter von Humankapital bei ihren Entscheidungen über ihre Ausbildung nicht nur von deren vermuteter monetärer Entlohnung leiten, sondern auch von nichtmonetären Aspekten: der Sicherheit, dem Prestige, den Arbeitsbedingungen, die mit bestimmten Arbeitsplätzen, zu denen man nur durch Ausbildung Zugang hat, nach der Meinung von Schülern, Lehrlingen und Studenten verbunden sind. Diese nichtmonterären Entlohnungen der Ausbildung kommen aber in den formalen Entscheidungskalkülen nicht vor.

Dies alles erwogen, darf man nicht unterstellen, dass das Angebot an Humankapital in der Bundesrepublik Deutschland und seine Entwicklung im Zeitablauf die Nutzenmaximierung der Anbieter, abhängig vor allem von der monetären Entlohnung der Ausbildung, in wohldefinierten Entscheidungssituationen widerspiegelt. Andererseits wäre es töricht zu unterstellen, dass die Menschen bei den Entscheidungen über ihre Ausbildung sich nicht von deren erwartetem Nutzen leiten lassen. Aber die Entscheidungssituation ist schlecht definiert, und deshalb wird man bereits in theoretischer Hinsicht damit rechnen müssen, dass das Angebot an Humankapital nicht unbedingt auch eine völlig entsprechende Nachfrage auf dem Arbeitsmarkt findet. In Teil V dieses Buches wird darüber gesprochen.

Die Darstellungen 13/3 und 13/4 bringen einen Überblick über die Entwicklung der Ausbildung der deutschen Erwerbsbevölkerung von 1976 bis 1991 (erst in den Zahlen von 1991 ist die ehemalige DDR enthalten). Die Kategorien beziehen sich nur auf das Niveau der Ausbildung, nicht auf deren Inhalt.

Niveau der Ausbildung $=_{def}$ die intellektuellen und kommunikativen Fähigkeiten, welche die Ausbildung zu vermitteln sucht.

Inhalt der Ausbildung $=_{def}$ die Wissensgebiete, welche die Ausbildung zu vermitteln sucht.

Man sieht zunächst, dass die westdeutsche Erwerbsbevölkerung kontinuierlich in den 13 Jahren von 1976 bis 1989 um etwa 3 Millionen Personen gewachsen ist, dann durch die Wiedervereinigung noch einmal um 7 Millionen. Beim allgemeinbildenden Schulschluss hat die Hauptschule dramatisch an Attraktivität verloren, was durch den Beitritt der DDR weiter verstärkt worden ist, weil hier ein sehr großer Teil der Schüler die Polytechnische Oberschule abgeschlossen hat; sie sind dem Realschulabschluss zugeordnet worden. Deshalb hat sich dessen Anteil mehr als verdoppelt. Dies ist auch mit dem Anteil der Hochschulreife geschehen, allerdings ist hier der Einfluss des Beitritts der DDR zu vernachlässigen (hier soll nicht diskutiert werden, ob es berechtigt ist, die Polytechnische Oberschule der Realschule gleichzusetzen).

Beim beruflichen Bildungsabschluss fällt zunächst auf, dass die Zahl der Erwerbspersonen ohne Abschluss prozentual kontinuierlich abgenommen und dass der Beitritt der DDR dieser Entwicklung noch einmal einen großen Schub versetzt hat. Profitiert hat davon vor allem die Kategorie „Lehr-/Anlernausbildung“, dann der Fachschulabschluss. Aber auch der tertiäre Sektor hat seinen Anteil erhöht, der Einfluss des Beitritts der DDR ist hier aber eher gering.

Insgesamt ist also festzustellen, dass, gemessen in den angeführten Kategorien des Ausbildungsniveaus, das Humankapital der deutschen Erwerbspersonen deutlich zugenommen hat. Für die Verwertung der Ausbildung im Arbeitsprozess ist jedoch der Inhaltsaspekt von gleicher Wichtigkeit, die herrschende Wirtschaftstheorie tut sich jedoch mit der Wahrnehmung des Inhalts der Ausbildung noch schwerer als mit der des Niveaus.

Darstellung 13/3: Erwerbspersonen der Bundesrepublik Deutschland nach Schulabschluss und Zeitpunkt (in %)

Zeitpunkt	noch ohne Schulabschluss	Volks-/Hauptschulabschluss	Realschul- oder gleichwertiger Abschluss[f]	(Fach-)Hochschulreife	Basis (in Tsd.)
05/1976[a]	0,5	74,1	16,7	8,7	26.696
06/1985[b]	0,7	63,1	21,7	14,4	29.011
04/1989[c]	0,8	57,8	23,8	17,5	29.858
04/1991[d]	0,6	48,3	33,5	17,6	36.354
04/1996[e]	0,2	43,7	34,5	21,6	37.463

Darstellung 13/4: Erwerbspersonen der Bundesrepublik Deutschland nach Berufsausbildung und Zeitpunkt (in %)

Zeitpunkt	ohne Abschluss	Lehr-/Anlernausbildung	Fachschulabschluss[g]	Fachhochschulabschluss	Hochschulabschluss	Basis (in Tsd.)
05/1976[a]	34,9	51,7	6,3	2,2	4,9	26.696
06/1985[b]	28,7	54,7	7,2	3,2	6,2	29.011
04/1989[c]	24,6	57,3	7,5	3,6	7,0	29.889
04/1991[d]	18,1	59,8	10,8	3,7	7,6	36.354
04/1996[e]	17,7	58,8	9,3	5,2	9,0	37.463

Quellenangaben zu Darstellungen 13/3 und 13/4:

(a) BERUF, AUSBILDUNG ... 1979, S. 28.
(b) BERUF, AUSBILDUNG ... 1987, S. 36.
(c) STATISTISCHES JAHRBUCH 1992, S. 410.
(d) STATISTISCHES JAHRBUCH 1994, S. 401.
(e) STATISTISCHES JAHRBUCH 1998, S. 369-370.
(f) 1991: incl. Abschluss der Polytechnischen Oberschule.
(g) 1991: incl. Fachschulabschluss in der ehemaligen DDR.

Darstellung 13/5: Die Einteilung der Wissenschaften

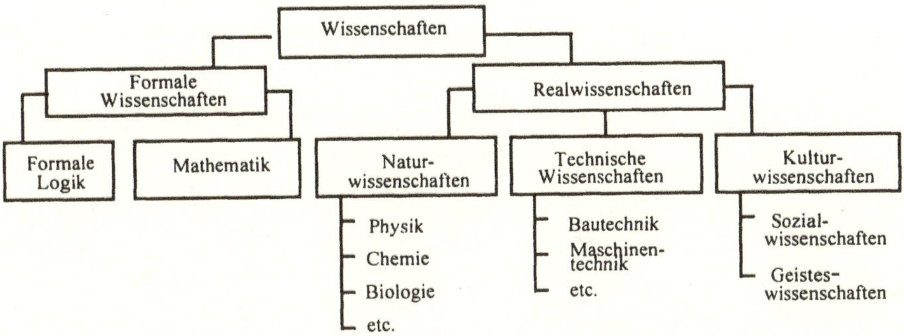

Die Wissensgebiete teilen wir analog zur Gliederung der Wissenschaften so ein, wie Darstellung 13/5 es zeigt. Die Allgemeinbildung versucht, einen für alle Auszubildenden gemeinsamen Kanon der Wissensgebiete zu etablieren, was bekanntlich immer schwieriger wird. Die Berufsbildung dagegen hat von jeher ihren Schülern und Studenten nur auf einem Gebiet Wissen zu vermitteln versucht, womit sie einerseits auf die Nachfrage nach Arbeit reagiert, andererseits aber auch die Nachfrage in die Richtung immer weiterer Spezialisierung lenkt. Die Folge ist, dass das Humankapital der Arbeitsanbieter auch in Bezug auf ihre Wissensgebiete extrem inhomogen ist. Diese Inhomogenität ist die Bedingung der herrschenden Arbeitsteilung, die ihrerseits die Ursache der erreichten Arbeitsproduktivität ist. Der herrschenden Arbeitsökonomik sind diese einfachen Zusammenhänge, die ein bedeutendes Thema der klassischen Nationalökonomik und der deutschen historischen Schule bildeten, weitgehend unbekannt, in ihren Modellen kommt diese Inhomogenität des menschlichen Kapitals nicht vor (s. dazu G. BRINKMANN 1981a, S. 57-81).

Literaturhinweise:
Ich verweise auf zwei Klassiker: BECKER 1993; MINCER 1993.
Neuere Zusammenfassung: FLAMHOLTZ 1986; POLACHEK/SIEBERT 1993. Im Übrigen ziehe man die im Text genannten Publikationen zu Rate.

Teil III: Die Arbeitsnachfrage

Lehrziele

Die Nachfrage nach Arbeit ist neben dem Arbeitsangebot der zweite Hauptfaktor, der in Marktwirtschaften Beschäftigung, Entlohnung und Arbeitslosigkeit bestimmt. Der Leser soll lernen,

- wer unselbständige Arbeit nachfragt,
- welche Entscheidungen die Nachfrager treffen müssen,
- dass die herrschende Wirtschaftstheorie praktisch nur die Nachfrage der Unternehmen nach Arbeit behandelt.

Es wird das gängige statische Modell der Unternehmensnachfrage nach Arbeit vorgestellt: Die Unternehmen haben das Ziel der Gewinnmaximierung; sie agieren auf vollkommenen Märkten, aber die Konkurrenzsituation kann unterschiedlich sein. Meistens werden den Unternehmen substitutionale Produktfunktionen unterstellt, aber auch limitationale werden angenommen. Die Entscheidungssituation ist immer wohl definiert.

Der Leser soll dieses Modell - dessen Axiome, dessen Theoreme, dessen Ableitungsschritte - verstehen und beurteilen lernen. Als Beurteilungskriterium wird die Übereinstimmung der Aussagen der Theorie mit der Realität vorgeschlagen.

14 Die Entscheidungssituation und ihre Behandlung in der Wirtschaftswissenschaft

Unselbständige Arbeit wird nachgefragt

- von Unternehmen,
- vom öffentlichen Dienst (in der Bundesrepublik Deutschland: von den Behörden des Bundes, der Länder, der Kommunen, den Körperschaften des öffentlichen Rechts),
- von privaten Organisationen ohne Erwerbscharakter (z. B. von Arbeitgeberverbänden, Gewerkschaften),
- von privaten Haushalten.

Jeder Nachfrager nach unselbständiger Arbeit muss eine Entscheidung treffen,

- wie viele Personen er nachfragt,
- welche Eigenschaften diese Personen haben sollen (Alter, Geschlecht, Fähigkeiten, d.h. Humankapital im Sinne von Kapitel 13),
- wie viele Stunden er diese Personen in einem bestimmten Zeitraum (Tag, Woche, Jahr) beschäftigen will,
- wie er die nachgefragten Arbeitsstunden in dem vorgegebenen Zeitraum verteilen möchte,
- welche Leistungen er von den nachgefragten Personen erwartet,
- welchen Lohn er den nachgefragten Personen anbieten will.

Die Nachfrage nach Arbeit, die mindestens unter den angeführten Aspekten betrachtet werden muss, wird wegen der den Arbeitern abverlangten Leistung entfaltet; diese wiederum dürfte bei den verschiedenen Nachfragern (Unternehmen, Staat, privaten Organisationen, privaten Haushalten) aus unterschiedlichen Interessenlagen festgelegt werden. Die gewünschten Leistungen dürften bei den verschiedenen Nachfragern teils gleich, teils verschieden sein.

Die Nachfrage nach Arbeit weist einen weiteren wichtigen Aspekt auf:

- sie kann sich richten an Personen, die in der nachgefragten Organisation noch nicht beschäftigt sind (Nachfrage auf externen Arbeitsmärkten),
- sie richtet sich immer auch an diejenigen Personen, die in der nachgefragten Organisation bereits beschäftigt sind, d.h. einen Arbeitsvertrag mit dieser Organisation haben, sei es, dass vakante Positionen besetzt werden sollen (Nachfrage auf internen Arbeitsmärkten), sei es, dass die vereinbarte Leistung oder auch eine neue nachgefragt wird. Wenn die beschäftigten Personen die Nachfrage nicht mehr befriedigen können (wir setzen hier voraus, dass eine solche Nachfrage existiert), werden sie entlassen, es sei denn, dies würde aus anderen Gründen nicht getan, z. B. wegen entgegenstehender Gesetze.

Arbeitsnachfrage wird also von der nachfragenden Organisation während der gesamten Dauer ihrer Existenz entfaltet.

Die herrschende Wirtschaftswissenschaft, von welcher die Arbeitsökonomik ein Teil ist, beschäftigt sich nahezu ausschließlich mit der Arbeitsnachfrage von Unternehmen, diejenige der anderen Organisationen wird praktisch nicht behandelt. In diesem Buch ist es nicht möglich, diese Beschränkung zu durchbrechen.

Den Unternehmen wird von der herrschenden Wirtschaftswissenschaft bei der Festlegung ihrer Arbeitsnachfrage durchweg eine wohldefinierte Entscheidungssituation unterstellt (zu deren Definition s. Kapitel 10), darin als das zu verfolgende Ziel die Gewinnmaximierung.

Die Wirtschaftstheorie gibt den Unternehmen Anweisungen, wie sie dieses Ziel erreichen sollen; die Arbeitsökonomik gibt Anweisungen, welche Arbeitsnachfrage zu entfalten ist, wenn das Gewinnmaximum erreicht werden soll.

Literaturhinweise:
HAMERMESH 1986 u. 1993; OURS/PFANN/RIDDER 1993; NICKELL 1986.

15 Die Arbeitsnachfrage der Unternehmung auf vollkommenen Märkten bei substitutionaler Produktfunktion

15.1 Eigenschaften und Ziel der Unternehmung

Wir betrachten eine Unternehmung mit den folgenden Eigenschaften:

1. Sie produziere nur ein Produkt, das mit dem quantitativen Maß „y“ bezeichnet wird.
2. Sie produziere dieses Produkt y mit den Mengen $x_1, ..., x_i, ..., x_n$ der Produktionsfaktoren 1, ..., i, ..., n gemäß der Produktfunktion

   (15-1) $\quad y = f(x_1, ..., x_n)$

   mit den Eigenschaften

   (15-2) $\quad \forall i \frac{\partial y}{\partial x_i} > 0,$

   (15-3) $\quad \forall i \frac{\partial^2 y}{\partial x_i^2} < 0.$

   Die Faktoren müssen sowohl im Angebot als auch in der Nachfrage als auch im Einsatz beliebig teilbar sein. Jede Art von unterschiedlicher Arbeit könnte in der Produktfunktion berücksichtigt werden; sie stellt einen der Faktoren 1, ..., n dar; als ihr Maß könnte die Zeit angesehen werden. Die beliebige Teilbarkeit der angebotenen Arbeit haben wir bereits in Abschnitt 11.1 postuliert, hier stellen wir dasselbe Postulat für die Nachfrage und den Einsatz der Arbeit auf.
3. Sie habe das Ziel, so viele Einheiten ihres Produktes y herzustellen, dass ihr Gewinn G(y) maximiert wird:

   (15-4) $\quad G(y) \rightarrow \text{max.!}$
4. Die Gewinndefinition laute

   (15-5) $\quad G(y) = E(y) - K(y),$

   E(y): Erlös aus dem Verkauf von y,

   K(y): Kosten, entstanden durch die Produktion von y. K(y) ist die Funktion der minimalen Kosten bei konstanten Preisen der Produktionsfaktoren, abgeleitet aus der Produktfunktion $y = f([x_i])$. Die Nebenbedingung für die Maximierung von G(y), nämlich die Produktfunktion, ist also in K(y) inkorporiert.

Aus den gemachten Annahmen ist eine gewinnmaximierende Menge y* des Produktes ableitbar, sofern die Funktionen an der Stelle y* gewisse Eigenschaften aufweisen ($K' = E'$; $E'' < K''$). Da der Arbeitsökonomik, wie in Kapitel 14 dargestellt, daran liegt, der Unternehmung nachzuweisen, welches die gewinnmaximierende Einsatzmenge der Arbeit ist (die jene dann nachzufragen hat), formulieren wir die Gewinnfunktion (15-5) in Abhängigkeit vom Einsatz der Produktionsfaktoren:

(15-6) $G(x_1, ..., x_i, ..., x_n) = E[f(x_1, ..., x_i, ..., x_n)] - A(x_1, ..., x_i, ..., x_n),$

$A(x_1, ..., x_n)$: Ausgaben für die Faktoren $x_1, ..., x_n$, die gemäß der Produktfunktion eingesetzt werden [man beachte den Unterschied zu K(y)].

Die Nebenbedingung für die Gewinnmaximierung, nämlich die Beachtung der Produktfunktion, ist hier ausdrücklich in den Kalkül integriert.

15.2 Die Arbeitsnachfrage bei vollständiger Konkurrenz auf allen Märkten

Bei vollständiger Konkurrenz auf allen Märkten sind sowohl der Produktpreis als auch die Preise aller Produktionsfaktoren der Unternehmung vorgegeben. Die Gewinnfunktion (15-6) wird unter diesen Bedingungen spezifiziert zu

(15-7) $G(x_1, ..., x_i, ..., x_n) = pf(x_1, ..., x_i, ..., x_n) - x_1 q_1 - ... - x_i q_i - ... - x_n q_n,$

p : konstanter Produktpreis,

q_i : konstante Preise der Faktoren.

Die erste Bedingung für ein Gewinnmaximum lautet, dass

(15-8) $$\forall i \; \exists x_i^* \; \frac{\partial G(x_1, \ldots, x_i^*, \ldots, x_n)}{\partial x_i} = p \frac{\partial f(x_1, \ldots, x_i^*, \ldots, x_n)}{\partial x_i} - q_i = 0.$$

Aus diesem Ausdruck ist, sofern auch die zweite Bedingung für ein relatives Maximum erfüllt ist, die gewinnmaximierende Einsatzmenge x_i^* jedes Faktors i zu bestimmen (s. Darstellung 15/1). Wissenschaftstheoretisch bedeutet dies, dass aus dem Ausdruck (15-8) der Existenzquantor entfernt wird, indem eine ganz bestimmte Menge x_i^* des Faktors i angegeben wird, welche die Gleichung erfüllt.

Darstellung 15/1: Die gewinnmaximierende Einsatzmenge x_i^* des Faktors i bei vollständiger Konkurrenz auf allen Märkten

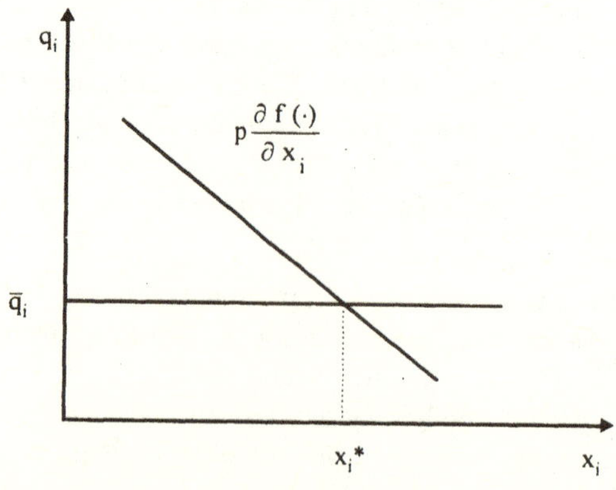

Die Bedingung zweiter Ordnung für ein Gewinnmaximum lautet allgemein: Ein Punkt $M = \{m_1, ..., m_n\}$ sei stationärer Punkt[1] der Funktion G der n Variablen $x_1, ..., x_n$. In M besitze G zweite partielle Ableitungen Gx_ix_h ($i \in \{1, ..., n,\}$, $h \in \{1, ..., n,\}$) mit der Eigenschaft:

$$(15\text{-}9) \qquad \forall i \forall h \sum_{i=1}^{n} \sum_{h=1}^{n} G_{x_i x_h}(m_1, ..., m_n)\, dx_i dx_h < 0 .$$

Im Punkt M liegt dann ein relatives Maximum vor. Die Bedingungen zweiter Ordnung für ein Gewinnmaximum lassen sich anschaulich nicht interpretieren, wohl aber die Bedingungen erster Ordnung, das Grenzproduktivitätstheorem:

$$(15\text{-}10) \qquad \forall i\; p\, \frac{\partial f(..., x_i^*, ...)}{\partial x_i} = q_i .$$

Der Einsatz jedes Produktionsfaktors ist so zu bemessen, dass der Marktwert seines Grenzproduktes gleich dem Marktpreis dieses Faktors ist. Spezialisiert auf den Faktor Arbeit einer bestimmten Art lautet dieses zentrale Theorem der neoklassischen Theorie: Die Unternehmung muss, um ihren Gewinn zu maximieren, so viel Arbeit jener Art nachfragen, bis der Marktwert deren Grenzproduktes gleich dem Lohnsatz ist. Der Grenzerlös, der bei vollständiger Konkurrenz mit dem Marktwert des Grenzproduktes identisch ist, muss den Grenzkosten in Bezug auf den Faktor Arbeit (die in der Regel Grenzausgaben genannt werden) gleich sein; bei vollständiger Konkurrenz auf dem Arbeitsmarkt sind die Grenzausgaben für eine Arbeitseinheit mit dem Lohnsatz identisch. Das Theorem bedeutet, dass der zusätzliche Gewinn aus der letzten eingesetzten Einheit des Faktors Arbeit im Gewinnmaximum gerade Null wird.

Die Bedingungen erster Ordnung für das Gewinnmaximum werden auch häufig mit Hilfe der Preis-Angebots- und der Preis-Nachfrageelastizitäten formuliert, vor allem dann, wenn man den Einfluss verschiedener Marktformen auf das Gewinnmaximum darstellen will (s. etwa SCHEELE 1980, S. 262-264); wir verzichten hier wie in den folgenden Abschnitten auf diese Darstellungsweise, weil sie uns nicht anschaulich genug ist.

Die bisherigen Erörterungen betreffen den Nominallohnsatz. Wenn wir Gleichung (15-10) durch p teilen, erhalten wir den Reallohnsatz:

$$(15\text{-}11) \qquad \forall i \frac{\partial f(..., x_i^*, ...)}{\partial x_i} = \frac{q_i}{p} .$$

Im Gewinnmaximum entlohnt die Unternehmung jede Produktionsfaktoreneinheit, und so auch jede Art von Arbeit, real mit dem Grenzprodukt dieses Faktors.

Nebenbei weisen wir darauf hin, dass, wenn die Produktfunktion $f(\cdot)$ homogen vom Grade 1 ist, die Bedingung 1. Ordnung für das Gewinnmaximum nur zufällig, die Bedingung 2. Ordnung gar nicht realisiert werden kann: Die Gewinnfunktion besitzt kein strenges Maximum, die gewinnmaximierende Produktmenge und die gewinnmaximierende Einsatzmenge der Faktoren sind modellimmanent nicht zu bestimmen. Das Ausschöpfungstheorem (Adding-up-Theorem) kann bei linearhomogener Produktfunktion, obwohl es häufig versucht wird, nicht abgeleitet werden (s. dazu G. BRINKMANN 1997, S. 218-224).

1 Ein Punkt M der Funktion G heißt dann stationärer Punkt, wenn in ihm alle partiellen ersten Ableitungen gleich Null sind, in ihm also die Bedingungen erster Ordnung für das Gewinnmaximum erfüllt sind.

15.3 Die Arbeitsnachfrage bei Monopol auf dem Absatzmarkt und vollständiger Konkurrenz auf den Bezugsmärkten der Unternehmung

Das Monopolunternehmen sieht sich der aggregierten Nachfrage aller (kleinen und nicht den Markt beherrschenden) Nachfrager gegenüber. Die Nachfrage hänge allein vom Preis ab und habe die Form

(15-12) $p = a - by^{\text{Nachfr.}}$.

Um seinen Gewinn zu maximieren, beschließe das Unternehmen, die von ihm festzulegende Kombination von Preis und Angebotsmenge auf der Nachfragefunktion zu plazieren. Die Gewinnfunktion (15-6) wird dann spezifiziert zu

(15-13) $G(x_1, ..., x_i, ..., x_n) = [a - bf(\cdot)]\, f(\cdot) - (q_1x_1 + ... + q_ix_i + ... + q_nx_n)$.

Die Bedingung erster Ordnung für ein Gewinnmaximum lautet

(15-14) $\forall i \exists x_i^*\ \dfrac{\partial f(x_1, ..., x_i^*, ..., x_n)}{\partial x_i}[a - 2bf(x_1, ..., x_i^*, ..., x_n)] = q_i$.

Aus diesem Ausdruck ist, sofern auch die zweite Bedingung für ein relatives Maximum erfüllt ist, die gewinnmaximierende Einsatzmenge x_i^* jedes Faktors i zu bestimmen (s. Darstellung 15/2).

Darstellung 15/2: Die gewinnmaximierende Einsatzmenge x_i^* des Faktors i bei Monopol auf dem Absatzmarkt und vollständiger Konkurrenz auf den Bezugsmärkten

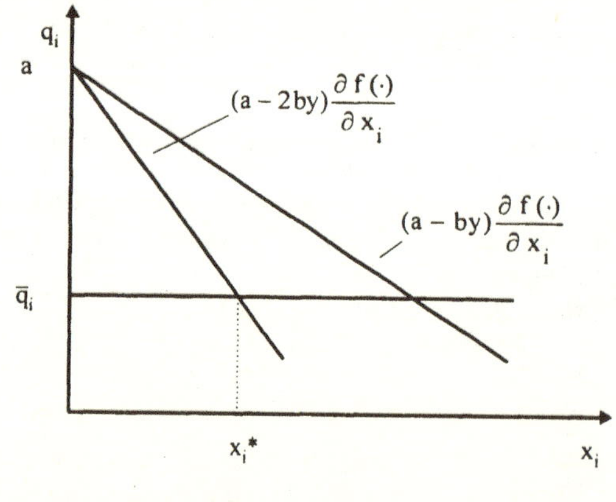

Der Marktwert des Grenzproduktes für jeden Faktor i beträgt

(15-15) $MGP = \dfrac{\partial f(\cdot)}{\partial x_i}[a - bf(\cdot)],\ \forall i.$

Der Monopolist, der sich als solcher verhält, dehnt seine Nachfrage nach Arbeit nicht so weit aus, bis der Marktwert von deren Grenzprodukt dem vorgegebenen Faktorpreis entspricht, sondern er beendet die Ausdehnung seiner Nachfrage schon früher, dann nämlich, wenn $\dfrac{\partial f(\cdot)}{\partial x_i}(a - 2by)$ den vorgegebenen Wert des Faktorpreises erreicht. Deshalb bietet er eine geringere Menge seines Produktes zu einem höheren Preis an, als er täte, wenn er sich als Polypolist verhielte.

15.4 Die Arbeitsnachfrage bei Monopson auf dem Arbeitsmarkt und vollständiger Konkurrenz auf allen anderen Märkten

Das Unternehmen sei der einzige Nachfrager auf einem (lokalen) Markt für die Arbeit i, die Anbieter seien zahlreich und nicht gewerkschaftlich organisiert. Das Unternehmen sieht sich dem aggregierten Angebot aller Anbieter gegenüber. Das Angebot hänge allein vom Faktorpreis ab und habe die Form

(15-16) $q_i = c + d\, x_i^{Ang}$.

Um seinen Gewinn zu maximieren, beschließe das Unternehmen, die von ihm festzulegende Kombination von Lohn und Nachfragemenge genau auf der Angebotsfunktion zu plazieren. Die Gewinnfunktion (15-6) wird dann spezifiziert zu

(15-17) $G(x_1, ..., x_i, ..., x_n) = pf(x_1, ... x_i, ..., x_n) - q_1 x_1 - ... - (c+dx_i)\, x_i - ... - q_n x_n$.

Die Bedingung 1. Ordnung für ein Gewinnmaximum lautet

(15-18) $\forall i \exists x_i^* \; p \dfrac{\partial f(x_1, ..., x_i^*, ..., x_n)}{\partial x_i} = c + 2dx_i^*$.

Aus diesem Ausdruck ist (wenn auch die Bedingung 2. Ordnung zutrifft) die gewinnmaximierende Einsatzmenge x_i^* der Arbeit i zu bestimmen; diese wiederum eingesetzt in die Preis-Nachfragefunktion ergibt den Lohnsatz q_i^*, den die Monopson-Unternehmung zahlt (s. Darstellung 15/3).

Darstellung 15/3: Die gewinnmaximierende Nachfragemenge x_i^* des Monopsonisten nach der Arbeit i und der sich daraus ergebende Lohnsatz q_i^*

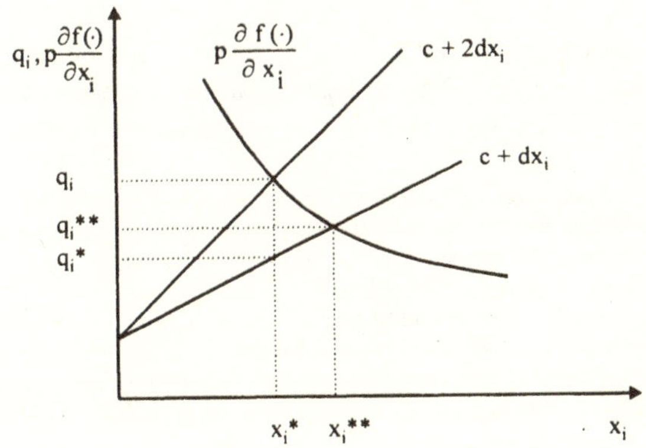

Der Lohnsatz der Arbeit q_i^* ist geringer als der Marktwert ihres Grenzproduktes. Der Monopsonist fragt weniger Arbeit nach als er täte, wenn er sich als Polypolist verhielte.

15.5 Die Nachfragefunktion nach Arbeit bei vollständiger Konkurrenz auf allen Märkten

15.5.1 Allgemeine Form und Annahmen

In den Abschnitten 15.2 bis 15.4 ist jeweils der gewinnmaximierende Produktionsplan der Unternehmung festgelegt und aus ihm die gewinnmaximierende Nachfrage nach Arbeit abgeleitet worden. Im Fall der vollständigen Konkurrenz auf allen Märkten (Abschnitt 15.2) hängt das Gewinnmaximum und damit auch die gewinnmaximierende Nachfrage nach Arbeit ab von den der Unternehmung von außen (exogen) vorgegeben Größen

p : Produktpreis
$q_1, ..., q_n$: Preis der Produktionsfaktoren,

so dass wir schreiben können:

$$x_i^* = x_i^*(p, q_1, ..., q_n). \tag{15-19}$$

Dies ist die allgemeine Nachfragefunktion der Unternehmung nach dem Produktionsfaktor i. Ändert sich eine der auf der rechten Seite der Gleichung in der Klammer stehenden Größen, ändert sich auch - immer die Bedingungen vorausgesetzt, die wir in Abschnitt 15.2 postuliert haben - die gewinnmaximierende Nachfragemenge x_i^*.

Bestimmt die Unternehmung selbst eine der unabhängigen Variablen (den Produktpreis im Fall des Monopols: Abschnitt 15.3; den Preis des Faktors i bei Monopson auf dem Markt dieses Faktors: Abschnitt 15.4), scheidet die betreffende Variable aus der Nachfragefunktion aus. Selbstverständlich aber beeinflusst die Festlegung einer der Variablen durch die Unternehmung ihre Nachfrage nach den anderen Faktoren und ihr Angebot, wie in den eben erwähnten Abschnitten gezeigt. Bestimmt die Unternehmung sämtliche Variablen (Monopol auf dem Absatzmarkt, Monopson auf sämtlichen Bezugsmärkten), existiert die Nachfragefunktion (15-19) nicht, sondern nur der Gewinnmaximierungskalkül der Unternehmung, durch den alle Variablen von ihr selbst bestimmt werden. Der Einfachheit halber beschränken wir die Erörterung der Nachfragefunktion auf den Fall der vollständigen Konkurrenz auf allen Märkten.

Um eine spezifizierte Nachfragefunktion aus der Bedingung 1. Ordnung für das Gewinnmaximum ableiten zu können, benötigen wir eine spezifizierte Produktfunktion. Wir unterstellen, dass sie substitutional und homogen von einem Grade kleiner als eins ist. Dies bedeutet:

- abnehmende Skalenerträge und darin impliziert
- steigende Grenzkosten bei jeder Produktmenge,
- bei zunehmender Produktmenge zunehmende Einsatzmenge aller Produktionsfaktoren, bei abnehmender Produktmenge abnehmende Einsatzmenge aller Produktionsfaktoren.

Eine Produktfunktion, welche die angegebenen Bedingungen erfüllt, ist die folgende Cobb-Douglas-Funktion (wir beschränken uns auf zwei Produktionsfaktoren):

$$y = c x_1^{\alpha} x_2^{\beta} \tag{15-20}$$

$\alpha, \beta, c > 0,$

$\alpha + \beta < 1,$

x_1 = Arbeitsmenge,

x_2 = Kapitalmenge.

Die Gewinnfunktion (15-7) wird nun spezifiziert zu

(15-21) $$G(x_1, x_2) = pcx_1^\alpha x_2^\beta - q_1x_1 . q_2x_2.$$

Die ersten Ableitungen gleich Null gesetzt

(15-22) $$\frac{\partial G}{\partial x_1} = pc\alpha x_1^{\alpha-1} x_2^\beta - q_1 = 0,$$

(15-23) $$\frac{\partial G}{\partial x_2} = pc\beta x_1^\alpha x_2^{\beta-1} - q_2 = 0$$

und nach x_1 aufgelöst, ergeben (s. HENDERSON/QUANDT 1983, S. 81)

(15-24) $$x_1^* = \left(\frac{\alpha}{q_1}\right)^{(1-\beta)/\gamma} \left(\frac{\beta}{q_2}\right)^{\beta/\gamma} (cp)^{1/\gamma},$$

$$\gamma = 1 - \alpha - \beta.$$

15.5.2 Die Arbeitsnachfrage bei Änderung des Produktpreises

Wir betrachten, ausgehend von der allgemeinen Nachfragefunktion (15-19), die Nachfrage nach einer bestimmten Art von Arbeit in Abhängigkeit vom Produktpreis p, ceteris paribus, also die spezielle Nachfragefunktion

(15-25) $$x_i^* = x_i^* (p, \bar{q}_1, ..., \bar{q}_n),$$

$$\bar{q}_1, ..., \bar{q}_n\text{: const.},$$

und fragen, wie x_i^* sich ändert, wenn der Preis des Produktes p sich ändert, also: welches Vorzeichen der Differentialquotient $\partial x_i^* / \partial p$ aufweist. Ein Blick auf die spezifizierte Nachfragefunktion (15-24) zeigt, dass dort der Differentialquotient $\partial x_i^* / \partial p$ größer als Null ist. Dies lässt sich so erklären: Unter den Bedingungen der vollständigen Konkurrenz hält die Unternehmung sich an die Anweisung

(15-26) $K' = p!$,

(15-27) sofern an der resultierenden Stelle y^* $K'' > 0$,

was durch die eben postulierten Eigenschaften der Produktfunktion garantiert wird. Bei einer Erhöhung von p_1 auf p_2 steigt die gewinnmaximierende Produktmenge (s. Darstellung 15/4) und wegen der Homogenität der Produktfunktion auch die nachgefragte und eingesetzte gewinnmaximierende Menge x_i^* (s. Darstellung 15/5).

Darstellung 15/4: Die gewinnmaximierende Produktmenge y* in Abhängigkeit vom Produktpreis p

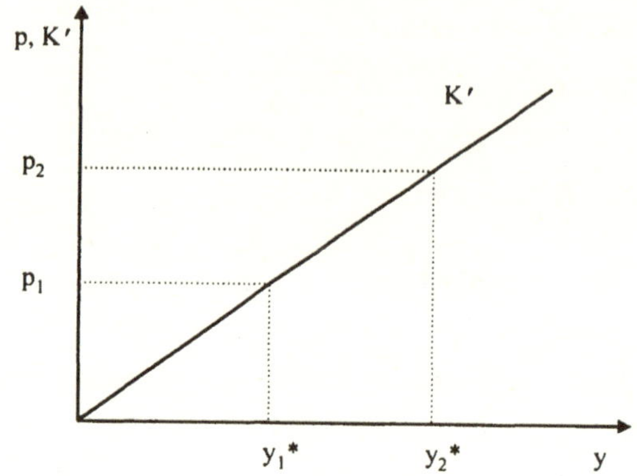

Darstellung 15/5: Die gewinnmaximierende Nachfragemenge x_i^* in Abhängigkeit vom Produktpreis p

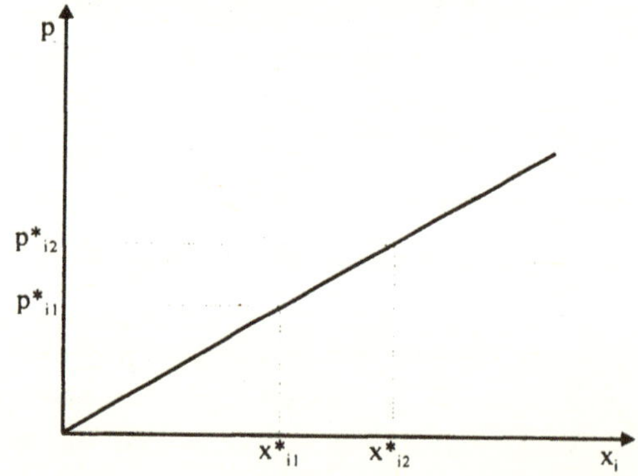

Es gilt also

(15-28) $$\frac{\partial x_i^*}{\partial p} > 0.$$

15.5.3 Die Arbeitsnachfrage bei Änderung des Lohnsatzes

Wir betrachten, ausgehend von der allgemeinen Nachfragefunktion (15-19), die Nachfrage nach einer bestimmten Art von Arbeit in Abhängigkeit von ihrem Lohnsatz, ceteris paribus, also die spezielle Nachfragefunktion

(15-29) $$x_i^* = x_i^*(\bar{p}, \bar{q}_1, ..., q_i, ..., \bar{q}_n),$$

$\bar{p}, \bar{q}_1 ..., \bar{q}_n$: const., q_i variabel, und fragen, wie x_i sich ändert, wenn der Lohnsatz sich ändert, also: welches Vorzeichen der Differentialquotient $\partial x_i^* / \partial q_i$ aufweist. Ein Blick auf die spezifizierte Nachfragefunktion (15-24) zeigt, dass dort der Differentialquotient $\partial x_1^* / \partial q_1$ kleiner als Null ist. Dies lässt sich so erklären: Hätte die Produktfunktion nur den einen Produktionsfaktor x, dann wäre die Auflösung der Gewinnmaximierungsbedingung (15-10) nach x die Nachfragefunktion; sie hätte dasselbe Bild wie die Grenzproduktivitätsfunktion (s. Darstellung 15/6).

Darstellung 15/6: Die gewinnmaximierende Nachfragemenge des einzigen Produktionsfaktors Arbeit (x) in Abhängigkeit vom Lohnsatz (q)

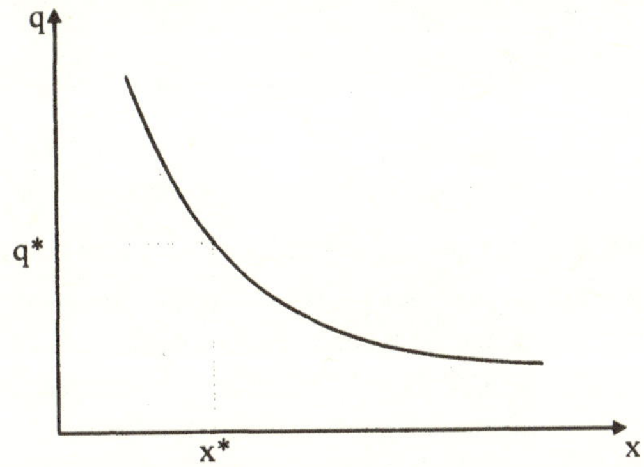

Da nach Annahme $dy/dx > 0$ und $d^2y/dx^2 < 0$, fällt mit steigendem Lohnsatz, steigt mit sinkendem Lohnsatz die Nachfrage nach Arbeit.

Bei mehr als einem Produktionsfaktor (im Folgenden für zwei Produktionsfaktoren x_1 und x_2 dargestellt) hängt die gewinnmaximierende Einsatzmenge x_1^* nicht nur von der Grenzproduktivität des ersten, sondern auch von derjenigen des zweiten Faktors ab, jeweils bei gewinnmaximierender Produktmenge y*:

(15-30) $$x_1^* = x_1^*(\partial y^* / \partial x_1, \partial y^* / \partial x_2).$$

Steigt nun der Preis der Arbeit (q_1), substituiert die Unternehmung auf der Isoquanten (welche negative Steigung hat) Arbeit (x_1) gegen Kapital (x_2). Wenn wir weiter annehmen, dass wegen der Erhöhung von q_1 die neue Grenzkostenkurve (K'_2) in ihrem gesamten Verlauf über der früheren Grenzkostenkurve (K'_1) liegt, senkt die Unternehmung auch ihr gewinnmaximierendes Angebot von y* auf y** (s. Darstellung 15/7), und deshalb vermindert die Unternehmung auch aus diesem Grund ihre Nachfrage nach Arbeit (Skaleneffekt). Skaleneffekt und Substitutionseffekt wirken also in dieselbe Richtung, nämlich in die einer Verminderung der Nachfrage nach dem Produktionsfaktor, dessen Preis erhöht wird. Die geschilderten Prozesse laufen selbstverständlich simultan ab.

Darstellung 15/7: Senkung der gewinnmaximierenden Produktmenge bei Verschiebung der Grenzkostenkurve

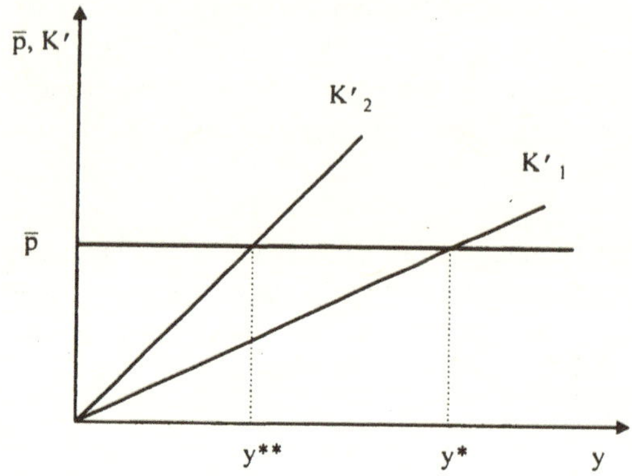

15.5.4 Die Arbeitsnachfrage bei Änderung eines anderen Faktorpreises

Wir betrachten, ausgehend von der allgemeinen Nachfragefunktion (15-19), die Nachfrage nach einer bestimmten Art von Arbeit in Abhängigkeit von einem anderen Faktorpreis, etwa q_2, ceteris paribus, also die spezielle Nachfragefunktion

(15-31) $x_i^* = x_i^*(\bar{p}, \bar{q}_1, q_2, \bar{q}_3, ..., \bar{q}_n)$,

$\bar{p}, \bar{q}_1, \bar{q}_3, ..., \bar{q}_n$: const., q_2 variabel.

Wir beschränken uns der Einfachheit halber wiederum auf den Fall nur zweier Produktionsfaktoren Arbeit (1) und Kapital (2) und fragen, wie x_1^* sich ändert, wenn der Preis q_2 des Faktors 2 sich ändert, also: welches Vorzeichen der Differentialquotient $\partial x_1^* / \partial q_2$ aufweist. Ein Blick auf die spezifizierte Nachfragefunktion (15-24) zeigt, dass dort der Differentialquotient $\partial x_1^* / \partial q_2$ kleiner als Null ist. Dies lässt sich so erklären: Nehmen wir an, dass der Preis für Kapital sinkt: Dann wird die gewinnmaximierende Unternehmung die relativ teurer gewordene Arbeit durch Kapital substituieren (Substitutionseffekt). Wenn die neue Grenzkostenkurve in ihrem gesamten Verlauf unter der alten liegt, wird die Unternehmung ihre Produktionsmenge erhöhen. Die Unternehmung wird daraufhin ihre Nachfrage nach Arbeit steigern, wenn der Skaleneffekt größer ist als der Substitutionseffekt (der Differentialquotient $\partial x_1^* / \partial q_2$ ist kleiner als Null); sie wird die Nachfrage unverändert lassen, wenn Skalen- und Substitutionseffekt gleich groß sind; sie wird die Nachfrage senken, wenn der Skaleneffekt kleiner ist als der Substitutionseffekt. Bei homogenen Produktfunktionen ist der Skaleneffekt größer als der Substitutionseffekt. Bei einer Erhöhung des Preises für Kapital laufen alle Prozesse umgekehrt, und zwar, um es zu wiederholen, simultan.

15.6 Die Nachfrage nach Humankapital

In den vorhergehenden Abschnitten dieses Kapitels haben wir nur eine homogene Art von Arbeit betrachtet, welche die Unternehmung nachfragt. Die sich anbietenden Arbeitskräfte sind jedoch außerordentlich unterschiedlich - nach Alter, Geschlecht, Fähigkeiten, Motivation -, und im Produktionsprozess werden die unterschiedlichen Fähigkeiten der Arbeitskräfte, ihr unterschiedliches Humankapital bewusst eingesetzt. Bei substitutionaler Produktfunktion und vollständiger Konkurrenz auf allen Märkten, vor allem auf den Arbeitsmärkten, ist der in den vorhergehenden Abschnitten vorgestellte Kalkül jedoch geeignet, der Unternehmung auch Anweisungen für den gewinnmaximierenden Einsatz der unterschiedlichen Arten von Arbeit zu geben:

Dazu ist nichts weiter erforderlich, als dass in der Gewinnfunktion (15-7) und in der in ihr enthaltenen Produktfunktion (15-1) so viele Produktionsfaktoren i als unterschiedliche Kategorien von Arbeitskräften betrachtet werden, als die Unternehmung im Produktionsprozess einzusetzen gedenkt. Die Nachfrage nach dieser Art von Arbeit hängt von den Preisen aller Faktoren und vom Preis des produzierten Gutes (Abschnitt 15.5.1) ab. Bei Preisänderungen für irgendeine der von der Unternehmung nachgefragten Arten von Arbeit muss die Firma zum Zwecke der Gewinnmaximierung sich so verhalten, wie in den Abschnitten 15.5.3 und 15.5.4 dargelegt: Sie muss den teurer gewordenen Faktor gegen die billiger gewordenen substituieren, gleichzeitig wegen der geänderten Grenzkosten die gewinnmaximierende Angebotsmenge neu bestimmen und daraus neu die gewinnmaximierenden Nachfragemengen aller Faktoren ableiten; die Prozesse finden, um es zu wiederholen, simultan statt.

Literaturhinweise am Schluss von Kapitel 17.

16 Die Arbeitsnachfrage der Unternehmung auf vollkommenen Märkten bei limitationaler Produktfunktion

In der herrschenden Wirtschaftstheorie - der neoklassischen - spielt die substitutionale Produktfunktion eine überragende Rolle, obwohl es noch niemals gelungen ist, auch nur einen einzigen industriellen Produktionsprozess nachzuweisen, der nach einer solchen Produktfunktion vor sich ginge. Wenn die Firma überhaupt eine Produktfunktion besitzt und anwendet, dann ist es eine limitationale. Wir beschränken unsere Darlegungen im Folgenden auf linear-limitationale Produktfunktionen mit nur zwei Produktionsfaktoren. Wir unterstellen, dass die Unternehmung ihren Gewinn maximieren will; sie sehe sich vollständiger Konkurrenz auf allen Märkten gegenüber.

Die Produktfunktion der Unternehmen sei

(16-1) $$y = f(x_1, x_2)$$

mit den Eigenschaften

(16-2) $$\begin{cases} x_1 = a_1 y \\ x_2 = a_2 y \end{cases} \quad a_1, a_2 = \text{const.} > 0.$$

Hieraus folgt

(16-3) $$\begin{cases} x_1 = \dfrac{a_1}{a_2} x_2 \\ x_2 = \dfrac{a_2}{a_1} x_1 \end{cases}.$$

Das heißt: Jede von der Unternehmung herstellbare Menge y fordert zu ihrer effizienten (das bedeutet: verschwendungsfreien) Produktion eine technisch determinierte Menge jedes Produktionsfaktors, die durch die Produktionskoeffizienten a_1 und a_2 bestimmt wird; hierdurch ist auch das Verhältnis der Faktoren zueinander festgelegt. Eine Substitution der Faktoren gegeneinander bei gleicher Produktmenge ist nicht möglich, die Produktfunktion ist nicht differenzierbar.

Die Kostenfunktion lautet

(16-4) $$K(y) = (a_1 q_1 + a_2 q_2)\, y + F.$$

Die Anweisung zur Erzielung des Gewinnmaximums

$$K' = p, \text{ wenn } K''(y^*) > 0\ !$$

ist nicht anwendbar, weil die Kostenfunktion linear ist (s. Darstellung 16/1), ebenso nicht die Regel

$$\frac{\partial y}{\partial x_i} p = q_i\,!,$$

weil die Produktfunktion, wie gesagt, nicht differenzierbar ist. Die Produktion lohnt sich für die Unternehmung ab der Menge y, an der die durchschnittlichen totalen Kosten (DTK) gleich dem Produktpreis p sind; das Gewinnmaximum, wenn die Produktion sich überhaupt lohnt, liegt an der Kapazitätsgrenze $\bar{y}$, die nicht im Modell bestimmt werden kann (s. Darstellung 16/1).

Darstellung 16/1: Kostenfunktion und Gewinnmaximierung bei linear-limitationaler Produktfunktion

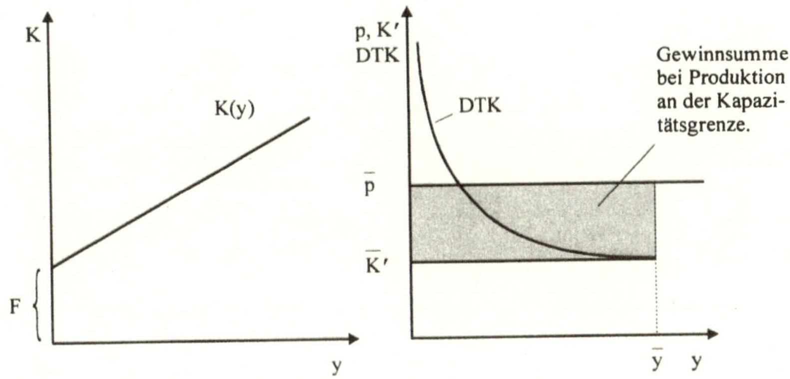

Die Nachfragefunktion bei Gewinnmaximierung

(16-5) $x_1^* = x_1^*(p, \bar{q}_1, \bar{q}_2)$

beginnt bei dem Preis p = DTK und ist dann völlig unelastisch in Hinsicht auf den Preis; die Nachfragemenge x_1^* wird bestimmt durch $\bar{y}$ (die maximal mögliche Produktmenge) [Darstellung 16/2 (a)].

Die Nachfragefunktion bei Gewinnmaximierung

(16-6) $x_1^* = x_1^*(\bar{p}, q_1, \bar{q}_2)$

beginnt in langfristiger Betrachtung bei dem Preis q_1, der bewirkt, dass $\bar{p}$ = DTK ist und verläuft dann völlig unelastisch in Bezug auf q_1; auch hier wird die Nachfragemenge x_1^* durch $\bar{y}$ bestimmt. So verläuft auch die Nachfragefunktion

(16-7) $x_1^* = x_1^*(\bar{p}, \bar{q}_1, q_2)$

[s. Darstellung 16/2 (b) und (c)].

Darstellung 16/2: Nachfragefunktionen der Arbeit bei linear-limitationaler Produktfunktion in Abhängigkeit vom Preis des Produktes (a), vom Lohnsatz (b), vom Preis eines anderen Produktionsfaktors (c)

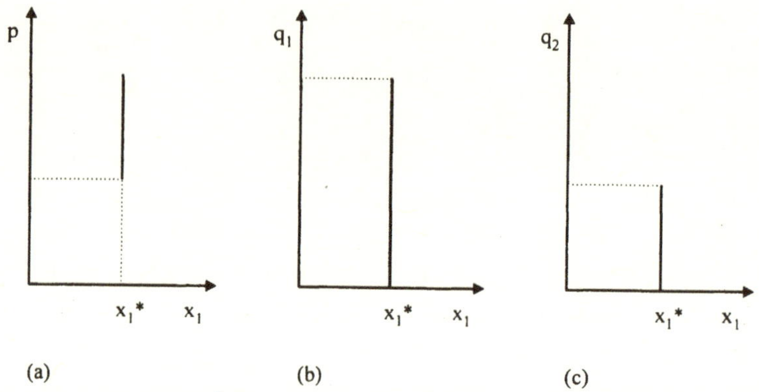

Die jeweiligen speziellen Funktionen gelten ceteris paribus, d.h. der Einsatzpunkt der jeweiligen Nachfragefunktion ändert sich, wenn einer der als konstant angenommenen Faktoren sich ändert. Sofern jedoch eine Produktion mit einem positiven Gewinn stattfindet, wird immer die Faktormenge x_1^* nachgefragt, weil das Gewinnmaximum immer an der Kapazitätsgrenze liegt. Ist irgendeiner der Preise so beschaffen, dass der Gewinn gerade null wird, ist die Produktion und damit die Nachfrage nach Faktoren unbestimmt.

Literaturhinweise am Schluss von Kapitel 17.

17 Ein realistischer Blick auf die Nachfrage der Firma nach Arbeit

Die bisher vorgestellten Theoriestücke gehen davon aus, dass die Arbeit nachfragende Unternehmung sich in einer wohldefinierten Entscheidungssituation befindet (s. Kapitel 14), und das bedeutet unter anderem:

- die Firma hat das Ziel, ihren Gewinn zu maximieren;
- sie besitzt eine Produktfunktion und eine aus dieser abgeleitete Kostenfunktion;
- aus der Produkt- und Kostenfunktion ist die Nachfrage nach Arbeit (wie nach jedem anderen Produktionsfaktor auch) ableitbar.

Wir wollen uns an dieser Stelle nur mit der Frage beschäftigen, ob die Unternehmung eine Produktfunktion

$$y = f(x_1, \ldots, x_n)$$

besitzt. Die Behauptung, dass dies so sei, impliziert zwei Teilbehauptungen:

1. Es gibt einen gesetzmäßigen Zusammenhang zwischen den Einsatzmengen $x_1, \ldots, x_n$ der n Produktionsfaktoren und dem Produkt.
2. Die Produktion geschieht effizient: Es werden keine Produktionsfaktoren verschwendet.

Die Wahrheit der ersten Behauptung wird in der Regel als selbstverständlich angenommen, während gleichzeitig unterstellt wird, dass in der Realität Firmen nur äußerst selten mit der höchst möglichen Effizienz produzieren: Im Laufe der Zeit schleiche sich immer Schlendrian in den Produktionsprozess ein, der dann durch Entlassungskampagnen, vorzüglich in Zeiten der Rezession, zu beseitigen sei. Aber selbst bei einem gesamtwirtschaftlichen Nachfragerückgang sei das Personal nicht auf das effiziente Maß zu reduzieren (unter anderem deshalb nicht, weil der Unternehmung dann für den erhofften Aufschwung die notwendigen Fachkräfte fehlten). Eine Produktionsausweitung im Aufschwung könne deshalb ohne zusätzliche Arbeitsnachfrage bewerkstelligt werden: Hieraus resultiere dann das bedrückende Phänomen der nach jeder Rezession größeren Sockelarbeitslosigkeit (s. Abschnitt 29.4). Diese immer größere Sockelarbeitslosigkeit lässt sich allerdings auch dadurch erklären, dass die Unternehmen vor dem Aufschwung den vorhandenen limitationalen Produktionsprozess durch einen neuen ersetzen, in dem relativ zum Kapital und zum Produkt weniger Arbeit benötigt wird als früher.

Beide Thesen setzen die erste oben formulierte Bedingung voraus, dass es nämlich einen gesetzmäßigen Zusammenhang zwischen Faktoreinsatz und Produkt gebe. Diese These ist wahrscheinlich an Maschinen entwickelt und bestätigt worden: Eine bestimmte Kraftmaschine, z. B. ein Otto-Motor, benötigt für eine bestimmte Leistung, gemessen in kW/h, einem quantitativen Begriff, eine bestimmte Menge von Sauerstoff, Treib- und Schmierstoffen, gemessen jeweils in geeigneten quantitativen Begriffen. Die Übertragung dieses gesetzmäßigen Zusammenhanges auf die menschliche Leistung als Einsatzfaktor und das Ergebnis dieser Leistung ist schon deshalb problematisch, weil die Messung der menschlichen Arbeit misslingt: Als ihr quantitatives Maß wird die Zeit benutzt, die jedoch die Intensität der Arbeit nicht erfassen kann. Deshalb gibt es keinen gesetzmäßigen Zusammenhang zwischen Arbeit, gemessen in Zeit, und dem Produkt der Arbeit, deshalb können auch keine Nachfragefunktionen nach Arbeit bestimmt werden. Das Phänomen der sich vergrößernden Sockelarbeitslosigkeit ließe sich dann so erklären: Im Abschwung entlässt die Firma Arbeitskräfte und steigert gleichzeitig die Arbeitsintensität der noch Beschäftigten. Im Aufschwung kann zunächst die Arbeitsintensität noch weiter gesteigert werden, so dass kaum neues Personal nachgefragt wird. Allerdings erreicht die Verschärfung der Arbeitsbedingungen irgendwo ihr Ende, so dass auch zusätzliche Arbeitskräfte nachgefragt werden. Da die Arbeitsintensität praktisch nicht messbar ist, kann keine Produktfunktion bestimmt werden. Dies wiederum führt dazu, dass alle Politikmaßnahmen zur Steigerung der Beschäftigung, zur Senkung der Arbeitslosigkeit wenig Erfolg versprechen.

Literaturhinweise:
Die Theorie der Nachfrage nach Arbeit ist in jedem Lehrbuch über Arbeitsökonomik abgehandelt (s. die Hinweise am Schluss des Kapitels 0).
An speziellen Monographien s. die Hinweise am Schluss von Kapitel 14. Außerdem wird in den Lehrbüchern der Mikroökonomik die Nachfrage der Unternehmung nach Produktionsfaktoren dargestellt.

Teil IV: Abhängige Beschäftigung und Entlohnung

Lehrziele

Die abhängigen Erwerbspersonen bieten sich auf dem Arbeitsmarkt an, weil sie durch die Beschäftigung ihren Lebensunterhalt verdienen müssen. Dies dürfte ihr Hauptmotiv sein. Beschäftigung und Entlohnung sind also für sie von elementarer existenzieller Bedeutung. Für Viele hat aber neben der Entlohnung die Beschäftigung weitere Werte: die Bestimmung der Position in der Gesellschaft und Sinngebung für das Leben.

Der Leser soll lernen, wie gemäß verschiedenen Theorieansätzen durch Angebot und Nachfrage Beschäftigung und Entlohnung bestimmt werden. Als solche Theorieansätze wurden ausgewählt:

- die Neoklassik mit verschiedenen Wettbewerbsformen auf vollkommenen Märkten,
- Arbeitsstellensuche auf unvollkommenen Märkten,
- das Warteschlangenmodell,
- Effizienzlohntheorien.

Am Anfang dieses Teiles IV werden dem Leser einige Zahlen über die Beschäftigung in Westdeutschland präsentiert; am Ende einige Zahlen über Lohnstrukturen sowie Versuche zu deren Erklärung.

18 Abhängige Beschäftigung in der Bundesrepublik Deutschland (West)

Die abhängige Beschäftigung wird gemessen einerseits durch die Zahl der abhängigen Erwerbstätigen, andererseits durch die durchschnittliche Arbeitszeit je abhängigen Erwerbstätigen, schließlich durch das Produkt aus beiden, das Arbeitsvolumen (s. Darstellung 18/1). In den 26 Jahren von 1970 bis 1996 hat die Zahl der abhängigen Erwerbstätigen um etwa 4,26 Millionen zugenommen (um 19,6 %), während die Zahl der Erwerbspersonen um etwa 4 Millionen gewachsen ist (s. Abschnitt 12.3). Dass dennoch die Zahl der Arbeitslosen so stark gestiegen ist, erklärt sich rein rechnerisch dadurch, dass die Zahl der Selbständigen einschließlich der mithelfenden Familienangehörigen um 1.328 Millionen geschrumpft ist (das ist eine Schrumpfungsrate von 28,7 %); die rein rechnerische Erklärung bedeutet natürlich nicht, dass die ehemaligen oder die ehemals potenziellen Selbständigen arbeitslos seien, aber sie bedeutet sehr wohl, dass die Beschäftigungschancen einer Gesellschaft insgesamt auch von der Zahl der Selbständigen abhängen.

Die durchschnittliche effektive Arbeitszeit pro Jahr hat um gut 353 Stunden abgenommen (um 18,7 %), das Arbeitsvolumen ist ebenfalls gefallen, aber nur schwach um 1.924 Millionen Stunden (um 4,7 %). Diese Entwicklung ist von verschiedenen Faktoren bewirkt worden: Die Anzahl der abhängigen Erwerbstätigen hat zugenommen, weil es eine Zuwanderung in die Bundesrepublik Deutschland gegeben hat; weil der Anteil der 21- bis 60jährigen sich erhöht hat; weil der Anteil der Selbständigen an allen Erwerbstätigen abgenommen hat; weil die Erwerbsbeteiligung der Frauen zugenommen hat und damit auch ihre abhängige Erwerbstätigkeit. Durch die stärkere Erwerbsbeteiligung der Frauen vor allen Dingen ist der Anteil der Teilzeitbeschäftigten an allen abhängigen Erwerbstätigen verdoppelt worden. Denn von den abhängig beschäftigten Frauen sind etwa ein Drittel, von den Männern aber nur etwa 3 % teilzeitbeschäftigt; 90 % der Teilzeitbeschäftigten sind Frauen (ISO 1994, S. 82).

Darstellung 18/1: Abhängige Erwerbstätige, durchschnittliche effektive Jahresarbeitszeit und Jahresarbeitsvolumen in Deutschland (West), nach Jahren

Jahr (1)	abhängige Erwerbstätige[a] (10^3) (2)	Teilzeitbeschäftigte[a] [in % von (2)] (3)	Ø Arbeitszeit pro Jahr (in Std.)[b] (4)	Arbeitsvolumen (10^3) pro Jahr (in Std.) [(2)·(4)]
1970	21.723	9,2	1.885,0	40.947.855
1980	23.635	11,2	1.688,3	39.902.971
1990	25.906	15,2	1.557,3	40.343.414
1996	25.985	18,2	1.501,8[c]	39.024.273

(a) Quelle: INSTITUT DER DEUTSCHEN WIRTSCHAFT 1998, Tab. 17; die mithelfenden Familienangehörigen sind den Selbständigen zugerechnet worden.

(b) Quelle: AaO, Tab. 34

(c) Vorläufiges Ergebnis

Die Teilzeitbeschäftigung vieler Frauen allein hat aber natürlich nicht den Rückgang der durchschnittlichen Arbeitszeit um fast 20 % bewirkt. Der Hauptfaktor dafür waren die tariflich vereinbarten Reduzierungen der wöchentlichen Arbeitszeit, welche die Gewerkschaften in den Tarifverhandlungen dieses Zeitraumes, teilweise mit Streik, durchgesetzt haben, um auf diese Weise die Arbeitslosigkeit zu bekämpfen. Ob sie dieses Ziel erreicht haben, sei dahingestellt: Die Arbeitslosigkeit ist zwar weiterhin hoch, aber vielleicht wäre sie ohne die Arbeitszeitverkürzungen noch höher (was die Gewerkschaften behaupten). Jedenfalls aber waren die Gewerkschaften damit erfolgreich, dieses Element der Arbeitsbedingungen, die Arbeitszeit, zum Gegenstand von Tarifverhandlungen zu machen, ihre Vorstellungen wenigstens zum Teil zu verwirklichen und damit den Rahmen für Arbeitsangebot, Arbeitsnachfrage und Beschäftigung zu bestimmen.

Da die Gewerkschaften gleichzeitig mindestens vollen Lohnausgleich für die Arbeitszeitverkürzungen erreicht haben, d.h. mindestens gleiches Bruttoeinkommen pro Jahr, haben sie schon dadurch den durchschnittlichen Stundenlohn der Arbeit stark heraufgesetzt, außerdem natürlich dadurch, dass in den Tarifabschlüssen auch unabhängig von der Arbeitszeitverkürzung der Stundenlohn regelmäßig erhöht worden ist. Dieser spielt in den Theorien über Beschäftigung und Arbeitslosigkeit eine bedeutende Rolle, wie die folgenden Kapitel zeigen werden.

Die Erhöhung des Stundenlohnes war von einer starken Erhöhung des realen Bruttoinlandsproduktes je abhängiger Arbeitsstunde begleitet (s. Darstellung 18/2): Das Bruttoinlandsprodukt Westdeutschlands je abhängiger Erwerbsstunde stieg von 1970 bis 1996 um 88,96 %, das Bruttoinlandsprodukt weniger steil um 80,09 %. Auch wenn man makroökonomische Relationen als Ursache-Wirkungszusammenhang zu interpretieren grundsätzlich für unsinnig hält, kann man doch sagen: Da die Leistung pro abhängiger Arbeitsstunde schneller gestiegen ist als die Gesamtleistung, können, unter weiteren zusätzlichen Umständen, Schwierigkeiten für die Beschäftigung der abhängigen Arbeit auftreten (s. dazu Kapitel 28).

Darstellung 18/2: Bruttoinlandsprodukt Westdeutschlands in Preisen von 1991, in Mrd. DM, und je abhängiger Arbeitsstunde, nach Jahren

Jahr	BIP in Mrd. DM [a]	BIP pro abh. Arbeitsstunde [b] in DM
1970	1.543,2	37,69
1980	2.018,0	50,57
1990	2.520,4	62,47
1996	2.779,2	71,22

(a) Quelle: Institut der Deutschen Wirtschaft 1997, Tabelle 34
(b) Quelle: Spalte (5) in Darstellung 18/1

Literaturhinweise:
In der Regel einmal im Jahr bringen die „Mitteilungen aus der Arbeitsmarkt- und Berufsforschung“ einen Überblicksartikel über den Arbeitsmarkt in der Bundesrepublik Deutschland, Einzelangaben bringen die „Amtlichen Nachrichten der Bundesanstalt für Arbeit“. Eine umfassende Darstellung in Buchform ist FISCHER u.a. 1993.

19 Beschäftigung und Lohnsatz auf vollkommenen Märkten

19.1 Vollständige Konkurrenz auf allen Märkten

Wir wollen unterstellen, dass jeder Haushalt, der die homogene Arbeit a in der betrachteten Volkswirtschaft besitzt, auch eine Arbeitsangebotsfunktion hat, abgeleitet aus der Maximierung seiner Nutzenfunktion, in der das Angebot nur vom Lohnsatz abhängt und mit diesem stetig steigt (s. Abschnitt 11.3):

(19-1) $a^k = a^k(w)$,

a^k: Arbeitsangebot des Haushaltes k,
$k = 1, ..., m$: laufende Nummer der Haushalte,
w: Lohnsatz.

Wegen der unterstellten vollständigen Konkurrenz ist auf dem betrachteten Arbeitsmarkt der Lohnsatz für alle Anbieter gleich.

Die Gesamtangebotsfunktion wird dann errechnet mit

(19-2) $$A^{An}(w) = \sum_{k=1}^{m} a^k(w).$$

Das Gesamtangebot steigt ebenfalls mit steigendem Lohnsatz (s. Darstellung 19/1).

Darstellung 19/1: Vier unterschiedliche Angebotsfunktionen und ihr Aggregat

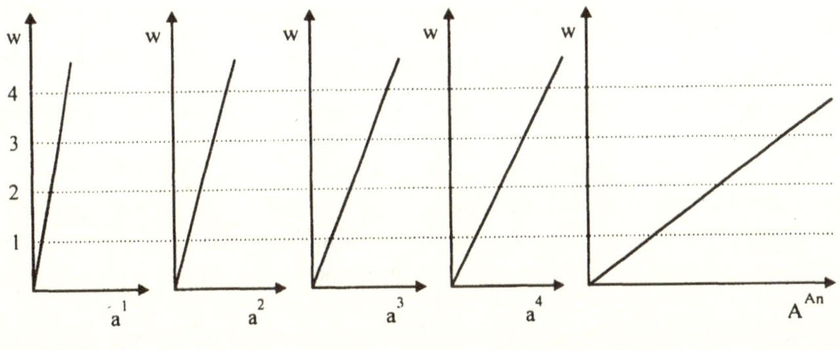

Wir wollen weiter unterstellen, dass jede Unternehmung in der betrachteten Volkswirtschaft, welche die homogene Arbeit a nachfragt, dies gemäß einer Nachfragefunktion tut, die aus der Maximierung der Gewinnfunktion abgeleitet ist, allein vom Lohnsatz w abhängt und in der die Nachfrage nach der Arbeit a mit steigendem Lohnsatz fällt (wir unterstellen also eine neoklassische Produktfunktion, s. Abschnitt 15.5.3):

(19-3) $a^j = a^j(w)$,
$j = 1, ..., n$: laufende Nummer der Unternehmungen.

Die Gesamtnachfragefunktion wird dann errechnet mit

(19-4) $$A^N(w) = \sum_{j=1}^{n} a^j(w)\,.$$

Die Funktion kann graphisch entsprechend der Vorgehensweise in Darstellung 19/1 hergestellt werden; sie sinkt mit steigendem Lohnsatz.

Auch wenn jede einzelne Unternehmung eine limitationale Produktfunktion hat, sinkt die aggregierte Nachfrage nach Arbeit stetig dann, wenn jede Unternehmung an ihrer exogen vorgegebenen Kapazitätsgrenze produziert, bei einem anderen Lohnsatz ihre Nachfrage einstellt und wenn diese Lohnsätze sowie die entsprechenden Nachfragemengen nahe beieinander liegen. Wir demonstrieren dies in Darstellung 19/2 an vier Firmen und einer aggregierten Nachfragefunktion sehr vieler solcher Einzelfunktionen.

Darstellung 19/2: Vier unterschiedliche Nachfragefunktionen bei linear-limitationaler Produktfunktion und das Aggregat sehr vieler solcher Einzelfunktionen

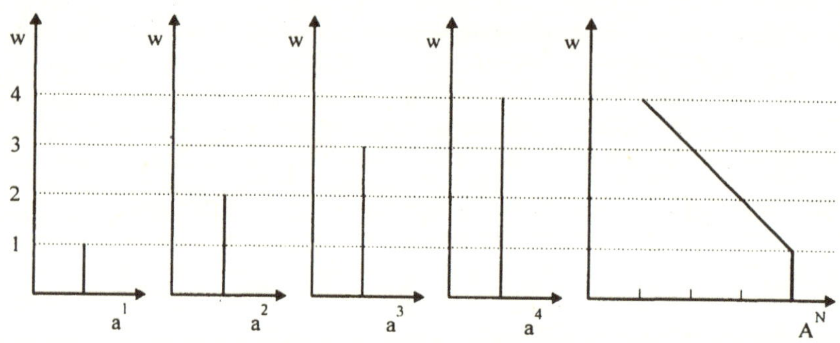

Wenn alle Firmen allerdings bei dem gleichen Lohnsatz aus dem Markt ausscheiden, verläuft die aggregierte Nachfragefunktion ebenfalls parallel zur w-Achse; wenn die Lohnsätze und die Nachfragemengen der einzelnen Firmen sehr weit auseinander liegen, weist die aggregierte Funktion Sprungstellen auf.

Auf dem Markt herrscht Gleichgewicht, wenn die Arbeitsnachfrage gleich dem Arbeitsangebot ist:

(19-5) $$A^{An}(w) = A^N(w).$$

Aus den drei Gleichungen (19-5), (19-4) und (19-2) lassen sich, die in Darstellung 19/3 gezeichneten Verläufe unterstellt, die Gleichgewichtswerte A^{An*}, A^{N*} und w^* bestimmen.

Darstellung 19/3: Lohnsatz und Beschäftigung bei vollständiger Konkurrenz

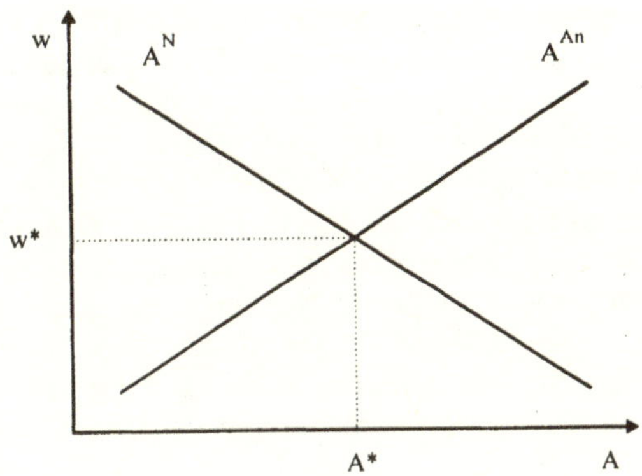

Die vollständige Konkurrenz sorgt über den variablen Lohnsatz für den Ausgleich von Arbeitsangebot und Arbeitsnachfrage: Es besteht weder Arbeitslosigkeit noch unbefriedigte Nachfrage nach Arbeit, die Pläne aller Anbieter und aller Nachfrager sind erfüllt. Wenn die Unternehmung gemäß einer substitutionalen Produktfunktion mit steigenden Grenzkosten produziert, beträgt der Preis aller Faktoren, und so auch derjenige der Arbeit, den Marktwert des jeweiligen Grenzproduktes.

19.2 Beschäftigung und Lohnsatz bei Monopol und Monopson einer Firma auf vollkommenen Märkten

Die Nachfrage einer Firma nach Arbeit, die ein Monopol auf ihrem Absatzmarkt hat, auf ihren Bezugsmärkten, darunter auch dem Markt der betrachteten Arbeitsart, aber vollständiger Konkurrenz ausgesetzt ist, haben wir in Abschnitt 15.3 behandelt; dort wurde die Konstanz des Lohnsatzes angenommen. Wird der Lohnsatz zur Variablen, ist die Nachfragefunktion der Unternehmung in Abhängigkeit vom Lohnsatz analog zur Vorgehensweise in Abschnitt 15.5.3 zu bestimmen: Die Nachfrage wird mit steigendem Lohnsatz fallen, und zwar stärker, als wenn die betrachtete Firma auch auf ihrem Absatzmarkt vollständiger Konkurrenz unterläge.

Die Aggregation der Nachfragefunktionen mehrerer Monopolfirmen wird also ebenfalls, wie in Abschnitt 19.1, zu einer Gesamtnachfragefunktion führen, in der die Nachfrage nach Arbeit mit steigendem Lohnsatz fällt. Eine solche Funktion ergibt sich auch, wenn die individuellen Nachfragefunktionen von Firmen aggregiert werden, die teils ein Monopol auf ihrem Absatzmarkt haben, teils dort vollständige Konkurrenz erfahren.

Das Gleichgewicht auf dem betreffenden Arbeitsmarkt stellt sich dann dar wie in Abschnitt 19.1 und Darstellung 19/3.

Bei Monopson einer Firma auf dem Arbeitsmarkt, die auf allen anderen Märkten vollständiger Konkurrenz ausgesetzt ist, haben wir den Gleichgewichtslohnsatz und die Gleichgewichtsbeschäftigung in Abschnitt 15.4 dargestellt; da es auf dem betrachteten Arbeitsmarkt nur einen Nachfrager gibt, ist dessen Nachfrage die Gesamtnachfrage.

19.3 Die Intervention der Gewerkschaften

19.3.1 Einseitige Festlegung des Lohnsatzes durch die Gewerkschaft

Auf dem Markt der Arbeit A gelinge es einer Gewerkschaft, als Preiskartell der Anbieter von Arbeit zu agieren (s. dazu Abschnitt 5.3.4). Dies kann die Gewerkschaft dadurch erreichen, dass sie mit einem, mit mehreren oder mit allen Nachfragern auf jenem Markt einen Tarifvertrag (s. dazu Abschnitt 7.1) abschließt, der bei allen Nachfragern, gleichgültig aus welchen Gründen, Realgeltung erlangt. Wir wollen keine Theorien darüber entwickeln, wie die Gewerkschaft im Stande ist, einen Tarifvertrag abzuschließen und einen bestimmten Lohnsatz festzusetzen, sondern wir wollen nur unterstellen, dass die Gewerkschaft einen bestimmten Lohnsatz von sich aus bestimmen kann. Weitere Bestimmungen enthalte der Tarifvertrag nicht, insbesondere keine Vereinbarungen über die Beschäftigung. Diese wird von den Firmen in eigener Zuständigkeit festgelegt (right to manage). Welche Folgen das hat, wird in den Abschnitten 19.3.1.1 bis 19.3.1.3 dargestellt.

19.3.1.1 Monopol auf dem Arbeitsmarkt und vollständige Konkurrenz auf allen übrigen Märkten

Wir betrachten eine Situation ehemals vollständiger Konkurrenz auf allen Märkten; auf dem Markt für die Arbeit A setze die Gewerkschaft einen bestimmten Lohnsatz durch. Die Nachfrager auf dem Arbeitsmarkt seien zahlreich; der einzelne Nachfrager kann sich deshalb nur als Mengenanpasser verhalten. Der Markt für die Arbeit A ist also durch die Marktform des Monopols/Polypsons gekennzeichnet; der Arbeitsmarkt sei vollkommen. Auf allen anderen Märkten der Unternehmungen herrsche weiterhin vollständige Konkurrenz.

Wir nehmen an, dass das aggregierte Arbeitsangebot $A^{An}(w)$ ohne Interferenz der Gewerkschaft mit steigendem Lohnsatz monoton steigt, dass die aggregierte Arbeitsnachfrage $A^{N}(w)$ monoton fällt und dass es einen ökonomisch sinnvollen Gleichgewichtswert nach Darstellung 19/3 gibt; er ist in Darstellung 19/4 noch einmal eingezeichnet. Bei ihm ergibt sich der Lohnsatz w^* und die nachgefragte Arbeitsmenge A^*, die gleich der angebotenen ist. Nun erreiche die Gewerkschaft im Tarifvertrag, dass der Lohnsatz auf $\overline{w}$ festgesetzt wird. Die Arbeitsangebotskurve fällt nun von 0 bis $\overline{w}$ mit der Ordinaten zusammen, verläuft dann in Höhe von $\overline{w}$ parallel zur Abszisse, bis sie bei $\overline{A}^{N}$ auf die typische Angebotsfunktion trifft und dann dieser folgt. Ceteris paribus wird dann nur noch die Arbeitsmenge $\overline{A}^{N}$ nachgefragt und tatsächlich beschäftigt, aber die Menge $\overline{A}^{An}$ angeboten; in Höhe der Differenz zwischen beiden Größen wird Arbeitslosigkeit erzeugt.

Angenommen, die skizzierten Theoreme seien mit den Aussagen über die Wirklichkeit identisch, kann es für die Gewerkschaft und deren Mitglieder dennoch vorteilhaft sein, den Lohnsatz zu erhöhen und dadurch Arbeitslosigkeit zu erzeugen. Die Vorteilhaftigkeit hängt davon ab, wie die Arbeitslosigkeit verteilt wird und wie die Gesamtlohnsumme der Arbeit A sich ändert:

Darstellung 19/4: Lohnsatz und Beschäftigung bei der Marktform des Monopols/Polypsons auf dem Arbeitsmarkt

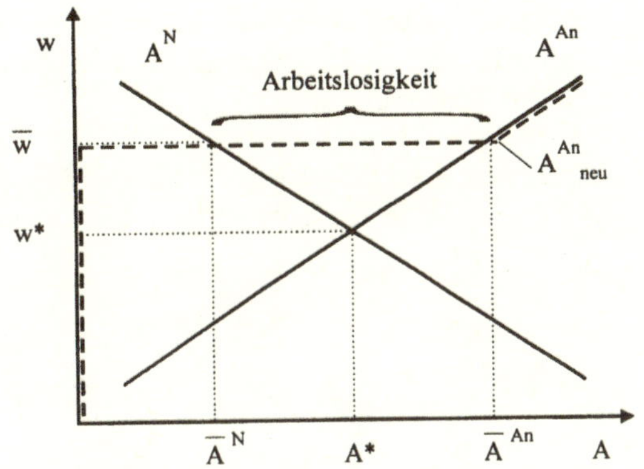

Wenn die Gesamtlohnsumme wA steigt oder gleich bleibt[1] und wenn es der Gewerkschaft gleichzeitig gelingt, die entstehende Arbeitslosigkeit auf alle Arbeitsanbieter gleichmäßig zu verteilen, bedeutet dies nichts anderes, als dass die Arbeitszeit für Alle bei gleichem oder sogar steigendem Lohn verkürzt wird. Dass es dann einige Anbieter von Arbeit gibt, die bei dem geltenden Lohnsatz noch mehr Arbeitszeit anbieten, dafür aber keine Nachfrage finden, ist aus der Sicht der Gewerkschaften und der meisten ihrer Mitglieder wahrscheinlich ein zu vernachlässigendes Übel. Wenn die Gewerkschaft eine solche Strategie verfolgen wollte, müsste sie mit dem Arbeitgeber nicht nur über den Lohnsatz, sondern auch über die Beschäftigung einen Tarifvertrag abschließen (s. Abschnitt 19.5.3).

Wenn die Gesamtlohnsumme wA fällt und wenn die entstehende Arbeitslosigkeit so verteilt wird, dass die Unternehmen einen Teil der bisher beschäftigten Personen entlassen, die Übrigen aber zu dem höheren Lohnsatz mit der gleichen Arbeitszeit wie bisher weiter beschäftigen, dann könnte in den Augen der Gewerkschaftsfunktionäre diese Strategie dann von Vorteil sein, wenn es ihnen gelänge, die Arbeitslosigkeit von den Gewerkschaftsmitgliedern fernzuhalten, sie vielmehr ausschließlich auf die nichtorganisierten Arbeitnehmer abzuwälzen. Eine solche Vorgehensweise ist nur möglich, wenn die Gewerkschaften das Prinzip des „closed shop" durchgesetzt haben und außerdem nur in beschränktem Maße Mitglieder aufnehmen. In der Bundesrepublik Deutschland ist jenes Prinzip unzulässig (s. Abschnitt 5.3.2), weshalb wir auf die skizzierte Strategie nicht weiter eingehen. In etwas anderer Form taucht das Problem jedoch in der Insider-Outsider-Theorie wieder auf (s. Abschnitt 19.3.1.4).

1 Dies hängt von der Elastizität der Nachfrage in Bezug auf den Lohn ab, worauf wir in Abschnitt 19.3.1.3 zu sprechen kommen.

19.3.1.2 Monopol/Monopson auf dem Arbeitsmarkt

Auf einem vollkommenen Arbeitsmarkt, auf dem nur ein Nachfrager auftritt, aber sehr viele Personen Arbeit anbieten, gelinge es einer Gewerkschaft, als Kartell dieser Anbieter zu agieren, mit der Macht, beliebige Reallöhne durchzusetzen. Die Situation vor dem Eingriff der Gewerkschaft ist in Abschnitt 15.4 beschrieben; sie wird in Darstellung 19/5 noch einmal wiederholt.

Darstellung 19/5: Lohnsatz und Beschäftigung bei Monopol/Monopson auf dem Arbeitsmarkt

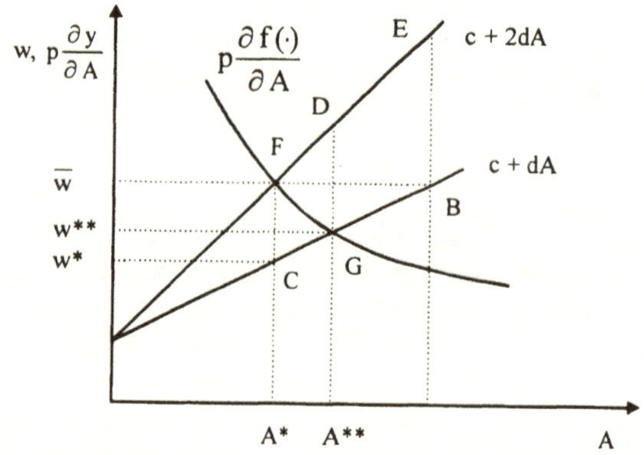

Aus der Menge der Lohnsätze, welche die Gewerkschaft durchsetzen kann, betrachten wir drei, die sich aus drei verschiedenen Zielen der Gewerkschaft ergeben:

Das erste Ziel der Gewerkschaft bestehe darin eine möglichst hohe Beschäftigung der Arbeit zu erreichen:

(19-6) $A^{Besch} \rightarrow \max.!$,

selbstverständlich unter Beachtung der Verhaltensweisen des Monopsonisten und der Anbieter von Arbeit. Sie wird dann den Lohnsatz auf w^{**} festsetzen. Die Arbeitsangebotskurve hat dann den Verlauf „0 - w^{**} - G - B“, die Grenzkostenkurve des Faktors A den Verlauf „0 - w^{**} - G - D - E“, sie weist also im Punkt G eine Sprungstelle auf. Die Kurve der Arbeitsnachfrage hat sich nicht verändert. Die Unternehmung verfährt weiterhin nach dem Grundsatz: „Grenzerlös der Arbeit gleich Grenzausgaben der Arbeit!“ Daraus ergibt sich die gewinnmaximierende Nachfragemenge A^{**}. Der Lohnsatz w** entspricht genau dem Marktwert des Grenzproduktes der Arbeit, die Gewerkschaft hat also durch ihre Gegenmacht die monopsonistische Ausbeutung beseitigt. Die Nachfragemenge liegt überdies genau auf der Lohnsatz-Angebots-Funktion; der Arbeitsmarkt befindet sich also im Gleichgewicht. Jeder andere Lohnsatz würde eine geringere Beschäftigung der Arbeit induzieren.

Das zweite Ziel der Gewerkschaft, das mit dem ersten nicht zu vereinbaren ist, bestehe darin, den Lohnsatz zu maximieren unter der Nebenbedingung, dass die Beschäftigung nicht unter A* sinkt (die Beschäftigung, die sich ohne Einsatz der Gewerkschaftsmacht ergibt), wobei die Gewerkschaft selbstverständlich wiederum die Verhaltensweisen des Monopsonisten und der Anbieter von Arbeit zu beachten hat:

(19-7) $w \rightarrow max.!$,

unter der Bedingung

(19-8) $A^{Besch} \geq A^*$.

Die Gewerkschaft wird dann den Lohnsatz auf $\overline{w}$ festsetzen. Die Angebotskurve hat nun den Verlauf „0 - $\overline{w}$ - B"; von da an fällt sie mit der normalen Angebotskurve (c + dA) zusammen. Die Grenzkostenkurve des Faktors A hat nun den Verlauf „0 - $\overline{w}$ - B - E"; von da an fällt sie mit der normalen Grenzkostenkurve (c + 2dA) zusammen. Die Unternehmung bestimmt ihre gewinnmaximierende Faktoreinsatzmenge weiterhin nach der Bedingung: „Grenzerlös des Faktors A = Grenzkosten des Faktors A!" Der Schnittpunkt der beiden Kurven liegt in F, die gewinnmaximierende Einsatzmenge beträgt A*; ein höherer Lohnsatz würde zu einer geringeren Beschäftigung führen.

Der Gewerkschaft ist es auch bei dieser Strategie gelungen, die monopsonistische Ausbeutung des Faktors Arbeit zu beseitigen, denn auch der Lohnsatz $\overline{w}$ entspricht dem Marktwert des Grenzproduktes der Arbeit. Zu diesem Lohnsatz entsteht allerdings Arbeitslosigkeit in Höhe von F-B. Ob die Gewerkschaft diese akzeptiert, hängt davon ab, wie sie verteilt wird; wir verweisen auf die entsprechende Diskussion in Abschnitt 19.3.1.1. Ob die Gewerkschaft die zweite Strategie der ersten vorzieht, hängt ebenfalls von der Verteilung der Arbeitslosigkeit und zusätzlich von der Gesamtlohnsumme bei der einen oder anderen Vorgehensweise ab (s. Abschnitt 19.3.1.3).

Das dritte Ziel der Gewerkschaft, das mit den ersten beiden ebenfalls nicht zu vereinbaren ist, bestehe darin, den Lohnsatz über den Wert $\overline{w}$ hinaus zu steigern. Die Gewerkschaft muss dann eine Beschäftigung hinnehmen, die unter A* liegt. Ob sie dazu bereit ist, hängt davon ab, ob sie ihre Mitglieder vor der Arbeitslosigkeit bewahren, diese vielmehr ausschließlich auf Nichtmitglieder überwälzen kann. (s. dazu die entsprechende Diskussion in Abschnitt 19.3.1.1).

Die bisherigen Diskussionsergebnisse gelten für den Fall, dass auf dem Arbeitsmarkt die Marktform des Monopols/Monopsons herrscht, auf dem Absatzmarkt der Unternehmung dagegen vollständige Konkurrenz. Unter dieser Bedingung ist es der Gewerkschaft, die als Kartell der Anbieter von Arbeit auftritt, möglich, die monopsonistische Ausbeutung des Faktors Arbeit zu beseitigen: Die Macht des Nachfragers auf dem Arbeitsmarkt wird durch die Macht des Anbieters neutralisiert.

Nehmen wir nun an, dass die betrachtete Unternehmung auf dem Absatzmarkt ihres einzigen Produktes y das Monopol hat. Die Reaktionskurve der Unternehmung hat dann ein stärkeres Gefälle als die Kurve des Marktwertes des Grenzproduktes (s. Darstellung 15/2 in Abschnitt 15.3). Deshalb wird der Faktor Arbeit mit einem geringeren Betrage als dem Marktwert seines Grenzproduktes entlohnt. Der Gewerkschaft, die das Monopol auf dem Arbeitsmarkt hat, ist es nicht möglich, das Monopol der Unternehmung auf dem Absatzmarkt durch Gegenmacht zu neutralisieren, sofern sie nur den Lohnsatz festsetzt. Die monopolistische Ausbeutung des Faktors Arbeit kann sie auf diese Weise allein nicht beseitigen, dazu müsste sie mit der Unternehmung auch einen Tarifvertrag über die Beschäftigung abschließen (s. Abschnitt 19.3.2).

19.3.1.3 Die Änderung der Lohnsumme bei Änderung der Beschäftigung

In den beiden vorhergehenden Abschnitten haben wir der Gewerkschaft die Macht unterstellt, den realen Lohnsatz festzulegen; den Unternehmen, dass sie auf eine Änderung des Lohnes mit einer Änderung der Beschäftigung reagieren; schließlich den Gewerkschaften, dass sie ihr Verhalten davon abhängig machen, wie die Gesamtlohnsumme wegen der Änderung der Beschäftigung auf Grund der Lohnsatzänderung sich verändert. Die Veränderung ergibt sich mit

$$(19\text{-}9)\qquad \frac{d(w \cdot A)}{dA} \cdot dA = \left(\frac{\partial w}{\partial A} \cdot A + w\right) dA = w\left(\frac{\partial w}{\partial A} \cdot \frac{A}{w} + 1\right) dA\,.$$

Die Richtung der Änderung hängt also von der Elastizität des Lohnes in Bezug auf die (nachgefragte und eingesetzte) Arbeit ab (der Wert der Elastizität $\varepsilon_{w,A}$ ist wegen der negativen Neigung der Nachfragefunktion (15-24) negativ):

$$(19\text{-}10)\qquad w\left(\frac{\partial w}{\partial A} \cdot \frac{A}{w} + 1\right) dA \begin{cases} < 0 \\ = 0 \\ > 0 \end{cases} \text{bei } \frac{\partial w}{\partial A} \cdot \frac{A}{w} \begin{cases} < -1 \\ = -1 \\ > -1 \end{cases}.$$

In Darstellung 19/6 sind diese Zusammenhänge veranschaulicht: Beide Graphiken geben eine Nachfragefunktion (15-24) mit verschiedenen Parametern wieder. In der linken Graphik ist die negative Neigung der Kurve $\partial w/\partial A$ geringer als in der rechten; in dem betrachteten Bereich zwischen w_2 und w_1 ist die Elastizität des Lohnes in Bezug auf die Nachfrage in der linken Graphik kleiner, in der rechten Grafik größer als - 1. Demgemäß steigt, wenn der Lohn von w_1 auf w_2 steigt, in der rechten Graphik die Gesamtlohnsumme (symbolisiert durch die Rechtecke), während sie in der linken Graphik fällt.

Darstellung 19/6: Die Gesamtlohnsumme bei Änderung der Beschäftigung in Abhängigkeit von der Neigung der Lohnnachfragefunktion

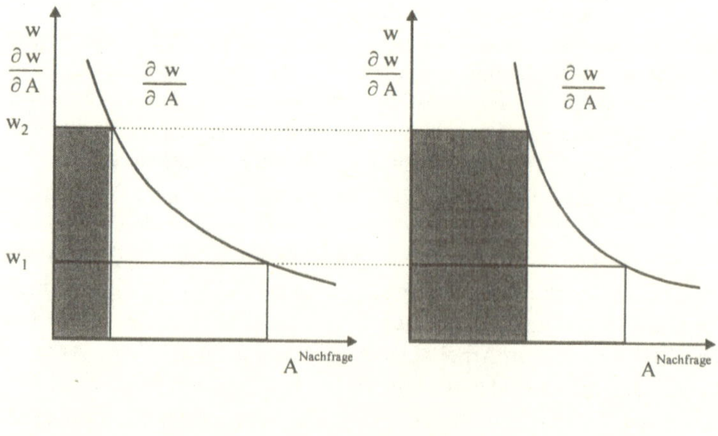

19.3.1.4 Die Insider-Outsider-Theorie der Beschäftigung und des Lohnes

Die Insider-Outsider-Theorie der Beschäftigung und des Lohnes weist einige Ähnlichkeiten mit den (gerade besprochenen) Annahmen über den Einsatz der Gewerkschaftsmacht auf, weshalb wir sie hier kurz erwähnen wollen, obwohl der Arbeitsmarkt von ihr nicht mehr durchgängig als vollkommen angesehen wird. Die Probleme, welche diese Theorie behandelt, lassen sich so formulieren:

Warum erhöhen Firmen bei herrschender Arbeitslosigkeit (meistens auf Druck der Gewerkschaften) den Lohn ihrer Beschäftigten (der Insider), statt diese durch Arbeitslose (Outsider) mit geringeren Lohnansprüchen zu ersetzen, oder warum drohen sie nicht wenigstens mit einer solchen Verhaltensweise, um die Lohnansprüche der Insider zurückzuweisen?

Warum versuchen die Outsider nicht, Beschäftigung dadurch zu erlangen, dass sie die Löhne der Insider unterbieten?

Es wird angenommen, dass die Nachfrager und die Anbieter sich tatsächlich so verhalten, wie es die Warum-Fragen unterstellen.

Nehmen wir zunächst an, Insider und Outsider seien homogen (s. zum Folgenden LINDBECK/SNOWER 1988). Dennoch würden der Firma Kosten entstehen, wenn sie jene durch diese ersetzen würde, die Fluktuationskosten. Der gewinnmaximierende Nachfrager nach Arbeit wird sich deshalb bei gegebenem Arbeitsvolumen so verhalten, dass der Grenzertrag der Auswechslung (die Grenzeinsparung an Lohn) gleich den Grenzkosten (den Grenzfluktuationskosten) ist. Die Insider können diesen Punkt mitbestimmen, einerseits durch die Beeinflussung des Grenzertrages, andererseits durch die Beeinflussung der Grenzkosten. Der Grenzertrag wird durch den Lohn der Insider bestimmt: Je höher dieser ist, desto höher auch der Grenzertrag der Auswechslung. Die Fluktuationskosten hängen vom Verhalten der Insider gegenüber den neu eingestellten Outsidern ab: Wenn jene zum Beispiel die Einarbeitung verweigern, steigen die Fluktuationskosten. Die Insider können ihr Einkommen dadurch maximieren, dass sie ihr Verhalten so einrichten, dass die Firma gerade keine Insider entlässt, um Outsider einzustellen. Die Gewerkschaft, so wird angenommen, unterstützt die Insider bei diesem Bestreben. Das geschilderte Verhalten wird durch einen Optimierungskalkül bestimmt, auf dessen Referat wir jedoch verzichten wollen.

Das geschilderte Verhalten der Insider macht auch das Verhalten der Outsider verständlich: Da sie die Feindseligkeit der Insider und die Notwendigkeit der Zusammenarbeit mit ihnen kennen, machen sie gar nicht erst den Versuch, mit diesen durch Unterbietung der Löhne zu konkurrieren.

Natürlich sind Insider und Outsider nicht homogen: Die Insider besitzen betriebsspezifisches Humankapital, das ein neu eingetretener Outsider sich erst in einem längeren Zeitraum erwerben muss, um eine vollwertige Arbeitskraft zu sein. Nach einem Modell von SOLOW 1985 entstehen der Firma dadurch Produktivitätseinbußen, die es den Gewerkschaften wiederum erlauben, bei einer Verbesserung der Geschäftslage gerade solche Lohnerhöhungen durchzusetzen, dass es sich für den Nachfrager nach Arbeit nicht lohnt, Outsider zusätzlich zu den Insidern einzustellen.

Wir wollen hiermit das Referat von Insider-Outsider-Modellen beenden und nach ihrer empirischen Relevanz fragen. Auch wenn wir annehmen, dass die Beschäftigten, die Insider, nur ein Interesse daran haben, ihr eigenes Einkommen zu erhöhen, ohne Rücksicht auf das Schicksal der Arbeitslosen, ist doch sehr zu bezweifeln, dass sie die notwendigen Kenntnisse haben, um den Optimierungskalkül zu berechnen, und dass sie dann die tatsächliche Macht haben, die Anweisungen des Kalküls auch zu befolgen. Wenn die Tarifverträge nicht mit einzelnen Firmen abgeschlossen werden, können die Gewerkschaften kaum firmenspezifische Interessen ihrer Mitglieder durchsetzen. Die Modelle verabsolutieren eine plausible Hypothese: dass die Beschäftigten vor allem an sich denken und nicht an die Arbeitslosen, und machen sich dadurch unplausibel.

19.3.2 Effiziente Verträge

Die Theorie der effizienten Verträge gibt einer Gewerkschaft die Anweisung, sowohl über den Lohnsatz als auch über die Beschäftigung zu verhandeln. Da über diese nur mit einer Einzelfirma ein Vertrag abzuschließen ist, nicht aber mit einem Verband, ist die Theorie höchstens zur Erklärung von Firmen-, nicht aber von Flächentarifverträgen geeignet.

Die Gewerkschaft besitze eine Nutzenfunktion

(19-11) $u = u(w, L),$

u: Nutzen,
w: Lohnsatz,
L: Beschäftigung,

mit den normalen Eigenschaften (zweimal partiell nach jeder Variablen differenzierbar, die ersten Ableitungen größer, die zweiten kleiner als Null, die Indifferenzkurven deshalb konvex von unten (s. Darstellung 19/6). Die Firma besitze eine Arbeitsnachfragefunktion

(19-12) $L^D = L^D(w),$

welche die gewinnmaximierende Nachfrage bei jedem ihr vorgegebenen Lohnsatz angibt (s. dazu Abschnitt 14.5); sie sei fallend; der Gewerkschaft sei die Funktion bekannt (s. Darstellung 19/6). Die Gewerkschaft habe das Ziel, ihren Nutzen zu maximieren; sie möge die Macht haben, den Lohnsatz festzusetzen, die Unternehmung bestimme ihre Nachfrage. Der Kalkül der Gewerkschaft lautet:

(19-13) $$\begin{cases} u(w, L) \rightarrow \max! \\ \text{unter der Nebenbedingung} \\ L = L(w). \end{cases}$$

Die Bedingung 1. Ordnung für das Nutzenmaximum lautet:

(19-14) $$\exists w^* \exists L^* \quad \frac{\dfrac{\partial u(w^*, L)}{\partial w}}{\dfrac{\partial u(w, L^*)}{\partial L}} = -\frac{dL(w^*)}{dw}.$$

Die Lösung (der Tagentialpunkt A zwischen Nachfragefunktion L^D der Unternehmung und Indifferenzkurve II der Gewerkschaft) ist in Darstellung 19/6 graphisch skizziert. Die Gewerkschaft kann aus ihr den festzusetzenden Lohnsatz w_A bestimmen und berechnen, welche Nachfrage L_A die Unternehmung entfaltet.

Darstellung 19/6: Verhandlung über Lohnsatz und Beschäftigung

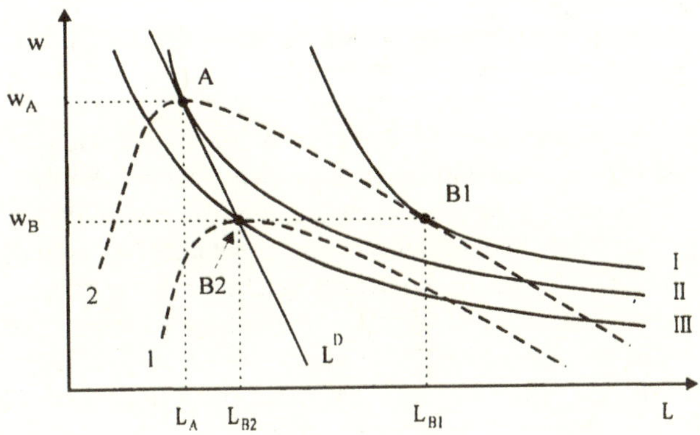

Legende: L^D: Gewinnmaximierende Nachfragefunktion der Unternehmen
1, 2: Isogewinnlinien der Unternehmung
I, II, III: Indifferenzkurven der Gewerkschaft

Die Lösung ist nicht pareto-optimal, weil die Gewerkschaft ihre Position verbessern könnte, ohne diejenige der Unternehmung zu verschlechtern. Im w/L-(Lohnsatz/Beschäftigungs-)Raum existieren Isogewinnlinien (in Darstellung 19/6 gestrichelt), die konkav von unten sind und von der Nachfragefunktion der Unternehmung in ihrem Maximum geschnitten werden (je tiefer die Isogewinnlinien liegen, desto höher ist der indizierte Gewinn).

Die Gewinnfunktion der Unternehmung in Abhängigkeit vom Arbeitseinsatz und vom Lohnsatz lautet, wenn wir nur einen Lohnsatz unterstellen:

(19-15) $G = E(L) - wL,$

G: Gewinn,
E: Erlös,
w: Lohnsatz.

Die Arbeitsnachfragefunktion in Abhängigkeit vom Lohnsatz $L = L(w)$ wird aus der Bedingung 1. Ordnung für das Gewinnmaximum abgeleitet (s. Abschnitt 14.5):

(19-16) $G_L = E_L - w = 0,$

G_L, E_L: erste Ableitungen der Funktionen nach der tiefgestellten Variablen.

Sie ist fallend. Die Isogewinnfunktion im w/L-Koordinatensystem lautet:

(19-17) $$w = \frac{E(L) - \overline{G}}{L},$$

$\overline{G}$: konstanter Gewinn.

Die Kurvendiskussion mit Hilfe der ersten Ableitung

(19-18) $$w_L = \frac{E_L - w}{L}$$

gibt Auskunft über den Verlauf der Isogewinnfunktion:

1. Die Funktion hat einen Extremwert bei $E_L = w$, da hier $w_L = 0$.
2. Im Extremwert wird die Isogewinnfunktion von der Arbeitsnachfragefunktion geschnitten, denn deren Konstruktionsprinzip ist $E_L = w$. Alle anderen Punkte der Isogewinnfunktion sind also keine gewinnmaximierende w/L-Kombination.

3. Der Extremwert der Isogewinnfunktion ist ein Maximum und deshalb ist die Funktion konkav von unten, da, wenn $w_L > 0$, der Extremwert durch Vergrößerung, wenn $w_L < 0$, durch Verkleinerung von w gemäß Formel 19-18 erreicht wird.
4. Mit sinkendem Lohnsatz steigt der Gewinn, weshalb der Graph der Isogewinnfunktion immer näher an der L-Achse liegt, je höher der indizierte Gewinn ist.

Die Gewerkschaft könnte ein höheres Nutzenniveau als die Indifferenzkurve II bei der Lösung W_A/L_A erreichen, wenn sie den Lohnsatz auf w_B senkte und gleichzeitig die Unternehmung bewegte, auf ihrer ursprünglichen Isogewinnkurve 2 zu bleiben. Die entsprechende Beschäftigung wäre dann L_{B1}, die Gewerkschaft hätte die höhere Indifferenzkurve I erreicht. Die Unternehmung verschlechterte zwar ihre Position gegenüber der Lösung w_A/L_A nicht, erzielte aber nicht den höchstmöglichen Gewinn beim Lohnsatz w_B, weil sie sich nicht auf ihrer Lohnsatz-Nachfragefunktion befände: Der maximale Profit läge im Punkte B2 im Maximum der Isogewinnlinie 1, die entsprechende Beschäftigung wäre L_{B2}; die Gewerkschaft wäre zu ihm schlechter gestellt als in der ursprünglichen Situation, weil sie sich auf der niedrigeren Indifferenzkurve III befände.

Die Unfähigkeit der Gewerkschaft, die Unternehmung auf Dauer davon abzuhalten, bei einem gegebenen Lohnsatz den höchstmöglichen Gewinn zu erzielen, wird in der Regel als Hauptgrund dafür angegeben, dass solche Verträge nur sehr selten ausgehandelt werden. Ob die Gewerkschaft die unterstellte Nutzenfunktion besitzt, konkret: ob sie einen niedrigeren Lohn gegen höhere Beschäftigung eintauschen möchte, wird im Insider-Outsider-Modell bezweifelt (s. Abschnitt 19.3.1.4); nicht bezweifelt wird dagegen, dass die Unternehmung Isogewinnkurven im Lohnsatz-Beschäftigungsraum besitzt und kennt.

Mitte der 90er Jahre hat die IG Metall mit der Volkswagen AG während einer Beschäftigungskrise dieses Unternehmens folgenden Haustarifvertrag ausgehandelt: Die wöchentliche Arbeitszeit wurde von 35 auf 28,5 Stunden reduziert (um 18,6 %), das entsprechende Einkommen um 12 % bis 15 % (der Lohnsatz wurde nur gering erhöht), dafür hat das Unternehmen eine Beschäftigungsgarantie für 100.000 Personen abgegeben, die etwa 20.000 Arbeitnehmer vor der Entlassung bewahrt hat. Dieser Vertrag entspricht zwar nicht ganz dem vorgestellten Modell, aber er zeigt, dass Verträge über Entlohnung und Beschäftigung möglich sind, und dass sie eingehalten werden.

Literaturhinweise:

Beschäftigung und Lohnsatz auf vollkommenen Märkten wird in jedem Lehrbuch der Arbeitsökonomik abgehandelt (s. die Literaturhinweise am Schluss der Einleitung zu diesem Buch). Die Lehrbücher der Mikroökonomik behandeln dasselbe Problem unter der Überschrift „Marktgleichgewicht“.

Spezielle Literatur zum Einfluss der Gewerkschaften:

MARTIN 1992; PACI/WAGSTAFF/HOLL 1993; PARSLEY 1980; PENCAVEL 1991; SESSELMEIER 1993.

Literatur zum Insider-Outsider-Problem: S. die im Text zitierte Literatur.

Literatur zur Theorie der effizienten Verträge: BOOTH 1995; S. 128-134; GOERKE/HOLLER 1997. S. 185-191.

20 Beschäftigung und Lohnsatz bei Arbeitsstellensuche auf unvollkommenen Märkten

Wenn der Markt für eine bestimmte Art von Arbeit unvollkommen ist, bedeutet dies unter anderem, dass für eine homogene Arbeit verschiedene Lohnsätze existieren können; dass dem Anbieter von Arbeit diese Lohnsätze nicht ohne weiteres bekannt sind; dass der Markt nicht punktförmig ist, so dass Angebot und Nachfrage nicht mit Notwendigkeit aufeinandertreffen. Deshalb muss der Anbieter von Arbeit sich Informationen über den Markt beschaffen; die Beschaffung der Informationen braucht Zeit und verursacht sonstige Kosten, zum Beispiel die Kosten für die Aufgabe eines Zeitungsinserates, Herstellung von Bewerbungsunterlagen, Reisekosten zu Nachfragern von Arbeit, Lebensunterhalt, wenn der Anbieter arbeitslos ist und keine vollständige Kompensation seines früheren Arbeitseinkommens erhält. Der Anbieter von Arbeit steht damit nach den Annahmen dieser Theorie (englische Bezeichnungen: job search, job search theory, economics of job search) in folgender Entscheidungssituation:

Wenn er auf eine konkrete, mit einem bestimmten Lohnsatz versehene Nachfrage nach seinem Angebot trifft, sollte er die Entscheidung, ob er einen Arbeitsvertrag abschließt oder nicht, mindestens von folgenden Faktoren abhängig machen:

- von der Wahrscheinlichkeit, eine bessere Arbeitsgelegenheit als die gegenwärtige zu finden;
- von den Kosten der Suche nach einer weiteren Arbeitsgelegenheit.

Die Suchtheorie nimmt, ganz im Stil des neoklassischen Paradigmas, an, dass der Anbieter von Arbeit diese Entscheidungssituation als eine Maximierungsaufgabe begreift; sie schreibt ihm deshalb vor, welche Größen er unter welchen Bedingungen maximieren solle und liefert ihm gleichzeitig für die Lösung des von ihr definierten Problems einen geeigneten Algorithmus.

Dies ist der gemeinsame Inhalt aller Job-search-Theorien und -Modelle; sie unterscheiden sich voneinander durch die Menge der Variablen, die sie gleichzeitig betrachten; durch die Art dieser Variablen; durch die anzustrebenden Ziele und durch die angebotenen Algorithmen. Die verwendeten Modelle samt ihren Algorithmen sind von der mathematischen Statistik zur Lösung von Problemen der Qualitätskontrolle entwickelt worden, die in der Literatur unter dem Namen „Stopp-Probleme" bekannt sind. Da ihre Struktur der eben geschilderten Situation eines Arbeitsanbieters auf einem unvollkommenen Markt ähnelt, lag es nahe, diese ebenfalls als Stopp-Problem zu definieren, das man mit Hilfe der fertigen Techniken lösen könnte. Wir bringen im Folgenden nur ein einfaches Modell (in Anlehnung an LIPPMAN/McCALL 1976a und b), das aber ausreicht, um die Struktur aller Modelle zu erkennen; es hat die folgenden Eigenschaften:

1. Betrachtet wird eine Person, die sich als Arbeitskraft auf dem Arbeitsmarkt anbietet.
2. Der Anbieter hat zur Zeit keine Arbeit.
3. Der Anbieter erhält jeden Tag eine Nachfrage (ein Stellenangebot), solange bis er eine Stelle annimmt. Eine zeitliche Begrenzung der Nachfrage existiert nicht.

4. Die Kosten der Suche machen für jeden Tag und damit für jede erhaltene Nachfrage den konstanten Betrag c (c > 0) aus.
5. Einmal durch Arbeitgeber geäußerte Nachfragen behalten ihre Wirksamkeit so lange, bis der Anbieter von Arbeit eine bestimmte Stelle annimmt.
6. Hat der Anbieter von Arbeit einmal eine bestimmte Stelle angenommen, behält er diese bis zu seinem Ausscheiden aus der Erwerbsbevölkerung; Kündigung durch den Arbeitnehmer und Entlassung durch den Arbeitgeber sind ausgeschlossen.
7. Die Lohnangebote (x_i), die der Anbieter von Arbeit erhält, sind zufällige, voneinander unabhängige Stichproben aus einer Zufallsverteilung F(X) mit der Dichtefunktion f (x); dem Anbieter sind diese Funktionen bekannt.
8. Ziel des Anbieters ist es, sein Nettoeinkommen zu maximieren.

Unter diesen Annahmen besteht die einzige Entscheidung, die der Anbieter von Arbeit zu treffen hat, darin, den Zeitpunkt festzulegen, an dem er den Suchprozess abbricht; er nimmt dann das bisher günstigste Stellenangebot an. Sein Nettoeinkommen nach n Suchvorgängen beträgt:

(20-1) $y_n = \max(x_1, \ldots, x_n) - nc.$

Sein Ziel besteht darin, den Erwartungswert $E(y_n)$ zu maximieren (hierbei ist n die zufällige Anzahl der Stellenangebote bis zur endgültigen Akzeptierung):

(20-2) $E(y_n) = \max!$

Die Aufgabe der Suchtheorie besteht darin, dem Suchenden einen Algorithmus zu liefern, mit dem er die Maximierungsaufgabe lösen kann; das Ergebnis wird Stopp-Regel genannt. Diese besteht darin, dem Suchenden einen Wert der Lohnangebote zu nennen, der die folgenden Eigenschaften hat:

(20-3) Akzeptiere das Angebot, wenn $x \geq \xi$!

Suche weiter, wenn $x < \xi$!

Der Wert ξ wird „Mindest-Lohn“ oder „Lohnanspruchsniveau“ (im Englischen „reservation wage“) genannt, weil Löhne, die unter diesem Wert liegen, vom Arbeitsanbieter nicht akzeptiert werden, oder anders ausgedrückt: weil bei solchen Löhnen der Arbeitsanbieter freiwillig arbeitslos bleibt.

Der maximale Erwartungswert $E_{max}(y_1)$ bei dieser Strategie beträgt

(20-4) $E_{max}(y_1) = E_{max}(\xi, x_1) - c.$

Da ξ gerade die Erreichung dieses maximalen Erwartungswertes garantieren soll, ist es mit ihm identisch:

(20-5) $\xi = E_{max}(\xi, x_1) - c.$

Der Erwartungswert einer stetigen Zufallsgröße X mit der Dichtefunktion f (x) ist definiert durch

(20-6) $$E(X) = \int_{-\infty}^{+\infty} x f(x) dx,$$

so dass $E_{max}(\xi, x_1)$ geschrieben werden kann

$$(20\text{-}7)\qquad E_{max}(\xi, x_1) = \xi \int_0^{\xi} f(x)dx + \int_{\xi}^{\infty} xf(x)dx.$$

Dass die Integrationsbereiche in der Gleichung (20-7) aufgeteilt werden, liegt daran, dass im Intervall $0 \leq x \leq \xi$ nur ξ als Lohnsatz akzeptiert wird, während im Intervall $\xi \leq x \leq \infty$ jeder Lohnsatz akzeptiert wird. Es reicht, den Integrationsbereich von 0 bis ∞ laufen zu lassen, weil negative Lohnsätze nicht vorkommen.

Durch tautologische Erweiterung von (20-7) erhalten wir:

$$(20\text{-}8)\qquad E_{max}(\xi, x_1) = \xi \int_0^{\xi} f(x)dx + \xi \int_{\xi}^{\infty} f(x)dx + \int_{\xi}^{\infty} x\, f(x)dx - \xi \int_{\xi}^{\infty} f(x)dx.$$

Hieraus ergibt sich:

$$(20\text{-}9)\qquad E_{max}(\xi, x_1) = \xi + \int_{\xi}^{\infty} (x-\xi) f(x)dx.$$

(20-9) in (20-5) eingesetzt ergibt

$$(20\text{-}10)\qquad c = \int_{\xi}^{\infty} (x-\xi) f(x)dx.$$

Hieraus kann man die gewünschte Bestimmungsgleichung für ξ, den Mindestlohn ableiten, indem man setzt

$$(20\text{-}11)\qquad c = \int_{\xi}^{\infty} (x-\xi) f(x)dx = H(\xi),$$

wobei die Funktion H(x) definiert ist mit

$$(20\text{-}12)\qquad H(x) = \int_{x}^{\infty} (y-x) f(y)dy.$$

Die Funktion H ist konvex, nicht negativ, monoton abnehmend, wie es Darstellung 20/1 zeigt.

Darstellung 20/1: Der Graph der Funktion H(x)

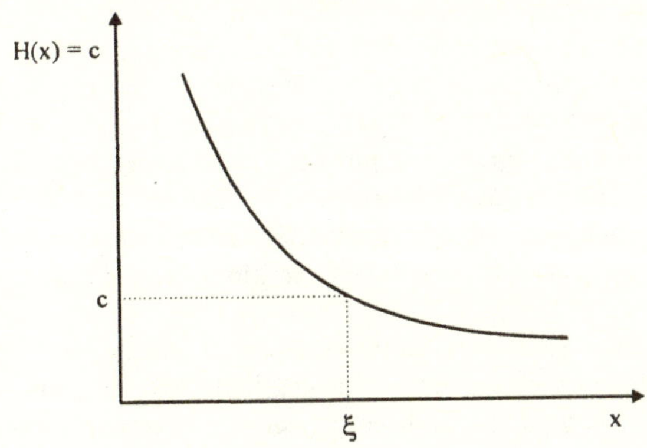

Wenn c gegeben ist, kann man auf Grund der Funktion H auch ξ bestimmen. Die Lösung, die auch durch Gleichung (20-11) gegeben ist, kann so interpretiert werden: c sind die Grenzkosten für die Erlangung eines weiteren Arbeitsangebotes, H (ξ) stellt die erwarteten Grenzerträge dar. Die Entscheidungsregel lautet also auch hier, dass die Grenzerträge gleich den Grenzkosten sein müssen. Je höher die Suchkosten sind, desto niedriger ist das Lohnanspruchsniveau; je geringer die Suchkosten sind, desto höher ist das Lohnanspruchsniveau. Dies ist ein Ergebnis, das man natürlich auch intuitiv vermutet hätte.

Betrachten wir nun, wie die Höhe des Lohnanspruchsniveaus die Suchdauer beeinflusst. Sie hängt ab von der Wahrscheinlichkeit p, eine Stelle anzunehmen, und zwar der Art, dass die Suchdauer um so länger ist, je kleiner jene Wahrscheinlichkeit ist. Nun ist die Annahmewahrscheinlichkeit p gleich der Wahrscheinlichkeit, ein Lohnangebot $x \geq \xi$ zu erhalten:

(20-13) $$p = \int_{\xi}^{\infty} f(x)dx = 1 - \int_{0}^{\xi} f(x)dx\,.$$

Differenzieren wir p nach ξ, erhalten wir

(20-14) $$\frac{dp}{d\xi} = -f(\xi).$$

Da die Dichtefunktion f (ξ) nur positive Werte haben kann, gilt

(20-15) $$-f(\xi) < 0,$$

das heißt: Mit steigendem Lohnanspruchsniveau sinkt die Wahrscheinlichkeit, eine Stelle anzunehmen, und damit steigt die Suchdauer. Dieses Ergebnis erwartet man natürlich auch intuitiv. Die sogenannte „Neue Mikroökonomik" (PHELPS u.a. 1974; PHELPS 1972) benutzt dieses Modell, wenn sie über das Zusammentreffen von Arbeitsangebot und Arbeitsnachfrage handelt, zu dem Beweis, dass eventuell herrschende Arbeitslosigkeit nicht unfreiwillig, sondern freiwillig sei, weil nämlich die Arbeitslosen wegen eines bestimmten Lohnanspruchsniveaus noch auf der freiwilligen Suche nach einem besseren Lohnangebot seien, als sie bisher erhalten haben.

Neuere Entwicklungen der Suchtheorien haben das statische Modell dynamisiert, indem sie annehmen, dass die Verteilung der Lohnsätze mit den konjunkturellen Zyklen schwankt. Dabei wurde angenommen, dass die Lohnverteilungen durch eine Markov-Kette miteinander verbunden sind und dass den Anbietern von Arbeit diese Kette sowie die Verteilungen bekannt sind: offensichtlich eine extrem heroische Annahme (s. dazu LIPPMAN/MCCALL 1976a). Eine andere Dynamisierung nimmt an, dass der Suchende seinen Mindestlohn mit der Dauer seiner Arbeitslosigkeit senkt (BERG 1990a). Die Theorien des Suchverhaltens wurden auf die Nachfrager nach Arbeit ausgedehnt, schließlich wurden auch Gleichgewichtslohnverteilungen untersucht. An den grundlegenden Eigenschaften des Modells wird dadurch nichts geändert.

Empirische Tests des Modells fallen für dieses nicht übermäßig günstig aus: BERG 1990b zeigt an Hand mikroökonomischer Längsschnittdaten, dass ein großer Teil der Arbeitslosen der Stichprobe in die Nicht-Erwerbsbevölkerung wechselt, während praktisch jeder Arbeitslose, der ein Arbeitsangebot erhält, dieses auch annimmt.

BERG 1990a kommt zu dem Ergebnis, dass die Suchenden ihre Mindestlohnforderung mit steigender Dauer der Arbeitslosigkeit tatsächlich senken. COX/OAXACA 1992 widerlegen mit experimentellen Daten das Modell mit der „naiven“ Regel, wie es im vorstehenden Text dargelegt ist.

Literaturhinweise:
Außer die im Text zitierte Literatur s. BRYANT 1990; HODEIGE 1985; MCKENNA 1985.

21 Ein Warteschlangenmodell für die Verteilung von Arbeitsplätzen

Das Modell des menschlichen Kapitals basiert auf der Vorstellung, dass die Anbieter von Arbeit um die knappen Arbeitsplätze ausschließlich mit Hilfe des Lohnes konkurrieren (s. dazu Kapitel 13 und Abschnitt 15.6): Jede Art von Arbeit sei durch eine andere ersetzbar, weil jede Art von Arbeit, allerdings mit unterschiedlichen Einsatzmengen, die Anforderungen des Berufssystems erfüllen könne; die Nachfrager nach Arbeit bestimmten ihre Nachfragemenge so, dass der Lohnsatz für eine bestimmte Art von Arbeit gleich dem Marktwert des Grenzproduktes dieser Arbeit sei (s. Abschnitt 15.2); die Anbieter von Arbeit richteten ihre Lohnforderungen so ein, dass jeder Arbeitswillige auch eine Arbeit finde (s. Abschnitt 19.1); die flexiblen Lohnsätze sorgten also dafür, dass Arbeitsangebot und Arbeitsnachfrage einander genau entsprächen. Wir wollen diese Vorstellung das Modell der *Lohnkonkurrenz* nennen.

Gegen das Modell der Lohnkonkurrenz hat der amerikanische Ökonom *Lester C. Thurow* ein viel beachtetes Gegenmodell entwickelt, das er *Stellenkonkurrenz* (job competition) oder *Warteschlange der Arbeiter* (labor queue) nennt (THUROW 1974 und 1975). Die Grundideen sind die folgenden:

Die Anbieter von Arbeit konkurrierten um die knappen Arbeitsstellen nicht mit Hilfe des Lohnes, sondern mit Hilfe ihrer persönlichen Eigenschaften, unter anderem mit Ausbildung, Alter, Geschlecht. Dies liege daran, dass die Anbieter von Arbeit nicht diejenigen Fähigkeiten besäßen, die von einem bestimmten Arbeitsplatz (oder besser: von einer normalen Abfolge von Arbeitsplätzen, von einer Karriere also) an deren Inhaber gestellt würden; vielmehr müssten die Arbeitskräfte durch Ausbildung am Arbeitsplatz erst auf dessen spezifische Anforderungen und diejenigen der Karriere vorbereitet werden. Diese Ausbildung verursache Kosten, die in der Regel vom Arbeitgeber getragen würden. Die erwähnten persönlichen Eigenschaften des Anbieters von Arbeit, insbesondere seine Ausbildung vor dem Eintritt in das Arbeitsleben, gäben dem Nachfrager nach Arbeit nun an, wie hoch die Kosten der Ausbildung am Arbeitsplatz sein würden. Wenn sich Berufserfahrene um Stellen bewürben, werde auch diese Eigenschaft zur Schätzung der Ausbildungskosten am Arbeitsplatz benutzt.

Der Nachfrager nach Arbeit bringe die Anbieter von Arbeit gemäß deren vermutlichen Ausbildungskosten am Arbeitsplatz in eine Reihenfolge, eben die Warteschlange der Arbeiter, und besetze jede freie Stelle, die, wie erwähnt, Teil einer Karriere sei, immer mit demjenigen Anbieter, der in der Schlange obenan stehe:

> „Thus the labor market is not primarily a market for matching the demands and supplies of different job skills, but a market for matching trainable individuals with training ladders" (THUROW 1974, S. 391).

Dieses Zitat ist Ausdruck der in den Vereinigten Staaten von Amerika vorherrschenden Auffassung, dass das gesamte Bildungssystem seine Bildungsinhalte nicht auf die Anforderungen des Berufssystems ausgerichtet habe, sondern dass beide Systeme voneinander abgekoppelt seien. Deshalb müssten die Absolventen des Bildungssystems, wenn sie erstmals in das Berufssystem eintreten, die berufsspezifischen Fähigkeiten lernen, und dies sei dann nur durch Ausbildung am Arbeitsplatz möglich. Tatsächlich weist das nordamerikanische Bildungssystem einige Züge auf, welche mit jener These zu vereinbaren sind: Es existiert, anders als im deutschsprachigen Raum, kein duales Ausbildungssystem; an den Colleges und Universitäten ist die nicht-berufsbezogene Ausbildung stärker vertreten als in Deutschland. Aber auch in den USA gibt es selbstverständlich vor allem an den Universitäten strikt berufsbezogene Ausbildungen (z. B. die der Ärzte, Ingenieure, Physiker, Chemiker, Rechtsanwälte, Betriebswirte), und ihre Bedeutung nimmt immer mehr zu (s. dazu G. Brinkmann 1978).

Trifft jene Hypothese, Arbeiter würden ausschließlich nach den Kosten der Ausbildung am Arbeitsplatz rekrutiert, also schon auf die Vereinigten Staaten von Amerika wahrscheinlich nur in gewissen Bereichen zu, so in Deutschland so gut wie gar nicht. Damit ist natürlich nicht ausgeschlossen, dass eine gewisse Ausbildung am Arbeitsplatz immer stattfindet und dass deren Kosten bei der Nachfrage nach Arbeit eine Rolle spielen; wir möchten nur bestreiten, dass sie allein für die Anstellung entscheidend sind. *Thurow* selber meint im Übrigen, dass die Stellenkonkurrenz genauso wenig wie die Lohnkonkurrenz in reiner Form in der (nordamerikanischen) Realität vorkomme, sondern dass diese sich irgendwo zwischen jenen beiden Polen befinde.

Die These, dass die Nachfrager nach Arbeit die Arbeitskräfte nach den vermutlichen Kosten der Ausbildung am Arbeitsplatz rekrutieren, wäre, soweit sie bisher vorgetragen ist, durchaus mit dem Modell des menschlichen Kapitals vereinbar: Die Arbeit wird nach ihrer Leistung (ideal: mit dem Marktwert ihres Grenzproduktes) entlohnt; diese Leistung hängt vom angesammelten menschlichen Kapital ab, das durch Ausbildung am Arbeitsplatz geschaffen wird; die Erfolge der Ausbildung am Arbeitsplatz wiederum hängen unter anderem und vor allem von der vorhergehenden Ausbildung im Bildungssystem ab. Diese mögliche Versöhnung der Warteschlangenthese mit der These des menschlichen Kapitals versucht *Thurow* dadurch unmöglich zu machen, dass er behauptet, die Entlohnung der Arbeitsplätze sei starr, nicht flexibel, und sie richte sich keinesfalls nach der Grenzproduktivität der Arbeit, schon deshalb nicht, weil diese gar nicht messbar sei. Vielmehr würden die Arbeitskräfte nach ihrem Platz in der Schlange über die Arbeitsplätze verteilt, und zwar so, dass jeweils der bestbezahlte freiwerdende Platz an den Ersten in der Schlange vergeben werde; damit sei die Entlohnung der Arbeit festgelegt.

Hiermit wird der Autor vor die Notwendigkeit gestellt, die Entlohnung der einzelnen Arbeitsplätze zu erklären. Er unternimmt diesen Versuch, seine Ergebnisse sind aber nur vage; wir referieren sie deshalb nicht.

Wenn wir *Thurows* Modell von der Behauptung befreien, die Arbeitskräfte würden allein nach ihren vermuteten Einarbeitungskosten über die starr entlohnten Positionen verteilt, sondern nur dieses letztere Element beibehalten (die Positionen sind starr entlohnt, die Entlohnung hat mit der Grenzproduktivität nichts zu tun), dann gibt es in Deutschland mindestens einen Bereich, auf den das Modell völlig zutrifft: den öffentlichen Dienst (s. Abschnitt 3.4). Nur werden die Bewerber nicht nach ihren vermuteten Einarbeitungskosten, sondern unter anderem nach der (vermuteten) Angemessenheit ihrer Ausbildung auf die Stellen verteilt. Die Strukturen der Großunternehmen dürften denen des öffentlichen Dienstes ähneln, wenn sie auch wahrscheinlich weniger starr sind. So interpretiert beschreibt *Thurows* Modell die Praxis in deutschen Großorganisationen, erklärt sie aber nicht.

Literaturhinweise: (außer der im Text zitierten Literatur):

Stutsman 1988.

22 Effizienzlohntheorien

22.1 Die grundlegenden Ideen

Wenn, wie das neoklassische Modell der Wirtschaft unterstellt, die Preise aller Güter flexibel sind und die Anbieter ihr Angebot, die Nachfrager ihre Nachfrage nach den Preisen richten, dann kann es (weitere Bedingungen, auf die hier nicht eingegangen wird, vorausgesetzt) kein Ungleichgewicht in der betrachteten Wirtschaft geben. Auf den Arbeitsmärkten (über andere Märkte wird hier nicht geredet) sind aber in Wirklichkeit die Lohnsätze nicht flexibel, mindestens nicht insofern, als die Unternehmen bei Arbeitslosigkeit die Löhne, die sie an ihre Beschäftigten zahlen, auf das niedrigste Niveau senken, das die Arbeitslosen fordern; wer von den Beschäftigten diese Minderung nicht hinnehmen wollte, müsste ausscheiden. Die Firma, die nach einer neoklassischen Produktfunktion produziert, würde bei einer solchen Senkung des Arbeitslohnes auf jeden Fall, ceteris paribus (s. Abschnitt 15.5.3), mehr Arbeit nachfragen und beschäftigen. Die Effizienzlohntheorien wollen erklären, warum die Firmen, obwohl gemäß Voraussetzung nach einer neoklassischen Produktfunktion produzierend und dabei ihren Gewinn maximierend, sich nicht so wie skizziert verhalten. Folgende Ursachen werden in der Literatur angeboten:

1. *Höhere inflexible Löhne als Mittel gegen Drückebergerei (shirking)*

Die Firma zahlt Lohnsätze, die über dem Marktniveau liegen und auch über dem Marktwert des Grenzproduktes der Beschäftigten, um diese davon abzuhalten, ihre Arbeitseffizienz zu senken; andere Methoden zur Erreichung dieses Ziels, vor allem Überwachung, sind zu teuer oder gar nicht anwendbar, weil die Firma die Effizienz ihrer Beschäftigten nicht messen kann.

2. *Höhere inflexible Löhne als Mittel gegen Fluktuation*

Fluktuation verursacht den Unternehmen Kosten, weil der ausscheidende Arbeitnehmer sein betriebsspezifisches Humankapital, an dessen Schaffung die Firma beteiligt war, mit sich nimmt und weil die Firma in den Nachfolger erst investieren muss, bevor er leistungsfähig ist. Wie eben ein Lohnsatz über dem Marktwert des Grenzproduktes den Arbeitnehmer von Drückebergerei abhalten sollte, so jetzt von Kündigung.

3. *Die geforderten Löhne als Indikator für die Fähigkeiten eines Arbeitsanbieters*

Die Firma kann die Fähigkeiten eines Arbeitsanbieters nicht feststellen; sie nimmt statt dessen an, dass dieser seine Fähigkeiten kennt und seine Lohnforderung ihnen gemäß festsetzt. Liegt die Forderung unter dem Lohnsatz, den die Firma für angemessen hält, aber nicht bekannt gibt, hält sie dies für ein Anzeichen, dass der Anbieter den Anforderungen der Stelle nicht gewachsen ist. Die Firma versucht nicht, die von ihr bezahlten Löhne zu senken. Indem sie nur Bewerber mit Lohnforderungen einstellt, die dem herrschenden Niveau entsprechen, hofft die Firma, nur leistungsfähige Arbeitnehmer zu rekrutieren, die nicht leistungsfähigen dagegen von vornherein nicht zu berücksichtigen (adverse selection).

22.2 Optimaler Lohnsatz und optimale Beschäftigung bei Einsatz der Löhne gegen Drückebergerei

Wir betrachten eine Firma mit folgenden Eigenschaften:

(22-1) $y = f(E)$,

y : Produktmenge der Firma,
E : die Arbeitskräfte, gemessen in Effizienzeinheiten,
f(E) : Produktfunktion mit den bekannten neoklassischen Eigenschaften.

Die Arbeitskräfte, gemessen in Effizienzeinheiten, seien bestimmt mit

(22-2) $E = eN$,

e : eine Arbeitskraft, gemessen in Effizienzeinheiten,
N : Anzahl der Beschäftigten.

Es wird also vorausgesetzt, dass die Arbeitskräfte homogen sind. Die Effizienz e einer Arbeitskraft sei bestimmt durch

(22-3) $e = e(w, q, \frac{1}{r}, ALQ)$,

w : Lohnsatz, den die Firma zahlt,
q : Wahrscheinlichkeit, bei Drückebergerei erwischt und dann entlassen zu werden,
r : Wahrscheinlichkeit, aus nicht vom Arbeitnehmer beeinflussbaren Gründen entlassen zu werden,
ALQ : Arbeitslosenquote.

Wenn irgendeine dieser Variablen größer wird, soll auch die Effizienz größer werden (d.h. alle ersten partiellen Ableitungen seien größer als Null).

Aktionsvariablen der Unternehmung seien der Lohnsatz (w) und die Beschäftigtenzahl (N). Dann lautet die Gewinnfunktion in Abhängigkeit von diesen Variablen:

(22-4) $G(N, w) = pf(E) - wN$,

p: Marktpreis des Produktes.

Die Bedingung 1. Ordnung für das Gewinnmaximum in Abhängigkeit von der Beschäftigungsmenge lautet:

(22-5) $$\frac{\partial G}{\partial N} = p\frac{\partial f(E)}{\partial E} \cdot e(w) - w = 0,$$

woraus folgt

(22-6) $$p\frac{\partial f(E)}{\partial E} = \frac{w}{e(w)}.$$

Der Marktwert des Grenzproduktes der Effizienz aller Beschäftigten, wenn diese abhängig ist von der Anzahl der Beschäftigten, das heißt also: der Marktwert des Grenzproduktes der Beschäftigung bei konstanter Einzeleffizienz, muss gleich sein dem Lohnsatz pro Effizienzeinheit.

Die Bedingung 1. Ordnung für das Gewinnmaximum in Abhängigkeit vom Lohnsatz lautet:

$$\text{(22-7)} \qquad \frac{\partial G}{\partial w} = p\frac{\partial f(E)}{\partial E} \cdot N \cdot \frac{\partial e(w)}{\partial w} - N = 0,$$

woraus folgt:

$$\text{(22-8)} \qquad \begin{cases} p\dfrac{\partial f(E)}{\partial E} = \dfrac{N}{N} \cdot \dfrac{1}{\partial e(w)/\partial w} \\ \qquad\qquad = \dfrac{\partial w}{\partial e(w)} \end{cases}.$$

Der Marktwert des Grenzproduktes der Effizienz aller Beschäftigten, wenn diese abhängig ist vom Lohnsatz, das heißt also: der Marktwert des Grenzproduktes der Einzeleffizienz bei Konstanz der Beschäftigtenzahl, muss gleich sein den Grenzkosten der Effizienz.

Die Gleichungen (22-6) und (22-8) sind auf der linken Seite gleich, weshalb auch ihre rechten Seiten gleich sind:

$$\text{(22-9)} \qquad \frac{w}{e(w)} = \frac{\partial w}{\partial e(w)},$$

woraus folgt

$$\text{(22-10)} \qquad \frac{\partial e(w)}{\partial w} \cdot \frac{w}{e(w)} = 1.$$

Das Gewinnmaximum ist dann erreicht, wenn die Elastizität der Einzeleffizienz in Bezug auf den Lohnsatz gleich eins ist. Bei gegebener Funktion e(w) lässt sich aus (22-10) der gewinnmaximierende Lohnsatz, genannt Effizienzlohnsatz, errechnen, mit dessen Hilfe aus (22-1) und (22-2) die gewinnmaximierende Beschäftigtenzahl N. Diese ist kleiner, der Effizienzlohnsatz ist höher als wenn der Lohnsatz nur pro Kopf gezahlt würde, als wenn also die Effizienz einer Arbeitskraft nicht vom Lohnsatz abhinge.

22.3 Kritik

Ein Blick auf die Formeln (22-6) und (22-8) zeigt, dass die häufig vorgetragene, auch von uns referierte (Abschnitt 22.1) Behauptung, der Effizienzlohnsatz entspreche nicht dem Marktwert des Grenzproduktes, falsch ist: Der Lohnsatz entspricht dem Wertgrenzprodukt, nur sind beide entsprechend der Annahme, dass die Effizienz von der Entlohnung abhängt, formuliert.

Der vorgestellte Kalkül beruht auf Annahmen, die im Widerspruch zu den grundlegenden Annahmen des Effizienzlohnes stehen, wodurch die ganze Theorie natürlich wertlos wird: Die Firma zahlt Effizienzlöhne - so die grundlegende Annahme -, weil sie die Effizienz der Beschäftigten nicht messen kann. Der Kalkül des Abschnittes 22.2 dagegen setzt voraus, dass die Firma die Effizienzfunktion (22-3) kennt, und dies wiederum setzt voraus, dass sie die Effizienz messen kann, und zwar mit einem quantitativen Begriff, der in eine metrische Skala abgebildet werden kann.

Faktisch kennt die Firma natürlich eine solche Funktion nicht, wie die grundlegenden Annahmen postulieren, und deshalb kann sie auch keinen Effizienzlohn bestimmen. Empirische Untersuchungen stehen selbstverständlich unter derselben Schwierigkeit: Da sie die Effizienz nicht messen können, können sie auch nicht prüfen, ob die Firmen Effizienzlöhne zahlen. Versuche, dies dennoch empirisch zu prüfen, sind wertlos.

Literaturhinweise:
AKERLOF/YELLEN 1986; GERLACH/HÜBLER 1989; KÖNIG 1990; MEISNER 1990.

23 Die Lohnstruktur

23.1 Begriff und Bedeutung

Lohnstruktur $=_{def}$ das Verhältnis der Lohnsätze oder der Arbeitseinkommen verschiedener Personen zueinander.

Es gibt verschiedene Operationalisierungen des Begriffes „Lohnstruktur". Hier wird der folgende benutzt:

$$\text{(23-1)} \qquad StrL = \left(\frac{w_1}{w_i}, \frac{w_2}{w_i}, \ldots, \frac{w_n}{w_i} \right)$$

StrL : Lohnstruktur,

$w_1, w_2, \ldots, w_i, \ldots, w_n$: Lohnsatz der Person 1, ..., i, ... n oder durchschnittlicher Lohnsatz der Gruppe 1, ..., i, ..., n.

Man betrachtet n Lohnbezieher oder n Gruppen von Lohnbeziehern (der Ausdruck möge alle Arten von Arbeitseinkommensbeziehern bezeichnen). Der Durchschnittslohnsatz einer jeden Gruppe wird zum Durchschnittslohnsatz einer Bezugsgruppe ins Verhältnis gesetzt, als ein Vielfaches des Lohnsatzes dieser Bezugsgruppe dargestellt. Für empirische Untersuchungen müssen die Gruppen selbstverständlich definiert werden; entsprechend geht man bei der Betrachtung von einzelnen Lohnbeziehern vor.

Aus der Sicht des *einzelnen arbeitenden Menschen* dürfte die Lohnstruktur insofern von Interesse sein, als er sich fragt, ob sein Lohn, verglichen mit dem anderer, angemessen sei; als er sich fragt, ob er wegen eines höheren Lohnes Arbeitgeber und Beruf wechseln sollte. Aus der Sicht des *einzelnen Arbeitgebers* dürfte die Lohnstruktur insofern von Interesse sein, als eine innerbetriebliche Lohnstruktur, welche die Arbeitnehmer als ungerecht empfinden, den betrieblichen Frieden stören wird; als das Verhältnis der Löhne seines eigenen Betriebes zu den Löhnen konkurrierender Betriebe über seine Konkurrenzfähigkeit sowohl auf dem Arbeits- als auch auf dem Produktmarkt mitentscheidet. Die Volkswirtschaftslehre muss die geschilderten Interessen sowohl aus einzel- als auch aus gesamtwirtschaftlicher Sicht behandeln. Damit sie das kann, muss sie die Lohnstruktur beschreiben und erklären.

23.2 Theorie der Lohnstruktur

23.2.1 Überblick

Ausgangspunkt der Theorie der Lohnstruktur ist die neoklassische Theorie des Lohnes im Allgemeinen, im Besonderen die Theorie des Lohnes bei vollständiger Konkurrenz (s. Abschnitt 19.1): Bei vollständiger Konkurrenz dürfte es keine unterschiedlichen Lohnsätze geben, das heißt, keine unterschiedlichen Entlohnungen einer Stunde Arbeit (unterschiedliche Lohneinkommen könnten aber selbstverständlich durch unterschiedlich lange Arbeitszeiten der individuellen Arbeiter zu Stande kommen). Dass es unterschiedliche Lohnsätze gibt, kann nur dadurch erklärt werden, dass die Konkurrenz nicht vollständig ist. Diese Position nimmt bereits *Adam Smith* ein (SMITH 1976, S. 116-159, 10. Kapitel des ersten Buches).

Zwei Faktorengruppen verhindern, dass der Wettbewerb vollständig ist: die Abweichung einer konkreten Marktform vom Polypol/Polypson (s. Abschnitte 19.1 und 19.2) sowie die Unvollkommenheit des Marktes. Die Unvollkommenheit des Marktes wiederum, hier des Arbeitsmarktes, kann ebenfalls auf zwei hauptsächliche Faktorengruppen zurückgeführt werden: auf die Inhomogenität der Arbeit und auf Mobilitätshemmnisse der Arbeit, die ihrerseits durch Intransparenz des Marktes, ökonomisch ungerechtfertigte Präferenzen, institutionelle Barrieren und andere Gründe verursacht werden. Wenn der Arbeitsmarkt vollkommen ist, kann es auf ihm auch dann keine Lohndifferenzen geben, wenn die Marktform vom Polypol/Polypson abweicht (s. Abschnitt 19.2). Die Existenz einer Lohnstruktur kann also nur durch die Unvollkommenheit des Marktes erklärt werden, und diese Ansätze stellen wir in den folgenden Abschnitten 23.2.2 und 23.2.3 dar.

23.2.2 Lohnunterschiede durch Inhomogenität der Arbeit

Der Begriff „Inhomogenität der Arbeit" bezeichnet zwei völlig verschiedene Tatbestände: Einmal meint er die Unterschiedlichkeit der ausgeübten Tätigkeit, zum anderen meint er Qualifikationsunterschiede der Arbeiter.

Im einfachsten neoklassischen Modell des Arbeitsangebotes, der Arbeitsnachfrage und des Lohnsatzes ist die ausgeübte Tätigkeit völlig homogen; in der Wirklichkeit jedoch unterscheiden sich die Arbeiten auf vielfältige Art voneinander: durch ihre Arbeitsanforderungen, durch ihr gesellschaftliches Ansehen, durch die Sicherheit der Beschäftigung und durch andere Eigenschaften. Diese Attribute der ausgeübten Tätigkeit kann man neben dem Geldlohn als Entlohnungselemente ansehen. Was einer Tätigkeit an nicht-monetären Entlohnungen abgeht (z. B. durch geringeres Prestige, unangenehmere Arbeitsbedingungen), muss sie beim Geldlohn ausgleichen, damit in der gesamten Volkswirtschaft ein einheitlicher Lohnsatz (zusammengesetzt aus monetären und nicht-monetären Bestandteilen) für homogene Arbeitskräfte herrschen kann. *Adam Smith* und *John Stuart Mill* haben bereits darauf hingewiesen. Wenn dieses Argument aber nicht lediglich die Theorie gegen die Fakten immunisieren soll, dann müssten die nicht-monetären Bestandteile des Lohnes quantifiziert und bewertet werden; davon kann jedoch keine Rede sein.

Auch die Arbeitskräfte, die sich auf dem Arbeitsmarkt anbieten, sind im einfachsten neoklassischen Modell des Lohnsatzes völlig homogen: Sie haben das gleiche Leistungsvermögen und den gleichen Leistungswillen und weisen deshalb unter gleichen Umständen auch die gleiche Grenzproduktivität auf. In der Wirklichkeit jedoch unterscheiden sich die Menschen in ihren Fähigkeiten und deshalb in ihrer Produktivität an einem bestimmten Arbeitsplatz tiefgreifend; nach der neoklassischen Theorie muss dies zu Lohndifferenzen führen. Wohlgemerkt sind nach dieser Konzeption alle Arbeitskräfte im Stande, alle in einer Volkswirtschaft vorkommenden Arbeiten auszuführen, aber eben mit unterschiedlicher Durchschnittsproduktivität und Grenzproduktivität.

Anders als bei den nicht-monetären Bestandteilen des Lohnes hat die Wissenschaft durchaus versucht, die unterschiedliche Leistungsfähigkeit der Arbeitskräfte zu operationalisieren: im Modell des menschlichen Kapitals (s. Kapitel 13). Im einfachen Schulmodell führt die Annahme des vollkommenen Marktes zwar zu unterschiedlichen Lohnsätzen der inhomogenen Arbeiter, aber zu einer gleichen Rendite ihrer Investitionen in Ausbildung. Die weiteren Untersuchungen zum Humankapital-Ansatz haben dieses griffige Postulat zwar als unrealistisch erwiesen, aber sie zeigen immerhin, dass und wie unterschiedliche Fähigkeiten der Menschen unterschiedliche Lohneinkommen erzeugen könnten.

Der Humankapital-Theorie liegt - als einem echten Kind der Neoklassik - die bereits erwähnte Vorstellung zu Grunde, dass alle Arbeitskräfte alle Arbeiten ausführen können, wenn auch mit unterschiedlicher Produktivität, und dass alle Personen freien Zugang zu allen Ausbildungen haben. Natürlich sind beide Annahmen unrealistisch, was bereits die Klassiker erkannt haben. Der englische Nationalökonom *Cairnes* hat dafür den griffigen Ausdruck „noncompeting groups" (CAIRNES 1874, I iii 5, S. 68) gefunden: Die Inhomogenität der Arbeitskräfte kann so groß werden, dass sie nicht mehr miteinander konkurrieren. Anders ausgedrückt: Es gibt keine Mobilität der Arbeitskräfte zwischen verschiedenen Arten von Arbeit, womit wir beim Thema des nächsten Abschnitts angelangt wären.

23.2.3 Lohnunterschiede durch eingeschränkte Mobilität der Arbeit

Auf einem vollkommenen Arbeitsmarkt können mindestens in langfristiger Sicht Lohnsatzunterschiede deshalb nicht bestehen bleiben, weil die vollkommen mobilen und homogenen Arbeiter, die ihr Arbeitsangebot nur mit Hilfe ihres Nutzenmaximierungskalküls bestimmen, sofort die Firmen mit dem geringeren Lohn verlassen und sich den Firmen mit höherem Lohn anbieten würden. Diese Mobilität der homogenen Arbeiter muss zu einem einheitlichen Lohnsatz auf dem vollkommenen Arbeitsmarkt führen. Eventuell zu irgendeinem Zeitpunkt doch existierende Lohnunterschiede sind lediglich dadurch verursacht, dass die Mobilität eine gewisse, aber nicht übermäßig lange Zeit erfordert. Die Lohnsatzunterschiede haben deshalb nicht lange Bestand.

Ist die Mobilität der homogenen Arbeit dagegen eingeschränkt, werden auch langfristig Lohnsatzunterschiede bestehen bleiben. Denn jede Art von Mobilitätshemmnis bewirkt, dass Gruppen von Arbeitskräften, die nicht miteinander konkurrieren (noncompeting groups), entstehen und Bestand haben. Die Mobilität wird durch folgende Faktoren behindert:

durch die Intransparenz des Arbeitsmarktes: Wenn die homogenen Arbeiter keine Kenntnis davon haben, dass homogene Tätigkeiten an verschiedenen Stellen unterschiedlich bezahlt werden, können sie durch die Lohnunterschiede nicht zur Mobilität veranlasst werden;

durch objektiv bestehende Kosten der Mobilität: Anders als das einfachste Modell es annimmt, ist der Arbeitsmarkt nicht punktförmig, sondern räumlich ausgedehnt; deshalb verursacht die Mobilität Kosten. Auch nach einem ökonomischen Kalkül lohnt sich die Mobilität für einen Arbeiter erst dann, wenn ihre Erträge höher sind als ihre Kosten. Anders ausgedrückt: Lohnsatzunterschiede können auch langfristig Bestand haben, wenn sie nicht groß genug sind, um die Mobilität ertragreich zu machen;

durch außerökonomische Präferenzen des Arbeiters für seinen Wohnort, seine Arbeitsstelle, seinen Beruf, seinen Arbeitgeber; der Terminus „außerökonomisch" soll andeuten, dass es zumindest einem außenstehenden Betrachter schwerfällt, jene

Präferenzen durch objektiv messbare Eigenschaften der Präferenzobjekte zu rechtfertigen; der einzelne, nicht zur Mobilität bereite Arbeiter könnte dagegen, wenn er nur genügend geschickt wäre, immer einen Kalkül aufmachen, der nachweist, dass die Kosten der Mobilität höher sind als ihre Erträge;

durch außerökonomische Präferenzen des Arbeitgebers, der Art, dass er homogene Arbeitskräfte auf gleichen Arbeitsstellen unterschiedlich entlohnt oder dass er für inhomogene Arbeitsplätze (z. B. für unterschiedliche hierarchische Positionen) Arbeitskräfte nach Merkmalen rekrutiert, die mit der Eignung für jene Stelle nichts zu tun haben; wir wollen solche Praktiken „Diskriminierung" nennen; Diskriminierung kommt sicher häufig vor: Frauen werden gegenüber Männern, Schwarze werden (z. B. in Nordamerika) gegenüber Weißen, Junge werden gegenüber Alten oder Alte gegenüber Jungen, Nicht-Akademiker werden gegenüber Akademikern, Nicht-Juristen werden (mindestens im öffentlichen Verwaltungsdienst der Bundesrepublik Deutschland) gegenüber Juristen diskriminiert;

durch institutionelle Schranken zwischen den Arbeitsmärkten; die wichtigsten dieser Schranken bestehen in Ausbildungserfordernissen (häufig verbunden mit rigorosen Zulassungsbeschränkungen) für bestimmte Berufe: Beispiele sind der Beruf und die Ausbildung des Wirtschaftsprüfers, des Arztes, des Zahnarztes, des Apothekers, aber auch andere Segmentierungen des Arbeitsmarktes sind möglich (s. Kapitel 3), die den freien Zugang zu allen Berufen unmöglich machen. In der Realität wird es sehr schwierig sein, willkürliche Ausbildungserfordernisse von solchen zu unterscheiden, welche durch die Inhomogenität der Arbeit entstanden sind. Bestehen die Ausbildungserfordernisse zu Recht, kann die Mobilität der Arbeitskräfte weiter dadurch eingeschränkt werden, dass die Fähigkeiten, solche Ausbildungen erfolgreich zu absolvieren, ungleichmäßig verteilt sind;

durch staatliche Einwanderungsverbote; alle Länder dieser Welt behindern oder verbieten die Einwanderung bestimmter Personen, wodurch natürlich die einheimischen Arbeitskräfte vor Konkurrenz geschützt werden.

Solange solche und ähnliche Mobilitätshemmnisse über längere Zeit hin existieren, werden auch nicht miteinander konkurrierende Gruppen von Arbeitskräften und deshalb dauerhafte Lohnsatzunterschiede zwischen ihnen bestehen.

23.3 Empirie der Lohnstruktur

In den folgenden Abschnitten 23.3.1 bis 23.3.3 bringen wir eine kleine Auswahl empirischer Daten über Lohnstrukturen in der Bundesrepublik Deutschland. Unsere Absicht besteht vor allem darin zu prüfen, ob es mit Hilfe dieser amtlichen Informationen, die durchaus repräsentativ für alle zur Verfügung stehenden sind, möglich ist, die im vorhergehenden Abschnitt 23.2 kurz referierte Theorie der Lohnstruktur zu überprüfen. Es ist nicht unsere Absicht, ein umfassendes Bild der Lohnstruktur in der Bundesrepublik Deutschland zu geben; dies ist Aufgabe der Spezialpublikationen.

23.3.1 Lohnunterschiede zwischen Wirtschaftszweigen

In der Literatur über Lohnstrukturen wird immer wieder geprüft, ob zwischen den verschiedenen Wirtschaftszweigen einer Volkswirtschaft auch langfristig Lohnunterschiede Bestand haben und ob, wenn dies der Fall ist, auch die Reihenfolge der Wirtschaftszweige nach der Höhe der Entlohnung konstant bleibt. Die theoretische Frage, die mit einem solchen interindustriellen Vergleich beantwortet werden soll, lautet, ob die Wirtschaftszweige Mobilitätsbarrieren zwischen homogenen Arbeitskräften darstellen.

Wie wir skizziert haben (Abschnitt 23.2), sind empirische Daten zu jener Frage nur dann von theoretischem Interesse, wenn beim Vergleich der Wirtschaftszweige auch alle anderen Faktoren, welche die Lohnhöhe bestimmen, kontrolliert werden, anders ausgedrückt: wenn sichergestellt ist, dass die zu vergleichenden Arbeitskräfte wirklich homogen sind und dass andere Mobilitätsbarrieren als die Wirtschaftszweige zwischen ihnen nicht bestehen. Die wichtigsten jener anderen Faktoren, welche die Homogenität differenzieren, sind unserer Auffassung nach die Stellung im Beruf (Arbeiter, Angestellte), das Geschlecht, die benötigte Qualifikation, das Alter. Faktoren, welche neben den Wirtschaftszweigen Mobilitätshemmnisse darstellen könnten, sind die Betriebsgröße und die Region. Leider bieten die allgemein zugänglichen Daten der amtlichen Statistik keine Möglichkeit, alle wünschenswerten Isolierungen der Einflussfaktoren vorzunehmen; wir behelfen uns dennoch, so gut es geht.

In Darstellung 23/1 haben wir die folgenden Einflussfaktoren der Lohnhöhe konstant gehalten: die Stellung im Beruf (nur Arbeiter im sozialversicherungsrechtlichen Sinn), die Lohnform (nur Zeitlohn), das Geschlecht (nur Männer), die Beschäftigungsform (nur Vollzeitbeschäftigte), das Alter (nur die höchste tarifmäßige Altersstufe); die geforderten Qualifikationen, gemessen durch die Leistungsgruppen, haben wir je einzeln berücksichtigt. Leider ist es nicht möglich, Betriebsgröße und Region zu kontrollieren. Ein weiterer Mangel besteht darin, dass die Wirtschaftsbereiche hoch aggregiert sind (dies mussten wir hinnehmen, um einen Vergleich über mehrere Jahre anstellen zu können); es ist denkbar, dass dadurch Unterschiede auf einer niedrigeren Aggregationsstufe eingeebnet werden.

Wenn wir jedoch von diesen Mängeln absehen, dann zeigt sich: Was die *Leistungsgruppe 1*, also die höchst qualifizierten Arbeiter angeht, waren in den fünf Erhebungsjahren 1966, 1972, 1978, 1990 und 1995 die Lohnunterschiede zwischen den Wirtschaftsbereichen unbedeutend; in den ersten drei Jahren ergab sich außerdem jeweils eine andere Reihenfolge der Wirtschaftsbereiche nach der Höhe der Lohnzahlung; von Lohnunterschieden, die sich über längere Zeit hin erhalten haben, kann von 1966 bis 1978 bei der Leistungsgruppe 1 keine Rede sein; von 1978 auf 1995 hat sich die Struktur allerdings erhalten, außerdem hat der erstplazierte Wirtschaftsbereich seinen Vorsprung vor den beiden anderen vergrößert. Inwieweit dies daran liegt, dass die Statistik für 1995 die Energie- und Wasserversorgung vom Bergbau getrennt hat, können wir nicht sagen.

Was die *Leistungsgruppe 2* angeht, also die angelernten Arbeiter, so sind bei ihnen die Lohnunterschiede in den ersten drei Erhebungsjahren größer gewesen als bei der Leistungsgruppe 1, außerdem ist bei ihnen die Reihenfolge der Wirtschaftsbereiche in Bezug auf die Lohnhöhe, die Lohnhierarchie, unverändert geblieben; 1990 sind die Unterschiede nicht mehr bedeutsam. 1995 jedoch hat sich die Reihenfolge geändert, der bisher letzte Wirtschaftsbereich ist an die erste Stelle gerückt. Wiederum kann das an der geänderten Statistik liegen.

Darstellung 23/1: Durchschnittlicher Bruttomonatsverdienst (Zeitlohn) der vollbeschäftigten männlichen Arbeiter in Westdeutschland der höchsten tarifmäßigen Altersstufe nach Leistungsgruppen, ausgewählten Wirtschaftszweigen und Jahren, in % des jeweils niedrigsten Lohnes jedes Jahres jeder Gruppe (in Klammern der Rangplatz pro Jahr und Leistungsgruppe innerhalb der Wirtschaftsbereiche).

Jahr	Leistungsgruppe[a]	Wirtschaftsbereich					
		Energie- und Wasservers./ Bergbau		Verarbeitendes Gewerbe		Baugewerbe	
1966[b]	1	100[c]	(3)	104	(1)	102	(2)
1972[d]		101	(2)	100[e]	(3)	104	(1)
1978[f]		105	(1)	103	(2)	100[g]	(3)
10/1990[n]		104	(1)	103	(2)	100[o]	(3)
10/1995[r]		108[s]	(1)	103	(2)	100[t]	(3)
1966[b]	2	100[h]	(3)	112	(1)	112	(1)
1972[d]		100[i]	(3)	106	(2)	112	(1)
1978[f]		100[j]	(3)	104	(2)	107	(1)
10/1990[n]		100[p]	(3)	104	(1)	101	(2)
10/995[r]		107[s]	(1)	100[u]	(3)	101	(2)
1966[b]	3	100[k]	(3)	117	(2)	118	(1)
1972[d]		100[l]	(3)	118	(2)	121	(1)
1978[f]		100[m]	(3)	114	(1)	110	(2)
10/1990[n]		100[q]	(3)	113	(1)	109	(2)
10/1995[r]		107[s]	(1)	100,4	(2)	100[v]	(3)

(a) Die Leistungsgruppen für Arbeiter sind so definiert:

1: „Arbeiter, die auf Grund ihrer Fachkenntnisse und Fähigkeiten mit Arbeiten beschäftigt werden, welche als besonders schwierig oder verantwortungsvoll oder vielgestaltig anzusehen sind. Die Befähigung kann durch abgeschlossene Lehre oder durch langjährige Beschäftigung bei entsprechenden Arbeiten erworben sein... ."

2: „Arbeiter, die im Rahmen einer speziellen meist branchengebundenen Tätigkeit mit gleichmäßig wiederkehrenden oder mit weniger schwierigen und verantwortungsvollen Arbeiten beschäftigt werden, für die keine allgemeine Berufsbefähigung vorausgesetzt werden muss. Die Kenntnisse und Fähigkeiten für diese Arbeiten haben die Arbeiter meist im Rahmen einer mindestens 3 Monate dauernden Anlernzeit mit oder ohne Abschlussprüfung erworben ... ."

3: „Arbeiter, die mit einfachen, als Hilfsarbeiten zu bewertenden Tätigkeiten beschäftigt sind, für die eine fachliche Ausbildung auch nur beschränkter Art nicht erforderlich ist ... ."
(LÖHNE UND GEHÄLTER 1978, S. 9).

(b) Quelle: ARBEITERVERDIENSTE 1966, S. 166 ff., Tabelle 12; Relationszahlen eigene Berechnungen.
(c) 100% = 946 DM
(d) Quelle: ARBEITERVERDIENSTE 1972, S. 51 ff., Tabelle 1 (Bruttowochenverdienste). Durchschnittlicher Bruttomonatsverdienst = 4,4 Bruttowochenverdienste; Relationszahlen eigene Berechnungen.
(e) 100% = 1668 DM
(f) Quelle: LÖHNE UND GEHÄLTER 1981, S. 13 ff., Tabelle 1.
(g) 100% = 2465 DM
(h) 100% = 796 DM
(i) 100% = 1404 DM
(j) 100% = 2187 DM
(k) 100% = 702 DM
(l) 100% = 1175 DM
(m) 100% = 1856 DM
(n) Quelle: STAT. BUNDESAMT 1993, S. 83.
(o) 100% = 3874 DM
(p) 100% = 3423 DM
(q) 100% = 2899 DM
(r) Quelle: STAT. BUNDESAMT 1998, S. 115f.
(s) Ohne Bergbau
(t) 100 % = 4724 DM
(u) 100 % = 4231 DM
(v) 100 % = 3929 DM

Darstellung 23/2: Durchschnittlicher Bruttomonatsverdienst der vollbeschäftigten männlichen Angestellten und der vollbeschäftigten männlichen Arbeiter (Zeitlohn) in Westdeutschland der höchsten tarifmäßigen Altersstufe im Baugewerbe nach Leistungsgruppen und Jahren, in % des niedrigsten Einkommens jedes Jahres (in Klammern der Rangplatz pro Jahr innerhalb der Menge aller Arbeiter und Angestellten)

Jahr	Leistungsgruppe[a]	Arbeiter		Angestellte			
				Kaufm.		Techn.	
1966[b]	1	162	(7)	332	(1)	325	(2)
	2	149	(9)	255	(4)	287	(3)
	3	138	(11)	187	(6)	218	(5)
	4	-}[m]		127	(12)	160	(8)
	5	-}[m]		100[c]	(13)	147	(10)
1972[d]	1	161	(7)	294	(2)	301	(1)
	2	145	(9)	228	(4)	255	(3)
	3	132	(10)	175	(6)	198	(5)
	4	-}[m]		120	(11)	153	(8)
	5	-}[m]		100[e]	(13)	119	(12)
1978[f]	1	137	(7)	268	(2)	287	(1)
	2	130	(8)	208	(4)	228	(3)
	3	114	(11)	160	(6)	174	(5)
	4	-}[m]		113	(12)	125	(9)
	5	-}[m]		100[g]	(13)	125	(9)
1990[h]	1	130	(8)	-}[m]		-}[m]	
	2	116	(8)	205	(4)	218	(3)
	3	106	(11)	151	(6)	173	(5)
	4	-}[m]		109	(10)	131	(7)
	5	-}[m]		100	(13)[i]	106	(12)
1995[j]	1	149	(7)	339	(2)	352	(1)
	2	135	(9)	233	(4)	249	(3)
	3	124	(10)	169	(6)	182	(5)
	4	-}[m]		120	(11)	144	(8)
	5	-}[m]		103	(12)	100[k]	(13)

(a) Zur Definition der Leistungsgruppen der Arbeiter s. Darstellung 23/1, Fußnote (a).
Die Leistungsgruppen für Angestellte sind so definiert:
Ia: (in der Tabelle nicht enthalten): „Angestellte in leitender Stellung mit Aufsichts- und Dispositionsbefugnis, mit einem monatlichen Gehalt von 25.000 DM und darüber"
Ib: (ausschließlich in der Tabelle enthalten): „Angestellte in leitender Stellung mit Aufsichts- und Dispositionsbefugnis mit einem monatlichen Gehalt unter 25.000 DM". Die Gehaltsgrenzen lagen natürlich in den früheren Jahren niedriger.

Bei den Arbeitern der *Leistungsgruppe 3* schließlich, den Hilfsarbeitern, waren die Lohnunterschiede von 1966 bis 1990 am größten, sie haben sich in diesem Zeitraum auch am wenigsten eingeebnet. 1995 allerdings bietet sich ein ganz anderes Bild: Verarbeitendes Gewerbe und Baugewerbe zahlen den Hilfsarbeitern praktisch den gleichen Monatslohn, die Energiewirtschaft steht auch hier an erster Stelle, die Unterschiede sind aber weniger ausgeprägt als früher.

Was bedeutet dieses Ergebnis für die Theorie der Lohnstruktur, die wir in Abschnitt 23.2 skizziert haben? Man könnte versucht sein zu behaupten, die Arbeiter der Leistungsgruppe 1 seien schon immer homogen in Bezug auf ihre Qualifikationen gewesen und auch zwischen ihren Tätigkeiten bestünden keine gravierenden Unterschiede, außerdem sei ihre Mobilität zwischen den Wirtschaftsbereichen nicht eingeschränkt. Für die Arbeiter der Leistungsgruppe 3 dagegen hätten bis 1990 hohe Mobilitätsbarrieren zwischen den Wirtschaftszweigen bestanden, wenn man auch nicht angeben kann, von welcher Art diese sind, dann aber seien sie abgebaut worden. Für die Arbeiter der Leistungsgruppe 2 wären die Grenzen zwischen den Wirtschaftszweigen bis 1990 durchlässiger geworden, danach aber wieder undurchlässiger.

Tatsächlich ist es nicht möglich, mit den referierten Daten jene Thesen zu widerlegen, aber es wäre auch unvernünftig, sie als vorläufig bewährt anzusehen, vor allem in Bezug auf die Arbeiter der Leistungsgruppe 1. Denn wir wissen aus anderen Quellen, dass gerade *diese Arbeiter* höchst *inhomogen* sind. Zu ihnen gehören nämlich, um einige Beispiele zu nennen, Poliere des Baugewerbes, Drucker in der Druckindustrie, Hauer im Bergbau unter Tage: Berufe, die sich durch ihre *Ausbildung* tiefgreifend unterscheiden. Auch die *Tätigkeiten* dieser Arbeitskräfte sind höchst *unterschiedlich*. Eine große Mobilität zwischen diesen Stellen kann deshalb nicht existieren, wenn überhaupt irgendeine existiert. Dass es dennoch so geringe Lohnunterschiede zwischen den Wirtschaftsbereichen gibt, soweit die Leistungsgruppe 1 der

Fortsetzung der Fußnoten zur Darstellung 23/2

2: „Angestellte mit besonderen Erfahrungen und selbständigen Leistungen in verantwortlicher Tätigkeit mit eingeschränkter Dispositionsbefugnis, die Angestellte anderer Tätigkeitsgruppen einzusetzen und verantwortlich zu unterweisen hatten...".

3: „Angestellte mit mehrjähriger Berufserfahrung oder besonderen Fachkenntnissen und Fähigkeiten bzw. mit Spezialtätigkeiten, die nach allgemeiner Anweisung selbständig arbeiten, jedoch in der Regel keine Verantwortung für die Tätigkeit anderer trugen".

4: „Angestellte ohne eigene Entscheidungsbefugnis in einfacher Tätigkeit, deren Ausübung eine abgeschlossene Berufsausbildung oder durch mehrjährige Berufstätigkeit, den erfolgreichen Besuch einer Fachschule oder privates Studium erworbene Fachkenntnisse voraussetzte...".

5: „Angestellte in einfacher, schematischer oder mechanischer Tätigkeit, die keine Berufsausbildung erforderte." (STATISTISCHES BUNDESAMT 1998, S. XIX f.).

(b) Quelle: ARBEITERVERDIENSTE 1966, S. 174; ANGESTELLTENVERDIENSTE 1966, S. 101; Relationszahlen eigene Berechnungen.

(c) 100% = 600 DM

(d) Quelle: ARBEITERVERDIENSTE 1972, S. 68; ANGESTELLTENVERDIENSTE 1972, S. 57; Relationszahlen eigene Berechnungen.

(e) 100% = 1080 DM

(f) Quelle: LÖHNE UND GEHÄLTER 1978, S.15 (Arbeiter), S. 34 (Angestellte); Relationszahlen eigene Berechnungen.

(g) 100%= 1799 DM

(h) Quelle: Angestellte: STAT. BUNDESAMT 1990, S. 75; Arbeiter: STAT. BUNDESAMT 1993, S. 83

(i) 100% = DM 2978 DM

(j) Quelle: Angestellte: Mitteilung des Statistischen Bundesamtes, die Zahlen sind nicht veröffentlicht.
Arbeiter: STAT. BUNDESAMT 1998, S. 115f.

(k) 100% = 3163 DM.

(m) Diese Gruppen sind nicht besetzt.

Arbeiter betroffen ist, muss andere Ursachen haben. Zu diesen dürfte die Tarifpolitik der Gewerkschaften gehören; das vorliegende Material erlaubt es aber nicht, diese These zu überprüfen.

Die Arbeiter der Leistungsgruppe 3 sind in Bezug auf die geforderten Qualifikationen, wenigstens so weit sie in das Blickfeld der Statistik fallen, homogen: Eine irgendwie geartete fachliche Ausbildung benötigen sie nicht. Die Lohnunterschiede, die in Bezug auf sie zwischen den Wirtschaftsbereichen bestehen, können nun durch Inhomogenität der Arbeit, hier verstanden als Inhomogenität der ausgeübten Tätigkeit oder durch Mobilitätsbarrieren irgendwelcher Art oder durch eine Kombination beider Faktorenbündel verursacht sein. Das vorliegende Material erlaubt es nicht, die einzelnen Ursachen voneinander zu isolieren.

23.3.2 Lohnunterschiede zwischen Arbeitern und Angestellten

Während es beim Vergleich der Löhne verschiedener Wirtschaftszweige (Abschnitt 23.3.1) um die Frage ging, ob diese Mobilitätshemmnisse zwischen homogenen Arbeitskräften darstellen, prüfen wir nun, ob und inwieweit die Inhomogenität der Arbeitskräfte zu Lohnunterschieden führt. In Darstellung 23/2 operationalisieren wir die Inhomogenität der Arbeitskräfte durch drei Merkmale: durch ihre Stellung im Beruf (Arbeiter und Angestelle), durch ihre Leistungsgruppe (drei bei Arbeitern, fünf bei Angestellten) sowie durch ihr Tätigkeitsfeld (kaufmännisch und technisch; dieses Merkmal trifft aber nur auf Angestellte zu). Die Personen, die sich in einer der so gebildeten 13 Untergruppen befinden, sollten homogen sein. Von den Faktoren, die außerdem noch das Arbeitseinkommen beeinflussen, können wir die folgenden konstant halten: den Wirtschaftsbereich (nur Baugewerbe), das Geschlecht (nur Männer), die Beschäftigungsform (nur Vollbeschäftigte), das Alter (nur die höchste tarifmäßige Altersstufe), die Lohnform (nur Zeitlohn). Leider erlauben es die Daten wiederum nicht, die Betriebsgröße und die geographische Lage des Betriebes zu kontrollieren, die mit hoher Wahrscheinlichkeit Mobilitätsbarrieren darstellen und dadurch Lohnunterschiede hervorrufen.

Die Informationen aus Darstellung 23/2 wollen wir so zusammenfassen: Zu den vier Erhebungszeitpunkten (es möge erlaubt sein hinzuzufügen: während des gesamten betrachteten Zeitraumes) bestanden erhebliche Lohnunterschiede zwischen den erfassten 13 Gruppen von Arbeitskräften. Die Relationen zwischen dem jeweils niedrigsten Bruttomonatslohn und allen höheren sind jedoch von 1966 bis 1990 kleiner geworden, danach wieder größer: Im Jahre 1966 war das höchste Durchschnittseinkommen zum Beispiel 3,32 mal so groß wie das niedrigste; das drittgrößte 2,87 mal so groß. Im Jahre 1990 dagegen war der Unterschied zwischen dem niedrigsten und dem dritthöchsten Einkommen (über die Einkommen der Leistungsgruppe Ib lagen keine Informationen vor) auf den Faktor 2,18 geschrumpft. Der Monat Oktober 1995 zeigt wieder eine größere Spreizung der Einkommen.

Die Reihenfolge der Bruttomonatslöhne hat sich in dem betrachteten Zeitraum kaum geändert: Den niedrigsten Rang, den 13., nahmen bis 1990 immer die kaufmännischen Angestellten der Leistungsgruppe 5 ein (schematische Tätigkeit, die keine Berufsausbildung erfordert); 1990 sind die technischen Angestellen derselben Leistungsgruppe an ihre Stelle gerückt. Die beiden höchsten Plätze nahmen die Angestellten der Leistungsgruppe Ib ein (solche mit Aufsichts- und Dispositionsbefugnis), im Jahre 1990 die Angestellten der Leistungsgruppe 2 (da für die Leistungsgruppe 1b keine Angaben vorhanden sind). 1966 lagen dabei die kaufmännischen Angestellten vorn, ab 1972 die technischen, die Unterschiede zwischen ihnen sind aber nicht sehr groß. Die Arbeiter der Leistungsgruppe 1 hatten von 1966 bis 1978 den siebten Rang inne, 1990 den achten, 1995 wiederum den siebten: Sie wurden immer niedriger eingestuft als die Angestellten der Leistungsgruppe 3, 1990 sogar niedriger als diejenigen der Leistungsgruppe 4.

Was bedeuten diese Ergebnisse für unsere theoretische Frage? Die Tatsache, dass die Lohnunterschiede in der Bauindustrie und auch die Reihenfolge der Gruppen in Bezug auf ihre Löhne grosse modo langfristig Bestand haben, könnte dadurch erklärt werden, dass die Gruppen inhomogen sind und dass ihre Grenzproduktivitäten sich in derselben Rangfolge befinden wie ihre Arbeitseinkommen. Dass die Gehaltsrelationen sich in dem betrachteten Zeitraum verkleinert haben, könnte aus der These abgeleitet werden, dass auch die Relation der Grenzproduktivitäten (immer bezogen auf die kleinste) kleiner geworden ist. Gegen die letzte These spricht natürlich, dass Grenzproduktivitäten überhaupt nicht gemessen werden können, weil es keine substitutionalen Produktfunktionen - ihre Voraussetzung - gibt. Andererseits wäre es unvernünftig zu leugnen, dass die unterschiedenen 13 Arbeitnehmergruppen untereinander inhomogen sind. In ihren Lohndifferenzen spiegeln sich die Anschauungen aller an der Lohnfestsetzung Beteiligten (Arbeitgeber, Arbeitnehmer, Gewerkschaften) über gerechte und angemessene Lohnunterschiede sowie die Macht, diese Anschauungen durchzusetzen, wider. Mehr kann man unserer Meinung nach zur Erklärung der Daten nicht sagen.

Literaturhinweise:
GIBBONS/KATZ 1992; HAMERMESH/WOLFE 1990; HEBBINK 1992; SCHMIDT 1992; VELLA 1993.

Teil V: Die Arbeitslosigkeit

Lehrziele

Fast alle entwickelten Länder der Welt - von den unterentwickelten und den meisten ehemaligen Ostblockstaaten zu schweigen - sind von hoher Arbeitslosigkeit geplagt. Der Leser soll lernen,

- wie Arbeitslosigkeit definiert wird, und zwar im Sinne von Realdefinitionen,
- welchen quantitativen Umfang die Arbeitslosigkeit, ihre Dauer und ihre Quoten in der Bundesrepublik Deutschland hatten und haben und welche Bewegungen auf dem Arbeitsmarkt stattfinden,
- welches die möglichen Ursachen der Arbeitslosigkeit sind,
- welche Ursachen in diesem Buch bereits behandelt worden sind.

Von den möglichen Ursachen der Arbeitslosigkeit werden das Auseinanderklaffen von Angebot und Nachfrage (Mismatch) und der Technische Fortschritt neu eingeführt; außerdem werden die Phillips-Kurve, die natürliche Arbeitslosenquote, die inflationsstabilisierende Arbeitslosenquote und die Hysteresis vorgestellt. Der Leser soll diese Erklärungsansätze verstehen und in Bezug auf ihre empirische Relevanz beurteilen lernen. Zum Schluss dieses Teiles wird Literatur über die Wirkungen der Arbeitslosigkeit referiert, damit der Leser die Schwere des Problems erkennt.

24 Definitionen der Arbeitslosigkeit

„Arbeitslosigkeit" wird auf vielfältige, beinahe unüberschaubare Weisen definiert und operationalisiert (s. RIESE 1986). Wir führen in den folgenden Abschnitten 24.1 bis 24.7 die unserer Meinung nach wichtigsten auf.

24.1 Arbeitslose und Stille Reserve

Die theoretische Definition des Begriffes „Arbeitslose" durch die amtliche deutsche Statistik haben wir bereits in Abschnitt 1.1 gebracht; sie ist nicht gültig, weil sie die Tatsache, dass eine Person keine Erwerbsarbeit hat, aber eine sucht, nicht voll trifft.

Die Ungültigkeit der amtlichen theoretischen Definition des Arbeitslosen versucht die Wissenschaft durch die Einführung zweier weiterer Begriffe zu lindern: durch den Begriff des Erwerbslosen (s. Abschnitt 1.1) und durch den Begriff der Stillen Reserve.

Stille Reserve $=_{def.}$ Personen, die von der amtlichen Statistik zu den Nicht-Erwerbspersonen gezählt werden, die jedoch bei ausreichenden Arbeitsmöglichkeiten eine abhängige Beschäftigung aufnehmen würden.

Das IAB zählt zur Stillen Reserve einerseits die Teilnehmer an Vollzeitmaßnahmen zur beruflichen Weiterbildung und an Sprachlehrgängen sowie Personen gemäß §§105a, b, c, AFG; die Anzahl dieser Personen genannt „Stille Reserve in Maßnahmen", kann gemessen werden. Andererseits gehören zur Stillen Reserve auch diejenigen Personen, die ihren (vielleicht nur latenten) Beschäftigungswunsch der Arbeitsverwaltung nicht kundgetan haben („Stille Reserve im engeren Sinn"); ihre Anzahl wird vom IAB geschätzt (s. dazu THON 1986; FUCHS 1998).

Es ist einerseits kaum zu bezweifeln, dass es eine Stille Reserve gibt, die Ermittlung ihrer Größe ist aber andererseits unzuverlässig; wir werden diesen Begriff in dieser Einführung nicht benutzen.

Die (nicht gültige) theoretische Definition des Arbeitslosen kann allerdings sehr leicht objektiv und zuverlässig operationalisiert werden: Die Arbeitsämter führen über jede Person, die sich bei ihnen als arbeitslos registrieren lässt, eine Datei. In dieser ist eine große Fülle von Daten vermerkt, unter anderem Name, Adresse, Geburtsdatum, Art der letzten Tätigkeit, angestrebte Tätigkeit, regionale Mobilität, Ausbildung und Berufserfahrung, Beginn sowie Dauer der Arbeitslosigkeit und Zeitpunkt des Abgangs aus ihr. Fast sämtliche Informationen, welche die Wissenschaft zur Beschreibung und Erklärung, die Politik zur Bekämpfung der (amtlich definierten) Arbeitslosigkeit benötigen, liegen in den Arbeitsämtern vor; ausgewertet und verfügbar gemacht wird jedoch nur ein Bruchteil dieser Daten, so dass Wissenschaft und Politik vor großen Wissenslücken stehen.

Die Definition des Arbeitslosen, des Erwerbslosen und der Stillen Reserve erfasst nur, ob das Angebot einer Person überhaupt angenommen oder nicht angenommen wird; sie erfasst nicht, in welchem Umfang das Angebot angenommen wird. Konkret: Die Tatsache, dass eine Person 40 Stunden pro Woche anbietet, aber nur einen Vertrag über 20 Stunden erhält, wird nicht als Arbeitslosigkeit definiert, genau so wenig, wie das umgekehrte Verhältnis als Überbeschäftigung. Auch aus diesem Grund ist die herrschende Definition der Arbeitslosigkeit ungültig.

24.2 Bestandsmenge und Bewegungsmenge

Die Anzahl der Arbeitslosen wird durch Auszählung der Dateien, die in den Arbeitsämtern geführt werden, festgestellt. Die Zahl der Arbeitslosen (AL) ist eine Zeitpunktgröße (Bestandsmenge). In den amtlichen Arbeitslosenstatistiken werden üblicher Weise die Bestandsmengen am Ende eines jeden Monats und die Jahresdurchschnittszahlen für ein bestimmtes Jahr angegeben (s. Abschnitt 1.3).

Von den Bestandsmengen sind die Fluss- oder Bewegungsgrößen (auch „Bewegungsmengen" genannt) zu unterscheiden (s. Abschnitt 1.4); Herkunftsort und Zielort der Flussgrößen sind für die Beurteilung der Arbeitslosigkeit von großer Bedeutung.

24.3 Verweildauer und ihre Verteilungen

Individuelle abgeschlossene Verweildauer d_i in der Arbeitslosigkeit $=_{def}$ Zeitspanne vom Eintritt der Person i in die Menge der Arbeitslosen bis zu ihrem Austritt aus dieser Menge.

Verteilung der Abgangsmenge aus der Arbeitslosigkeit nach Verweildauer $=_{def}$ Häufigkeitsverteilung der Personen, die zum selben Zeitpunkt in die Arbeitslosigkeit eingetreten (einer Kohorte) und die bis zu einem bestimmten anderen Zeitpunkt aus der Arbeitslosigkeit ausgeschieden sind, nach ihrer individuellen abgeschlossenen Verweildauer d_i.

Verteilungen einer Kohorte nach der abgeschlossenen Dauer der Arbeitslosigkeit werden selten erfasst. Statt ihrer wird meistens die Verteilung derjenigen Personen angegeben, die in einem bestimmten Zeitraum aus der Arbeitslosigkeit ausgeschieden sind, die aber zu unterschiedlichen Zeiten in die Arbeitslosigkeit eingetreten sein können. Die Eigenschaften der beiden Verteilungen sind selbstverständlich verschieden, auf die Probleme können wir jedoch nicht weiter eingehen (s. RIESE 1986, S. 27-56).

Individuelle bisherige Verweildauer c_j in der Arbeitslosigkeit $=_{def}$ Zeitspanne, welche die arbeitslose Person j bereits arbeitslos ist.

Verteilung der Bestandsmenge von Arbeitslosen nach Verweildauer $=_{def}$ Häufigkeitsverteilung der Arbeitslosen, d.h. einer Menge von Personen, die zu einem bestimmten Zeitpunkt arbeitslos sind, nach ihrer individuellen bisherigen Verweildauer c_j.

Verglichen mit der abgeschlossenen Arbeitslosigkeit einer Kohorte, die einen Zeitraum beschreibt, werden die Langzeitarbeitslosen in der Bestandsmenge, die nur einen bestimmten Zeitpunkt kennzeichnet, überrepräsentiert sein, weil die Kurzzeitarbeitslosen eine geringere Chance haben, in die Bestandsmenge einzugehen, als die Langzeitarbeitslosen. Alle Arbeitslosen nämlich, die zwischen zwei Zeitpunkten, an welchen die Bestandsmengen erhoben werden, arbeitslos sind, aber nicht an einem der beiden Zeitpunkte, gehen in die Bestandsmengen nicht ein. Deshalb sind die

Kurzzeitarbeitslosen in den Bestandsmengen unterrepräsentiert. Ein weiteres Problem der Verteilung der bisherigen Dauer der Arbeitslosigkeit besteht darin, dass sie nicht angibt, wie lange die Arbeitslosen noch arbeitslos sein werden. Man sollte also Informationen über die abgeschlossene Dauer der Arbeitslosigkeit solchen über die bisherige Dauer vorziehen. Die amtliche Statistik bringt leider ganz überwiegend Informationen über die Verweildauer der Bestandsmengen, aber nicht der Abgangsmengen.

24.4 Verbleibfunktion und Hazardfunktion

Die Bewegungen bei den Arbeitslosen lassen sich gut veranschaulichen durch die Verbleibfunktion (auch „Überlebensfunktion" genannt) und aus ihr abgeleitete Funktionen (zu diesen Funktionen s. KIEFER 1988; RIESE 1986, S. 36-46; BLOSSFELD/HAMMERLE/MAYER 1986). Die *Überlebensfunktion S(t),* eine Verteilungsfunktion, gibt an, welcher Anteil einer Kohorte, die zum Zeitpunkt t = 0 arbeitslos geworden ist, nach Ablauf einer bestimmten Zeitspanne, z. B. im Zeitpunkt t = T, noch arbeitslos ist (s. Darstellung 24/1); sie kann als Wahrscheinlichkeitsverteilung interpretiert werden.

Darstellung 24/1[a]: S(t), F(t), f(t), h(t)

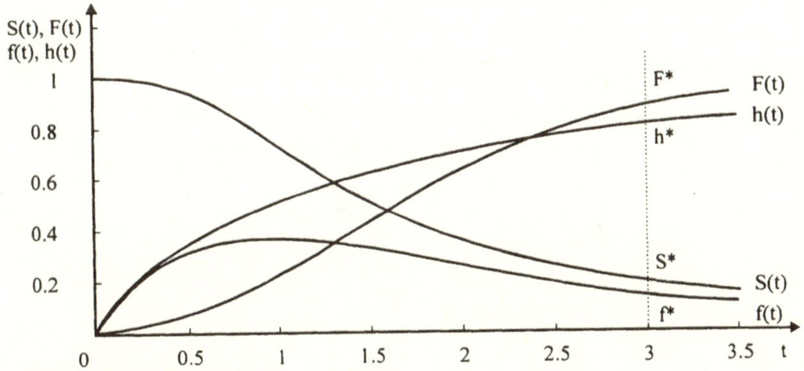

(a) Quelle: KIEFER 1988, S. 651.

Die *Wahrscheinlichkeitsverteilung der Dauer der Arbeitslosigkeit*, dass nämlich die Dauer T kleiner ist als irgendein Wert t, wird bezeichnet mit

(24-1) $F(t) = P(T<t)$,

wobei gilt

(24-2) $S(t) = 1-F(t).$
$= P(T \geq t).$

Auch F(t) ist in 24/1 eingezeichnet. Die *Dichtefunktion zu F(t)* ist

(24-3) $f(t) = dF(t)/dt$,

die ebenfalls in 24/1 eingezeichnet ist. Großer Beliebtheit zur Kennzeichnung der Vorgänge bei den Arbeitslosen erfreut sich die *Hazardfunktion*

(24-4) $h(t) = f(t)/S(t)$.

Sie gibt die Wahrscheinlichkeit an, mit der eine zum Zeitpunkt $t = 0$ arbeitslos gewordene Person im Zeitpunkt $t = T$ aus der Arbeitslosigkeit ausscheidet, vorausgesetzt, dass sie bis zu diesem Zeitpunkt arbeitslos ist. Auf Grund des in Darstellung 24/1 eingezeichneten Verlaufs von S(t), aus welcher der Verlauf von f(t) folgt, steigt die Wahrscheinlichkeit, zum Zeitpunkt t aus der Arbeitslosigkeit auszuscheiden, mit steigender Dauer der Arbeitslosigkeit an [Verlauf von h(t) in Darstellung 24/1]. Natürlich sind andere Verläufe der Hazardfunktion möglich und leider auch häufig, z. B. der in Darstellung 24/2 eingezeichnete: Die Wahrscheinlichkeit, wenn man von $t = 0$ bis zum Zeitpunkt $t = T$ arbeitslos ist, dann aus der Arbeitslosigkeit auszuscheiden, ist umso kleiner, je größer T ist: Die Langzeitarbeitslosen haben umso geringere Chancen, eine Arbeitsstelle zu finden, je länger ihre Arbeitslosigkeit dauert. Die Wahrscheinlichkeit h(t) hängt von persönlichen Eigenschaften des Arbeitslosen ab und davon, wohin er aus der Arbeitslosigkeit abgeht.

Darstellung 24/2: Häufig vorkommender Verlauf der Hazardfunktion

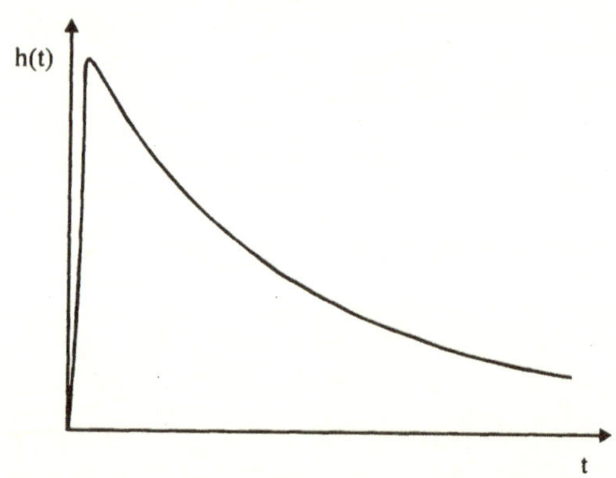

24.5 Eintrittswahrscheinlichkeit

Wie es eine Austrittswahrscheinlichkeit aus der Arbeitslosigkeit gibt, so auch eine Eintrittswahrscheinlichkeit. Während die Austrittswahrscheinlichkeit der Quotient aus Austretenden/Arbeitslosen ist, so die Eintrittswahrscheinlichkeit der Quotient aus Eintretenden/Bezugsgruppe. Die Bezugsgruppe wird sehr häufig aus Erwerbstätigen bestehen, aber es ist auch sinnvoll, sie aus in den Arbeitsmarkt neu Eintretenden zu bilden, etwa aus Hochschulabsolventen, die zum ersten Mal eine Stelle suchen.

24.6 Betroffenheit

Von der Menge der Arbeitslosen als einer Bestandsgröße an einem Zeitpunkt muss die Betroffenheit durch Arbeitslosigkeit unterschieden werden.

Individuelle Betroffenheit
durch Arbeitslosigkeit $=_{\text{def}}$ Anzahl der Fälle von Arbeitslosigkeit, die eine Person während eines Zeitraumes (etwa eines Jahres) erlebt hat.

Es ist leicht vorstellbar, dass eine Person etwa während eines Jahres mehrmals arbeitslos war. Bei der Kumulation der Betroffenheit wird durchweg nicht die Häufigkeitsverteilung der individuellen Betroffenheit dargestellt, sondern es wird definiert:

Kumulative Betroffenheit
durch Arbeitslosigkeit $=_{\text{def}}$ Anzahl der Personen, die während eines Zeitraumes mindestens einmal arbeitslos waren.

Die kumulative Betroffenheit während eines Zeitraumes, verglichen mit der Anzahl der Arbeitslosen zu einem Zeitpunkt innerhalb jenes Zeitraumes, kann Hinweise auf die Flussgrößen des Arbeitsmarktes geben, aber deren Erfassung nicht ersetzen.

24.7 Arbeitslosenquoten

In politischen und wissenschaftlichen Diskussionen spielt die Arbeitslosenquote eine große Rolle. Sie ist in der amtlichen deutschen Statistik definiert mit

(24-5) $$QAL =_{\text{def}} \frac{AL}{E_{AB}} \cdot 100,$$

QAL : Arbeitslosenquote,
AL : Arbeitslose,
E_{AB} : Abhängige Erwerbspersonen (z. deren Definition s. Abschnitte 1.1 und 1.2).

Eine solche Quote ist natürlich sehr griffig, verdeckt aber gleichzeitig den Blick auf die hinter ihr liegenden Vorgänge, wenn sie, wie es häufig geschieht, als einziger Indikator der Arbeitslosigkeit benutzt wird (s. Abschnitt 1.3).

Etwas seltsam mutet es an, dass in Deutschland die Zahl der Arbeitslosen nur auf die abhängigen (mit Ausschluss der Soldaten), nicht auf alle Erwerbspersonen bezogen ist, denn die Quote soll doch einen Eindruck vom relativen Umfang der nicht erfüllten Beschäftigungswünsche geben. Um diesen zu beurteilen, sollte man aber auch die Selbständigen und die Soldaten mit in die Betrachtung einbeziehen, weil auch sie Beschäftigung im Sinne von Erwerbsarbeit haben. Die ausgewiesenen Arbeitslosenquoten wären jedenfalls geringer, wenn die selbständigen Erwerbspersonen und die Soldaten mit in den Nenner eingingen. In der Definition der Arbeitslosenquote, welche die OECD vorschlägt, sind dann auch alle Erwerbspersonen im Nenner enthalten. Internationale Vergleiche von Arbeitslosenquoten sind nur dann sinnvoll, wenn sie in derselben Weise definiert sind.

Spezifische Arbeitslosenquoten führen im Nenner Erwerbspersonen bestimmter Art auf, z. B. Hochschulabsolventen, im Zähler die Arbeitslosen dieser Gruppe.

Literaturhinweise:
BLOSSFELD/HAMMERLE/MAYER 1986; KIEFER 1988; RIESE 1986.

25 Arbeitslosigkeit in der Bundesrepublik Deutschland

Die Bundesrepublik Deutschland hat ihre Existenz mit einer hohen Arbeitslosigkeit begonnen: Noch im Jahre 1950 betrug die durchschnittliche Arbeitslosenquote 11 %. Infolge des wirtschaftlichen Wiederaufbaus des vom Kriege zerstörten Landes sank die Quote in den 60er Jahren bis 1973 auf Werte unter ein oder auf höchstens ein Prozent, mit Ausnahme der Jahre 1967 (2,4 %) und 1968 (1,7 %), was die SPD in die Bundesregierung und von 1969 bis 1982 in das Bundeskanzleramt gebracht hat. Ab 1974 stieg die Arbeitslosenquote dann wieder, zunächst auf 2,2 % bis auf über 4 % 1975. Ab 1980 ist die Entwicklung in Darstellung 25/1 dokumentiert. Wir beschränken uns auch bei den Informationen über die Arbeitslosigkeit, wie meistens in diesem Buch bei empirischen Daten, auf Westdeutschland; die Verhältnisse in der ehemaligen DDR bedürfen einer eigenen Darstellung und Erklärung, für die hier nicht der Platz ist.

Darstellung 25/1[a]: Arbeitslose (in %) nach Geschlecht und bisheriger Dauer der Arbeitslosigkeit sowie Arbeitslosenquoten (Jahresdurchschnitt) im Bundesgebiet (West)

Jahr (Ende September)	Geschlecht	Dauer von ... bis unter ... Monate (M) / Jahre (J)							Basis	Al-Quote
		unter 1 M	1 bis unter 3 M	3 bis unter 6 M	6 bis unter 1 J	1 bis unter 2 J	2 J und länger	Ø in M		(Jahres-durch-schnitt)
1980	m	23,3	30,7	17,2	15,4	7,5	5,9	6,6	368 502	3,0
	w	19,5	30,2	20,1	17,7	8,1	4,4	6,2	454.199	5,2
	ges.	21,2	30,4	18,8	16,7	7,8	5,1	6,4	822.701	3,8
1985	m	12,5	19,5	15,1	20,7	16,8	15,3	12,1	1.132.244	8,6
	w	12,1	20,9	16,7	20,8	17,0	12,7	11,1	1.018.653	10,4
	ges.	12,3	20,2	15,8	20,7	16,9	14,1	11,6	2.150.897	9,3
1990	m	15,3	21,6	15,4	17,4	13,5	16,7	13,6	870.045	6,3
	w	12,9	20,6	17,0	20,2	14,2	15,0	13,0	857.697	8,4
	ges.	14,1	21,1	16,2	18,8	13,8	15,9	13,3	1.727.742	7,2
1995	m	12,1	20,1	14,8	20,0	17,3	15,7	13,1	1.390.400	9,3
	w	11,7	20,7	15,4	18,6	16,6	16,9	13,9	1.098.034	9,2
	ges.	11,9	20,4	15,1	19,4	17,0	16,3	13,5	2.488.434	9,3
1997	m	11,3	17,7	14,4	20,7	18,9	17,1	14,0	1.642.731	11,2
	w	10,9	18,4	14,8	19,7	18,3	17,8	14,7	1.290.176	10,7
	ges.	11,1	18,0	14,6	20,3	18,6	17,4	14,3	2.932.907	11,0

(a) Quelle: Amtl. Nachr. der Bundesanstalt für Arbeit, Arbeitsstatistik 1993, Jahreszahlen, Jahrgang 42, 1994, Sondernummer, Nürnberg, S. 85-87. A.a.O., Arbeitsstatistik 1995, Jahreszahlen, Jahrgang 44, 1996, Sondernummer, Nürnberg, S. 87-89. A.a.O., Arbeitsstatistik 1997, Jahreszahlen, Jahrgang 46, 1998, Sondernummer, Nürnberg, S. 38-39/75-77.

Ihren bisherigen Höhepunkt der jüngsten Geschichte erreichte die Arbeitslosigkeit in Westdeutschland, gemessen durch die Arbeitslosenquote, 1997 mit 11,0 %; aber auch die Durchschnittswerte für 1985 und für 1995 waren hoch: 9,3 %. Die staatliche Wiedervereinigung hat 1990 nur eine vorübergehende Senkung der Quote gebracht. Die Werte der Frauen lagen bis 1990 über denen der Männer, danach darunter.

Außer durch das Geschlecht werden die Arbeitslosenquoten sehr stark durch Alter und Ausbildung differenziert. Darstellung 25/2 bringt spezifische Arbeitslosenquoten der unterschiedlichen Ausbildungsgruppen. In den drei dokumentierten Jahren (1975, 1985, 1995) wiesen die Erwerbspersonen ohne Ausbildungsabschluss sowohl bei den Männern als auch bei den Frauen immer die höchsten spezifischen Arbeitslosenquoten auf. Im Vorgriff auf die Erörterungen über die Ursachen der Arbeitslosigkeit (s. Kapitel 26) nennen wir hier schon einige Begründungen für dieses Phänomen: Die Löhne für die Erwerbspersonen ohne Ausbildung seien so hoch, dass es billiger sei, die einfachen Arbeiten, die jene Arbeitskräfte ausführen könnten, durch Maschinen erledigen zu lassen. Ursache für die Überhöhung der Löhne sei die Gewerkschaftsmacht: Die Gewerkschaften hätten eine überproportionale Steigerung des Einkommens der untersten Lohngruppen durchgesetzt (s. dazu auch Kapitel 23 über Lohnstruktur). Deren Gegenargument lautet, dass die untersten Lohngruppen nicht viel mehr als das Existenzminimum einbrächten. Wenn diese Argumentation zutrifft, stehen die entwickelten Gesellschaften vor dem Problem, dass sie nicht genügend einfache Arbeit zu Löhnen, von denen die Arbeitenden leben können, nachfragen, um die Personen ohne Ausbildungsabschluss, die es auch in entwickelten Gesellschaften immer geben wird, zu beschäftigen (s. dazu auch Abschnitt 32.6).

Bei den Männern wiesen die Fachschulabsolventen immer die geringsten Arbeitslosenquoten auf, bei den Frauen die Absolventinnen der Wissenschaftlichen Hochschulen, aber auch bei den Männern lagen deren Quoten immer, und zwar beträchtlich, unter dem Durchschnitt. Hier zeigt sich, dass die Theorien über die Rendite der Investitionen in Ausbildung (s. Kapitel 13.2) um die Berücksichtigung der Beschäftigungschancen erweitert werden müssten.

Darstellung 25/2[a]: Qualifikationsspezifische Arbeitslosenquoten[b] nach Ausbildung, Geschlecht und Jahren in der Bundesrepublik Deutschland (altes Bundesgebiet) (in %)

Ausbildung	1975		1985		1995	
	m	w	m	w	m	w
ohne Ausbildung	6,0	6,1	16,0	13,9	21,9	18,2
Lehre, BFS[c]	2,6	3,5	5,4	7,3	6,3	5,9
Fachschule	1,2	3,4	1,2	9,2	1,9	6,1
Fachhochschule	2,6	4,1	2,8	8,5	3,1	4,2
Universität	1,3	1,1	3,5	6,9	3,4	5,1
Insgesamt	3,4	4,7	7,0	9,6	7,9	8,6

(a) Quelle: IAB 1997, S. 164 f.
(b) Arbeitslose mit der angegebenen Ausbildung in % der abhängigen Erwerbspersonen mit derselben Ausbildung, ohne Soldaten, ohne Auszubildende.
(c) Berufsfachschule.
(d) Die Gründe für die Differenz zu derselben Quote in Darstellung 25/1 sind nicht geklärt.

Nun sind die Arbeitslosenquoten nur ein schlechter Indikator der Arbeitslosigkeit (s. Abschnitt 1.3, 1.4 sowie Kapitel 24). Viel wichtiger ist, wie lange eine Person arbeitslos bleibt und wohin sie aus der Arbeitslosigkeit abgeht. Darstellung 25/1 bringt auch eine Verteilung der Bestandsmengen nach der bisherigen Dauer der Arbeitslosigkeit. Die durchschnittliche Dauer der Arbeitslosigkeit war in den Jahren 1990, 1995 und 1997 mehr als doppelt so lang als im Jahre 1980: etwas über sechs Monate 1980 gegenüber 13 bis 14,3 Monaten in den späteren Jahren. Wenn wir eine individuelle Dauer der Arbeitslosigkeit von mehr als einem Jahr als Langzeitarbeitslosigkeit bezeichnen, dann hat sich der Anteil der Langzeitarbeitslosen von 1980 bis 1997 fast verdreifacht: von 13 % auf 36 %. Ich rufe allerdings in Erinnerung, dass in der Menge der Personen mit andauernder Arbeitslosigkeit diejenigen mit kurzer Dauer unterrepräsentiert sind (s. Abschnitt 24.3). Dennoch: Der hohe Prozentsatz der Langzeitarbeitslosen ist das eigentliche Problem der Arbeitslosigkeit in der Bundesrepublik Deutschland, weil ihre schädlichen Wirkungen auf die Individuen (s. Kapitel 30) mit ihrer Dauer ungemein zunehmen; insbesondere wird der Eintritt in die Menge der Erwerbstätigen umso schwieriger, je länger die Arbeitslosigkeit bereits gedauert hat.

Darstellung 25/3[a]*:* Bewegungen auf dem Arbeitsmarkt der westlichen Bundesrepublik Deutschland (in Tsd.) im Jahre 1995

Abfluss aus der Gruppe	Zufluss in die Gruppe				Summe der Abflüsse
	Arbeitslose	Erwerbstätige (mit Azubis)	Nicht-Erwerbs-personen	nach außerhalb	
Arbeitslose	-	2.344	2.035	139	4.518
Erwerbstätige (mit Azubis)	2.480	-	2.800	350	5.630
Nicht-Erwerbs-personen	1.974	2.611	-	949	5.534
von außerhalb (Geburt, Zuzüge)	201	430	1.173	-	1.804
Summe der Zuflüsse	4.655	5.385	6.008	1.438	17.486

(a) Quelle: IAB 1997, S. 24f.
Die Quelle weist eine größere Untergliederung der Nicht-Erwerbspersonen sowie einen getrennten Nachweis der Geburten, Zuzüge, Fortzüge und Sterbefälle aus, aber nicht alle in der Realität vorkommenden Ströme.

Darstellung 25/3 mit den Bewegungen auf dem Arbeitsmarkt macht diesen Zusammenhang leider nicht deutlich: Die Tabelle fügt, wie in Abschnitt 1.4 dargelegt, die Zuflüsse in die einzelnen Gruppen, z. B. in die Gruppe der Arbeitslosen, dem Anfangsbestand dieser Gruppe hinzu und stellt die Abflüsse aus dem so erweiterten Bestand dar. Es ist deshalb möglich, dass die, die im Jahre 1995 aus der Arbeitslosigkeit ausgeschieden sind, zu einem ganz beträchtlichen Teil auch erst 1995 in diese Gruppe eingetreten sind, während die Masse der Langzeitarbeitslosen von diesen Bewegungen unberührt blieb.

Genauere Auskünfte könnte man darüber erhalten, wenn für die Abflüsse aus dem Bestand der Arbeitslosen mindestens zwei Tabellen aufgestellt würden, eine für die Abflüsse aus dem Bestand am 1. Januar eines jeden Jahres, die andere für die Abflüsse aus den Zuflüssen desselben Jahres. Noch wünschenswerter wäre es, wenn die Bestände der Arbeitslosen, aus denen Abflüsse registriert werden, nach ihrer bisherigen Verweildauer aufgegliedert würden, also z. B. die Abflüsse aus dem Bestand der bis zu 1 Monat Arbeitslosen, usf. Leider werden solche Informationen, obwohl die Grundlagen in den Arbeitsämtern vorhanden sind, nicht erarbeitet.

Trotz diesem - nicht unerheblichen - Mangel vermittelt die Darstellung 25/3 folgende Einsicht: Ende September des Jahres 1995 betrug die Menge der Arbeitslosen 2,5 Millionen Personen (Darstellung 25/1), der Zufluss in diese Gruppe aber 4,7 Millionen, der Abfluss aus ihr 4,5 Millionen: Trotz dem gravierenden Problem der Dauerarbeitslosigkeit hat der westliche Teil der Bundesrepublik Deutschland einen funktionierenden Arbeitsmarkt. Von den aus der Arbeitslosigkeit Ausscheidenden sind 45 % in die Menge der Nicht-Erwerbspersonen eingetreten; um diesen Abfluss beurteilen zu können, müsste man wissen, wie alt diese Arbeitslosen waren; von welchem Geschlecht; wie lange ihre Arbeitslosigkeit gedauert hat; schließlich auch, ob Nicht-Erwerbstätigkeit Ruhestand oder Ausbildung oder Hausfrauen- (oder Hausmann-)tätigkeit bedeutet. Nur ein sehr kleiner Teil dieser Informationen ist in der Quelle enthalten.

Literaturhinweise:
Literaturdokumentation: KRESS 1993.
Zur Größe und Dynamik der Arbeitslosigkeit s. BEAN 1994; FRIEDRICH/WIEDEMEYER 1998; KOMMISSION FÜR ZUKUNFTSFRAGEN 1996 und 1998.
Speziell zur Dauer der Arbeitslosigkeit in Deutschland s. WURZEL 1993.

26 Überblick über mögliche Ursachen der Arbeitslosigkeit

26.1 Systematik der Ursachen der Arbeitslosigkeit

Arbeitslos ist eine Person zu einem bestimmten Zeitpunkt dadurch, dass sie sich - ohne Arbeitsverhältnis - auf dem Arbeitsmarkt als unselbständige Arbeitskraft anbietet und noch keinen Arbeitgeber gefunden hat, der mit ihr einen Arbeitsvertrag abschließt (s. Kapitel 24). Dies kann durch mannigfache Ursachen bewirkt sein, die man aber in vier Gruppen einteilen kann:

1. das Angebot selber (ohne ein solches würde die betrachtete Person nicht arbeitslos sein);
2. Friktionen auf dem Arbeitsmarkt;
3. Nicht-Entsprechung von Arbeitsangebot und bestehender Arbeitsnachfrage;
4. zu geringe Nachfrage nach Arbeit, die wiederum außerordentlich viele Ursachen haben kann.

Die Ursache (1) muss, wie erwähnt, jeder Arbeitslosigkeit zu Grunde liegen; die Ursachenkomplexe (2), (3) und (4) schließen einander zu einem Zeitpunkt bei *einem* Arbeitslosen aus: Seine Arbeitslosigkeit ist durch einen und nur durch einen der drei Ursachenkomplexe hervorgerufen worden. Verschiedene Personen können selbstverständlich gleichzeitig durch verschiedene Ursachen arbeitslos sein; im Zeitablauf können bei einer Person die Ursachen wechseln.

Wenn mehrere Personen in einer Volkswirtschaft arbeitslos sind, bezeichnet man dieses Phänomen als die in einer Gesellschaft herrschende Arbeitslosigkeit. Am besten wäre sie dadurch zu erklären, dass man die Arbeitslosigkeit jeder einzelnen Person erklärt, also einen radikal mikroökonomischen Ansatz verfolgt. Dies ist bei dem gegenwärtigen Stande unseres Wissens und unserer Datenverarbeitungskapazität nicht möglich und wird vielleicht auch deshalb kaum irgendwo als das anzustrebende Ideal hingestellt. Statt dessen herrschen makroökonomische Erklärungsversuche vor; ihr Gegenstand ist ganz überwiegend die *Anzahl* der Arbeitslosen oder die *Arbeitslosenquote*. Individuelle Dauer der Arbeitslosigkeit (der bisherigen und der vollendeten); die Herkunft des Arbeitslosen; der Ort, in den er aus der Arbeitslosigkeit abgeht; diese Eigenschaften, die wir für die Beurteilung und Erklärung der Arbeitslosigkeit als überragend wichtig deklariert haben, spielen in den makroökonomischen Modellen so gut wie keine Rolle. Deren Erklärungswert und Nutzen für die Wirtschaftspolitik sind deshalb beschränkt.

Die folgende Systematik der Ursachen, die sich an die eben genannten vier Gruppen hält, ist vom Ansatz her aus der Sicht des einzelnen Arbeitslosen formuliert; gesamtwirtschaftliche Ursachen sind dabei nicht vernachlässigt. Der Übergang zur makroökonomischen Betrachtung ist jederzeit möglich. Zum Schluss der Übersicht führen wir jedoch auch vier genuin makroökonomische Erklärungsansätze an, die keine Entsprechung in der Mikroökonomik haben; sie betreffen gleichzeitig Angebot und Nachfrage, also die Komplexe (1) und (4).

Darstellung 26/1: Mögliche Ursachen der Arbeitslosigkeit und einige makroökonomische Ansätze zu ihrer Erklärung

1 Das Angebot an Arbeit

2 Friktionen auf dem Arbeitsmarkt
- 2.1 Verursacht durch mangelnde Transparenz
- 2.2 Verursacht durch Zeitbedarf bei Angebot, Nachfrage und Vertragsabschluss

3 Angebot und Nachfrage entsprechen einander nicht (Mismatch) in Bezug auf
- 3.1 Ausbildung
- 3.2 Beruf
- 3.3 Alter
- 3.4 Berufserfahrung
- 3.5 Geschlecht
- 3.6 Leistungsmotivation
- 3.7 Rasse/Nationalität
- 3.8 Ort von Angebot und Nachfrage
- 3.9 Arbeitszeit
- 3.10 Entlohnung

4 Zu geringe Nachfrage nach Arbeit
- 4.1 Wegen zu geringen Angebots an produzierten Gütern (Sachen und Diensten)
  - 4.1.1 Verursacht durch Mangel an Sachkapital
  - 4.1.2 Verursacht durch Mangel an Roh-, Hilfs- und Betriebsstoffen
  - 4.1.3 Verursacht durch Mangel an Arbeitskräften bestimmter Qualifikation (Mismatch nach Gruppe 3)
  - 4.1.4 Verursacht durch Unfähigkeit der Unternehmensleitungen
  - 4.1.5 Verursacht durch staatliche Produktionserschwernisse oder -verbote
  - 4.1.6 Verursacht durch Behinderung von Arbeitsverträgen durch Vorschriften für
    - 4.1.6.1 Arbeitszeit
    - 4.1.6.2 Kündigungsschutz
    - 4.1.6.3 Sozialpläne
    - 4.1.6.4 Abfindungen bei Kündigungen
- 4.2 Wegen steigender Arbeitsproduktivität
  - 4.2.1 Verursacht durch hohe Arbeitskosten
  - 4.2.2 Verursacht durch technischen Fortschritt
- 4.3 Wegen zu geringer Nachfrage nach produzierten Gütern
  - 4.3.1 Saisonaler Nachfragerückgang
  - 4.3.2 Konjunktureller Nachfragerückgang
  - 4.3.3 Wegen bürokratischer Hemmnisse
    - 4.3.3.1 Nationale Hemmnisse
    - 4.3.3.2 Internationale Hemmnisse
  - 4.3.4 Wegen Nicht-Reagieren der Nachfrage auf sinkenden Zins
  - 4.3.5 Weil die produzierten Güter nicht der Nachfrage entsprechen
  - 4.3.6 Wegen mangelnder Absatzbemühungen der Unternehmen
  - 4.3.7 Wegen zu hoher Preise der produzierten Güter, die verursacht sein können durch
    - 4.3.7.1 Zu geringe Geldmenge
    - 4.3.7.2 Steuern und sonstige öffentliche Abgaben
    - 4.3.7.3 Überbewertung der heimischen Währung (Güter im Ausland zu teuer, Importe billiger als die heimischen Produkte)
    - 4.3.7.4 Monopole und Oligopole, mangelnde Konkurrenz

Weiter *Darstellung 26/1*

		4.3.7.5	zu hohe Produktionskosten, die ihrerseits verursacht sein können - durch zu hohe Preise für -- Geldkapital (Zinsen) -- Rohstoffe -- Hilfs- und Betriebsstoffe -- Arbeit (direkte Arbeitskosten und Nebenkosten) -- Boden -- Gebäude -- Maschinerie - durch schlechte Produktionstechnik - durch schlechte Infrastruktur - durch gesetzliche Vorschriften
	4.3.8	Verursacht durch zu geringes Einkommen der Konsumenten	
	4.3.9	Verursacht durch Sättigung der Konsumenten	
4.4	Wegen insgesamt darniederliegender Wirtschaftstätigkeit		
	4.4.1	Krieg	
	4.4.2	Naturkatastrophen	
	4.4.3	Rechtsunsicherheit	
	4.4.4	Inflation	
5	Von Haus aus makroökonomische Ansätze zur Erklärung der Arbeitslosigkeit		
5.1	Modifizierte Phillips-Kurve		
5.2.	QUERU: Quasi equilibrium rate of unemployment		
5.3	NAIRU: Non accelerating inflation rate of unemployment		
5.4	Hysteresis		

26.2 Die Ursachen der Arbeitslosigkeit in der neoklassischen und in der Keynesianischen Wirtschaftstheorie

Nach der neoklassischen Wirtschaftstheorie ist Arbeitslosigkeit auf vollkommenen Märkten - solchen, auf denen die Güter homogen sowie alle Preise und alle Mengen voll flexibel sind - unmöglich. Wenn in der Realität Arbeitslosigkeit herrscht, könne das nur durch die Unvollkommenheit der Märkte verursacht sein. Zum Teil seien die Unvollkommenheiten naturgegeben und könnten deshalb nur in bestimmten Grenzen verbessert werden, nämlich mangelnde Transparenz und der Zeitbedarf der Allokation (Ursachengruppe 2). Friktionelle Arbeitslosigkeit sei deshalb unvermeidlich, aber auch, da sie nur kurz dauere, nicht schädlich. Die übrigen Unvollkommenheiten des Marktes, in Darstellung 26/1 mit den Worten „zu gering", „zu hoch" und ähnlichen bezeichnet, seien zum größten Teil Fehlentwicklungen, die beseitigt werden könnten. Unter ihnen ganz oben an stehe der Machteinsatz der Gewerkschaften, aber bürokratische Hemmnisse, falsche Geldpolitik nach Innen und Außen, falsche Sozialpolitik, falsche Fiskalpolitik, passen ebenfalls gut in das Erklärungsschema der Neoklassik.

Da die Neoklassik an das Saysche Theorem glaubt: „Jedes Angebot an produzierten Gütern schafft sich seine Nachfrage", sei die Arbeitslosigkeit durch zu geringes Güterangebot verursacht, und dieses wiederum durch die erwähnten Behinderungen des Angebotes. Die neoklassischen Vorschläge zur Überwindung der Arbeitslosigkeit werden deshalb unter dem Etikett „Angebotspolitik" zusammengefasst.

Für völlig falsch hält die Neoklassik die Erklärungsansätze, auf die der Keynesianismus besonderen Wert legt: Die Nachfrage nach produzierten Gütern sei zu gering, als dass alle Beschäftigungswünsche erfüllt werden könnten, und sie sei es deshalb, weil die Konsumnachfrage der Bevölkerung weniger stark steige als das Einkommen; weil das Einkommen der unteren Einkommensschichten zu gering sei; weil Investitionen für die Unternehmen sich nicht mehr lohnten. Daraus resultierende Ungleichgewichte seien dauerhaft und könnten nur durch Erhöhung der Nachfrage, und zwar der Staatsausgaben, beseitigt werden. Daher das Etikett „Nachfragepolitik“ für die Vorschläge des Keynesianismus.

Beiden nationalökonomischen Schulen sind die Ursachenkomplexe „Auseinanderklaffen von Angebot und Nachfrage“, „Unfähigkeit der Unternehmensleitungen“ sowie „Technischer Fortschritt“ fremd. Im Keynesianimus - einer Mechanik der volkswirtschaftlichen Aggregate „Volkseinkommen“, „Konsum“, „Investition“, „Preisniveau“, „Zinsrate“, „Kapital“, „Arbeit“, „Lohnsatz“, „Geld“ - kommen individuelle Personen (ungeachtet der Versuche zur Mikrofundierung der Makroökonomik), deren Eigenschaften und Entscheidungsprozesse gar nicht vor, ebenso nicht der Technische Fortschritt. In der Neoklassik dominiert die Vorstellung von der Rationalität aller Wirtschaftssubjekte, insbesondere der Unternehmsleitungen, und von der Homogenität der Arbeit, mindestens insofern, als jeder Arbeiter alles tun kann, wenn auch mit unterschiedlicher Produktivität. Den technischen Fortschritt behandelt die Neoklassik in gleichgewichtigen makroökonomischen Wachstumsmodellen und in gleichgewichtigen mikroökonomischen Entscheidungsmodellen; in diesen ist schon vom Ansatz her für Arbeitslosigkeit kein Platz. Außerordentlich wichtige, wenn nicht sogar bestimmende Ursachen der Arbeitslosigkeit werden also in den beiden großen wirtschaftswissenschaftlichen Schulen der Nachkriegszeit nicht angemessen behandelt.

26.3 Bereits behandelte mögliche Ursachen der Arbeitslosigkeit

Einige der in Abschnitt 26.1 aufgeführten möglichen Ursachen von Arbeitslosigkeit sind bereits in früheren Kapiteln dieses Buches besprochen worden:

Das Angebot an Arbeit, gemessen durch die Anzahl der Erwerbspersonen, ist in der Bundesrepublik Deutschland seit den 50er Jahren kontinuierlich gestiegen, einerseits, weil die Bevölkerung durch Zuwanderung größer geworden ist; andererseits, weil die Erwerbsquoten bestimmter Gruppen sich erhöht haben, schließlich, weil die geburtenstarken Jahrgänge auf den Arbeitsmarkt gekommen sind (s. dazu Kapitel 12, insbesondere Abschnitt 12.3). Ab den 70er Jahren ist die Nachfrage nach Arbeit nicht in dem Maße wie das Angebot gestiegen (teilweise sogar zurückgegangen) (s. dazu Kapitel 18), womit wir eine erste (vordergründige) Ursache der Arbeitslosigkeit identifiziert haben.

Auch über die Friktionen auf dem Arbeitsmarkt ist in diesem Buch bereits gesprochen worden (Kapitel 20): Die Suchmodelle gehen von der Unvollkommenheit des Arbeitsmarktes aus, und wegen dieser Unvollkommenheit benötige ein Anbieter Zeit, bis er einen Arbeitgeber gefunden habe, mit dem er einen Arbeitsvertrag abschließe, ungeachtet der Tatsache, dass genügend Nachfrage nach Arbeit vorhanden sei. Auch die Nachfrager nach Arbeit würden durch die Unvollkommenheit des Arbeitsmarktes behindert. Die Suchmodelle erlauben leider nicht anzugeben, wie viele der zu einem

Zeitpunkt in einer Volkswirtschaft vorhandenen Arbeitslosen aus friktionellen Gründen keine Stelle haben.

Der Einfluss des Lohnes auf Beschäftigung und Arbeitslosigkeit nach der neoklassischen Theorie ist ebenfalls bereits besprochen worden: Die Höhe des Lohnes bestimme Arbeitsangebot (Teil II) und Arbeitsnachfrage (Teil III); Lohnhöhe und Beschäftigung erreichten Gleichgewichtswerte auf vollkommenen Märkten, wenn es keine Intervention der Gewerkschaften gäbe (Abschnitte 19.1 und 19.2), während diese Intervention meistens, außer es handele sich um die Neutralisierung von Nachfragemacht der Arbeitgeber, Löhne über dem Gleichgewichtswert und damit Arbeitslosigkeit erzwinge (Abschnitt 19.3). Diese Arbeitslosigkeit, die angeblich ein Gleichgewicht zwischen dem Verhalten der Gewerkschaften und dem der Unternehmen darstelle, wird deshalb „Quasi gleichgewichtige Arbeitslosigkeit - QUERU" genannt. Unvollkommene Märkte könnten ebenfalls zu überhöhten Löhnen und damit zu Arbeitslosigkeit führen (Kapitel 20 bis 22).

Die Steigerung der Löhne bewirke den Rückgang der Beschäftigung auf drei Wegen, je nach verwendeter Produktfunktion und Marktsituation: Verwende die Firma eine substitutionale Produktfunktion auf vollkommenen Märkten, ersetze sie Arbeit durch Kapital (Abschnitt 15.5.3): Die Arbeitsproduktivität steige (Abschnitt 26.1, Darstellung 26/1 - Ursache 4.2). Verwende die Firma eine limitationale Produktfunktion (Kapitel 16), werde sie bei unvollständiger Konkurrenz die Lohnerhöhung auf die Preise überwälzen, deshalb einen Nachfragerückgang erleben und die Produktion senken. Wenn die Lohnerhöhungen nicht weiter gewälzt werden könnten, schieden die Grenzanbieter aus dem Markt aus, so dass die Gesamtnachfrage nach Arbeit sinke. Schließlich könne die Firma die ursprüngliche limitationale Produktfunktion durch eine neue ersetzen (indem sie entsprechende Investitionen vornehme), die ein größeres Verhältnis „Produkt/Arbeit" aufweise als die alte (dieser Vorgang ist natürlich keine Substitution im Sinne der substitutionalen Produktfunktion).

Die in der neoklassischen Wirtschaftstheorie am häufigsten genannten Ursachen der Arbeitslosigkeit - Unvollkommenheit der Märkte und zu hohe Löhne - sind also bereits behandelt. In den folgenden Kapiteln des Teiles V werden weitere mögliche Ursachen der Arbeitslosigkeit besprochen. Die typische Keynesianische Erklärung der Arbeitslosigkeit (zu geringe Nachfrage nach produzierten Gütern) behandeln wir in Teil VI über Arbeitsmarktpolitik (Abschnitt 33.4).

Literaturhinweise:
Bibliographie über alle Aspekte der Arbeitslosigkeit: KRESS 1993.
Überblick über Theorien der Arbeitslosigkeit: NICKELL 1990 mit zahlreichen Literaturhinweisen; ROTHSCHILD 1994; SINCLAIR 1987. Ursachen der Arbeitslosigkeit in Deutschland: BRANDT 1995; KOMMISSION FÜR ZUKUNFTSFRAGEN 1997a.

27 Das Auseinanderklaffen von Angebot und Nachfrage

Ein Arbeitsvertrag zwischen dem Anbieter von Arbeit und dem Nachfrager nach Arbeit wird nur zu Stande kommen, wenn beide der Meinung sind, dass der Anbieter von Arbeit die Anforderungen, die der Nachfrager stellt, erfüllen kann. Ist auch nur eine der beiden Parteien der Ansicht, dass dieses nicht der Fall ist, wird kein Vertrag abgeschlossen. Ist der Anbieter arbeitslos, bleibt er das bis zum Abschluss eines Arbeitsvertrages.

Wenn die skizzierte Ursache der Arbeitslosigkeit (in Darstellung 26/1 auch „Mismatch" genannt) viele Arbeitslose betrifft, gibt es in der betrachteten Wirtschaft auf der einen Seite unbefriedigte Nachfrage nach Arbeit, auf der anderen Seite nicht angenommenes Angebot an Arbeit. Diese Art von Arbeitslosigkeit, hervorgerufen durch die genannte Ursache, wird auch „strukturell" genannt; von ihr zu unterscheiden ist die friktionelle Arbeitslosigkeit, die ebenfalls zum gleichzeitigen Bestehen von unbefriedigter Nachfrage und nicht angenommenem Angebot führt, aber auf die Unvollkommenheit des Arbeitsmarktes zurückzuführen ist.

Der Arbeitgeber wird zunächst darauf achten, dass der potenzielle Beschäftigte die Anforderungen des zu besetzenden Arbeitsplatzes erfüllen kann. Diese können wir klassifizieren als intellektuelle, psychomotorische, kommunikative, emotionale (Leistungsmotivation, Werthaltungen) Anforderungen, denen Fähigkeiten des Anbieters entsprechen müssen. Viele Arbeitgeber versuchen, durch aufwendige Tests solche Fähigkeiten der Arbeitsanbieter zu messen. Oft begnügt man sich aber auch mit den leicht feststellbaren Merkmalen (die auch so gut wie immer mindestens der Vorauswahl dienen):

- Ausbildung (Fach und Noten),
- Beruf,
- Alter,
- Berufserfahrung.

Häufig in den offiziellen Leistungsanforderungen nicht genannt, tatsächlich aber von Bedeutung sind

- Geschlecht (vorwiegend Männer oder vorwiegend Frauen werden gesucht),
- Rasse und Nationalität.

Daneben versteht sich, dass der Ort von Angebot und Nachfrage übereinstimmen und dass Lohnforderungen und Lohnangebot ebenso wie Angebot und Nachfrage von Arbeitszeit einen gemeinsamen Wert finden müssen.

Arbeitslose, die wegen des Auseinanderklaffens ihres Angebotes von der Nachfrage in Hinsicht auf die erwähnten Eigenschaften keine Stelle finden, sind aus strukturellen Gründen arbeitslos.

Die adäquate Methode, diesen in der theoretischen Sprache definierten Begriff der strukturellen Arbeitslosigkeit zu operationalisieren, bestünde darin, jeden freien Arbeitsplatz mit jedem Arbeitslosen zu vergleichen. Diejenigen Arbeitslosen, denen nach Abschluss dieses Vergleiches ein passender Arbeitsplatz unter den vorhandenen nachgewiesen würde, so dass sie einen Arbeitsvertrag abschließen könnten, wären offenbar nur aus friktionellen Gründen arbeitslos; wir nennen diese Gruppe AL_f.

Wenn nach Abschluss des Vergleiches noch Angebot an Arbeit, aber keine Nachfrage mehr besteht, kann die Restarbeitslosigkeit nicht strukturell genannt werden, ohne dass wir uns hier auf Erörterungen einlassen wollen, wie sie dann genannt werden sollte:

(27-1) $(AL - AL_f > 0 \wedge V = 0) \Rightarrow AL_s = 0 \wedge AL_r > 0,$

AL : Gesamtzahl der Arbeitslosen,
AL_f : Zahl der friktionell Arbeitslosen,
V : Zahl der offenen Stellen,
AL_s : Zahl der strukturell Arbeitslosen,
AL_r : Zahl der aus sonstigen Gründen Arbeitslosen.

Wenn nach Abschluss des Vergleiches sowohl noch Angebot an Arbeit als auch Nachfrage nach Arbeit besteht:

(27-2) $AL - AL_f > 0 \wedge V > 0,$

sind offenbar drei Konstellationen möglich:

1. Die Zahl der verbleibenden Arbeitslosen ist gerade genau gleich der Anzahl der freien Stellen. Alle Arbeitslosen hätten dann aus strukturellen Gründen keine Beschäftigung:

(27-3) $(AL - AL_f = V) \Rightarrow AL_s = V \wedge AL_r = 0.$

2. Die Zahl der verbleibenden Arbeitslosen ist kleiner als die der freien Stellen. Auch jetzt wäre die gesamte Arbeitslosigkeit strukturell verursacht:

(27-4) $(AL - AL_f < V) \Rightarrow (AL - AL_F) = AL_s \wedge AL_r = 0.$

3. Die Zahl der verbleibenden Arbeitslosen ist größer als die der freien Stellen. Die Zahl der strukturellen Arbeitslosen entspräche der Zahl der freien Stellen, die noch verbleibenden Arbeitslosen wären aus anderen Gründen arbeitslos:

(27-5) $(AL - AL_f > V) \Rightarrow AL_s = V \wedge AL_r > 0.$

Leider wird der individuelle Vergleich von Arbeitslosen und offenen Stellen nicht durchgeführt, obwohl in den Arbeitsämtern grundsätzlich die dafür benötigten Informationen vorhanden sind (wenigstens über die Arbeitslosen nach der amtlichen Definition, während die Anzahl der gemeldeten offenen Stellen unzuverlässig ist [s. Abschnitte 1.3 und 1.4]): Bis heute würde wohl die Kapazität der Datenverarbeitungsanlagen dafür nicht ausreichen. Dieses Argument verliert jedoch zunehmend an Bedeutung. Desinteresse an mikroökonomischer Forschung dürfte die eigentliche Ursache sein, makroökonomische Ansätze beherrschen das Feld, obwohl sie gerade bei diesem Problem (Auseinanderklaffen der Eigenschaften des *individuellen* Anbieters und der Anforderungen des *individuellen* Arbeitsplatzes) ungeeignet sind.

Das Institut für Arbeitsmarkt- und Berufsforschung der Bundesanstalt für Arbeit hat in einer früheren Untersuchung angenommen (IAB 1976), dass die friktionelle Arbeitslosigkeit dem Sockel der Arbeitslosigkeit in der Hochkonjunktur gleich ist, konkret: gleich den rund 85.000 Personen, die Ende September 1965 arbeitslos waren. Dies ist eine kühne Annahme; einerseits, weil unter diesen Beständen auch strukturelle Arbeitslose sich befinden können, so dass die strukturelle Arbeitslosigkeit als zu niedrig eingestuft wird; andererseits, weil die Fluktuationsarbeitslosigkeit besser durch Bewegungs- als durch Bestandsmengen gemessen wird; schließlich auch deshalb, weil die friktionelle Arbeitslosigkeit mit der Konjunkturlage schwanken kann. Der größte Mangel dieser Vorgehensweise besteht jedoch darin, dass sie es nicht erlaubt, einzelne Arbeitslose mit bestimmten Merkmalen als friktionell oder strukturell arbeitslos zu identifizieren; die Therapie der Arbeitslosigkeit wird dadurch sehr erschwert.

FRANZ/KÖNIG 1986 und FRANZ 1987 haben, unter Vernachlässigung der friktionellen Arbeitslosigkeit, versucht, das Auseinanderklaffen von Angebot und Nachfrage zu bestimmen, indem sie den Quoten der regionalen Arbeitslosen die Quoten der regionalen freien Stellen; den Quoten der Arbeitslosen nach Berufen die Quoten der freien Stellen nach Berufen gegenüberstellen (das Verfahren wird „Beveridge-Kurve" genannt, nach dem Namen eines britischen Ökonomen). Die Vorgehensweise stellt sicher einen Fortschritt dar, wenn sie auch von der idealen Vorgehensweise noch weit entfernt ist.

Ein anderer Versuch, das Auseinanderklaffen von Angebot und Nachfrage empirisch zu bestimmen, benutzt die Vermittlung von Arbeitslosen in offene Stellen durch die Arbeitsämter:

(27-6) $N_t = n_t\, f(Al_t, V_t)$,

N : Anzahl der Vermittlungen,
t : Zeitraum,
n : Effizienzparameter.

Als Funktionsform wird eine Cobb-Douglas-Funktion benutzt, der Parameter n bezeichnet dann die Effizienz der Vermittlungen: je größer der Parameter, desto größer die Effizenz. Wenn die Effizienz im Zeitablauf sich verkleinert, so nehmen viele Untersuchungen an (z. B. ENTORF 1996), hat sich die Diskrepanz zwischen Angebot und Nachfrage vergrößert, und umgekehrt. Das ist jedoch keineswegs zwingend: Die Arbeit der Vermittler kann sich verschlechtert oder verbessert haben statt gleich geblieben zu sein, wie die skizzierte Interpretation es voraussetzt.

Literaturhinweise (außer den im Text genannten):
Bibliographie: KRESS 1993.
Theoretische und empirische Arbeiten: CHRISTL 1992; LOUNGANI/RUSH/TAVE 1990; PADOA-SCHIOPPA 1991; PALLEY 1992; PFLIEGNER 1994; SCHÜTZ/FREY 1987; WOOD 1988.

28 Technischer Fortschritt und Arbeitslosigkeit

28.1 Definition des Technischen Fortschritts

Dass Technischer Fortschritt Arbeitslosigkeit erzeugt, diese These ist so alt wie das Nachdenken über die beiden Phänomene. Die nachstehenden Ausführungen sollen die möglichen Wirkungen des Technischen Fortschritts auf Arbeitslosigkeit und Beschäftigung darlegen.

Aus der Sicht einer *Sachen* produzierenden Unternehmung hat der Technische Fortschritt zwei Erscheinungsformen: neue Dinge, die sie oder ihre Konkurrenten herstellen, und neue Verfahrensweisen bei der Produktion bereits bestehender oder neuer Dinge. Aus etwas weiterer Entfernung betrachtet verschwindet dieser Unterschied jedoch fast immer: Neue Verfahrensweisen bei der Produktion von Sachen bedürfen fast immer neuartiger Produktionsgüter, die von anderen Firmen, manchmal aber auch von derjenigen, die sie einsetzt, hergestellt werden. Neue Endprodukte aus der Sicht einer Firma bedürfen fast immer neuer Verfahrensweisen und damit auch neuer Produktionsgüter. Aus der Sicht einer *Dienste* produzierenden Firma ist die Lage nicht anders: Neue Dienste (z. B. die Telekommunikation überhaupt und neue Formen in dieser) benötigen sehr häufig neue Produktionsgüter, oder anders herum gewendet: Die Verfügbarkeit neuer Produktionsgüter machte viele neue Dienste überhaupt erst möglich.

Unter dem Begriff „Technischer Fortschritt“ werden häufig auch organisatorische Verbesserungen innerhalb einer Firma, auf Märkten und in der Gesamtwirtschaft verstanden. Es bereitet keine Schwierigkeiten, auch solche Fortschritte auf neue Produkte (Sachen und Dienste) und neue Prozesse zurückzuführen. Allerdings ist es notwendig, wenn es um den Fortschritt in der Gesamtwirtschaft geht, auch die Haushalte, den öffentlichen Dienst und die nicht gewinnorientierten Organisationen in die Betrachtung einzubeziehen.

Um die möglichen Wirkungen des Technischen Fortschritts auf Arbeitslosigkeit und Beschäftigung darzustellen, betrachten wir

- eine Firma, die Prozessinnovationen durchführt,
- eine Firma, die neue Produkte (Sachen oder Dienste) produziert,
- die Gesamtwirtschaft, in der mehr oder weniger Technischer Fortschritt stattfindet.

Das überaus schwierige Problem, den Technischen Fortschritt zu messen, setzen wir dabei als gelöst voraus (s. dazu GRUPP 1997).

28.2 Beschäftigungswirkungen von Prozessinnovationen aus der Sicht einer einzelnen Firma

Eine Firma, die Prozessinnovationen durchführt, kann dafür mehrere Motive haben, die jedoch häufig miteinander verbunden sind:

1. Sie will menschliche Arbeit durch Maschinen ersetzen, und dies,
    1.1. weil die Leistung der Menschen, verglichen mit der Leistung der Maschinen, teurer geworden ist, was wiederum verursacht worden sein kann
        1.1.1. dadurch, dass die Arbeit teurer geworden ist;
        1.1.2. dadurch, dass die Maschinen billiger geworden sind;

1.2. weil die Maschinen die betreffende Leistung besser erbringen als Menschen: dies trifft zu für
   1.2.1. repetitive Arbeiten, die hohe Präzision erfordern; solche Arbeiten entsprechen nicht der menschlichen Natur;
   1.2.2. für Arbeiten, die hohe Muskelkraft erfordern;
   1.2.3. für Arbeiten unter ungünstigen und gefährlichen Umweltbedingungen.

2. Die Firma will Arbeiten durchführen, die nur mit Hilfe von Maschinen, die sie bisher nicht besaß, durchgeführt werden können. Beispiel: Fotographische Kamera zur Herstellung von Bildern; Röntgenapparatur zur Herstellung von Röntgenaufnahmen; Spektrograph zur Herstellung chemischer Analysen bisher nicht erreichter Genauigkeit. Die Beispiele machen deutlich, dass diese Art von Prozessinnovation mit der Schaffung neuer Produkte verbunden ist.

Die Beschäftigungswirkungen dieser Prozessinnovationen, alles andere als gleichbleibend angenommen, sind die folgenden:

Die Ersetzung menschlicher Arbeit durch Maschinen macht die Menschen, die diese Arbeit bisher erbracht haben, in dem Maß der Ersetzung arbeitslos; betroffen werden davon vor allem Arbeitskräfte sein, die einfache Arbeiten leisten.

Die Bedingung „ceteris paribus" ist natürlich unrealistisch. Die Maschinen, die menschliche Arbeitskraft ersetzen, müssen produziert werden, was Beschäftigungswirkungen hat. Es ist aber unsicher, wo diese Beschäftigungswirkungen stattfinden (z. B. ob im Inland oder im Ausland) und wie viele Menschen oder Mannstunden sie betreffen. Vermutlich (da dies insgesamt eines der immanenten Ziele des Technischen Fortschritts ist) werden jedoch die Beschäftigungsexpansionen an der einen Stelle geringer sein als die Kontraktionen an der anderen Stelle, vorausgesetzt, an dieser Stelle gibt es keine Expansion des hergestellten Produktes. Ziemlich sicher dürfte es sein, dass die arbeitslos gewordenen Arbeitskräfte nicht diejenigen Eigenschaften haben, die von der Beschäftigungsexpansion durch die Produktion der Produktionsgüter benötigt werden, woraus sich langdauernde strukturelle Arbeitslosigkeit ergeben kann, es sei denn, die Arbeiter würden sich die neu geforderten Fähigkeiten in formellen oder informellen Lernprozessen erwerben.

Auch in der Firma, welche die Prozessinnovation durchführt, kann die Klausel „ceteris paribus" unrealistisch sein: Es ist möglich (aber keineswegs sicher), dass wegen der Prozessinnovation der Absatz des Unternehmens steigt, weil die Produktion billiger wird, und dadurch wiederum Beschäftigungswirkungen ausgelöst werden; sie dürften aber wiederum andere Personen betreffen als die arbeitslos gewordenen.

Betrachten wir nun das Motiv (2) für Prozessinnovation. Ceteris paribus wird diese Innovation nur die zuletzt skizzierten Beschäftigungsexpansionen auslösen, aber auch hier ist die Klausel „c. p." unrealistisch: Es ist durchaus möglich, dass das neue Verfahren alte Verfahren verdrängt, wodurch eine Beschäftigungskontraktion bewirkt wird; dass es aber auch durch das neue Produkt, das mit der Verfahrensinnovation in der Regel verbunden sein wird, Beschäftigungsexpansionen verursacht. Darüber wird im nächsten Abschnitt gesprochen.

28.3 Beschäftigungswirkungen von Produktinnovationen aus der Sicht einer einzelnen Firma

Eine Firma, die bestehende Produkte verbessert oder völlig neue Produkte in ihr Programm aufnimmt, wird dies - unter den Bedingungen der Konkurrenzwirtschaft - tun, um ihr Überleben zu sichern; um ihre Stellung im Markt zu verbessern, zu halten oder mindestens Verschlechterungen abzumildern; um ihren Gewinn zu steigern, zu halten, Rückgänge aufzufangen. Bereits die Aufzählung dieser unterschiedlichen Zielsetzungen, die von der individuellen Situation der Firma abhängen, macht deutlich, dass generelle Aussagen über die Beschäftigungswirkungen von Produktinnovationen in einer Firma sich als falsch erweisen werden. Ich mache statt dessen einige konditionelle Aussagen:

Annahme 1: Das neue Produkt ersetzt in der Firma nicht direkt ein altes, sondern ist für sie technisches Neuland. Beispiel: Eine Fabrik von Fotoapparaten nimmt zusätzlich die Herstellung von Endoskopiegeräten auf (Geräten zur medizinischen Diagnose). Zunächst wird man vermuten, dass das neue Produkt eine Beschäftigungsexpansion bewirkt, die vom Absatz abhängt. Es ist jedoch nicht auszuschließen, dass die Firma zu Gunsten des neuen Produktes alte aufgibt, weil diese weniger Gewinn bringen als jene. Langfristig ist dies immer die Funktion des Technischen Fortschritts gewesen: Die neuen Produkte verdrängen die alten, selbst wenn diese ganz anderen Zwecken dienen als jene. Es hängt von der Entwicklung der Nachfrage ab, ob die Beschäftigung in der betrachteten Firma sich ausweitet, gleichbleibt oder zurückgeht. Von der Konkurrenz zwischen den Unternehmen wird bestimmt, wie viele Personen mit welchen Eigenschaften wo beschäftigt werden. Aus der Sicht des einzelnen Anbieters von Arbeit ist dies entscheidend, vor allem, wenn die verschiedenen Firmen in großer Entfernung von einander ihren Sitz und ihre Produktionsstätten haben, etwa in Deutschland und in Japan.

Annahme 2: Das neue Produkt ersetzt in der Firma ein altes. Beispiel: Der CD-Spieler ersetzt den herkömmlichen Plattenspieler.

Die Beschäftigungswirkungen in der einzelnen Firma hängen hier einerseits von der Entwicklung der Nachfrage ab, andererseits von den Produktionstechniken, genauer: davon, wie viel Arbeit zur Herstellung der gegeneinander substituierten Güter benötigt wird. Auch hier lassen sich generelle Aussagen kaum machen.

28.4 Gesamtwirtschaftliche Betrachtung

Die Betrachtung aus der Sicht eines einzelnen Unternehmens in den beiden vorhergehenden Abschnitten hat gezeigt, dass Innovationen für dieses Unternehmen risikoreich sind und dass dessen Beschäftigte am Risiko partizipieren, selbst dann, wenn die Innovation sich für die Unternehmung als Erfolg erweist. Wenn wir die Betrachtung auf eine gesamte Volkswirtschaft ausdehnen, treten jedoch völlig neue Züge zu Tage: Der Technische Fortschritt hat zwar sehr häufig zu Massenentlassungen von unselbständig Beschäftigten, deren Qualifikationen nicht mehr gefragt waren, und zum Zusammenbruch von Unternehmen geführt, die nicht im Stande waren, neue Produkte herzustellen und neue Verfahrensweisen anzuwenden. Dem kollektiven Bewusstsein und kollektiven Gedächtnis vor allem der Arbeitnehmer und der Gewerkschaften haben sich diese Erfahrungen tief eingeprägt. Auf der anderen Seite ist aber nicht zu bezweifeln, dass die Steigerung des Wohlstandes in den kapitalistischen Ländern - Beschäftigung für bis dahin nicht existierende Mengen von Personen, Einkommen, Freizeit - seit dem Beginn der industriellen Revolution im 18. Jahrhundert sich dem Technischen Fortschritt verdankt.

Unter den heutigen Bedingungen einer weltweiten Konkurrenz zwischen Unternehmen (und damit zumindest indirekt zwischen Staaten) können Firmen, die sich dem Technischen Fortschritt und der Marktnachfrage verschließen, nur überleben, wenn sie vom Staat subventioniert werden. Diese Subventionen schaffen ein innovationsfeindliches Klima, das die gesamte Volkswirtschaft infiziert und damit langfristig den Wohlstand (und mit diesem natürlich die Beschäftigungsmöglichkeiten) zerstört. Trotz diesen praktisch von niemandem geleugneten langfristigen Zusammenhängen gewähren die Staaten - und so auch die Bundesrepublik Deutschland - häufig dann Subventionen zur Erhaltung nicht mehr lebensfähiger Unternehmen, wenn diese sehr groß sind: Dem vereinten Vorgehen von Gewerkschaften, welche die kurzfristig drohende Massenentlassung, und Unternehmern, welche den Untergang ihrer Firma fürchten, kann kaum eine Regierung widerstehen. Die langfristigen Chancen für Wohlstand - und sogar für ökonomisches Überleben - werden so kurzfristigen Beschäftigungswirkungen geopfert. Die Erhaltung des Kohlebergbaus in der Bundesrepublik Deutschland seit den 60er Jahren des 20. Jahrhunderts ist dafür ein hervorragendes Beispiel.

Auch wenn der Staat nicht durch Subventionen marode Unternehmen am Leben erhält, besteht die Gefahr, dass die Firmen einer Volkswirtschaft den Technischen Fortschritt nicht vorantreiben oder sich ihm sogar, wie er anderswo entwickelt worden ist, verschließen. Die unvermeidliche Folge wird sein, dass die Erzeugnisse dieser Unternehmen den Konkurrenzkampf mit den Produkten fortschrittlicher Unternehmen nicht bestehen können und mit ihrem Verschwinden die Firmen und deren Arbeitsplätze in den Abgrund reißen. Der deutschen Industrie wird von Kritikern vorgeworfen, dass sie auf vielen Gebieten des Technischen Fortschritts hinter ihren Konkurrenten aus Asien und Amerika zurückgefallen und dass dies eine der Ursachen der Arbeitslosigkeit sei. Als ein Beispiel, das schon länger zurückliegt, wird die deutsche Fotoindustrie genannt: Bis in die 60er Jahre hinein auf dem Weltmarkt führend, ist sie innerhalb eines Jahrzehntes von der japanischen Konkurrenz durch Produktinnovationen nahezu zum Verschwinden gebracht worden.

Literaturhinweise:
CYERT/MOWERY 1988; GRUPP 1997; KÖNIG 1997; LOUNGANI/RUSH/TAVE 1990; PALLEY 1992; PETIT 1995; SCHÜTZ/FREY 1987.

29 Einige genuin makroökonomische Erklärungsversuche der Arbeitslosigkeit

29.1 Die modifizierte Phillips-Kurve

Im Jahre 1958 veröffentlichte *A. W. Phillips* eine Untersuchung mit dem Titel „The relation between unemployment and the change of money wage rates in the United Kingdom, 1861-1957“ (PHILLIPS 1958). Für drei Perioden (1861-1913; 1913-1948; 1948-1957) berechnete er je eine Regressionsfunktion:

(29-1) $w_L = f(QAL)$,

w_L : jährliche Änderungsrate der Geldlöhne,
QAL : Arbeitslosenquote.

Regressionsrechnungen liefern zwar, genauso wie die mit ihnen verwandten Korrelationsrechnungen, von Haus aus keine Kausalerklärungen, die Bestimmung der Lohnsatzänderungsrate zur abhängigen, der Arbeitslosenquote zur unabhängigen Variablen der Regressionsrechnung war aber selbstverständlich von einer Kausalhypothese geleitet: Je größer der Angebotsüberhang auf dem Arbeitsmarkt, desto geringere Lohnerhöhungen können durchgesetzt werden; je größer der Nachfrageüberhang auf dem Arbeitsmarkt, desto größere Lohnerhöhungen können durchgesetzt werden.

Als Indikator des Verhältnisses von Angebot und Nachfrage auf dem Arbeitsmarkt benutzte *Phillips* die Arbeitslosenquote. Die obige kausale Hypothese muss dann lauten: Je größer die Arbeitslosenquote, desto kleiner die Änderungsrate der Nominallöhne. Das Phillips-Theorem will also nicht die Arbeitslosenquote erklären, sondern mit ihrer Hilfe die Änderungsrate der Nominallöhne.

Wirtschaftspolitische Bedeutung hat die Phillips-Kurve nicht in ihrer ursprünglichen, sondern in ihrer modifizierten Form erhalten, die lange vor *Phillips* von *Fisher*, von *Brown* und von *Sultan* formuliert worden, aber ohne Einfluss geblieben ist (s. dazu WOLL 1975, S. 102), bis eine von diesen frühen Arbeiten unabhängige Publikation von SAMUELSON/SOLOW 1960 eine sich ständig steigernde Literaturflut ausgelöst hat. Die beiden Autoren tragen auf der Ordinate der Figur 29/1 an Stelle der Änderungsrate der Nominallöhne die Änderungsrate des Preisniveaus ab, wobei sie annehmen, dass diese Größe, die Inflation, die Differenz zwischen Nominallohnerhöhung und Produktivitätsfortschritt darstellt. Sie schlagen also vor, eine Regressionsfunktion der Form

(29-2) $w_P = f(QAL)$,

w_P : Änderungsrate des Preisniveaus,

zu berechnen: je höher die Arbeitslosenquote, desto niedriger die Inflationsrate, je niedriger die Arbeitslosenquote, desto höher die Inflationsrate. Diese Behauptung wurde von den Wirtschaftspolitikern auch in der umgekehrten Richtung gelesen, was in der Regel unzulässig ist. Man nahm also an, dass man die Arbeitslosigkeit mit Inflation, die Inflation mit Arbeitslosigkeit bekämpfen könne, oder, im ökonomischen Jargon: dass ein „trade-off“ zwischen Arbeitslosigkeit und Inflation bestehe. Da in den 70er Jahren fast alle westlichen Industrieländer von Arbeitslosigkeit oder von Inflation oder von beiden betroffen wurden (und es heute noch sind), schien das modifizierte Phillips-Theorem die dringend benötigte Therapie dieser Übel zu liefern, woraus sich seine Popularität erklären dürfte.

Empirische Untersuchungen des modifizierten Phillips-Theorems sind weniger häufig als die des ursprünglichen. Sie haben in der Regel ergeben, dass kein stabiler, statistisch signifikanter Zusammenhang zwischen der Arbeitslosenquote und der Änderungsrate des Preisniveaus besteht (s. dazu WOLL 1975, S.115-117). Dies gilt nach der Untersuchung von WOLL 1975 insbesondere für die Bundesrepublik Deutschland im Zeitraum von 1952 - 1972. Dies hält Politiker nicht davon ab, immer wieder selbst in Zeiten sehr niedriger Zinsen, aber hoher Arbeitslosigkeit, zu deren Überwindung Zinssenkungen zu fordern.

Als Erklärung für die Wirkungslosigkeit monetärer Maßnahmen auf reale Größen, unter ihnen auf die Arbeitslosigkeit, werden heute in der Wirtschaftswissenschaft weithin die „Rationalen Erwartungen" akzeptiert: Rationale Wirtschaftssubjekte, in Kenntnis eines zutreffenden Modells der Wirtschaft, durchschauen den Geldschleier und machen so rein monetäre Maßnahmen wirkungslos.

Wir möchten noch einmal darauf hinweisen, dass, auch wenn die obige Relation zu stabilen und statistisch signifikanten Regressionsfunktionen geführt hätte, diese lediglich dazu dienen könnten, die Inflationsrate durch die Arbeitslosenquote zu erklären, nicht aber diese durch jene. Da die Rechnungen aber überhaupt keinen stabilen Zusammenhang ergeben haben, ist es sicher, dass das modifizierte Phillips-Theorem zur Erklärung der Inflation nichts beitragen kann.

Literaturhinweise:
S. die im Text genannte Literatur. Zu den rationalen Erwartungen: SARGENT 1987; SAVIN 1987.

29.2 Die natürliche Arbeitslosenquote

Der Begriff der „natürlichen Arbeitslosenquote" ist 1968 von *Milton Friedman* (FRIEDMAN 1968) in Analogie zum Begriff des „natürlichen Zinses" geprägt worden und hat seitdem große Aufmerksamkeit auf sich gezogen, weil er suggeriert, dass es eine unabänderliche Arbeitslosigkeit gibt, welche die Wirtschaftspolitik nur hinnehmen kann. FRIEDMAN 1968 definiert den Begriff so (S. 8):

> „At any moment of time, there is some level of unemployment which has the property that it is consistent with equilibrium in the structure of real wage rates ... The 'natural rate of unemployment', in other words, is the level that would be ground out by the Walrasian system of general equilibrium equations, provided there is imbedded in them the actual structural characteristics of the labor and commodity markets, including market imperfections, stochastic variability in demands and supplies, the cost of gathering information about job vacancies and labor availabilities, the costs of mobility, and so on."

Grundsätzlich hält *Friedman* also an der Ansicht der Neoklassik fest, dass es keine unfreiwillige Arbeitslosigkeit gibt, abgesehen von jener, die durch die Abweichung der Wirklichkeit vom Modell der vollständigen Konkurrenz verursacht ist; man könnte sie als strukturelle, saisonale und friktionelle Arbeitslosigkeit bezeichnen. *Friedman* ist der Ansicht, dass diese „natürliche" Arbeitslosigkeit wohl durch arbeitsmarktpolitische Maßnahmen (z. B. Verbesserung der Markttransparenz, Abschaffung der in den USA bestehenden gesetzlichen Mindestlöhne, Brechung der

Gewerkschaftsmacht), nicht aber durch monetaristische Mittel langfristig zu beeinflussen ist. Kurzfristig könne dagegen die Geldpolitik, indem sie *steigende*, nicht nur *hohe* Inflationsraten verursache, die Arbeitslosigkeit unter die natürliche Rate senken, solange nämlich, als die steigenden Inflationsraten nicht antizipiert würden. Sobald dieses der Fall sei, verliere die steigende Inflation ihre Wirkung auf die Arbeitslosigkeit. Die Ähnlichkeit dieser Argumentation mit den „Rationalen Erwartungen" (s. den vorhergehenden Abschnitt) ist deutlich.

Die langfristige Wirkungslosigkeit solcher Mittel gegenüber der „natürlichen" Arbeitslosigkeit wird, in Anlehnung an die rein verbalen Ausführungen FRIEDMANS 1968 (S. 9-11), häufig dargestellt, indem die modifizierte Phillips-Relation um die erwartete Änderung des Preisniveaus erweitert wird:

(29-3) $w_P = f(QAL) + \hat{w}_P,$

$\hat{w}_P$: erwartete Änderung des Preisniveaus.

Da nach Voraussetzung gilt:

(29-4) $\lim\limits_{t \to \infty} f(QAL, t) = 0,$

verläuft $\hat{w}P$ im Graph der modifizierten Phillips-Kurve parallel zu Ordinaten, sie schneidet die Abszisse beim Wert der natürlichen Arbeitslosigkeit (s. Darstellung 29/1).

Darstellung 29/1: Die modifizierte Phillips-Kurve in langfristiger Betrachtung

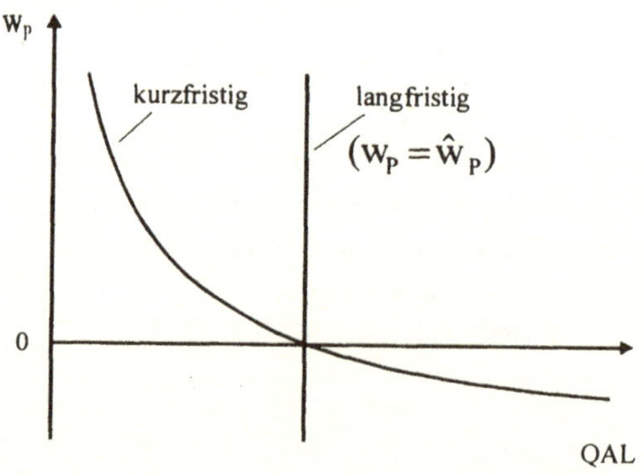

Das Konzept könnte für die Wirtschaftspolitik von Nutzen sein, wenn es eine Methode angäbe, mit der man den Wert der „natürlichen Arbeitslosenquote" bestimmen könnte (zur Erklärung der Arbeitslosigkeit könnte es auch unter dieser Voraussetzung kaum etwas beitragen, weil die natürliche Arbeitslosigkeit aus der Summe von saisonaler, friktioneller, struktureller und sonstiger Arbeitslosigkeit besteht, die durch Marktunvollkommenheiten verursacht ist). FRIEDMAN 1968 (S. 10) schreibt dazu:

„Unfortunately we have as yet devised no method to estimate accurately and readily the natural rate of either interest or unemployment. And the 'natural' rate will itself change from time to time."

Trotz diesem Verdikt haben Makroökonomen versucht, die natürliche Arbeitslosenrate zu berechnen. Ich gehe darauf nicht ein, weil ich der Meinung bin, dass theoretische Konzepte mit der von *Friedman* beschriebenen Eigenschaft nicht empirisch sind, das heißt, durch Tatsachen widerlegbar; wir wollen sie statt dessen metaphysisch nennen. Sie sind im Grunde genommen beliebig, dessen ungeachtet leiten sie jedoch Erkenntnis und Handeln der Menschen; wer an eine „natürliche Arbeitslosenquote" glaubt, wird das Problem der Arbeitslosigkeit anders behandeln als jemand, der diesem Konzept nicht folgt.

Literaturhinweise:
Außer der im Text genannten Literatur s. auch
MACLEOD/MALCOMSON/GOMME 1994; LOCKWOOD 1986; JOHNSON/LAYARD 1986.

29.3 Die inflationsstabilisierende Arbeitslosenquote

Die inflationsstabilisierende Arbeitslosenquote (im Englischen: NAIRU: non accelerating inflation rate of unemployment) kann als eine Weiterentwicklung der Phillips-Kurve sowohl in ihrer ursprünglichen als auch in ihrer modifizierten Form angesehen werden. Die Idee ist die folgende: Es bestehe ein Konflikt zwischen den Ansprüchen zweier Gruppen an das Sozialprodukt, nämlich der Arbeitnehmer und der Kapitalbesitzer. Der Konflikt werde in den Lohnverhandlungen und, wenn diese nicht friedlich beendet würden, in den Lohnkämpfen ausgetragen. Setzten die Arbeitnehmer, vertreten durch die Gewerkschaften, eine Lohnhöhe durch, die mit den Ansprüchen der Kapitaleigner, vertreten durch die Arbeitgeberverbände, nicht vereinbar sei, erhöhten die Unternehmen die Preise: Das Preisniveau steige, es herrsche Inflation. Wenn nun die Inflationsrate konstant bleiben solle (mit Einschluss des Wertes null: keine Inflation), sei eine Kraft erforderlich, welche die Lohnerhöhungen auf das Maß reduziere, welches die Unternehmen veranlasse, die Preise nicht über die bisherige Steigerungsrate hinaus zu erhöhen, d.h. die Inflation konstant zu halten. Als diese Kraft wird, wie in der ursprünglichen Phillips-Kurve, die Arbeitslosigkeit angesehen: Arbeitslosigkeit dämpfe die Ansprüche der Gewerkschaften, weil diese letztlich, auch wenn sie dies abstreiten, der Meinung seien, dass Arbeitslosigkeit durch zu hohe Löhne verursacht werde. Die Behauptung lautet, dass es eine Arbeitslosenquote gebe, die, auf dem beschriebenen Weg, die Inflationsrate konstant halte (aus diesem Grunde empfinde ich die hier verwendete Übersetzung des englischen Begriffs für treffender als die übliche „inflationsstabile Arbeitslosenquote").

Zwei Fragen stellen sich nun: Wie hoch ist die inflationsstabilisierende Arbeitslosenrate, und wie hoch ist die jeweilige Inflation? Dies sind zwei Fragen, welche auch die modifizierte Phillips-Kurve beantworten will. In Abschnitt 29.1 haben wir bereits darauf hingewiesen, dass sich für die meisten Länder und Zeiten ein stabiler Zusammenhang zwischen Arbeitslosigkeit und Inflationsrate nicht nachweisen lässt, und dies gilt natürlich auch für die Hypothese, dass es eine inflationsstabilisierende Arbeitslosenrate gäbe.

Darstellung 29/2: Inflationsrate des Bruttoinlandsproduktes und deren Änderung sowie Arbeitslosenquote in Westdeutschland, nach Jahren.

Jahr	Inflationsrate[a] in %	Änderung[b]	ALQ[c] in %
1965	3,7	-	0,7
1966	3,3	- 0,4	0,7
1967	1,6	- 1,7	2,1
1968	2,4	0,8	1,5
1969	4,1	1,7	0,9
1970	7,9	3,8	0,7
1971	7,5	- 0,4	0,8
1972	5,3	- 2,2	1,1
1973	6,5	1,2	1,2
1974	7,0	0,5	2,6
1975	5,7	- 1,3	4,7
1976	3,7	- 2,0	4,6
1977	3,7	0,0	4,5
1978	4,2	- 0,5	4,3
1979	3,9	- 0,3	3,8
1980	4,9	- 1,0	3,8
1981	4,3	- 0,6	5,5
1982	4,5	0,5	7,5
1983	3,1	- 1,4	9,1
1984	2,1	- 1,0	9,1
1985	2,2	0,1	9,3
1986	3,2	1,0	9,0
1987	1,8	- 1,4	8,9
1988	1,6	- 0,2	8,7
1989	2,4	0,8	7,9
1990	3,2	0,8	7,2
1991	3,8	0,6	6,3
1992	4,4	0,6	6,6
1993	3,1	- 1,3	8,2
1994	2,2	- 0,9	9,2
1995	1,9	- 0,3	9,3
1996	0,9	- 1,0	10,1
1997	0,7	- 0,2	11,0

(a) $\frac{P_t - P_{t-1}}{P_{t-1}} \cdot 100$;

P_t: Preisindex des Bruttoinlandsproduktes im Jahre t;

Quelle: INSTITUT DER DEUTSCHEN WIRTSCHAFT 1998, Tabelle 36

(b) Inflationsrate (t) - Inflationsrate (t-1)

(c) Quelle: AMTLICHE NACHRICHTEN DER BUNDESANSTALT FÜR ARBEIT (G. BRINKMANN 1981b, S. 189 (bis 1978); INSTITUT DER DEUTSCHEN WIRTSCHAFT 1990, Tabelle 16 (1979 bis 1989);

In Darstellung 29/2 sind die Inflationsrate des Bruttoinlandsproduktes, die Änderung dieser Rate und die Arbeitslosenquote der Jahre 1965 bis 1997 abgedruckt. Angenommen, die Inflationsrate würde als konstant angesehen, wenn die Differenz zweier benachbarter Werte 0,0 oder 0,1 betrüge, dann ist dieser Fall zwei Mal eingetreten: 1977 bei einer Arbeitslosenquote von 4,5 %, 1985 bei einer Arbeitslosenquote von 9,3 %. Dieselben oder nahe benachbarte Arbeitslosenquoten waren im gesamten Beobachtungszeitraum auch mit sehr viel größeren jährlichen Schwankungen der Inflationsrate verbunden, und dies bei ganz unterschiedlichen Größen der Inflationsraten. Das gilt auch, wenn wir die Inflationsrate noch bis zu einer Differenz von 0,5 Prozentpunkten als stabil ansehen. Was bei der modifizierten Phillips-Kurve zu Tage trat, tritt auch hier zu Tage: Es gibt keinen stabilen Zusammenhang zwischen Arbeitslosenquote und Inflation. Will man die Idee einer inflationsstabilisierenden Arbeitslosenquote retten, muss man ad-hoc-Hypothesen über die Änderung der Ansprüche an das Wirtschaftsergebnis einführen. Ich gehe darauf nicht weiter ein.

Literaturhinweise:
AMADEO 1994; BEISSINGER 1996.

29.4 Das Hysteresis-Phänomen

29.4.1 Das Phänomen der Hysteresis in der Physik

Das Wort „Hysteresis“, eine Neubildung aus dem griechischen „hysteraios“: „nachherig, darauf folgend“, wird in der Physik für die Beschreibung von Phänomenen verwandt, wie sie in Darstellung 29/3 am Beispiel der Magnetisierung eines eisernen Körpers dargestellt werden.

Darstellung 29/3: Hysteresis der Magnetisierung

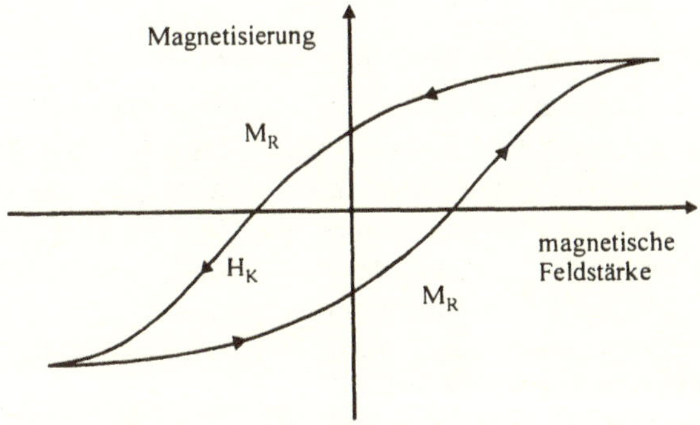

Setzt man ein Stück Eisen einem magnetischen Feld aus, so wird es mit zunehmender Feldstärke immer mehr magnetisiert, bis die Magnetisierung einen Sättigungswert erreicht. Dieser Vorgang wird durch die untere Kurve im Darstellung 29/3 symbolisiert; die Pfeile an der Kurve zeigen die zunehmende Feldstärke im Zeitablauf an. Wird nun anschließend die Feldstärke wieder vermindert, so nimmt zwar auch die Magnetisierung des Stück Eisens ab, aber weniger stark als die Magnetisierung bei Erhöhung der Feldstärke zugenommen hat. Dieser Vorgang wird durch die obere Kurve in Darstellung 29/3 symbolisiert. Die Pfeile an der Kurve zeigen die abnehmende Feldstärke im Zeitablauf an.

Allgemein ausgedrückt: Hysteresis bezeichnet das Phänomen, dass der Wert einer abhängigen Variablen (y_t) im Zeitablauf bestimmt wird durch eine unabhängige Variable (x_t) im selben Zeitraum oder Zeitpunkt und durch den Wert der abhängigen Variablen in einem früheren Zeitraum oder -punkt (y_{t-z}), und zwar derart, dass y_t umso größer ist, je größer y_{t-z} war, bei gleichen Werten von x_t: Der Wert von y_t wird auch durch den Pfad bestimmt, den y im Zeitablauf zurückgelegt hat. Die Funktionen in Abbildung 29/3 werden durch inhomogene Differenzen- oder Differentialgleichungen, meistens 1. Ordnung, beschrieben. Nehmen wir an, der Prozess sei durch die folgende inhomogene Differenzengleichung 1. Ordnung zu kennzeichnen:

(29-5) $$y_{t+1} = ay_t + x_t.$$

Für $a = 1$ und $x_t = \text{const.}$ lautet die Lösung

(29-6) $$y_t = y_o + tx_t,$$

der Wert y_t hängt also, da x_t konstant ist, nicht vom Wert y_{t-1} ab: Hysteresis besteht nicht.

Für $a = 1$ und $x_t = f(t)$ lautet die Lösung der inhomogenen Differenzengleichung

(29-7) $$y_t = y_o + \sum_{t=0}^{\infty} x_t,$$

das heißt, y_t hängt auch vom variablen x_t ab und damit vom Zeitpfad, den y_t einschlägt: Hysteresis ist möglich. Nur wenn $\sum_t x_t$ zu einem endlichen Wert konvergiert, ist die Formel (29-7) geeignet, einen realen Prozess zu beschreiben. Unregelmäßige Änderungen von x_t in Form von Schocks wirken sehr lange auf y_t nach.

29.4.2 Übertragung auf Arbeitsmarktphänomene

Die Hysteresis wird unter anderem zur Beschreibung der Entwicklung der Arbeitslosigkeit, etwa nach Formel (29-5) benutzt; häufig wird dabei an Stelle der tatsächlichen Arbeitslosigkeit, etwa gemessen durch die gesamtwirtschaftliche Arbeitslosenquote, die inflationsstabile Arbeitslosenquote (s. Abschnitt 29.3) als zu erklärende Variable benutzt. Die Größe x_t umfasst dann einen Vektor von Variablen, von denen vermutet wird, dass sie jene Arbeitslosenquote bestimmen.

Wir wollen zur Veranschaulichung nur das folgende Beispiel nennen: Angenommen, die gesamtwirtschaftliche Arbeitslosenquote werde durch die Entwicklung der Ölpreise bestimmt. Durch die zweimalige schockartige Erhöhung dieser Preise in den Jahren 1974 und 1979 müsste dann die Arbeitslosigkeit gestiegen sein; bei Vorliegen von Hysteresis wäre die Arbeitslosigkeit bei Nachlassen der Ölpreise weniger stark zurückgegangen als sie bei Ansteigen der Preise angestiegen ist. Die empirischen Untersuchungen haben kein eindeutiges Bild ergeben (s. FRANZ 1989).

Wie so viele Konzepte der Wirtschaftswissenschaften ist auch das der Hysteresis von der Physik übernommen worden. Anders als in den Naturwissenschaften muss in den Gesellschaftswissenschaften nach den Verhaltensweisen der Elemente gefragt werden, die das betreffende Phänomen bewirken, hier also nach den Verhaltensweisen der Anbieter von und der Nachfrager nach Arbeit; das fehlt noch weitgehend, ist aber auch innerhalb des makroökonomischen Ansatzes kaum zu leisten.

Literaturhinweise:
DARITY/GOLDSMITH 1993; GRASSINGER 1994.

30 Wirkungen der Arbeitslosigkeit

30.1 Wirkungen auf den einzelnen Arbeitslosen

30.1.1 Finanzielle Wirkungen

In finanzieller Hinsicht muss der Arbeitslose, der vorher eine bezahlte Arbeit ausgeübt hat, eine Reduzierung seines Nettoeinkommens hinnehmen, auch wenn er Anspruch auf Arbeitslosengeld oder -hilfe hat. In Abschnitt 33.2.1 teilen wir einige Zahlen über diejenigen Arbeitslosen in der Bundesrepublik Deutschland mit, die solche Ansprüche haben, mitsamt den gesetzlichen Bestimmungen über die Höhe des Anspruchs. Aus diesen Vorschriften geht nicht hervor, wie hoch der Verlust an Nettoeinkommen ist, den ein Arbeitsloser tatsächlich erleidet. Eine repräsentative Untersuchung des Instituts für Arbeitsmarkt und Berufsforschung (C. BRINKMANN 1976) von Erwerbspersonen, die im Herbst 1974 arbeitslos waren, hat ergeben, dass die Langfristarbeitslosen einen durchschnittlichen Nettoeinkommensverlust von 45 % hinzunehmen hatten. Dabei ist der Verlust umso größer, je höher das Einkommen vor der Arbeitslosigkeit war. Aber auch relativ geringe prozentuale Reduzierungen des Einkommens rufen - leicht verständlich - große Probleme hervor, wenn das Arbeitseinkommen gering war. Ein sehr großer Teil (80 %) aller Arbeitslosen, gleichgültig, ob sie langfristig arbeitslos waren oder nicht, hat angegeben, dass die Arbeitslosigkeit finanzielle Belastungen mit sich gebracht hat (Einschränkung persönlicher Ausgaben, Zurückstellung vorgesehener Anschaffungen, Verzug bei Zahlungsverpflichtungen, Schuldenaufnahme, Aufzehrung von Ersparnissen).

Personen, die direkt aus der Nicht-Erwerbsbevölkerung in die Arbeitslosigkeit eingetreten sind, haben keinen Anspruch auf Arbeitslosengeld oder -hilfe, sondern, wenn sie bedürftig sind, auf Sozialhilfe, ebenso wie diejenigen, deren Anspruch auf Arbeitslosengeld oder -hilfe ausgelaufen ist. Die Sozialhilfeempfänger, deren Anteil an den mehr als zwei Jahre lang Arbeitslosen damals immerhin 25 % ausmachte, haben besonders starke finanzielle Schwierigkeiten. Neuere Untersuchungen haben die alten Ergebnisse bestätigt (C. BRINKMANN 1984; ROSENBLADT 1991); der Anteil der Haushalte, die wegen Arbeitslosigkeit Sozialhilfe bekamen, betrug 1989 etwa ein Drittel aller Sozialhilfeempfänger in Westdeutschland (C. BRINKMANN et al. 1991).

Wenn über finanzielle Belastung durch Arbeitslosigkeit geredet wird, müsste auch über Entlastung durch Arbeit in der Schattenwirtschaft, die Arbeitslose vielleicht leisten, gesprochen werden. Wir unterscheiden die Schattenwirtschaft in legale und illegale. Legal ist z. B. die Eigenarbeit, die Verwandtschafts- und Nachbarschaftshilfe; illegal ist die Arbeit gegen Entgelt, die Schwarzarbeit. Aber auch die legale Arbeit in der Schattenwirtschaft bringt dem Arbeitenden ökonomische Vorteile, z. B. den mindestens stillschweigenden Anspruch auf Gegenhilfe. Es kann kein vernünftiger Zweifel daran bestehen, dass Schattenwirtschaft - legale und illegale - in Deutschland existiert, dass Arbeitslose in ihr arbeiten, aber ihr Umfang ist unbekannt. Wir lassen es deshalb bei diesem Hinweis bewenden.

Insgesamt muss geurteilt werden, dass die Arbeitslosen trotz der herrschenden Sicherung eine gravierende Minderung ihres ökonomischen Wohlstandes durch die Arbeitslosigkeit erleiden.

30.1.2 Psychische und soziale Wirkungen

Was die psychischen und sozialen Wirkungen der Arbeitslosigkeit angeht, so gibt es trotz der klassischen Studie von JAHODA/LAZARSFELD/ZEISEL 1933 noch kein allgemein akzeptiertes System operationaler Kategorien zu ihrer Erfassung. WACKER 1976, welcher die bis dahin vorliegenden Untersuchungen resümiert hat, die zum größten Teil aus den 30er Jahren, der Zeit der Weltwirtschaftskrise, stammen, unterscheidet folgende Ansätze (S. 109 ff.):

1. Verengung und Blockierung des individuellen Handlungsfeldes;
2. Diskrepanz zwischen der erlernten Zeitverwendung und der in der Arbeitslosigkeit möglichen;
3. Trauer über den Verlust des geliebten Objektes „Arbeit";
4. Soziale Stigmatisierung: der Arbeitslose als Ausgestoßener, daraus folgend Verlust des Selbstwertgefühls, Angst;
5. Erschütterung des Vertrauens in die Stabilität und Menschlichkeit des bestehenden Systems.

Neuere Untersuchungen haben diesen oder anderen Kategorien des Schadens solche des persönlichen Nutzens durch Arbeitslosigkeit hinzugefügt.

Die *Verengung und Blockierung des individuellen Handlungsfeldes* wird vor allem von *Jahoda/Lazarsfeld/Zeisel* nachgewiesen, die Marienthal, ein kollektiv von der Arbeitslosigkeit getroffenes Dorf in der Nähe Wiens, untersucht haben: Die öffentlichen Anlagen verwildern; der örtliche Kindergarten wird geschlossen; die Zahl der öffentlichen Veranstaltungen nimmt rapide ab; die Ausleihungen der Arbeiterbibliothek sinken trotz Gebührenfreiheit. Die Verfasser ordnen die Familien des Dorfes folgenden Kategorien zu: ungebrochen (16%); resigniert (48%); verzweifelt (11%); apathisch (25%). Auch die Unfähigkeit der Arbeitslosen, die neu gewonnene Freizeit zu nutzen, wird von der Marienthal-Studie belegt: Die Hauptbeschäftigung der arbeitslosen Männer besteht im Nichtstun, ihr Zeitgefühl und ihre Zukunftsorientierung schwinden.

Die Blockierung des individuellen Handlungsfeldes dürfte auch dazu führen, dass der Arbeitslose vor allem durch lang andauernde Arbeitslosigkeit die Fähigkeit zur Arbeit verliert: Seine psychomotorischen, seine kognitiven, seine kommunikativen und seine affektiven Fähigkeiten, welche die Arbeit von ihm fordert, liegen brach und verkümmern dadurch.

Viele neuere empirische Studien mit Verlaufsdaten sind zu dem Ergebnis gekommen, dass die Wahrscheinlichkeit, aus der Arbeitslosigkeit in ein Beschäftigungsverhältnis zu wechseln, nach dem Eintritt in die Arbeitslosigkeit zunächst ansteigt, dann aber monoton sinkt: Die Hazard-Funktion hat die in Darstellung 24/2 gezeichnete Form (FRANZ 1982; LICHT/STEINER 1991; MÜHLEISEN 1994) was sich gut durch die vorstehende Hypothese erklären lässt. Zur genaueren Prüfung wäre es allerdings notwendig, die Fähigkeiten und deren Verfall zu messen. So könnte der behauptete Verlauf der Hazard-Funktion auch durch Vorurteile der Unternehmen bei der Rekrutierung von Personal erklärt werden. STEINER 1994 bestreitet gar die Existenz einer solchen Hazard-Funktion für Westdeutschland im Zeitraum von 1983 bis 1992: Sie sei ein Artefakt und verschwinde, wenn man die unterschiedlichen Eigenschaften der Arbeitslosen berücksichtige.

Um die Arbeitslosen vor dem Verlust ihrer Fähigkeiten zu bewahren, hat die Bundesanstalt für Arbeit Übungsfirmen eingerichtet, in denen Arbeit simuliert wird. In der ehemaligen DDR hat diese Maßnahme einer großen Zahl von Arbeitslosen wenigstens zeitweise Beschäftigung gegeben.

Trauer empfindet der Mensch immer dann, wenn er etwas verliert, an das er eine starke emotionale Bindung gehabt hat; die Wertschätzung der Arbeit auch noch in den heutigen arbeitsteiligen Gesellschaften und die zentrale Stellung, die sie im Leben der meisten Menschen einnimmt, machen es wahrscheinlich, dass viele ihre Arbeit lieben. Treffend geht dies aus dem Ausspruch eines holländischen Arbeitslosen hervor, der seinen Arbeitsplatz durch die Schließung des einzigen größeren Betriebes an seinem Wohnort, der Stadt Breda, verloren hat:

> „Die 27 Jahre, die ich hier gearbeitet habe, die sind von mir; aber die werden mir weggenommen, genau so, wie wenn jemand, der dir sehr nahe steht, ein Bruder, ein Kind, stirbt" (Bredaer Protokolle, zitiert nach WACKER 1976, S. 121).

Die Bindung an die Arbeit, die der zitierte Arbeitslose artikuliert, wird in der Regel nur entstehen, wenn die Arbeitsbedingungen sehr günstig waren und wenn das Arbeitsverhältnis lange bestanden hat.

Dass der Arbeitslose von der Gesellschaft und von sich selber als *Ausgestoßener* angesehen wird, hängt von einer Hauptbedingung und von mehreren verstärkenden Bedingungen ab: Der Besitz eines Arbeitsplatzes muss vom Arbeitslosen und von der Gesellschaft als Wert angesehen werden, der Nicht-Besitz als ein Makel. Wenn diese Hauptbedingung zutrifft (und wir können damit rechnen, dass dies weithin der Fall ist), wird die Stigmatisierung verschärft, wenn die Meinung vorherrscht, sowohl beim einzelnen Arbeitslosen als auch in der Gesellschaft, der Arbeitslose sei an seinem Schicksal selber schuld. Dieses Gefühl wird wahrscheinlich umso eher aufkommen, je mehr im selben Wohngebiet Erwerbstätige und Arbeitslose miteinander leben; es wird umso weniger auftreten, je stärker ein geschlossenes Wohngebiet, wie etwa das Dorf Marienthal zu Anfang der 30er Jahre, kollektiv von Arbeitslosigkeit betroffen wird. Gegenüber der Zeit der großen Weltwirtschaftskrise scheint heute allerdings bei den Arbeitslosen die Meinung nicht mehr weit verbreitet zu sein, sie hätten diesen Zustand selbst verschuldet: C. BRINKMANN 1976 (S. 409) berichtet, dass nur 17 % der Arbeitslosen zumindest zeitweilig die Schuld an der Arbeitslosigkeit bei sich selbst gesucht hätten. Dennoch geht auch aus dieser Untersuchung hervor, dass die soziale Stigmatisierung, vor allem bei den 45- bis 55jährigen, nicht gering ist: 54 % der Arbeitslosen dieser Altersgruppe etwa fällt es nicht leicht, Freunden und Bekannten von der Arbeitslosigkeit zu erzählen. In der Folgeuntersuchung (C. BRINKMANN 1984, S. 461) ist dieser Prozentsatz auf etwa ein Drittel der Gesamtstichprobe gefallen; allerdings ist der Prozentsatz derer, die vielleicht doch die Schuld bei sich suchen, auf etwa 45 % der längerfristig Arbeitslosen (S. 462) gestiegen. Da aber die Frage geändert worden ist, sind diese letzteren Ergebnisse nur bedingt vergleichbar.

Die *Erschütterung des Vertrauens in die Stabilität und Menschlichkeit des bestehenden Systems* wird bei dem einzelnen Arbeitslosen vor allem dann eintreten, wenn die traumatischen Erfahrungen seiner Arbeitslosigkeit tief sind, wenn seine Arbeitslosigkeit lange dauert und wenn er die Schuld an ihr überwiegend beim wirtschaftlichen und gesellschaftlichen System, nicht etwa bei anderen Faktoren (etwa den Ölpreiserhöhungen durch die Ölförderländer) sieht. Nach der Studie des IAB sind die Belastungen durch die Arbeitslosigkeit bei folgenden Gruppen relativ gering:

- bei verheirateten Frauen, deren Männer voll erwerbstätig sind;
- bei Frauen, die nach der Arbeitslosigkeit aus dem Erwerbsleben ausgeschieden sind;
- bei Rentnern, die nach der Arbeitslosigkeit aus dem Erwerbsleben ausgeschieden sind.

Diese Gruppen gewannen in der Folgeuntersuchung der Arbeitslosigkeit auch positive Seiten ab (S. 461).

Starke Belastungen dagegen empfinden

- männliche Arbeitslose;
- alleinstehende Arbeitslose;
- Mehrfacharbeitslose;
- langfristig Arbeitslose; aber auch unter diesen gab es in der Folgeuntersuchung 17 %, denen es ganz lieb war, wieder mehr für die Familie tun zu können (S. 461);
- Arbeitslose ohne Berufsausbildung und ohne Hauptschulabschluss;

(C. BRINKMANN 1976, S. 413).

Der Verfasser resümiert, dass Arbeitslosen mit geringer Belastung solche gegenüber stehen, die in ihrer Existenz bedroht sind, sowohl in materieller wie in psychischer Hinsicht. Es scheint allerdings, dass damals noch nicht sehr viele Menschen von einer Erschütterung des Vertrauens in das wirtschaftliche und gesellschaftliche System der Bundesrepublik Deutschland erfasst waren. Die neuere Untersuchung von 1984 bestätigte die Ergebnisse von 1976.

Das im Vorstehenden kurz skizzierte Kategoriensystem zur Erfassung der individuellen Folgen der Arbeitslosigkeit ist nicht so aufgebaut, dass die Kategorien einander ausschließen, sondern so, dass sie jeweils verschiedene Aspekte derselben Tatsachen ans Licht heben. Welches Gewicht diese Aspekte unter den Gesamtwirkungen der Arbeitslosigkeit auf das Individuum haben, ist, repräsentativ für alle Arbeitslosen, nicht bekannt, ebenso wenig, von welchen Begleitumständen jene Wirkungen abhängen. Dies liegt auch daran, dass die verschiedenen Untersuchungen verschiedene Kategorien benutzen, deren Überschneidung schwer zu beurteilen ist.

Ein Beispiel: KRONAUER/VOGEL/GERLACH 1993 (S. 77-217, zitiert nach FRIEDRICH/WIEDEMEYER 1998, S. 56) haben die Arbeitslosen in sieben Typen eingeteilt, die sie wiederum in vier Gruppen zusammenfassen:

Gruppe I (ca. 25 %): vorwiegend jünger, durchschnittlich ein halbes Jahr arbeitslos, nicht ernsthaft erschüttert.

Typ 1: Besserqualifizierte, die sich ihrer Rückkehr ins Erwerbsleben sicher sind.

Typ 2: Schlechterqualifizierte meist ledige Männer, die schön häufiger von Arbeitslosigkeit betroffen waren.

Gruppe II (ca. 50 %): durchschnittlich ein Jahr arbeitslos, stark erschüttert.

Typ 3: Männer und Frauen mittleren Alters mit guter Qualifikation, aktiv, bereit, für die Wiedererlangung von Arbeit ihre Ansprüche erheblich zu senken.

Typ 4: Ältere Langzeitarbeitslose mit guter Qualifikation und jüngere Kurzzeitarbeitslose mit geringer Qualifikation: Sie fühlen sich nutzlos, suchen aber hektisch nach Arbeit.

Gruppe III (ca. 25 %): Männer, mehr als zwei Jahre arbeitslos, die die Arbeitssuche aufgegeben haben.

Typ 5: Überwiegend Ältere, sozial isoliert.

Typ 6: Suchen nach schwerer Depression eine neue Identität in Eigenarbeit und sozialer Aktivität.

Gruppe IV (nicht sehr groß).

Typ 7: Verheiratete Frauen mit Männern guten Einkommens, die die Rolle der Hausfrau und Mutter übernommen haben, die jüngeren auf Zeit, die älteren als Abschluss ihres Berufslebens.

Auch wenn bei einzelnen Gruppen die Arbeitslosigkeit als angenehm empfundene Wirkungen erzeugt, dürften doch die weitaus meisten Arbeitslosen ihren Zustand als starke psychische und soziale Belastung empfinden.

Literaturhinweise: S. die im Text genannte Literatur.

30.2 Wirkungen auf die gesamte Wirtschaft und Gesellschaft

30.2.1 Destabilisierung der gesamten Gesellschaft

Die folgenreichsten Behauptungen über die gesamtwirtschaftlichen und gesamtgesellschaftlichen Wirkungen der Arbeitslosigkeit sind von *Karl Marx* im „Kapital" aufgestellt worden (23. Kapitel, 1. Band): Die Nachfrage nach Arbeit ist von der organischen Zusammensetzung des Kapitals abhängig; diese verändert sich durch die Akkumulation so, dass immer geringere prozentuale Teile des Gesamtkapitals der Nachfrage nach Arbeit dienen, während die Gesamtbevölkerung und damit die Arbeitsbevölkerung stetig wächst. Deshalb wächst auch die Arbeitslosigkeit. Die arbeitslosen Menschen bilden die vom kapitalistischen System geschaffene industrielle Reservearmee:

> „Sie [die kapitalistische Produktionsweise] bildet eine disponible industrielle Reservearmee, die dem Kapital ganz so absolut gehört, als ob es sie auf seine eigenen Kosten groß gezüchtet hätte. Sie schafft für seine wechselnden Verwertungsbedürfnisse das stets bereite exploitable Menschenmaterial, unabhängig von den Schranken der wirklichen Bevölkerungszunahme" (MARX 1962, S. 661).

Dies ist die erste Wirkung der Arbeitslosigkeit, die Disziplinierung der gesamten Arbeitsbevölkerung, nicht nur der arbeitslosen, sondern auch der auf Arbeitsplätzen sich befindenden:

> „Die industrielle Reservearmee drückt während der Perioden der Stagnation und mittleren Prosperität auf die aktive Arbeiterarmee und hält ihre Ansprüche während der Periode der Überproduktion und des Paroxysmus im Zaum" (MARX 1962, S. 668).

Die zweite Wirkung besteht in der zunehmenden Verelendung der Arbeiterklasse:

> „Es folgt daher, dass im Maße, wie Kapital akkumuliert, die Lage des Arbeiters, welches immer seine Zahlung, hoch oder niedrig, sich verschlechtern muss" (MARX 1962, S. 675).

Die zunehmende Verelendung der Arbeiterklasse führt zum Zusammenbruch des kapitalistischen Systems:

> „Mit der beständig abnehmenden Zahl der Kapitalmagnaten ... wächst die Masse des Elends, des Drucks, der Knechtschaft, der Entartung, der Ausbeutung, aber auch die Empörung der stets anschwellenden und durch den Mechanismus des kapitalistischen Produktionsprozesses selbst geschulten, vereinten und organisierten Arbeiterklasse. Das Kapitalmonopol wird zur Fessel der Produktionsweise, die mit und unter ihm aufgeblüht ist. Die Zentralisation der Produktionsmittel und die Vergesellschaftung der Arbeit erreichen einen Punkt, wo sie unverträglich werden mit ihrer kapitalistischen Hülle. Sie wird gesprengt. Die Stunde des kapitalistischen Privateigentums schlägt. Die Expropriateurs werden expropriiert" (MARX 1962, S. 790f.).

Disziplinierung und Verelendung der Erwerbsbevölkerung sowie Instabilität des wirtschaftlichen und politischen Systems werden auch heute noch als gesamtwirtschaftliche und gesamtgesellschaftliche Folgen der Arbeitslosigkeit genannt. Das bitterste Beispiel der gesamtgesellschaftlichen Instabilität bietet die Machtübernahme Hitlers und der Nationalsozialistischen Deutschen Arbeiterpartei im Deutschen Reich, die ohne die damals herrschende extreme Arbeitslosigkeit und ohne den Mangel an sozialer Absicherung gegen deren Folgen kaum stattgefunden hätte. Dass gerade diese in der Bundesrepublik Deutschland (auch nach dem Beitritt der DDR in den neuen Bundesländern) bei vielen Arbeitslosen erreicht worden ist, hat sicher mit dazu beigetragen, gesellschaftliche Instabilität dieses Ausmaßes nicht entstehen zu lassen.

30.2.2 Der Verlust an möglichem Bruttoinlandsprodukt

Zu den gesamtwirtschaftlichen Folgen der Arbeitslosigkeit gehört auch der Verlust an möglichem Bruttoinlandsprodukt und möglichem Wohlstand. Wie groß dieser Verlust ist, lässt sich jedoch in der Regel sehr schwer berechnen; denn dazu müsste man die Ursachen der Arbeitslosigkeit kennen:

1. Wenn die gesamte herrschende Arbeitslosigkeit friktionell wäre und zudem noch ihr mögliches Minimum erreicht hätte, verursachte sie gar keine gesamtwirtschaftlichen Wohlstandsverluste; die Arbeitslosigkeit, individuell von kurzer Dauer, wäre der unvermeidliche Preis für das Funktionieren der (optimalen) Verkehrswirtschaft.
2. Wenn die gesamte herrschende Arbeitslosigkeit saisonal oder konjunkturell wäre und wenn infolge der saisonalen oder konjunkturellen Schwankungen der Wirtschaftstätigkeit auch der benötigte sachliche Produktionsapparat unbeschäftigt zur Verfügung stände, würden durch die Arbeitslosigkeit Wohlstandsverluste verursacht, die der Differenz zwischen dem Sozialprodukt bei Vollbeschäftigung und dem Sozialprodukt bei der herrschenden Wirtschaftslage entsprächen.
3. Wenn für die Arbeitslosen keine unbesetzten Arbeitsplätze zur Verfügung ständen müssten zur Erreichung der Vollbeschäftigung Investitionen getätigt werden, die je nachdem, woher die Investitionsgüter stammen, ihrerseits Einfluss auf Sozialprodukt und Wohlstand haben. Dieses müsste man berücksichtigten, um die Nettowohlfahrtsverluste durch Arbeitslosigkeit zu berechnen.
4. Wenn die gesamte herrschende Arbeitslosigkeit strukturell in dem Sinne wäre, dass die Arbeitslosen die Kriterien der Nachfrager nicht erfüllen, könnte der Nettowohlstandsverlust nur dann abgeschätzt werden, wenn man die Kosten berechnen könnte, die durch die Anpassung des Angebots an die Nachfrage oder der Nachfrage an das Angebot oder beider aneinander entständen, sofern eine solche Anpassung überhaupt möglich wäre. Dabei wäre zu berücksichtigen, dass die Anpassungen Investitionscharakter haben können, die das Sozialprodukt erhöhen.

Da es nach dem heutigen Stand der Wissenschaft nicht möglich ist, die Ursachen der Arbeitslosigkeit zu isolieren und anzugeben, welche Arbeitslosen aus welchen Gründen arbeitslos sind, lassen sich die gesamtwirtschaftlichen Wohlstandsverluste durch Arbeitslosigkeit leider nicht abschätzen.

30.2.3 Die fiskalischen Kosten der Arbeitslosigkeit

So schwer sich der Verlust an Bruttoinlandsprodukt, der durch Arbeitslosigkeit verursacht wird, abschätzen lässt, so leicht kann man einen Teil der Kosten, der den Haushalten der öffentlichen Hand entsteht, berechnen: die Zahlungen, die diese Haushalte an Arbeitslose leisten. Darstellung 30/1 gibt diese Zahlungen für das Jahr 1996 an. Hinzugefügt worden sind diesen Zahlungen die geschätzten Minderungen von Steuereinnahmen und von Sozialbeiträgen (an die Renten-, Kranken-, Pflege- und Arbeitslosenversicherungen). Die Berechnungen beruhen natürlich auf einer Schätzung des durch Arbeitslosigkeit verlorenen Inlandproduktes, sind also nicht übermäßig vertrauenswürdig. Aber die direkten Zahlungen machen im Jahre 1996 immerhin 56,3 % der in der Tabelle für Gesamtdeutschland nachgewiesenen Kosten aus; das sind 89,5 Milliarden DM. 72 % davon entfallen auf Westdeutschland, 28 % auf Ostdeutschland, die höhere Arbeitslosigkeit in diesem Landesteil macht sich also auch in den proportional zur Bevölkerung höheren Zahlungen bemerkbar.

Darstellung 30/1[a]: Die gesamtfiskalischen Kosten der Arbeitslosigkeit in Deutschland nach Landesteil und Kostenarten (in %) im Jahre 1996

Kostenart	Landesteil		Gesamt
	West	Ost	
Arbeitslosengeld u. -hilfe	28,2	33,7	29,6
Rentenversicherung der Arbeitslosen	11,6	13,5	12,1
Krankenversicherung der Arbeitslosen	8,0	9,3	8,3
Pflegeversicherung der Arbeitslosen	0,8	0,9	0,8
Zwischensumme	48,5	57,4	50,8
Sozialleistungen	6,4	2,7	5,5
Minderung von Steuern	21,6	20,4	21,3
Minderung von Sozialbeiträgen	23,5	19,5	22,4
Basis in Milliarden DM	118,0	40,9	158,9
Durchschnitt pro Arbeitslosen DM	42.204	34.985	40.076

(a) Quelle: IAB 1997, S. 168f.

Das Bruttoinlandsprodukt betrug 1996 in Deutschland 3.065 Mrd. DM, die gesamtfiskalischen Kosten der Arbeitslosigkeit also etwa 5 % dieses Betrages, wenn man die Einnahmenminderung als zuverlässig berechnet annehmen will, aber immer noch 3 %, wenn man nur die Zahlungen berücksichtigt. Natürlich ist der Gedanke verführerisch, diese enormen Beträge nicht zur Minderung der Folgen der Arbeitslosigkeit einzusetzen, sondern zu deren Bekämpfung, so dass sie wieder verschwindet und mit ihr die fiskalischen Kosten.

Im Vorgriff auf Teil VI: „Arbeitsmarktpolitik" dieses Buches stellen wir hier einige Thesen zu diesem Problem auf:

Diese Mittel eignen sich, wenn überhaupt, nur zur aktiven Arbeitsmarktpolitik, nicht zu einer nachfrageorientierten Konjunkturpolitik, weil deren Einfluss auf die Beschäftigung nicht übermäßig stark ist.

Nur die direkten Zahlungen an Arbeitslose eignen sich für die Umwidmung zur aktiven Arbeitsmarktpolitik, weil die Aufhebung der Einnahmenminderung mit Zeitverzögerung einsetzen wird.

Es besteht die Gefahr, dass die aktive Arbeitsmarktpolitik, wenn sie, was zu befürchten ist, vor allem in Lohnsubventionen besteht, zu einer Verfestigung dieser Subventionen führen und damit die Arbeitslosigkeit nicht an ihrer Wurzel bekämpfen wird.

Eines jedoch machen die fiskalischen Kosten der Arbeitslosigkeit sehr deutlich: Sie ist ein Übel, das bekämpft werden muss.

Literaturhinweise:
BASTIANEN/BUTTER, DEN /OURS, VAN 1993; C. BRINKMANN 1984; GAFFIKIN/MORRISSEY 1992; JENKINS/MONTMARQUETTE 1979; KLEMS/SCHMID 1990; SCHAPIRO/AHLBURG 1982; SCHREYER 1991; STARRIN/SVENSSON/WINTERSBERGER 1989; WINEFIELD 1993; ZILIAN/FLECK 1990.

30.2.4 Arbeitslosigkeit und Lohnniveau

Die Lohnkurve (der Begriff wurde von BLANCHFLOWER/OSWALD 1990 eingeführt) behauptet, dass die Arbeitslosigkeit die individuelle Lohnhöhe drückt, der Art, wie Darstellung 30/2 es skizziert.

Darstellung 30/2: Idealisierte Lohnkurve

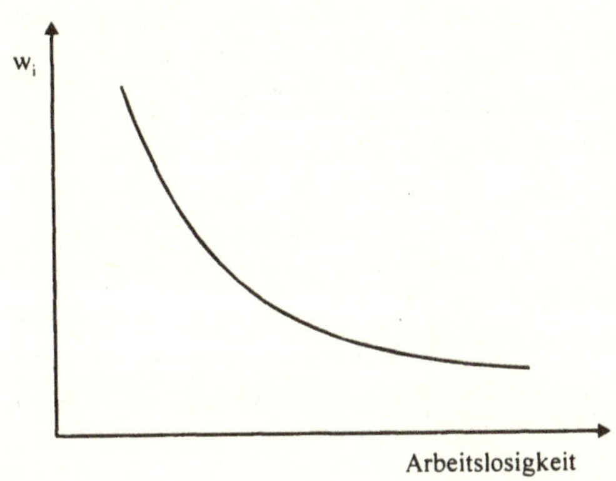

w_i: Lohnsatz der Person i

Auf den ersten Blick scheint die Lohnkurve mit der ursprüngliche Phillips-Kurve (s. Abschnitt 29.1) identisch zu sein, die Unterschiede sind jedoch beträchtlich: Die Phillips-Kurve ist vom Ansatz her makroökonomisch, die Lohnkurve mikroökonomisch, jene benutzt *durchschnittliche* Lohnzuwächse, diese *individuelle Löhne*; jene benutzt Arbeitslosigkeitsdaten einer *ganzen Volkswirtschaft*, diese *regionale* Arbeitslosigkeitsdaten, weil nur solche auf den individuellen Lohn wirken können; jene besitzt keine eigentliche Lohnfunktion, während diese eine solche aus der Bildungsökonomik (s. Kapitel 13) übernommen und sie um die Berücksichtigung der Arbeitslosigkeit erweitert hat:

(30-1) $w_{irt} = w_{irt}(AL_{rt}, X_{irt}, R_r, t)$,

w	:	Lohnsatz,
AL	:	Arbeitslosigkeit,
X	:	Vektor von Variablen persönlicher Eigenschaften, wie Ausbildung, Beruf, Alter, Geschlecht,
R	:	Variable für Eigenschaften der Region,
i	:	Index der Personen,
r	:	Index der Regionen,
t	:	Index der Zeit.

BLANCHFLOWER/OSWALD 1994 behaupten, über alle Länder und Zeiten hinweg sei die Elastizität des Lohnsatzes in Bezug auf die Arbeitslosigkeit

(30-2) $$\frac{\partial w_{irt}}{\partial AL_{rt}} \cdot \frac{AL_{rt}}{w_{irt}} = -0{,}1,$$

also: Steige die Arbeitslosigkeit in einer Region um 10 %, sinke der Lohnsatz jeder Person um 1 %. Sie nehmen an, dies sei ein allgemeines empirisches Gesetz der Wirtschaft. Für Deutschland haben sich jedoch, wenn überhaupt, erheblich schwächere Zusammenhänge ergeben (s. MITTEILUNGEN AUS DER ARBEITSMARKT- UND BERUFSFORSCHUNG 29 [1996], Heft 3, Themenschwerpunkt „Die Lohnkurve in der Bundesrepublik Deutschland").

Im Grunde kann dieses nicht überraschen, weil die Umsetzung des Konzeptes in empirische Forschung erhebliche Schwierigkeiten bereitet:

- Wie sind die regionalen Arbeitsmärkte voneinander abzugrenzen? Müssten nicht für verschiedene Berufsgruppen verschiedene Grenzen ihrer regionalen Märkte angenommen werden?
- Müsste nicht neben der regionalen Arbeitslosigkeit, die alle Arbeitskräfte umfasst, eine berufs-, geschlechts-, alters- und ausbildungsspezifische berücksichtigt werden, weil diese vielleicht stärker oder mindestens genau so stark wie die allgemeine Arbeitslosigkeit den Lohnsatz drückt?

Die Untersuchungen gehen bisher auf solche Fragen nicht ein.

Literaturhinweise:

BLANCHFLOWER/OSWALD 1990 UND 1994; CARD 1995; MITTEILUNGEN AUS DER ARBEITSMARKT- UND BERUFSFORSCHUNG 29 (1996), Heft 3.

Teil VI: Arbeitsmarktpolitik

Lehrziele

Seitdem der Staat überhaupt Wirtschaftspolitik betreibt, hat er seine Politikmaßnahmen auch auf den Arbeitsmarkt gerichtet. Der Leser soll lernen,

- welche arbeitsmarktpolitischen Ziele der Staat in Deutschland nach einschlägigen Gesetzestexten hat;
- welche Mittel (ordnungspolitische und ablaufpolitische) ihm zur Verfolgung jener Ziele zur Verfügung stehen;
- die Wirksamkeit der Mittel zu beurteilen.

Zu diesem Zweck werden exemplarisch einige Mittel näher analysiert.

31 Die Ziele der Arbeitsmarktpolitik

Arbeitsmarktpolitik $=_{def}$ die Maßnahmen von Hoheitsträgern, die den Arbeitsmarkt betreffen.

Hoheitsträger in der Bundesrepublik Deutschland sind der Bund, die Länder und, eingeschränkt, die Gemeinden mit ihren jeweiligen Einrichtungen, z. B. der Bundesanstalt für Arbeit. Ihnen übergeordnet ist die Europäische Union, die ebenfalls hoheitliche Maßnahmen in Bezug auf den deutschen Arbeitsmarkt treffen kann; sie wird in diesem Buch jedoch nicht weiter erwähnt.

Die Ziele der Arbeitsmarktpolitik in der Bundesrepublik Deutschland sind in diversen Gesetzen formuliert; sie lassen sich als Gleichgewichtsziele interpretieren. Das „Gesetz zur Förderung der Stabilität und des Wachstums der Wirtschaft", das Grundgesetz der Wirtschaftspolitik in der Bundesrepublik, benutzt jenes Wort explizit:

> „Bund und Länder haben bei ihren wirtschafts- und finanzpolitischen Maßnahmen die Erfordernisse des gesamtwirtschaftlichen Gleichgewichts zu beachten" (§ 1).

Der folgende Satz kann als eine nähere Bestimmung des Gleichgewichts interpretiert werden:

> „Die Maßnahmen sind so zu treffen, dass sie im Rahmen der marktwirtschaftlichen Ordnung gleichzeitig zur Stabilität des Preisniveaus, zu einem hohen Beschäftigungsstand und außenwirtschaftlichem Gleichgewicht bei stetigem und angemessenem Wirtschaftswachstum beitragen" (§ 1).

Der Text deklariert also, dass das gesamtwirtschaftliche Gleichgewicht aus mindestens vier gleichgeordneten Zielen besteht: aus

- Stabilität des Preisniveaus,
- hohem Beschäftigungsstand,
- außenwirtschaftlichem Gleichgewicht,
- stetigem und angemessenem Wirtschaftswachstum.

Dass Wirtschaftswachstum ein eigenes Teilziel, nicht nur eine Bedingung des Gleichgewichts sei, wie die Gesetzesformulierung es nahelegen könnte, diese Meinung hat sich inzwischen allgemein durchgesetzt. Das Ziel „hoher Beschäftigungsstand" ist den anderen nicht vorgeordnet, sondern steht mit ihnen auf der gleichen Stufe. Als ausschließliche Bedingung, unter der diese Ziele realisiert werden dürfen, gibt das Gesetz die marktwirtschaftliche Ordnung an.

Weder dieser Begriff noch die vier Teilziele sind im Gesetz operationalisiert: Es ist nicht angegeben, mit welchen Methoden die Wirtschaftspolitiker das Preisniveau, den Beschäftigungsstand, das Wirtschaftswachstum, das außenwirtschaftliche Gleichgewicht, das Vorhandensein einer marktwirtschaftlichen Ordnung messen sollen. Es ist nicht angegeben, bei welchem Wert der jeweiligen (im Gesetz nicht definierten) Messskala das Preisniveau stabil; der Beschäftigungsstand hoch; das außenwirtschaftliche Gleichgewicht erreicht; das Wirtschaftswachstum stetig und angemessen; die marktwirtschaftliche Ordnung vorhanden ist. Die fehlenden Gesetzesbestimmungen müssen deshalb im Wege der Interpretation nachgeschoben werden;

solche Interpretationen sind bisher von der Bundesregierung, vom Sachverständigenrat zur Begutachtung der gesamtwirtschaftlichen Entwicklung, von sonstigen Wissenschaftlern, von Journalisten geliefert worden (s. dazu MACKSCHEIDT/STEINHAUSEN 1978, S. 119 ff.; STERN/MÜNCH/HANSMEYER 1972, zu § 1). Die Zieldefinition des Gesetzes wird dadurch beliebig, wodurch allerdings verhindert wird, dass Bund und Länder auf vielleicht unrealisierbare Werte unzweckmäßig gemessener Ziele verpflichtet werden.

Wir demonstrieren dies an dem Ziel „hoher Beschäftigungsstand": Die Bundesregierung misst den Beschäftigungsstand durch die gesamtwirtschaftliche jahresdurchschnittliche Arbeitslosenquote. Dies ist unbefriedigend, weil die amtliche Operationalisierung der Arbeitslosigkeit ungültig ist und weil die Quote den Tatbestand nur höchst unvollkommen abbildet (s. Kap. 24). Als nicht zu überschreitenden Wert der jahresdurchschnittlichen Arbeitslosenquote hat die Bundesregierung vor dem Beschäftigungseinbruch Mitte der 70er Jahre, verwöhnt durch die Ergebnisse der vorhergehenden 15 Jahre, 0,8 % angenommen, hat aber seitdem die Zielvorgaben der tatsächlichen Entwicklung angepasst. Wenn das Stabilitätsgesetz unglücklicherweise den „hohen Beschäftigungsstand" durch einen bestimmten Wert der jahresdurchschnittlichen Arbeitslosenquote operationalisiert hätte, wäre der Bundesregierung kaum etwas anderes übrig geblieben, als das Gesetz zu brechen.

Das Arbeitsförderungsgesetz (AFG) von 1969, zuletzt geändert 1997, fügt im ersten Paragraphen dem Ziel des hohen Beschäftigungsstandes als weiteres Ziel die ständige Verbesserung der Beschäftigungsstruktur hinzu. Den zweiten Paragraphen dieses Gesetzes kann man als den Versuch verstehen, beide Ziele zu konkretisieren:

„§ 2 [Ziele des AFG im Besonderen] Die Maßnahmen nach diesem Gesetz haben insbesondere dazu beizutragen, dass

1. weder Arbeitslosigkeit und unterwertige Beschäftigung noch ein Mangel an Arbeitskräften eintreten oder fortdauern,
2. die berufliche Beweglichkeit der Erwerbstätigen gesichert und verbessert wird,
3. nachteilige Folgen, die sich für die Erwerbstätigen aus der technischen Entwicklung oder aus wirtschaftlichen Strukturwandlungen ergeben können, vermieden, ausgeglichen oder beseitigt werden,
4. die berufliche Eingliederung körperlich, geistig oder seelisch Behinderter gefördert wird,
5. der geschlechtsspezifische Ausbildungs- und Arbeitsmarkt überwunden wird und Frauen, deren Unterbringung unter den üblichen Bedingungen des Arbeitsmarktes erschwert ist, beruflich eingegliedert und gefördert werden; Frauen sollen entsprechend ihrem Anteil an den Arbeitslosen gefördert werden,
6. ältere und andere Erwerbstätige, deren Unterbringung unter den üblichen Bedingungen des Arbeitsmarktes erschwert ist, beruflich eingegliedert werden,
7. die Struktur der Beschäftigung nach Gebieten und Wirtschaftszweigen verbessert wird,
8. illegale Beschäftigung bekämpft und damit die Ordnung auf dem Arbeitsmarkt aufrechterhalten wird."

Der Zielkatalog des zweiten Paragraphen weist einige konkrete, leicht zu operationalisierende, und eine größere Menge unoperationalisierter Definitionen auf. Relativ leicht zu operationalisieren sein dürften die Ziffern 6 und 8: Es wird sich darum handeln, den beschriebenen Personenkreisen (Behinderten und älteren Erwerbstätigen) überhaupt einen Arbeitsplatz zu beschaffen und, wenn sie einen besitzen, sie vor Entlassung zu bewahren, den illegal Beschäftigten dagegen den Arbeitsplatz zu nehmen und zu verhindern, dass illegale Beschäftigung entsteht. In Bezug auf Behinderte und auf Ältere ist dies durch gesetzliche Bestimmungen (Schwerbehindertengesetz; Arbeitsbeschaffungsmaßnahmen für ältere Arbeitnehmer nach den §§ 97 bis 99 AFG) geschehen, illegale Beschäftigung wird durch das Verbot der Beschäftigung aus medizinischen Gründen, an Sonn- und Feiertagen, für Frauen und Jugendliche unter bestimmten Bedingungen, für Kinder allgemein definiert; ebenso ist Schwarzarbeit verboten.

Durch das Gesetz selber sind dagegen die folgenden Begriffe nicht operationalisiert, und auch in anderen Quellen kann man allgemein akzeptierte Operationalisierungen nicht finden:

- unterwertige Beschäftigung (Ziffer 1): was „unterwertige" Beschäftigung ist, lässt sich, von Extremfällen abgesehen, bisher nicht objektiv, zuverlässig und gültig sagen;
- berufliche Beweglichkeit von Erwerbstätigen (Ziffer 2);
- nachteilige Folgen der technischen Entwicklung oder wirtschaftlicher Strukturwandlungen (Ziffer 3): durch solche Entwicklungen werden die Erwerbstätigen häufig zur Flexibilität gezwungen, die nach Ziffer (2) doch gesichert und verbessert werden soll;
- Verbesserung der Struktur der Beschäftigung nach Gebieten und Wirtschaftszweigen (Ziffer 7): der „Beschäftigungsstruktur" im ersten Paragraphen wird im zweiten also der regionale und der Branchenaspekt hinzugefügt; was aber eine „Verbesserung der Struktur" ist, bleibt weiterhin im Dunkeln.

Dass Ziffer 1 schließlich fordert, Arbeitslosigkeit und Mangel an Arbeitskräften, Ziffer 5, den geschlechtsspezifischen Ausbildungsstellen- und Arbeitsmarkt völlig abzuschaffen, mutet wie die Forderung des Unmöglichen an. Es wäre zu prüfen, ob solche Gesetzesformulierungen, in der Presse häufig „Gesetzeslyrik" genannt, wodurch allerdings die ernstzunehmende literarische Gattung „Lyrik" diffamiert wird, langfristig nicht das Vertrauen in die Rechtsordnung untergraben. Denn sie enthalten keine Anweisungen zu Handlungen oder Unterlassungen und können deshalb nicht befolgt werden; die Adressaten der Gesetze können nicht mehr wissen, an welche Texte sie sich zu halten haben und an welche nicht.

Wir schließen diesen Abschnitt mit einer Zusammenfassung der Definitionen, die deutsche Gesetze für die Ziele der Beschäftigungspolitik anzubieten haben: Das Ziel ist die Vollbeschäftigung; diese besteht darin, „dass mögliche Arbeitskräfte möglichst vollständig und dauerhaft in vollwertige, frei gewählte, angemessene und produktive Arbeit gelangen und/oder darin bleiben" (MERTENS/KÜHL 1977, S. 281 rechts).

Literaturhinweise:
S. die im Text zitierte Literatur, außerdem KOMMISSION DER EG 1993; MOLITOR 1988; OECD 1994.

32 Ordnungspolitik

32.1 Definitionen

Wie es in der deutschen wirtschaftswissenschaftlichen Literatur üblich ist, teilen wir die Wirtschaftspolitik nach ihren Maßnahmen ein in Ordnungspolitik und Ablaufpolitik.

Ordnungspolitik $=_{\text{def}}$ alle hoheitlichen Maßnahmen, die den Rahmen bestimmen, innerhalb dessen die Wirtschaftssubjekte - Haushalte, Unternehmen, Verbände, staatliche und parastaatliche Institutionen - ihre wirtschaftlichen Entscheidungen treffen können und treffen müssen.

Ablaufpolitik $=_{\text{def}}$ alle hoheitlichen Maßnahmen, die direkt in den Wirtschaftsablauf und damit in die Entscheidungen der Wirtschaftssubjekte eingreifen.

Die Ordnungspolitik kann nicht dauernd geändert werden, weil sie sonst keinen verlässlichen Rahmen für die Entscheidungen der Wirtschaftssubjekte schafft; sie ist also langfristig orientiert. Die Ablaufpolitik dagegen ist kurzfristig orientiert. Aber auch in der Ordnungspolitik können kurzfristige Maßnahmen vorkommen, solche nämlich, die dem einmal gesetzten Rahmen Achtung bei den Wirtschaftssubjekten verschaffen wollen, wie Polizei- und Gerichtsaktionen. Es mag manchmal schwierig sein, eine scharfe Grenze zwischen Ordnungs- und Ablaufpolitik zu ziehen, die meisten arbeitsmarktpolitischen Maßnahmen lassen sich jedoch eindeutig einem der beiden Begriffe zuordnen.

Am schwersten ist die Grenze zwischen Ordnungs- und Ablaufpolitik beim Abgaben- und Transferwesen zu ziehen. Einerseits bilden die betreffenden Gesetze einen Rahmen für die Entscheidungen aller Wirtschaftssubjekte, andererseits stellen sie ganz überwiegend nicht *Verbote* dar, wie es die meisten Rahmenbedingungen tun, sondern *Gebote*, sowohl an den Staat als auch an die Privaten. Die einzelnen Abgaben- und Transfersätze (nicht die Struktur der betreffenden Gesetze) können außerdem leicht geändert werden. Ich habe mich entschlossen, das Abgaben- und Transferwesen unter die Ordnungspolitik zu subsumieren, die negative Einkommensteuer wird deshalb in diesem Kapitel (Abschnitt 32.6) besprochen.

Der Rahmen für die wirtschaftlichen Entscheidungen kann so beschaffen sein, dass er die Handlungen der Wirtschaftssubjekte sehr stark behindert und so ein Hemmnis für die Erlangung von Wohlstand bildet. Ordnungspolitische Versuche, diese Hemmnisse zu beseitigen, werden häufig „Angebotspolitik“ genannt, weil sie vor allem (aber nicht ausschließlich) die Rahmenbedingungen für Unternehmen zu verbessern trachten, so dass diese primär ihr Angebot ausdehnen können. Ablaufpolitische Maßnahmen dagegen betreffen häufig die Nachfrage der Konsumenten und des Staates nach produzierten Gütern; insofern werden sie „Nachfragepolitik“ genannt (s. zu diesen Begriffen auch Abschnitt 26.2).

32.2 Überblick über die Ordnungspolitik in Bezug auf den Arbeitsmarkt in der Bundesrepublik Deutschland

Ordnungspolitik in Bezug auf den Arbeitsmarkt konkretisiert sich in Gesetzen. In der Bundesrepublik Deutschland besteht ein außerordentlich komplexes Rechtssystem, das sich auf Arbeitsverhältnisse bezieht, das Arbeitsrecht (s. auch Kapitel 8). Es ist nicht systematisch in einem eigenen Buch (entsprechend dem Bürgerlichen Gesetzbuch, dem Handelsgesetzbuch, dem Strafgesetzbuch, dem Sozialgesetzbuch) zusammengefasst, sondern besteht aus vielen nicht systematisch miteinander verbundenen Gesetzen (s. SCHMID/TRENK-HINTERBERGER 1994). Sie werden allerdings in einem Loseblattwerk gesammelt (NIPPERDEY I und II). Außer durch Gesetze wird das Arbeitsrecht in Deutschland in ganz erheblichem Maße, stärker als andere Rechtsgebiete, durch Gerichtsentscheidungen geprägt: Die Gerichte, insbesondere die höchsten, das Bundesarbeitsgericht und das Bundesverfassungsgericht, schaffen Recht, vor allem auf dem Gebiet des Arbeitskampfes, weil der Gesetzgeber es nicht wagt, Gesetze zu erlassen.

In Hinsicht auf die Ziele der Arbeitsmarktpolitik halte ich es für das Angemessenste, die gesetzlichen Regelungen nach den Teilen I bis VI dieses Buches zu ordnen (s. Darstellung 32/1). Außerdem wird als Eingriffsfeld die Organisation der Betriebe und Unternehmen hinzugefügt. Da ein Gesetz mehrere dieser Gebiete betreffen kann, kann es auch mehrmals auftauchen. Selbstverständlich bietet die Tabelle nur einen Teil der bestehenden Gesetze.

Auch der nur auszugsweise Überblick über den ordnungspolitischen Rahmen, innerhalb dessen die Teilnehmer des Arbeitsmarktes der Bundesrepublik ihre Entscheidungen treffen müssen, zeigt eine außerordentliche Regelungsdichte. Sie macht das Argument vieler Kritiker verständlich, dass diese Dichte und der Inhalt vieler Bestimmungen, vor allem der Kündigungsschutzgesetze, des Sozialplangesetzes und des Entgeltfortzahlungsgesetzes, Arbeitslosigkeit erzeugen und damit dem Hauptziel der Arbeitsmarktpolitik - der Vollbeschäftigung - entgegenwirken. Dieser Vorwurf wird auch gegen die Regelung der Lohnhöhe erhoben. Wir werden in den folgenden Abschnitten 32.3 bis 32.5 drei dieser Vorwürfe prüfen.

Die Ordnungspolitik erstreckt sich selbstverständlich nicht nur auf den Arbeitsmarkt, sondern auf die gesamte Wirtschaft, beeinflusst so die Wirtschaftstätigkeit, die ihrerseits wiederum auf Arbeitsangebot, Arbeitsnachfrage und Beschäftigung wirkt. Auch der auf die gesamte Wirtschaft sich erstreckenden Ordnungspolitik wird der Vorwurf gemacht, sie sei zu dicht und zu kostenträchtig, so dass sie die wirtschaftliche Tätigkeit behindere und dadurch Arbeitslosigkeit hervorrufe. Im letzten Abschnitt dieses Kapitels (32.7) werden wir auf diesen Vorwurf eingehen.

Darstellung 32/1: Ordnungspolitische Regelungen des Arbeitsmarktes der Bundesrepublik Deutschland, gegliedert nach Eingriffsfeldern (Auszug aus der Menge der existierenden Regelungen)

Eingriffsfeld	**Regelungen**
Arbeitsmarkt	Bestimmungen des Grundgesetzes über Vereinigungen zur Wahrung und Förderung der Arbeits- und Wirtschaftsbedingungen und über Arbeitskämpfe (Art. 9 GG) Tarifvertragsgesetz Höchstrichterliche Urteile über das Arbeitskampfrecht Arbeitsgerichtsgesetz Errichtung der Arbeitsgerichtsbarkeit (Arbeitsgerichtsgesetz) Errichtung der Bundesanstalt für Arbeit (Arbeitsförderungsgesetz) Konstituierung von Teilarbeitsmärkten durch Ausbildungsvorschriften für Berufe (Beamtengesetze, Richtergesetz, Hochschulgesetze und viele andere mehr)
Arbeitsangebot	Ausbildungsvorschriften (s. unter Arbeitsmarkt) Arbeitszeitgesetz (Beschränkung des Angebotes) Mutterschutzgesetz Berufsbildungsgesetz Jugendarbeitsschutzgesetz Beschäftigungsförderungsgesetz
Arbeitsnachfrage	Dieselben Regelungen wie beim Arbeitsangebot, außerdem Schwerbehindertengesetz (u.a. Beschäftigungspflicht)
Organisation der Betriebe und Unternehmen	Mitbestimmungsgesetz Montanmitbestimmungsgesetz Betriebsverfassungsgesetz Bundespersonalvertretungsgesetz
Beschäftigung	Dieselben wie bei Angebot und Nachfrage, außerdem Urlaubsbestimmungen (u.a. Bundesurlaubsgesetz) Vorschriften über Kündigungen (u.a. Kündigungsschutzgesetz) Betriebsverfassungsgesetz (Mitwirkung des Betriebsrats) Technische Arbeitsschutzbestimmungen Mindestarbeitsbedingungen
Entlohnung	Unternehmeranteil an der Sozialversicherung Entgeltfortzahlungsgesetz Urlaubsbestimmungen Konkursordnung Vergleichsordnung Gesetz über die Zwangsversteigerung und die Zwangsverwaltung Gesetz über den Sozialplan im Konkurs- und Vergleichsverfahren Tarifvertragsgesetz Mindestlohn (Mindestarbeitsbedingungen)
Arbeitslosigkeit	Arbeitsförderungsgesetz (AFG) Leistungen bei Arbeitslosigkeit und bei Zahlungsunfähigkeit des Arbeitgebers (§§ 100 bis 141n AFG)
Arbeitsmarktpolitik	Gesetz zur Förderung der Stabilität und des Wachstums der Wirtschaft Arbeitsförderungsgesetz

32.3 Übergewicht einer Partei in den Tarifverhandlungen und im Arbeitskampf?

Eine der wichtigsten ordnungspolitischen Regelungen in der Bundesrepublik Deutschland in Bezug auf den Arbeitsmarkt ist die Tarifhoheit der Gewerkschaften und Arbeitgeber (s. dazu Kapitel 7), darin impliziert das Verbot des Grundgesetzes an den Staat, in Arbeitskämpfe einzugreifen (Art. 9 Abs. 3). Die Tarifhoheit der beiden Parteien wird nur dann zu einem für die Gesamtwirtschaft akzeptablen Ergebnis führen, wenn keine Seite der anderen den Inhalt des Vertrages diktieren kann (diese Bedingung ist bei Tarifhoheit notwendig, aber nicht hinreichend, da beide Parteien sich ja auch zu Ungunsten der Gesamtheit einigen können). Die Tarifhoheit ist vom Gesetzgeber den Arbeitsmarktparteien gewährt worden, um die natürliche Schwäche des einzelnen Arbeitnehmers seinem aktuellen oder allen potenziellen Arbeitgebern gegenüber auszugleichen. Die Einrichtung der Tarifhoheit nach dem Ende des ersten Weltkrieges in der Weimarer Republik gab beiden Parteien auch Mittel des Arbeitskampfes: den Gewerkschaften den Streik, den Arbeitgebern die Aussperrung. Nach dem zweiten Weltkrieg hat die Verfassung des Landes Hessen den Streik erlaubt, die Aussperrung verboten (Artikel 29), das Grundgesetz enthält über dieses Problem keine expliziten Bestimmungen. Die Gewerkschaften haben vehement die Rechtmäßigkeit der Aussperrung bestritten. Es wäre Aufgabe des Gesetzgebers gewesen, hierüber eine ordnungspolitische Entscheidung zu treffen; er hat es nicht getan. Statt seiner haben die obersten Gerichte die Aussperrung unter gewissen Bedingungen für zulässig erklärt (s. Abschnitt 7.3), wodurch zweifellos ein Ungleichgewicht zwischen den beiden Parteien vermieden wurde.

Veranlasst durch Schwerpunktstreiks der IG-Metall (s. Abschnitt 7.2), die auch nicht unmittelbar bestreikte Betriebe der Automobilindustrie lahmlegten, für welche dann - nach gerichtlichen Auseinandersetzungen - Kurzarbeitergeld gezahlt werden musste, hat der Bundesgesetzgeber durch eine Novellierung von § 116 des Arbeitsförderungsgesetzes verfügt, dass durch die Gewährung von Arbeitslosengeld Arbeitskämpfe nicht beeinflusst werden dürfen. Konkret: Auch mittelbar vom Arbeitskampf Betroffene, wenn sie vom Arbeitskampf profitieren, erhalten kein Arbeitslosengeld. Auch mit dieser Vorschrift soll das Gleichgewicht der Arbeitsmarktparteien gesichert werden. Die IG-Metall und einige sozialdemokratische Länderregierungen haben gegen diese Bestimmungen Verfassungsklage erhoben; im Juli 1995 hat das Bundesverfassungsgericht die Klage zurückgewiesen.

Die Rechtsprechung der obersten Gerichte ist von dem Bestreben geprägt, die beiden Parteien des Tarifvertrages gleich stark zu machen, keiner ein Übergewicht über die andere zu verschaffen. Ich bin der Auffassung, dass dies gelungen ist, aber man kann selbstverständlich auch anderer Meinung sein. Durch die gleiche Stärke der beiden Parteien ist leider nicht garantiert, dass sie sich nicht auf Kosten anderer, letztlich der Allgemeinheit einigen. Dies mag erklären, warum die Arbeitgeberverbände, obwohl sie ja nicht machtlos sind, so häufig Forderungen der Gewerkschaften nachgegeben haben, die sie für beschäftigungsschädigend hielten, z. B. der Forderung nach Arbeitszeitverkürzung bei vollem Lohnausgleich (d.h. bei erheblicher Heraufsetzung des Lohnsatzes). Ein ordnungspolitischer Rahmen, der Einigung auf Kosten der Gesamtheit verhindert, ist bisher noch nicht entwickelt worden.

32.4 Kündigungsschutz als Ursache von Arbeitslosigkeit?

Ein Arbeitsverhältnis kann durch Kündigung beendet werden. Sie ist entweder außerordentlich oder ordentlich. Die außerordentliche Kündigung ist nicht an Fristen gebunden, bedarf aber eines Grundes; eines solchen bedarf die ordentliche Kündigung grundsätzlich nicht, ist dafür aber an Fristen gebunden. Diese Bestimmungen gelten für beide Partner eines Arbeitsvertrages, den Arbeitgeber und den Arbeitnehmer. Ausgehend von der Hypothese, dass der einzelne Arbeitnehmer in Lebensunterhalt und -gestaltung völlig von seinem Arbeitsverhältnis abhängt und dass er gegenüber dem Arbeitgeber eine schwächere Position inne hat, hat der Gesetzgeber jene Bestimmungen in vieler Hinsicht zu Gunsten des Arbeitnehmers verändert: Auch die ordentliche Kündigung eines Arbeitnehmers durch den Arbeitgeber bedarf eines Grundes. Sie ist rechtsunwirksam, wenn sie sozial ungerechtfertigt ist (§ 1 KSchG). Hierfür ist eine ausführliche Kasuistik entwickelt worden.

Für Kleinunternehmen gelten die Vorschriften nicht. In einer Gesetzesnovelle von 1996 ist die Definition von Kleinunternehmen von fünf auf zehn regelmäßig beschäftige Arbeitnehmer geändert worden (§ 23 KSchG). Der Bundesgesetzgeber hat 1998 nach den Bundestagswahlen, welche die SPD und die Grünen gewonnen haben, jene Kleinstreform wieder zurückgenommen.

Für bestimmte Personen hat der Gesetzgeber ein Kündigungsverbot erlassen oder die Kündigungsmöglichkeit stark eingeschränkt:

- für Auszubildende (§ 15 BBiG),
- für Wehrpflichtige (§§ 2, 16 ArbPlatzSchG),
- für Frauen während der Schwangerschaft und bis zum Ablauf von vier Monaten nach der Entbindung (§ 9 MuSchG),
- für Mitglieder des Betriebsrates (§§ 15, 16 KSchG).

Der Betriebsrat, wo es einen solchen gibt, muss bei allen Kündigungen gehört werden (§ 102 BetrVG). Das Kündigungsschutzgesetz sieht vor, dass ein Arbeitsverhältnis, wenn eine Kündigung unwirksam war, durch Gerichtsurteil aufgehoben werden kann und dass der Arbeitgeber eine angemessene Abfindung zu zahlen hat, die bis zu 12 Monatsverdienste betragen kann (§§ 9, 10 KSchG). In der Praxis hat das dazu geführt, dass Kündigungen von den Unternehmen häufig durch Abfindungen erkauft werden, und zwar ohne Gerichtsverhandlungen.

Angesichts dieser Schwierigkeiten, sich von Beschäftigten zu trennen, liegt die Hypothese nicht fern, dass die Unternehmen bei einem Wirtschaftsaufschwung, dessen Dauer noch nicht abzusehen ist, es so lange als möglich vermeiden, neue Mitarbeiter einzustellen, dass sie statt dessen mit den bereits Beschäftigten Überstunden vereinbaren und dass sie noch stärker Menschen durch Maschinen ersetzen, als sie es sonst tun würden. Es handelt sich um ein klassisches Beispiel dafür, dass gutgemeinte Politikmaßnahmen das Gegenteil des angestrebten Zieles erreichen.

32.5 Sozialpolitik als Aufgabe der Unternehmen?

Sozialpolitik	$=_{def}$	Hoheitliche Maßnahmen mit dem Ziel, die Lebenslage von Personen über das Maß hinaus zu verbessern, das sich durch den wirtschaftlichen Verteilungsprozess ergibt.

Staatliche Sozialpolitik ist also immer Umverteilungspolitik. Durch ordnungspolitische Entscheidungen hat der Staat in der Bundesrepublik Deutschland einen nicht unbeträchtlichen Teil seiner hoheitlichen Sozialpolitik den Unternehmen aufgebürdet; die wichtigsten sind in Darstellung 32/1 aufgeführt:

- die Verpflichtung der Unternehmen, Beiträge an die parastaatlichen Zwangsversicherungen (Renten-, Kranken-, Pflege-, Arbeitslosen-, Unfallversicherungen) zu zahlen;
- die Verpflichtung der Unternehmen, Arbeitsentgelt fortzuzahlen im Krankheitsfall, bei Feiertagen, für den Urlaub;
- das Gebot, Schwerbehinderte zu beschäftigen;
- das Verbot, schwangere Frauen zu entlassen.

Die Kosten, die den Unternehmen entstehen, haben mit der Leistung der Beschäftigten nichts zu tun (und werden deshalb unter dem Titel „Lohnnebenkosten" geführt); sie können von den Unternehmen nur in geringem Maße beeinflusst werden, weil sie sowohl dem Grunde wie der Höhe nach durch staatliche Vorschriften entstehen. Sie sind systemwidrig, denn der Lohn ist ja die Gegenleistung des Unternehmens für die Arbeitsleistung des Beschäftigten. Ganz allgemein ist anzunehmen, dass Unternehmen, wenn sie mit Geldzahlungen belastet werden, für die sie keine Gegenleistungen erhalten, den Anspruchsgrund zu vermeiden suchen, nämlich die Beschäftigung. Diese Versuche dürften sie immer mehr intensivieren, je höher die Lohnnebenkosten sind. Diese betragen in der Bundesrepublik inzwischen etwa 80 % des direkten (leistungsbezogenen) Lohnes; man darf annehmen, dass sie die Beschäftigung vermindern.

Natürlich erhebt sich die Frage, in welchem Umfang der Staat Sozialpolitik betreiben und wie er sie finanzieren sollte, wenn die Unternehmen von der systemwidrigen Sozialpolitik befreit würden. Diese Frage gehört nicht zum Gegenstand diese Buches, dennoch einige wenige Hinweise: Die bisherige Versicherungspflicht müsste beibehalten werden, aber es böte viele Vorteile, die gegenwärtige staatliche Zwangsversicherung durch einen Versicherungszwang bei konkurrierenden Unternehmen abzulösen, die durch ihre Leistungen um die Versicherten werben. Ein Teil der bisherigen Lohnnebenkosten müsste den Bruttolöhnen zugeschlagen werden; aber gegenüber der bisherigen Regelung hätte das den Vorteil, dass diese Erhöhung an die Leistung der Beschäftigten gekoppelt werden könnte.

32.6 Die negative Einkommensteuer

Die Erwerbspersonen ohne Berufsabschluss bilden in Deutschland unter allen Arbeitslosen die Gruppe mit den größten Problemen: Sie haben die höchsten spezifischen Arbeitslosenquoten, sie stellen mehr als die Hälfte aller Arbeitslosen und auch der Langfristarbeitslosen (s. Kapitel 25). Eine der Ursachen mag darin bestehen, dass die von ihnen geforderten Löhne - die individuellen und die durch Tarifverträge vereinbarten - höher sind als diejenigen, welche die Unternehmen für die einfachen Arbeiten zu zahlen bereit sind, die jene Arbeitskräfte ausführen können. Aber diese Löhne müssen gefordert werden, wenn sie das einzige Einkommen der Arbeitenden bilden: Sie stellen das soziale Existenzminimum dar. Aus diesem Dilemma könnte die negative Einkommensteuer herausführen. Sie ist zwar als eine radikale Reform der Sozialhilfe entworfen worden, intendiert also ein größeres Anwendungsfeld als den Arbeitsmarkt, kann aber auf diesen beschränkt werden. Die Grundidee ist die folgende (s. Darstellung 32/2): Im Steuerrecht wird ein steuerfreies Einkommen y_{min} festgelegt, das aus allen Quellen fließen kann (Arbeit, Vermögen und weiteren) außer staatlichen Transfers. Unterschreitet ein Berechtigter dieses Einkommen, erhält er, in Abhängigkeit von seinem Einkommen y, eine negative Einkommensteuer (S), die alle anderen staatlichen Sozialleistungen ersetzt; ihr Maximalwert wird auf S_{max} bei $y = 0$ festgesetzt.

Darstellung 32/2: Negative und positive Einkommensteuer

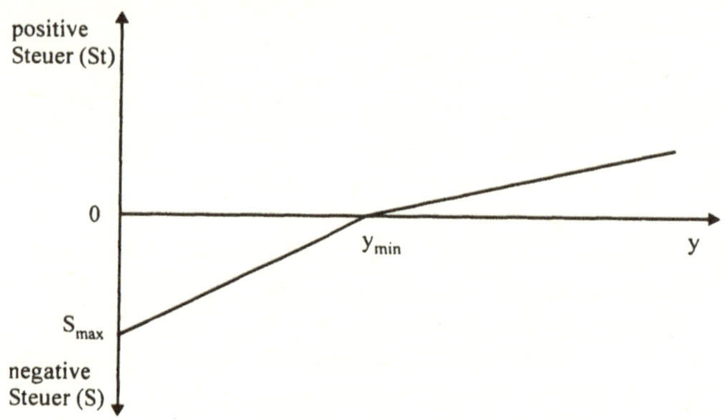

Wenn man, wie in Darstellung 32/2, im einfachsten Fall einen proportionalen Tarif s für die negative Einkommensteuer vorsieht, beträgt dieser

(32-1) $$s = \frac{S_{max}}{y_{min}},$$

die negative Einkommensteuer wird dann berechnet mit

(32-2) $$S = s\,(y_{min} - y), \quad = S_{max} - sy,$$

worin impliziert ist:

(32-3) $$S \begin{Bmatrix} > 0 \\ = 0 \end{Bmatrix} \text{ bei } y \begin{cases} < y_{min} \\ \geq y_{min} \end{cases},$$

S : negative Einkommensteuer,
y : Einkommen aus allen Quellen außer staatlichen Transfers,
y_{min} : steuerfreies Einkommen,
s : proportionaler Tarif.

Ab dem Wert y_{min} könnte entweder der Steuertarif s weiter verwendet werden, oder es könnte irgendein anderer einsetzen. In Darstellung 32/2 ist ein niedrigerer, aber ebenfalls proportionaler Tarif benutzt worden.

Für den Sozialpolitiker hat die negative Einkommensteuer den Reiz, dass sie die Sozialleistungen radikal vereinfacht und den Sozialhilfeempfänger aus der Bevormundung des Sozialamtes befreit; für den Arbeitsmarktpolitiker ist sie vor allem deshalb attraktiv, weil die negative Einkommensteuer, da sie bei einem Arbeitseinkommen nicht schlagartig wegfällt, sondern das Gesamteinkommen erhöht, Anreize zur Arbeitsaufnahme auch bei einem Lohn unterhalb des Existenzminimums bietet; Voraussetzung ist natürlich, dass S_{max} kleiner ist als y_{min}, also der proportionale Tarif s kleiner als eins (s. Darstellung 32/3).

Darstellung 32/3: Einkommen (y), negative Steuer (S) sowie Gesamteinkommen (y+S) bei bestimmten Parametern[a] der Formel (32-2)

y	0	100	200	300	1.900	2.000
S	1.000	950	900	830	50	0
y + S	1.000	1.050	1.100	1.150	1.950	2.000

(a) S_{max} = 1.000; y_{min} = 2.000; s = 0,5.

In Deutschland ist im Herbst 1998 von verschiedenen politischen Parteien die negative Einkommensteuer unter dem Namen „Kombilohn" für den Arbeitsmarkt vorgeschlagen worden. Als Vorteil wurden

- der Anreiz zur Arbeit;
- die Möglichkeit für die Unternehmen, einen leistungsgerechten Lohn zu zahlen,
- die Reduzierung der Kosten der Arbeitslosigkeit;

als Nachteil wurden

- die Gefahr, dass die Unternehmen wegen der negativen Einkommensteuer den Lohn unter die sich sonst einstellende Höhe drücken;
- die Gewöhnung der Arbeitsanbieter an staatliche Subventionen

genannt. Eine Entscheidung der Politiker, den Kombilohn einzuführen, ist nicht in Sicht, von einer umfassenden negativen Einkommensteuer ganz zu schweigen. Ich meine, dass angesichts der gravierenden Probleme der unqualifizierten Arbeitslosen die negative Einkommensteuer mindestens auf dem Arbeitsmarkt einen ernsthaften Versuch wert ist; er sollte als echtes Experiment gestaltet werden.

Im deutschen Sozialhilferecht ist es durchaus möglich (und es wird auch praktiziert), Erwerbstätigen in Abhängigkeit von ihrem Einkommen und ihrem Familienstatus Sozialhilfe zusätzlich zum Einkommen zu gewähren. Der Tarif s hat allerdings, wenn man die Verminderung der Sozialhilfe, die Steigerung der Steuern und der Sozialversicherung bei steigendem Arbeitseinkommen in Rechnung stellt, bis zum sozialen Existenzminimum, bei dem die Sozialhilfe wegfällt, fast den Wert 1 (100 %). Unter diesen Umständen lohnt natürlich die Arbeitsaufnahme nicht, die Sozialhilfe erzeugt Arbeitslosigkeit, nicht weil sie zu hoch ist, sondern weil der Reduzierungsfaktor s zu hoch ist.

32.7 Kann die Arbeitslosigkeit durch Ordnungspolitik gesenkt werden?

Die Ausführungen in den Abschnitten 32.2 bis 32.6 haben gezeigt, dass bestimmte ordnungspolitische Entscheidungen, die in Deutschland getroffen worden sind, mit hoher Wahrscheinlichkeit die Beschäftigung herabsetzen und die Arbeitslosigkeit erhöhen. Kann man von einer Revision jener Entscheidungen gegenläufige Effekte, kann man von Deregulierung ganz allgemein eine Verminderung der Arbeitslosigkeit, eine Erhöhung der Beschäftigung erwarten? Neben den in Darstellung 32/1 aufgeführten Vorschriften kämen für eine Deregulierung in Frage:

- Senkung der Steuersätze und damit verbunden Senkung der Staatsausgaben, die (einschließlich der Sozialausgaben) 1997 fast 50 % des Bruttoinlandsproduktes ausmachten,
- Lockerung von Produktionsverboten oder -erschwerungen.

Die Senkung der Sätze der Steuern, welche nach der Intention des Gesetzgebers die Unternehmen zu tragen, nicht nur zu zahlen haben (das sind in der Hauptsache die Gewerbesteuer und die Körperschaftssteuer auf nicht ausgeschüttete Gewinne; ob sie tatsächlich von den Unternehmen getragen und nicht überwälzt werden, können wir hier nicht erörtern), soll den Unternehmen die Chancen auf Gewinn nach Steuern erhöhen und sie dadurch anreizen, mehr zu investieren, um mehr produzieren zu können. Die Senkung der Sätze der übrigen Steuern, welche nach der Intention des Gesetzgebers die natürlichen Personen zu tragen haben, sollen diesen ihr Einkommen nach Steuern erhöhen, damit sie größere Möglichkeiten zum Konsum oder zur Finanzierung der Investitionen haben. Wenn die Senkung der Steuern mit einer gleich großen Senkung der Staatsausgaben einhergeht, muss geprüft werden, welche Arbeitsmarktwirkungen das hat. Hierbei ist zwischen kurz- und langfristigen Wirkungen zu unterscheiden, wie auch zu prüfen ist, ob die Senkung der Steuersätze langfristig wegen der größeren Produktion nicht die Steuereinnahmen erhöht.

Produktionserschwernisse oder sogar -verbote sind in Deutschland zahlreich. Wir erwähnen nur den Bau von Kernkraftwerken, den Straßenbau, den Bau von Braunkohle-Tagewerken. Es ist zweifelhaft, ob man an diesen Schwierigkeiten, die auf dem Widerstand der Bürger beruhen, etwas ändern kann, weshalb wir nicht weiter auf diese Möglichkeit eingehen.

Zurück zur Frage dieses Abschnittes: Wird eine Deregulierung die Arbeitslosigkeit senken? Die Deregulierung auf den genannten Gebieten verbessert sicher die Bedingungen für die Wirtschaftstätigkeit der Unternehmen. Ob diese die Chancen ergreifen, kann durch die Deregulierung nicht garantiert werden. Eine Quantifizierung der erwarteten Senkung der Arbeitslosigkeit wäre unseriös. Dennoch: Da die Möglichkeit der Ablaufpolitik, die Arbeitslosigkeit nachhaltig zu beseitigen, gering sind (s. Kapitel 33), bleibt nichts anderes übrig, als die Hoffnung auf die Ordnungspolitik zu setzen.

Literaturhinweise:

BAWDEN/SKIDMORE 1989; JANOSKI 1990; KANTZENBACH/MAYER 1992; LAMPERT/ENGLBERGER/SCHÜLE 1991; MATZNER/KREGEL/RONCAGLIA 1987; SCHMID 1988; SCHWEDLER 1996.

Zur negativen Einkommensteuer: Der Begriff „negative Einkommensteuer“ ist geprägt worden von FRIEDMAN 1962.

Berichte über Experimente: ROBINS/SPIEGELMAN/WEINER/BELL 1980; WATTS/REES 1977.

Übersichtsartikel: WATTS 1987.

Deutscher Vorschlag: SESSELMEIER/KLOPFLEISCH/SETZER 1996.

33 Ablaufpolitik

33.1 Überblick über die Maßnahmen

„Ablaufpolitik" ist in Abschnitt 32.1 als die staatliche Politik bezeichnet worden, die direkt in den Wirtschaftsablauf und damit in die Entscheidungen der Wirtschaftssubjekte eingreift, während die Ordnungspolitik dies auf indirektem Wege tut. Ablaufpolitik erfordert dauerndes staatliches Handeln, während die Ordnungspolitik, nachdem die Ordnung einmal gesetzt ist, vor allem auf deren Einhaltung achten muss; die Ordnung selber kann nicht dauernd geändert werden.

Die ablaufpolitischen Maßnahmen, die den Arbeitsmarkt betreffen, können in zwei größere Gruppen eingeteilt werden:

- in die Maßnahmen, welche Konjunktur, Wachstum und Struktur der Wirtschaft beeinflussen sollen; sie werden in aller Regel auch Auswirkungen auf den Arbeitsmarkt haben;
- in die Maßnahmen, die direkt auf den Arbeitsmarkt gerichtet sind; sie können und werden ihrerseits Konjunktur, Wachstum und Struktur der Wirtschaft beeinflussen.

Die Maßnahmen der ersten Gruppe werden in entsprechenden Theorien behandelt: in den Theorien der Konjunkturpolitik, der Wachstumspolitik, der Strukturpolitik. In Abschnitt 33.4 bespreche ich die Grundzüge der Keynesianischen Konjunkturpolitik, weil diese von allen jenen Theorien am stärksten auf die Bekämpfung der Arbeitslosigkeit ausgerichtet ist und weil sie überdies von den meisten sozialdemokratischen Regierungen Europas und den Gewerkschaften entgegen dem Trend in der Wissenschaft als taugliches Instrument angesehen wird.

Die Maßnahmen der zweiten Gruppe sind im Arbeitsförderungsgesetz aufgezählt und werden von der Bundesanstalt für Arbeit durchgeführt (s. Darstellung 33/1). Das Arbeitsförderungsgesetz ist, wie sein Name andeutet, dem Ziel verpflichtet, Ungleichgewichte auf dem Arbeitsmarkt aktiv zu bekämpfen; die Hilfe bei eingetretener Arbeitslosigkeit sollte demgegenüber weniger wichtig werden, was schon dadurch sinnfällig wird, dass die betreffenden Bestimmungen an den Schluss der Leistungsbestimmungen plaziert wurden. Die Entwicklung der Arbeitslosigkeit seit den 70er Jahren (s. Kapitel 25) hat jedoch die Hilfszahlungen zu einer zentralen Aufgabe der Bundesanstalt für Arbeit werden lassen (s. Abschnitt 9.2). Ich gehe deshalb im folgenden Abschnitt 33.2 auf diese ein und bespreche dann die Arbeitsbeschaffungsmaßnahmen (Abschnitt 33.3). Auch die übrigen ablaufpolitschen Maßnahmen der Bundesanstalt für Arbeit verdienten eine kritische Würdigung, wozu der Raum hier jedoch nicht ausreicht.

Darstellung 33/1: Ablaufpolitische Maßnahmen in Bezug auf den Arbeitsmarkt nach dem Arbeitsförderungsgesetz

Eingriffsfeld	**Maßnahmen**	**§§ AFG**
Arbeitsmarkt	Arbeitsvermittlung	13 - 24
	Berufsberatung	25 - 32
Arbeitsangebot	Arbeitsvermittlung	13 - 24
	Individuelle Förderung der beruflichen Bildung	
	- Ausbildung	40 - 40c
	- Fortbildung	41 - 46
	- Umschulung	47 - 49
	Institutionelle Förderung der beruflichen Bildung	50 - 52
	Rehabilitation	56 - 62
Arbeitsnachfrage	Arbeitsvermittlung	13 - 24
Beschäftigung	Förderung der Arbeitsaufnahme und der Aufnahme einer selbständigen Tätigkeit	53 - 55a
	Eingliederung	
	- der Aussiedler	62a - 62c
	- von besonders schwer vermittelbaren Arbeitslosen	62 d
	Kurzarbeitergeld	63 - 73
	Förderung der ganzjährigen Beschäftigung in der Bauwirtschaft	74 - 89
	Maßnahmen zur Arbeitsbeschaffung	91 - 99
Arbeitslosigkeit	Arbeitslosengeld	100 - 133
	Arbeitslosenhilfe	134 - 141
	Konkursausfallgeld	141a - 141n

33.2 Leistungen bei Arbeitslosigkeit und ihre Wirkungen

33.2.1 Leistung

Die Leistungen bei Arbeitslosigkeit bestehen entweder aus Arbeitslosengeld oder aus Arbeitslosenhilfe.

> „Anspruch auf Arbeitslosengeld hat, wer arbeitslos ist, der Arbeitsvermittlung zur Verfügung steht, die Anwartschaftszeit erfüllt, sich beim Arbeitsamt arbeitslos gemeldet und Arbeitslosengeld beantragt hat" (§ 100, Abs. 1 AFG).

Die einzelnen Bedingungen (bis auf die letzte, die sich von selbst versteht) haben folgende Bedeutung:

Die *Arbeitslosigkeit* wird grundsätzlich so definiert, wie es auch in der amtlichen Statistik üblich ist, nämlich durch die Meldung beim Arbeitsamt. § 101 AFG bringt die Legaldefinition der Arbeitslosigkeit, die den Begriff noch etwas genauer fasst. Was unter kurzzeitiger Beschäftigung zu verstehen ist, durch welche der Status der Arbeitslosigkeit nicht verlorengeht, definiert das Arbeitsförderungsgesetz in § 102. Wir gehen auf beides nicht ein, weil die Erörterung dieser Bestimmungen umfangreich sein müsste, aber nur geringen Erkenntniszuwachs bringen würde.

„Der *Arbeitsvermittlung* steht zur Verfügung, wer

1. eine zumutbare (§ 103 b), nach § 168 die Beitragspflicht begründende Beschäftigung unter den üblichen Bedingungen des allgemeinen Arbeitsmarktes ausüben kann und darf,
2. bereit ist,
   a) jede zumutbare Beschäftigung anzunehmen, die er ausüben kann und darf, sowie
   b) an zumutbaren Maßnahmen zur beruflichen Ausbildung, Fortbildung und Umschulung, zur beruflichen Rehabilitation sowie an Trainingsmaßnahmen (§§ 53 a und 53 b) teilnehmen, sowie
3. das Arbeitsamt täglich aufsuchen kann und für das Arbeitsamt erreichbar ist."

(§ 103 Abs. 1 AFG)

Der zentrale Begriff dieser Gesetzesbestimmung ist die „Zumutbarkeit einer Beschäftigung". Das Gesetz hat in seiner neuesten Fassung vom 29. April 1997 in § 103 b den früher sehr großen Beurteilungsspielraum des Arbeitsamtes einzuschränken versucht. Es bestimmt nun unter anderem, dass dem Arbeitslosen eine Beschäftigung nicht zumutbar ist,

- in den ersten drei Monaten der Arbeitslosigkeit, wenn das Arbeitsentgelt um mehr als 20 %, in den nächsten weiteren drei Monaten, wenn es um mehr als 30 % unter dem Entgelt liegt, von dem das Arbeitslosengeld berechnet wird;
- wenn die täglichen Pendelzeiten im Verhältnis zur Arbeitszeit unverhältnismäßig lang sind (drei Stunden bei einer Arbeitszeit von sechs und mehr, zweieinhalb Stunden bei einer Arbeitszeit von sechs Stunden und weniger).

Wenn dem Arbeitslosen Entscheidungen, die innerhalb dieses Beurteilungsspielraumes getroffen wurden, rechtswidrig erscheinen, kann er vor dem zuständigen Sozialgericht gegen sie klagen.

Die Anwartschaftszeit hat erfüllt, wer innerhalb der sogenannten Rahmenfrist 360 Kalendertage eine Arbeit ausgeübt hat, welche die Beitragspflicht zur Arbeitslosenversicherung begründet. Die Rahmenfrist beträgt drei Jahre, gerechnet vom letzten Tag vor der Arbeitslosigkeit an (§ 104 AFG). Anders ausgedrückt: Wer in den letzten drei Jahren vor seiner Arbeitslosigkeit weniger als 360 Kalendertage lang in einem beitragspflichtigen Arbeitsverhältnis stand, hat keinen Anspruch auf Arbeitslosengeld.

Die Dauer des Anspruchs auf Arbeitslosengeld ist nach Lebensalter und Dauer der beitragspflichtigen Beschäftigung gestaffelt: Sie beträgt 156 Tage und erhöht sich nach einer beitragspflichtigen Beschäftigung von insgesamt mindestens 1920 Kalendertagen und nach Vollendung des 57. Lebensjahres auf höchstens 832 Tage (§ 106 AFG). Insgesamt gilt, dass der Anspruch auf Arbeitslosengeld, wie die Bestimmungen zeigen, zeitlich begrenzt ist. Wie unser Überblick über die Arbeitslosigkeit in der Bundesrepublik gezeigt hat (Darstellung 25/1), ist seit Beginn der Beschäftigungskrise im Jahre 1974 die Zahl derjenigen, die lange arbeitslos sind, stark angestiegen. Für diese Personen werden die sozialen Probleme, die Arbeitslosigkeit mit sich bringt, also noch dadurch verschärft, dass sie irgendwann, spätestens nach etwas mehr als 2,3 Jahren, den Anspruch auf Arbeitslosengeld, wenn sie einen solchen hatten, verlieren, und (wenn sie Anspruch darauf haben) nur noch Arbeitslosenhilfe erhalten, die in jedem Fall geringer ist als das Arbeitslosengeld. Arbeitslosengeld wird für eine Sperrzeit von acht Wochen nicht gezahlt, wenn der Arbeitslose seine Arbeitslosigkeit, etwa durch Kündigung, selbst herbeigeführt hat oder ihr Andauern, etwa durch

Ablehnung einer ihm angebotenen zumutbaren Arbeit, selbst verschuldet. Im Wiederholungsfall erlischt der Anspruch auf Arbeitslosengeld überhaupt (§ 119 AFG).

Das Arbeitsförderungsgesetz sieht, abweichend von den bisher referierten Regelungen, Ansprüche auf Arbeitslosengeld vor bei

- nicht nur vorübergehender Minderung der Leistungsfähigkeit (§ 105 a AFG);
- Arbeitsunfähigkeit während des Bezugs von Arbeitslosengeld (§ 105 b AFG);
- Vollendung des 58. Lebensjahres (§ 105 c AFG).

Wir beschränken uns auf die Nennung dieser Paragraphen, ohne sie näher zu erläutern. Anspruch auf Leistungen im Falle von Arbeitslosigkeit wird auch durch § 2 des Gesetzes über die Gewährung von Erziehungsgeld und Erziehungsurlaub (BEerzGG) begründet. Auch darauf gehen wir nicht weiter ein.

Die Höhe des Arbeitslosengeldes beträgt, nach Kindern und Familienstand gestaffelt, 67 % oder 60 % des Nettoarbeitseinkommens (§ 111 Abs. 1 AFG), höchstens allerdings die Summe, die die Grenze für die Bemessung des Beitrages zur Bundesanstalt für Arbeit ausmacht (§ 111 Abs. 2 Ziffer 5 AFG). Diese Beitragsbemessungsgrundlage ist identisch mit derjenigen zur gesetzlichen Rentenversicherung (§ 175 Abs. 1 AFG); sie lag im Juni 1998 bei DM 8.400 pro Monat. Wie das Nettoarbeitseinkommen zu bestimmen ist, wird im Arbeitsförderungsgesetz (§§ 111 bis 115) minuziös geregelt. Wir wollen nur darauf hinweisen, dass Überstundenentgelte nicht berücksichtigt werden, sondern dass nur das Einkommen aus der tariflichen Arbeitszeit der Berechnung des Arbeitslosengeldes zu Grunde gelegt wird.

Wenn man alle diese Bestimmungen zusammen sieht, kann man zu dem Urteil kommen, dass die Arbeitslosen, wenn sie Anspruch auf Arbeitslosengeld haben, zwar vor der bittersten Not bewahrt werden, dass aber doch die Arbeitslosigkeit in vielen Fällen kein Geschäft für sie darstellt (s. dazu Abschnitt 30.1.1). Dennoch ist es möglich, dass der Arbeitslose durch das Arbeitslosengeld veranlasst wird, eine ihm angebotene Beschäftigung nicht anzunehmen, z. B. dann, wenn das Nettoeinkommen aus dieser Arbeit nicht oder nur unwesentlich höher ist als das Arbeitslosengeld. Wir werden über dieses Problem in Abschnitt 33.2.2 sprechen.

Wer arbeitslos ist, aber keinen Anspruch auf Arbeitslosengeld hat, hat Anspruch auf *Arbeitslosenhilfe,* wenn er sich beim Arbeitsamt arbeitslos gemeldet hat, der Arbeitsvermittlung zur Verfügung steht, die Leistung beantragt hat, bedürftig ist und im letzten Jahr vor der Arbeitslosenmeldung Arbeitslosengeld bezogen oder zumindest 150 Kalendertage in entlohnter Beschäftigung gestanden hat (§ 134 Abs. 1 AFG). Ein Arbeitsloser hat dann keinen Anspruch auf Arbeitslosengeld, wenn er die Anwartschaftszeit nicht erfüllt oder die Höchstdauer für die Gewährung des Arbeitslosengeldes abgelaufen ist oder wenn er der Sperrfrist unterliegt (in diesem Fall hat er auch keinen Anspruch auf Arbeitslosenhilfe). Die Bedürftigkeit muss der Arbeitslose nachweisen; die Bedingungen für die Anerkennung der Bedürftigkeit sind vom Gesetz minuziös geregelt (§§ 137 und 138 AFG). Wir wollen hier nur darauf hinweisen, dass Bedürftigkeit nicht besteht, wenn der Arbeitslose eigenes Vermögen hat oder von seinen mit ihm in einem Haushalt lebenden Eltern, Kindern oder seinem Ehegatten unterhalten werden kann. Die Arbeitslosenhilfe ist jeweils längstens für ein Jahr zu gewähren, kann aber danach von neuem bewilligt werden (§139a AFG). Sie beträgt 57 % oder 53 % des Nettoarbeitseinkommens, wobei die Bestimmungen über die Berechnung des Arbeitslosengeldes sinngemäß anzuwenden sind (§ 136 AFG).

Wer arbeitslos ist, aber nur Arbeitslosenhilfe zu beanspruchen hat, ist also, wie diese Bestimmungen deutlich machen, erheblich schlechter gestellt als die Bezieher von Arbeitslosengeld. Wer arbeitslos ist und auch keinen Anspruch auf Arbeitslosenhilfe hat, kann sich um Sozialhilfe bemühen, deren Sätze noch einmal niedriger sind als die der Arbeitslosenhilfe. In dieser Lage befinden sich vor allem diejenigen Arbeitskräfte, die neu auf dem Arbeitsmarkt auftreten und keine Stelle finden.

In Darstellung 33/2 bringen wir Informationen über den Anteil der Leistungsempfänger an allen Arbeitslosen: Ihr Anteil ist von 1991 bis 1995 merklich von 69 % auf fast 75 % gestiegen, ein Höhepunkt hatte sich 1993 mit fast 79 % ergeben, seit dem ist er wieder deutlich gesunken. Seit 1992 bezieht etwa die Hälfte der Bestandsmasse der Arbeitslosen Arbeitslosengeld, ein Viertel Arbeitslosenhilfe. Diese insgesamt doch große Menge der Abgesicherten mag einer der Gründe dafür sein, dass die Arbeitslosigkeit seit den siebziger Jahren, anders als Ende der zwanziger, Anfang der dreißiger Jahre des 20. Jahrhunderts, bisher die Bundesrepublik Deutschland nicht destabilisiert hat.

Darstellung 33/2[a]: Anteil (in %) der Leistungsempfänger an den Arbeitslosen[b] in der westlichen Bundesrepublik Deutschland, nach Jahren und Leistungsart

Jahr	Leistung					Arbeitslose
	Al-Geld	Al-Hilfe	Erz-Geld	Erz-Hilfe	Alle[c]	(in Tsd.)
1991	42,7	23,1	3,4	-	69,2	1.689,4
1992	46,4	22,8	3,3	-	72,5	1.803,3
1993	51,7	23,0	2,4	1,8	78,9	2.270,3
1994	49,9	24,5	0,7	2,0	77,2	2.556,0
1995	47,4	25,8	0,04	1,6	74,8	2.564,9
1996	46,7	26,8	0,00	1,2	74,6	2.796,0

(a) Quelle: IAB 1997, S. 66f.

(b) In den Arbeitslosenzahlen sind die Leistungsempfänger nach § 105 a-c AFG (Arbeitslosengeld bei nicht nur vorübergehender Minderung der Leistungsfähigkeit) nicht enthalten, wohl aber in den Zahlen der Leistungsempfänger; die Prozentzahlen sind deshalb in einem unbekannten Ausmaß nach oben verzerrt.

(c) Wegen Rundungsfehlern Abweichungen von der Summe der Einzelwerte möglich.

Ein weniger günstiges Bild der Absicherung ergäbe sich wahrscheinlich, wenn man statt der Bestandsmengen von Arbeitslosen die Flussgrößen betrachtete: alle, die in einem bestimmten Zeitraum von Arbeitslosigkeit betroffen waren: In dieser Menge, die größer ist als der Bestand zu einem bestimmten Zeitpunkt, dürften viele Personen gewesen sein, die nur kurz arbeitslos (deshalb an den Erhebungszeitpunkten der Bestandsmassen nicht erfasst wurden), nicht anspruchsberechtigt waren und gerade aus diesem Grund die Arbeitslosigkeit schnell wieder verlassen haben (s. den nächsten Abschnitt). Leider liegen die Untersuchungen über den Anteil der Leistungsberechtigten an den von Arbeitslosigkeit Betroffenen schon lange zurück (KARR 1978), so dass wir auf ihr Referat verzichten. Soviel jedoch sei gesagt, dass sie bei der Gesamtzahl der Betroffenen eines Jahres tatsächlich einen geringeren Anteil der Leistungsberechtigten nachweisen als bei der durchschnittlichen Bestandsmenge desselben Jahres.

33.2.2 Arbeitslosigkeit durch Arbeitslosenversicherung?

Seit dem Anstieg der Arbeitslosenzahlen und -quoten Anfang der 70er Jahre wird vor allem in den USA und Großbritannien die These diskutiert, die soziale Sicherung der Arbeitslosen sei einer der Gründe der Arbeitslosigkeit. Bevor wir einen kurzen Überblick über einschlägige Untersuchungen geben, skizzieren wir kurz, wie die soziale Sicherung bei Arbeitslosigkeit auf diese wirken könnte und wie Untersuchungen angelegt sein müssten, die den Zusammenhang erfassen wollten, um dann zu prüfen, ob die vorgelegten Untersuchungen diesen Kriterien entsprechen.

Wenn die Beschäftigten soziale Sicherung bei Arbeitslosigkeit zu erwarten haben, könnten sie - das wäre der erste denkbare Wirkungszusammenhang - leichter als ohne solche Sicherung geneigt sein, arbeitslos zu werden. Oder quantitativ gewendet: Je höher die Kompensation des Verdienstausfalls, desto größer die Wahrscheinlichkeit, dass ein Beschäftigter arbeitslos wird. In der Bundesrepublik Deutschland hat man zwar zwei Monate lang keinen Anspruch auf Arbeitslosengeld oder -hilfe, wenn man selbst gekündigt hat; eine Arbeitskraft kann jedoch die Eigenkündigung durch viele Vorkehrungen vermeiden und die Arbeitslosigkeit dennoch selbst herbeiführen, so dass jene Regelung, die offenbar einer missbräuchlichen Ausnutzung der Arbeitslosenversicherung vorbeugen soll, den Zusammenhang zwischen sozialer Sicherheit und Arbeitslosigkeit nicht aufzuheben braucht. Neben dem Betrag des Arbeitslosengeldes und der Dauer seiner Zahlung dürfte also die Leichtigkeit, mit der ein Arbeitsloser jene Leistung erhält, von Bedeutung sein; auch die soziale Akzeptanz des Bezugs von Hilfe könnte eine Rolle spielen.

Der zweite Wirkungszusammenhang könnte darin bestehen, dass ein Arbeitsloser, wenn er (aus welchen Gründen auch immer) einmal arbeitslos geworden ist, umso mehr geneigt ist, arbeitslos zu bleiben, je höher die Kompensation seines Verdienstausfalles ist, je länger sie gewährt wird und je weniger sozialer Druck ausgeübt wird, die Arbeitslosigkeit zu beenden. Das Ende der Anspruchsberechtigung würde den Arbeitslosen also veranlassen, auch seine Arbeitslosigkeit zu beenden, indem er eine Arbeit aufnimmt.

Beide Wirkungszusammenhänge können durch verschiedene motivationale Hypothesen erklärt werden: Wenn man annimmt, dass der Arbeitende nur durch das Geldeinkommen, nicht aber durch andere Gründe zur Arbeit veranlasst wird (z. B. durch Freude an der Arbeit, hohe Bewertung der Arbeit, sozialen Druck), wird er, wenn man ein rationales Kalkül unterstellt, dann die Arbeitslosigkeit der Arbeit vorziehen, wenn er die gewonnene Freizeit und das Arbeitslosengeld höher bewertet als das Arbeitseinkommen und die ihm dann noch verbleibende Freizeit. Eine zweite Hypothese geht von der Suchtheorie aus (s. Kapitel 20): Aus ihr lässt sich ableiten, dass die Arbeitslosen umso höhere Mindestlohnsätze fordern, je höher die Kompensation des ausgefallenen Arbeitseinkommens ist, und dass sie deshalb umso länger arbeitslos bleiben.

Der erste Wirkungszusammenhang (die Sicherung bewirkt den Eintritt in die Menge der Arbeitslosen) ließe sich am besten durch eine Verlaufsanalyse überprüfen, die das Schicksal von Arbeitskräften verfolgt; bei einer genügend großen Stichprobe ließe sich leicht die Frage beantworten, ob diejenigen, die Anspruch auf Arbeitslosengeld oder -hilfe haben, unter sonst gleichen Bedingungen häufiger von Arbeitslosigkeit betroffen werden als andere. Ein Ersatz für Verlaufsanalysen könnte darin bestehen, dass man untersucht, ob unter allen Personen, die in einem bestimmten Zeitraum von Arbeitslosigkeit betroffen wurden, unter sonst gleichen Bedingungen solche mit Anspruch auf Arbeitslosengeld oder -hilfe häufiger vertreten sind als unter den nicht von Arbeitslosigkeit betroffenen abhängigen Erwerbspersonen des gleichen Zeitraumes.

Der zweite Wirkungszusammenhang (je höher und je länger die Kompensation, desto länger die Arbeitslosigkeit) könnte ebenfalls am besten durch die bereits skizzierten Verlaufsuntersuchungen überprüft werden. Der Ort, an welchen die Arbeitslosen abgehen, müsste berücksichtigt werden: Es macht einen gewaltigen Unterschied, ob ein Arbeitsloser am Ende seiner Anspruchsberechtigung eine Arbeit aufnimmt oder in die Nicht-Erwerbsbevölkerung eintritt; in diesem Fall wiederum wäre zu untersuchen, ob er oder sie pensioniert wird oder eine Ausbildung aufnimmt oder eine unbezahlte Arbeit ausführt, z. B. die der Hausfrau und Mutter. Wenn der Arbeitslose eine Arbeit aufnimmt, wäre zu untersuchen, von welcher Art diese ist, z. B. ob der Ausbildung und sonstigen Qualifikationen angemessen; ob dauerhaft oder nur zeitlich begrenzt; ob mit einem Abstieg verbunden; ob mit einem Umzug verbunden. Alle diese Eigenschaften können die Dauer der Arbeitslosigkeit beeinflussen. Der Ort, von dem der Arbeitslose kommt, z. B. die Art der Arbeit, könnte ebenfalls die Wahrscheinlichkeit, dass er arbeitslos geworden ist, beeinflussen und müsste deshalb berücksichtigt werden. Hilfsweise müssten die Bestandsmassen der Arbeitslosen zu einem bestimmten Zeitpunkt nach ihrer bisherigen und die Massen der Abgänger aus der Arbeitslosigkeit nach der vollendeten Dauer der Arbeitslosigkeit analysiert werden.

Die Untersuchungen beider Wirkungszusammenhänge müssten größten Wert darauf legen, sonstige Gründe oder Umstände für die Dauer der Arbeitslosigkeit ebenfalls zu erfassen oder mindestens konstant zu halten (z. B. Geschlecht, Alter, Ausbildung, Gesundheit, Teilzeitarbeit, allgemeine Wirtschaftslage), weil sonst nicht abzuschätzen ist, welchen Einfluss auf die Arbeitslosigkeit die soziale Absicherung gegen sie tatsächlich ausübt.

Welche der beiden skizzierten (oder welche anderen) motivationalen Hypothesen, vorausgesetzt, einer der beiden Wirkungszusammenhänge sei real, zutrifft, lässt sich viel schwerer feststellen, weil Motive nicht offen zu Tage liegen; meistens muss man sich darauf beschränken, beobachtetes Verhalten durch eine petitio principii auf ein bestimmtes Motiv zurückzuführen, was misslich ist.

Studien, die exakt den Eintritt in die Arbeitslosigkeit in Abhängigkeit von der Sicherung gegen ihre Folgen untersuchen, attestieren ihr nur geringen Einfluss (JOHNSON/LAYARD 1986; NICKELL 1982; TRIVEDI/KAPUSCINSKI 1985). Eine Untersuchung von FELDSTEIN 1978 geht das Problem aus der Sicht des Arbeitgebers an: Der Autor hat herausgefunden, dass etwa 75 % der entlassenen Arbeiter in den USA später von ihren alten Firmen wieder angestellt werden. Er erklärt dies damit, dass die Arbeitgeber bei saisonalen Schwankungen der Nachfrage ihre Arbeiter dann leicht entlassen, wenn sie sicher sein können, sie nach der Flaute wieder einstellen zu können; dass die Arbeiter auf diese Verhaltensweise der Arbeitgeber offenbar vertrauen und, wenn sie eine Kompensation ihres ausgefallenen Lohnes erhalten, keine Anstrengungen unternehmen, eine andere Stelle zu finden:

> „The average unemployment insurance benefit replacement ratio implied by the current law can account for about half of temporary layoff unemployment" (FELDSTEIN 1978, S. 844).

Die Verlagerung des saisonalen Beschäftigungsrisikos auf die Arbeitslosenversicherung, die *Feldstein* hier für die USA behauptet, dürfte in der Bundesrepublik Deutschland vielleicht im Baugewerbe, sonst jedoch höchst selten praktiziert werden. In den USA scheint diese Verhaltensweise jedoch häufig vorzukommen (oder mindestens das Vertrauen auf sie durch die Arbeitslosen: KATZ/MEIER 1990), ebenfalls in Kanada (ROBERTSON 1989), in Dänemark (JENSEN/WESTGARD-NIELSEN 1989), in Italien (FELLI/ICHINO 1988).

Die meisten mir bekannt gewordenen Untersuchungen beschäftigen sich mit dem Zusammenhang zwischen Arbeitslosenversicherung einerseits sowie der Dauer der einmal eingetretenen Arbeitslosigkeit oder der Höhe der Arbeitslosenquote andererseits. Wir erwähnen zunächst einige Untersuchungen der ersten Art. MARSTON 1975 schätzt, dass die Dauer der Arbeitslosigkeit in den USA bei denen, die Arbeitslosengeld beziehen, um 16 % bis 31 % höher ist als bei denen, die darauf keinen Anspruch haben. Die Arbeitslosenquote werde dadurch allerdings nur um 0,3 Prozentpunkte erhöht. EHRENBERG/OAXACA 1976 haben aus den Daten des National Longitudinal Survey der USA herausgefunden, dass bei vier Kohorten von Arbeitslosen (Männern von 14 bis 24, 45 bis 59, Frauen von 14 bis 24 und 30 bis 44 Jahren) die Dauer der Arbeitslosigkeit durch das Arbeitslosengeld erhöht wird. KINGSTON/BURGESS 1975 behaupten dagegen, dass eine Erhöhung der Unterstützungszahlungen nicht eine signifikant längere Arbeitslosigkeit in den USA bewirkt habe, außer bei weißen Frauen (die untersuchte Stichprobe ist aus Empfängern des U.S. Arbeitslosengeldes gezogen worden). KATZ/MEYER 1990 und MEYER 1990 kommen zu dem Ergebnis, dass die Wahrscheinlichkeit, aus der Arbeitslosigkeit auszuscheiden, kurz vor dem Ende des Anspruches auf Unterstützung stark ansteigt. LIPPMAN/MCCALL 1976b resümieren, dass die meisten der älteren amerikanischen Studien nur einen schwachen Zusammenhang zwischen Arbeitslosigkeit und Sicherung gegen deren Folgen nachweisen.

Für die Bundesrepublik Deutschland kommt KÖNIG 1978 zu dem folgenden Ergebnis: Die vollendete durchschnittliche Dauer der Arbeitslosigkeit war bei den männlichen Empfängern von Arbeitslosengeld zwischen einem halben und einem Monat, bei den Frauen zwischen einem und anderthalb Monaten länger als bei allen männlichen oder weiblichen Arbeitslosen, also einschließlich derjenigen, die Arbeitslosengeld und -hilfe empfingen. Die vollendete Dauer der Arbeitslosigkeit, also diejenige der Abgangsmasse, ist allerdings nicht gemessen, sondern aus der bisherigen Verweildauer der Bestandsmasse mit Hilfe eines Markow-Modells geschätzt.

Die Abweichungen von der tatsächlichen Dauer der vollendeten Arbeitslosigkeit sind nicht festzustellen.

Insgesamt leiden die Untersuchungen daran, dass sie der Herkunft der Arbeitslosen und ihrer Destination beim Verlassen der Arbeitslosigkeit, den übrigen möglichen Ursachen oder Begleitumständen der Arbeitslosigkeit und deren Dauer zu wenig Aufmerksamkeit widmen. Grobe Fehleinschätzungen der Wirkung, die von der Sicherung gegen Arbeitslosigkeit ausgeht, können die Folge sein. So weist C. Brinkmann 1978 nach, dass die Dauer der Arbeitslosigkeit von gesundheitlichen Einschränkungen, vom Alter, vom Geschlecht, vom Familienstand, von der Erwerbstätigkeit des Ehepartners, von der beruflichen Situation vor der Arbeitslosigkeit abhängt. Die monokausale Verknüpfung von Sicherung gegen die Folgen der Arbeitslosigkeit und Dauer dieses Zustandes wird dadurch, wie fast alle monokausalen Erklärungen, als unzureichend erwiesen.

In den USA sind Experimente mit der Arbeitslosenversicherung vorgenommen worden: Bezieher von Leistungen der Arbeitslosenversicherung sind durch Zufallsauswahl in zwei Gruppen geteilt worden: Die Mitglieder der einen Gruppe erhielten zusätzliche Geldzahlungen in beträchtlicher Höhe, wenn sie schnell eine Stelle fanden und für eine vorher festgesetzte Zeit behielten; die Mitglieder der anderen Gruppe erhielten keine solche Vergünstigung, dienten also als Kontrollgruppe. Die Ergebnisse waren: Die Prämien verkürzten die Dauer der Arbeitslosigkeit; die verkürzte Dauer führte nicht zu einer Verringerung der Arbeitseinkommen; die Aufwendungen der Arbeitslosenversicherung wurden leicht erhöht; es konnte nicht ausgeschlossen werden, dass die Prämien Arbeitslose anziehen, die auf jeden Fall schnell eine Stelle gefunden hätten, aber ohne diese Prämien auf ein Beantragung der Versicherungsleistungen verzichtet hätten (Meyer 1995).

Das amerikanische Vorgehen zeigt, dass Realexperimente auch in den Sozialwissenschaften möglich sind; ein entsprechender Versuch in Deutschland könnte Ergebnisse zeigen, die für die Arbeitsmarktpolitik von Bedeutung sind.

Unzulänglich sind Untersuchungen, welche die Arbeitslosenquoten einer Gesellschaft durch die Arbeitslosenversicherung erklären wollen: Dieser typisch makroökonomische Ansatz unterdrückt die individuellen Entscheidungsprozesse, von denen doch der behauptete Zusammenhang abhängt. Die Mehrzahl der Untersuchungen kommt zu dem Ergebnis, dass das Arbeitslosengeld die Arbeitslosenquoten erhöht (Benjamin/Kochin 1979; Grubel/Maki 1976; Holen/Horwitz 1974; Maki/Spindler 1975). Cubbin/Foley 1977 dagegen sind mit denselben makroökonomischen Daten, die auch Maki/Spindler 1975 benutzen, nämlich den Arbeitslosendaten für Großbritannien von 1948 bis 1972, zu der Überzeugung gelangt, dass der Einfluss der Arbeitslosenversicherung auf die Zahl der Arbeitslosen ohne Bedeutung war.

Auch solche Widersprüche, abgesehen von den generellen Einwänden gegen die Makroökonomik, raten zur Vorsicht.

Literaturhinweise:
Außer der im Text zitierten Literatur s. den Übersichtsartikel von Atkinson/Micklewright 1991 und die Studie von Stobernack 1990.

33.3 Arbeitsbeschaffungsmaßnahmen

Das Arbeitsförderungsgesetz von 1969 definiert in den Paragraphen 91 bis 99 „Maßnahmen zur Arbeitsbeschaffung“ und legt die Regeln fest, nach denen sie angewandt werden können. Die Definition wird implizit gegeben:

> „Arbeiten, die im öffentlichen Interesse liegen, können durch die Gewährung von Zuschüssen an die Träger der Maßnahmen gefördert werden, soweit die Arbeiten sonst nicht oder erst zu einem späteren Zeitpunkt durchgeführt würden und die Förderung nach Lage und Entwicklung des Arbeitsmarktes zweckmäßig erscheint. Die Förderung von Arbeiten, die ohne Verzug durchzuführen sind, ist ausgeschlossen... Neben den Zuschüssen können auch Darlehen oder Zinszuschüsse gewährt werden" (§ 91 Abs. 2 AFG).

Die Maßnahmen bestehen also in der Subvention der Kosten bestimmter Arbeiten; sie soll mindestens 50 % und darf nicht mehr als 75 % des Arbeitsentgeltes betragen, kann aber auch bis zu 100 % erhöht werden. Förderungsberechtigt sind nur Arbeitnehmer, die mindestens zwölf Monate arbeitslos waren und die unmittelbar vor der Förderung Arbeitslosengeld oder -hilfe bezogen haben; sie müssen vom Arbeitsamt zugewiesen werden (§ 93 AFG). Die Geldmittel müssen von der Bundesanstalt für Arbeit aufgebracht werden. Die Bundesanstalt kann weitere Beträge bereitstellen, mit denen Dauerarbeitsplätze geschaffen oder gesichert werden sollen; das Land, in dem dies geschieht, soll sich an den Maßnahmen beteiligen (§ 96 AFG). Außerdem kann die Bundesanstalt Zuschüsse für die zusätzliche Einstellung älterer Arbeitnehmer gewähren (§ 97 AFG).

Die im Vorstehenden zitierten Bestimmungen stellen nur einen kleinen Auszug aus den komplizierten Regelungen des Gesetzes dar. Der Arbeitsmarkt, der durch jene Subventionen entsteht, wird „Zweiter Arbeitsmarkt" oder „Öffentlich geförderter Beschäftigungssektor" genannt. Er wäre nicht identisch mit dem Marktsegment, das eventuell durch die negative Einkommensteuer (s. Abschnitt 32.6) geschaffen würde, weil diese keine Anforderungen an die Art der ausgeübten Tätigkeit und die Art der geförderten Personen stellt.

Die Mittel, welche der Bund und die Bundesanstalt für Arbeit 1970 bis 1997 für Arbeitsbeschaffungsmaßnahmen aufgewandt hat, sind in Abschnitt 9.2 (Darstellung 9/2) aufgeführt. Verglichen mit dem Arbeitslosengeld, der Arbeitslosenhilfe und dem Konkursausfallgeld sind die Beträge zwar gering; immerhin sind sie in den letzten 27 Jahren aber ungeheuer gestiegen, von etwa 16 Millionen auf fast 7,3 Milliarden Mark; ihren Höhepunkt haben sie 1992 mit etwa 10,3 Milliarden Mark erreicht: Trotz ihrem relativ geringen Anteil an den Ausgaben der Bundesanstalt für Arbeit stellen die Arbeitsbeschaffungsmaßnahmen also eine gewaltige Größe dar.

Was ihre Wirkung angeht, so ist, wie immer bei Subventionen, zunächst zu fragen, wieweit sie das beabsichtigte Verhalten, die Einstellung sonst nicht eingestellter Arbeitnehmer, tatsächlich hervorgerufen haben oder wieweit sie einfach nur von den Arbeitgebern mitgenommen worden sind. Zweitens ist zu fragen, inwieweit die Subventionen den subventionierten Arbeitskräften zur Dauerbeschäftigung verholfen haben, gleichgültig, ob bei dem Träger der Maßnahmen oder bei anderen Arbeitgebern.

Das Institut für Arbeitsmarkt- und Berufsforschung untersucht seit fast zwanzig Jahren solche Fragen (s. die Literaturhinweise am Schluss diese Abschnittes). Die Größe des Mitnahmeeffektes ist praktisch nicht zu bestimmen; die Eingliederungsquote der geförderten Arbeitslosen, d.h. ihre Dauerbeschäftigung auf nicht subventionierten Arbeitsplätzen, schwankt zwar im Zeitablauf, erreicht aber doch - meiner Meinung nach beachtliche - Größen von über 40 %. LAMPERT 1989 weist allerdings mit Recht daraufhin, dass auch diese Untersuchungsergebnisse auf methodisch schwachen Füßen stehen, da nicht angegeben werden kann, welches Schicksal die

Arbeitslosen ohne Förderung erfahren hätten. Die Bundesanstalt hat kein Experiment durchgeführt, indem sie den geförderten Arbeitslosen eine Kontrollgruppe von gleichartigen, aber nicht geförderten Arbeitslosen gegenübergestellt und auch deren Eingliederung untersucht hätte.

Praktisch nicht diskutiert wird in Deutschland, ob die nicht unerheblichen Mittel für den zweiten Arbeitsmarkt nicht besser für die negative Einkommensteuer verwendet würden. Deren Vorteile gegenüber den Arbeitsbeschaffungsmaßnahmen könnten darin bestehen, dass der gesamte bürokratische Bewertungsprozess wegfiele und dass die subventionierten Arbeitskräfte für Arbeiten nachgefragt würden, deren Produkte eine Marktchance haben. Wenn dagegen die Produkte der Arbeitsbeschaffungsmaßnahmen eine Marktchance haben, dann machen sie freien Unternehmern Konkurrenz, die diese nicht bestehen können, weil sie nicht subventioniert sind. Mit anderen Worten: Er wird nicht untersucht, wie hoch der Entzugseffekt der Arbeitsbeschaffungsmaßnahmen ist.

Das Institut für Arbeitsmarkt- und Berufsforschung der Bundesanstalt für Arbeit gibt an, um welchen Betrag die Zahl der Arbeitslosen durch die Arbeitsbeschaffungsmaßnahmen herab gesetzt worden ist: im Jahre 1992 um 639.000, im Jahre 1996 um 330.000 Personen (IAB 1997, S. 170). Natürlich sind gegen diese Zahlen die eben referierten Einwände zu erheben, dennoch darf man annehmen, dass ohne die Arbeitsbeschaffungsmaßnahmen die Arbeitslosigkeit, vor allem in Ostdeutschland, noch höher wäre als sie ohnehin ist.

Literaturhinweise:
AUER/MAIER 1984; BACH/KOHLER/SPITZNAGEL 1986; C. BRINKMANN/VÖLKEL 1992; LAMPERT 1989; SPITZNAGEL 1989, 1985, 1979; WORDELMANN U.A. 1988.

33.4 Keynesianische Beschäftigungspolitik

Die Keynesianische makroökonomische Theorie, die in der Nachkriegszeit bis zum Ende der 60er Jahre des 20. Jahrhunderts die Volkswirtschaftslehre und auch die Vorstellungen der Wirtschaftspolitiker beherrscht hatte, dann ihre Vorherrschaft sowohl in der Wissenschaft als auch bei den vornehmlich konservativen Politikern (wenigstens in deren Reden) an die neoklassische Doktrin abtreten musste, hat ihren Einfluss auf das Denken sozialdemokratischer Politiker nie verloren. Der Grund mag darin liegen, dass sozialdemokratische Politiker ihre im Sozialismus tief verwurzelte Abneigung gegen die Betonung der Rolle des Individuums, ihre Vorliebe für kollektive Unternehmungen, wenn möglich mit Hilfe der Staatsmacht, im Keynesianismus wiederfanden. Da nun am Ende der 90er Jahre des 20. Jahrhunderts die meisten Staaten in Westeuropa von Sozialdemokraten regiert werden, die auch Keynesianische Rezepte zur Überwindung der Arbeitslosigkeit erwägen, wollen wir diese kurz erwähnen; die Kürze ist möglich, weil die makroökonomischen Lehrbücher dem Keynesianismus immer noch sehr großen Raum widmen. Wir beschränken uns auf ein geschlossenes Model, d.h. ein Model ohne Auslandsbeziehungen, und betrachten nur die Elemente, die für unser Problem (Beschäftigung und Arbeitslosigkeit) von unmittelbarem Interesse sind. Andere Größen kommen in unserem verkürzten Modell nicht vor.

Das Keynesianische System ist durch die folgenden Grundüberlegungen gekennzeichnet:

1. Es ist möglich, das Wirken einer Volkswirtschaft durch funktionale Zusammenhänge zwischen Aggregaten wie Beschäftigung, Bruttoinlandsprodukt, Konsumnachfrage, Investitionsnachfrage, Staatsnachfrage (und weiteren) zutreffend abzubilden und so das Ergebnis einer gesamten Volkswirtschaft zu erklären. In dieser Annahme sind alle makroökonomischen Systeme gleich.

2. Zwischen der Beschäftigung der Arbeit und dem Bruttoinlandsprodukt besteht ein eineindeutiger Zusammenhang: Der Arbeitseinsatz stellt das Bruttoinlandsprodukt her, das Bruttoinlandsprodukt ist nur mit diesem einen Arbeitseinsatz herzustellen (d.h. es existiert eine und nur eine eineindeutige makroökonomische Produktfunktion):

   (33-1) $Y = Y(N) \Leftrightarrow N = N(Y)$

   Y : Bruttoinlandsprodukt,
   N : Arbeitseinsatz.

3. Die Höhe des Bruttoinlandsproduktes wird durch die effektive Nachfrage bestimmt, die aus Konsum-, Investitions- und Staatsnachfrage besteht:

   (33-2) $Y = C + I + G$

   C : Konsumnachfrage,
   I : Investitionsnachfrage,
   G : Staatsnachfrage.

4. Die Konsumnachfrage wird durch das Bruttoinlandsprodukt bestimmt; und zwar derart, dass mit steigendem Produkt auch der Konsum zunimmt, allerdings nicht so stark wie das Produkt:

   (33-3) $C = C(Y),\ 0 < \frac{dC}{dY} < 1.$

5. Die Investitionsnachfrage wird vom Zinssatz bestimmt, und zwar derart, dass mit steigendem Zinssatz die Investitionen abnehmen:

   (33-4) $I = I(i),\ \frac{dI}{di} < 0,$

   i : Zinssatz.

6. Die Staatsnachfrage wird nicht durch das Modell erklärt, sondern autonom vom Staat festgesetzt:

   (33-5) $G = G_u.$

Das verbal und durch Gleichungen beschriebene System ist in Darstellung 33/3 graphisch veranschaulicht.

Darstellung 33/3: Die Mechanik des verkürzten Keynesianischen Systems

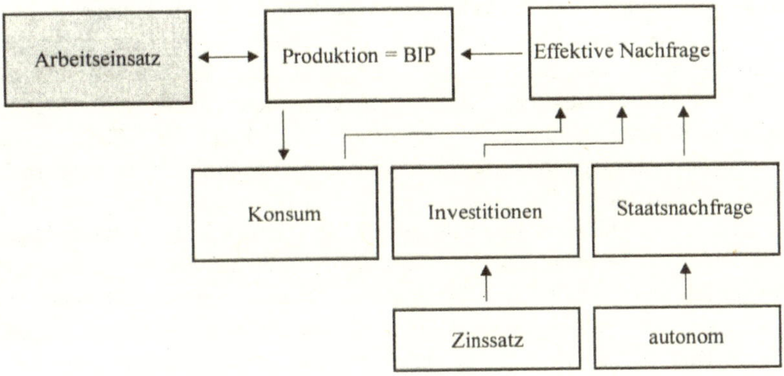

Dies hier vorgestellte Modell ist gegenüber den vollständigen Modellen der Lehrbücher darin verkürzt, dass es die Variablen „Lohnsatz", „Geldmenge", „Sparen" und „Preisniveau" nicht enthält, weshalb der Zinssatz nicht erklärt wird und selbstverständlich auch nicht die anderen fehlenden Variablen, aber diese Verkürzung macht den Hauptgedanken des Keynesianischen Systems in Bezug auf die Arbeitslosigkeit ganz deutlich:

Wenn der Arbeitseinsatz zu gering ist, so dass Arbeitslosigkeit herrscht, ist das dadurch verursacht, dass die effektive Nachfrage zu gering ist. Zur Steigerung der Beschäftigung und damit zur Beseitigung der Arbeitslosigkeit muss also die Nachfrage erhöht werden, indem mindestens eine von deren Komponenten erhöht wird.

Nach dem kleinen Modell kann die Konsumnachfrage zur Erhöhung der Produktion nicht gesteigert werden, da sie ja allein von der Produktion bestimmt wird, als Aktionsvariablen bleiben also nur Investitionen und Staatsnachfrage. Jene müssten durch Senkung des Zinses gesteigert werden, was das Keynesianische System durchaus vorschlägt und die Wirtschaftspolitik unter bestimmten Bedingungen auch zu tun versucht; aber schon im Keynesianischen System wird gezeigt, dass die Liquiditätsfalle die Steigerung der Nachfrage und damit der Produktion vereiteln kann. Auch durch Senkung des Reallohnsatzes, bewirkt durch eine Senkung des Geldlohnsatzes bei konstantem Preisniveau, wäre eine Steigerung der Produktion und damit verbunden eine Beseitigung der Arbeitslosigkeit möglich. Die Keynesianer bezweifeln jedoch, dass die Arbeiter eine Senkung des Geldlohnsatzes hinnehmen würden. Kein Zweifel besteht bei den Anhängern des Keynesianischen Systems jedoch daran, dass die autonome Erhöhung der Staatsnachfrage, finanziert durch Geldschöpfung, die Produktion erhöhen wird, und dies wegen des Multiplikators um ein Vielfaches:

$$(33\text{-}6)\qquad \frac{\partial Y}{\partial G}\cdot dG = \frac{1}{1-\frac{dC}{dY}}\cdot dG, \qquad \frac{1}{1-\frac{dC}{dY}} > 0 \text{ wegen } 0 < \frac{dC}{dY} < 1.$$

Die Staatsnachfrage muss so festgesetzt werden, dass die Arbeitslosen zur Befriedigung der erhöhten Gesamtnachfrage beschäftigt werden. Der Reallohnsatz sinkt dadurch, was die Arbeiter jedoch - in Geldillusion befangen - hinnehmen. Diese Politik hat in den 30er Jahren in Deutschland und den USA, den von der damaligen Wirtschaftskrise am schwersten betroffenen Ländern, lange vor *Keynes'* Publikation eingesetzt und die Arbeitslosigkeit beseitigt (in Deutschland wurden bekanntlich vor allem Rüstungsgüter und Soldaten nachgefragt, in den USA ebenfalls nach ihrem Eintritt in den Krieg). Dieselbe Politik hat jedoch in Deutschland in den 70er Jahren, als die Beschäftigungskrise begann, nur zu einer Erhöhung der Inflation, nicht zur Beseitigung der Arbeitslosigkeit geführt; dieselben Erfahrungen haben damals alle entwickelten Länder gemacht.

Was sind die Gründe des alten Erfolges und des jungen Misserfolges? Angenommen, die Versuche zur Erhöhung der gesamtwirtschaftlichen Nachfrage hätten Erfolg (darüber gleich mehr), dann kann dies nur zu einer erhöhten Beschäftigung, gemessen in Personen, führen, wenn die erhöhte Nachfrage auf brachliegende Kapazitäten (sowohl an Personal als auch an sachlichen Produktionsmitteln) trifft, der Art, dass beide zusammen genau die nachgefragten Güter herstellen können. Das war in der großen Weltwirtschaftskrise der Fall. Da die gesamte Wirtschaft daniederlag, traf einmal die Annahme der Makroökonomik zu, dass ihre Gleichungen den wirtschaftlichen Prozess abbilden: Fast jede beliebige Nachfrage, sofern sie nur wirksam war, konnte damals befriedigt werden und hatte Beschäftigungswirkungen.

Ganz anders die Situation in den 70er Jahren: Keineswegs lag damals, genau so wenig wie heute, die gesamte Wirtschaft danieder, die Arbeitslosigkeit hatte und hat andere Ursachen. Die theoretische Anweisung zur Erhöhung der Nachfrage gibt nicht an, welche Güter denn nachgefragt werden sollten; wahrscheinlich wurden solche zusätzlich nachgefragt, für die es gar keine freien Produktionskapazitäten gab; die unausweichliche Folge war, dass die durch Staatsintervention hervor gerufene Nachfrage nur die Preise erhöhte: Stagnation und Inflation traten ein.

Die heutige gegenüber der großen Weltwirtschaftskrise außerordentlich komplexe Situation hat die unüberwindbare Schwäche jedes, nicht nur des Keynesianischen makroökonomischen Ansatzes offen gelegt: Funktionen von Aggregaten wie Bruttoinlandsprodukt, Arbeitseinsatz, Kapitaleinsatz, Konsumnachfrage, Investitionsnachfrage können den wirtschaftlichen Prozess, der aus den Entscheidungen der vielen individuellen Personen besteht, nicht abbilden. Sie stellen keine brauchbare Grundlage für wirtschaftspolitische Anweisungen dar.

Literaturhinweise: S. die Lehrbücher der Makroökonomik, z. B. DORNBUSCH/FISCHER 1994; FELDERER/HOMBURG 1994; RETTIG/VOGGENREITER 1996; WOGLOM 1988.

Zur wissenschaftstheoretischen Problematik der Makroökonomik s. G. Brinkmann 1997, S. 155-174.

34 Die Entscheidungsprozesse der politischen Aktoren

Wie in der neoklassischen Theorie des Haushaltes und in der neoklassischen Theorie der Unternehmung, so spielt auch in der allgemeinen Theorie der Wirtschaftspolitik, von der die Theorie der Arbeitsmarktpolitik ein Teil ist, das Paradigma der wohldefinierten Entscheidungssituation eine große Rolle. Wir wiederholen hier noch einmal seine Beschreibung: Das Paradigma ist dann erfüllt:

- wenn jeder staatliche Aktor seine Entscheidungsziele klar und widerspruchsfrei definiert hat;
- wenn die Ziele jedes Aktors faktisch miteinander vereinbar sind;
- wenn dem Entscheidenden alle sonstigen Faktoren der Entscheidung bekannt sind, etwa die Mittel, mit denen er seine Ziele realisieren kann und will;
- wenn zwischen diesen Mitteln in Hinsicht auf die zu realisierenden Ziele keine Konflikte bestehen;
- wenn jedem Aktor ein Rechenprogramm bekannt ist, mit dem er eindeutig angeben kann, durch welche Mittel die festgesetzten Ziele zu erreichen sind;
- schließlich, aber nicht zuletzt, wenn alle individuellen Entscheidungen nach dem Muster der Problemlösung (alle Ziele und Methoden der einzelnen Aktoren sind miteinander vereinbar und werden ohne Abstriche zusammengeführt) zur Kollektiventscheidung zusammengeführt werden.

Die Algorithmen, mit denen die Wege zur Erreichung der vorgegebenen Ziele eindeutig angegeben werden können, sollen den zuständigen explikativen Wissenschaften entnommen werden (als Beispiel s. TINBERGEN 1968), im Falle der Arbeitsmarktpolitik also den Theorien, die wir (wenigstens in Auswahl) in diesem Buch vorgestellt haben. Da diese Theorien die zu erklärenden Phänomene nicht vollständig erklären können, sind sie auch untauglich, die Rechenprogramme zu liefern, die eindeutig angeben, wie die Ziele der Beschäftigungspolitik zu erreichen sind. Die Entscheidungssituation ist aber auch deshalb nicht wohldefiniert, weil die übrigen Bedingungen dafür nicht erfüllt sind: Die Ziele der individuellen Entscheidungsträger sind nicht klar definiert; selbst wenn dieses der Fall wäre, könnte man kaum annehmen, dass alle Ziele aller Entscheidungsträger miteinander vereinbar sind und nach dem Muster der Problemlösung zusammengeführt werden.

Was können die Träger der Beschäftigungspolitik angesichts dieser Situation tun? BRAYBROOKE/LINDBLOM 1963 schlagen den Politikern ganz allgemein, damit auch den Wirtschafts- und den Beschäftigungspolitikern eine „Politik der kleinen Schritte“ vor: Die Politiker sollten die Fiktion aufgeben, sie könnten große Veränderungen (Revolutionen oder Reformen) in kurzer Zeit herbeiführen, statt dessen sollten sie sich bemühen, den gegebenen unbefriedigenden Zustand durch kleine (inkrementale) Maßnahmen zu verbessern. Dabei brauche nur ein begrenzter Ausschnitt der Ziel-Mittel-Verhältnisse beachtet zu werden; die Definition der zu erreichenden Ziele könne den verfügbaren Mitteln angepasst werden; die Diagnose des gegenwärtigen Zustandes und der Wirkungen, welche die kleinen politischen Maßnahmen auf ihn ausüben, könne und müsse fortlaufend vorgenommen werden; weil die ergriffenen Maßnahmen nur klein seien, könnten sie entsprechend der Diagnose ihrer Wirkung schnell geändert werden. Die Autoren bezeichnen die von ihnen vorgeschlagene Vorgehensweise treffend als „Durchwursteln" („muddling through").

Die „Politik der kleinen Schritte", welche die tatsächliche Vorgehensweise der Politiker auf nahezu allen ihren Betätigungsfeldern gar nicht schlecht beschreibt, bildet als präskriptives Modell eine konträre Gegenposition zum Modell der wohldefinierten Entscheidungssituation. Versuche, zwischen diesen beiden Polen einen Kompromiss zu Stande zu bringen, sind von vielen Autoren unternommen worden. Sie konzidieren einerseits, dass angesichts unserer vielen Wissenslücken über die Ursachen unbefriedigender gesellschaftlicher Zustände und über zweckmäßige Therapien zu deren Heilung; angesichts auch der Unmöglichkeit, alle Entscheidungsträger zu einem einheitlichen Handeln zusammenzubringen, eine Politik der kleinen Schritte, das Durchwursteln eben, unvermeidlich und deshalb rational ist. Sie fordern auf der anderen Seite, dass Reformen (eben nicht nur kleine, sondern große Schritte) nicht von vornherein ausgeschlossen sein dürfen, weil manche Übel so groß sind, dass sie nur durch große Schritte geheilt werden können. Die Revolutionen in den Ländern des ehemals real existierenden Sozialismus sind dafür ein treffendes Beispiel.

Gegen solche allgemeinen Erwägungen wird man kaum Einwände erheben können. In Bezug auf die Beschäftigungspolitik etwa in der Bundesrepublik Deutschland sind sie jedoch kaum substanziiert. Die Arbeitsmarktpolitik befindet sich deshalb hier im Stadium der kleinen Schritte.

Literaturverzeichnis

AKERLOF, G. A./YELLEN, J. L. (Hrsg.) 1986: Efficiency wage models of the labor market, Cambridge - New York - Melbourne.

ALBACH, H. 1995: Notwendige Innovationen in der Lohnpolitik, Discussion Paper FSN95-14, Wissenschaftszentrum Berlin.

ALEWELL, D. 1993: Interne Arbeitsmärkte, Hamburg.

AMADEO, E.- J. 1994: Institutions, inflation and unemployment, Amsterdam.

ARBEITERVERDIENSTE 1966 und 1972: Preise, Löhne, Wirtschaftsrechnungen, Fachserie M, Reihe 17, Gehalts- und Lohnstrukturerhebung, I. Gewerbliche Wirtschaft und Dienstleistungsbereich. Arbeiterverdienste 1966, herausgegeben vom Statistischen Bundesamt Wiesbaden, Stuttgart - Mainz.

ARBEITS- UND SOZIALSTATISTIK, jährlich, herausgegeben vom Bundesministerium für Arbeit und Sozialordnung, Bonn.

ASHENFELTER, O./JOHNSON, G. E. 1969: Bargaining theory, trade unions and industrial strike activity, in: American Economic Review 59, S. 35-49.

ASHENFELTER, O./LAYARD, R. (Hrsg.) 1986a: Handbook of labor economics - Volume 1, Amsterdam u.a.

ASHENFELTER, O./LAYARD, R. (Hrsg.) 1986b: Handbook of labor economics - Volume 2, Amsterdam u.a.

ATKINSON, A. B./MICKLEWRIGHT, J. 1991: Unemployment compensation and labor market transition: A critical review, in: Journal of Economic Literature 29, S. 1679-1727.

AUER, P./MAIER, H. E. 1984: Strategien der Arbeitsbeschaffung in der Bundesrepublik Deutschland und im Ausland, in: Mitteilungen aus der Arbeitsmarkt- und Berufsforschung 17, S. 158-167.

AVERITT, R. T. 1968: The dual economy, New York.

BACH, H. U./KOHLER, H./SPITZNAGEL, E. 1986: Arbeitsmarktpolitische Maßnahmen: Entlastungswirkungen und Kostenvergleiche, in: Mitteilungen aus der Arbeitsmarkt- und Berufsforschung 19, S. 370-384.

BACH, H. U. u.a. (Autorengemeinschaft) 1994: Der Arbeitsmarkt 1994 und 1995 in der Bundesrepublik Deutschland, in: Mitteilungen aus der Arbeitsmarkt- und Berufsforschung 27, S. 269-299.

BAG AP 1954 ff.: HUECK, A./HUECK, G./STUMPF, H./WIEDEMANN, H. (Hrsg.): Nachschlagewerk des Bundesarbeitsgerichts - Arbeitsrechtliche Praxis, Stichwort: Tarifvertragsgesetz, 2 Bände (Loseblattsammlung), München - Berlin.

BAKKE, E. W. u.a. (Hrsg.) 1954: Labor mobility and economic opportunity, Cambridge (Mass.).

BASTIANEN, R. D./BUTTER, F. A. G. D./OURS, J. C. V. 1993: Welfare losses due to low employment rates: An exploratory analysis for the Netherlands, in: Applied Economics 25, S. 427-438.

BAWDEN, D. L./SKIDMORE, F. (Hrsg.) 1989: Rethinking employment policy, Washington, D.C.

BEAN, C. R. 1994: European unemployment: A survey, in: Journal of Economic Literature 32, S. 573-619.

BECKER, G. S. 1962: Investment in human capital: A theoretical analysis, in: Journal of Political Economy 70, Supplement, S. 9-49.

BECKER, G. S. 1993: Human capital: A theoretical and empirical analysis, with special reference to education, 3. Auflage, Chicago - London (1. Auflage 1964).

BEISSINGER, T. 1996: Inflation und Arbeitslosigkeit in der Bundesrepublik Deutschland - eine Analyse anhand von Modellen mit unvollkommenem Wettbewerb, Marburg.

BENJAMIN, D. K./KOCHIN, L. A. 1979: Searching for an explanation of unemployment in interwar Britain, in: Journal of Political Economy 87, S. 441-478.

BERG, G. J., V. D. 1990a: Nonstationarity in job search theory, in: Review of Economic Studies 57, S. 255-77.

BERG, G. J., V. D. 1990b: Search behaviour, transitions to nonparticipation and the duration of unemployment, in: Economic Journal 100, S. 842-65.

BERUF, AUSBILDUNG UND ARBEITSBEDINGUNGEN DER ERWERBSTÄTIGEN, mehrjährig, Fachserie 1, Reihe 4.1.2, herausgegeben vom Statistischen Bundesamt Wiesbaden.

BEUTHIEN, V. 1992: Arbeitskampf und Arbeitskampfrecht, in: HWP 1992, Sp. 136-148.

BLANCHFLOWER, D./OSWALD, A. 1990: The wage curve, in: Scandinavian Journal of Economics 92, S. 215-235.

BLANCHFLOWER, D./OSWALD, A. 1994: The wage curve, Cambridge (Mass.) - London.

BLOSSFELD, H. P./HAMERLE, A./MAYER, K. U. 1986: Ergebnisanalyse - Statistische Theorie und Anwendung in den Wirtschafts- und Sozialwissenschaften, Frankfurt a.M. - New York.

BLOSSFELD, H. P./ MAYER, K. U. 1988: Arbeitsmarktsegmentation in der Bundesrepublik Deutschland. Eine empirische Überprüfung von Segmentationstheorien aus der Perspektive des Lebenslaufs, in: Kölner Zeitschrift für Soziologie und Sozialpsychologie 40, S. 262-283.

BOGNANNO, M. F./KLEINER, M. M. (Hrsg.) 1992: Labor market institutions and the future role of unions, Oxford - Cambridge (Mass.).

BOMBACH, G./GAHLEN, B./OTT, A. E. (Hrsg.) 1987: Arbeitsmärkte und Beschäftigung - Fakten, Analysen, Perspektiven, Tübingen.

BOOTH, A. L. 1995: The economics of the trade union, Cambridge.

BRANDT, A. 1995: Ursachen der Arbeitslosigkeit und Perspektiven der Beschäftigungspolitik in Deutschland, Frankfurt am Main.

BRAYBROOKE, D./LINDBLOM, C. E. 1963: A strategy of decision. Policy evaluation as a social process, New York - London.

BRIEFS, G. 1965: Gewerkschaften: (I) Theorie, in: Handwörterbuch der Sozialwissenschaften 4, S. 545-561.

BRINKMANN, C. 1976: Finanzielle und psychosoziale Belastungen während der Arbeitslosigkeit, in: Mitteilungen aus der Arbeitsmarkt- und Berufsforschung 9, S. 397-413.

BRINKMANN, C. 1978: Strukturen und Determinanten der beruflichen Wiedereingliederung von Langfristarbeitslosen, in: Mitteilungen aus der Arbeitsmarkt- und Berufsforschung 11, S. 178-197.

BRINKMANN, C. 1981: Die individuellen Folgen langfristiger Arbeitslosigkeit, in: Mitteilungen aus der Arbeitsmarkt- und Berufsforschung 14, S. 454-473.

BRINKMANN, C. 1984: Die individuellen Folgen langfristiger Arbeitslosigkeit. Ergebnisse einer repräsentativen Längsschnittuntersuchung, in: Mitteilungen aus der Arbeitsmarkt- und Berufsforschung 17, S. 454-473.

BRINKMANN, C./FRIEDRICH, D./FUCHS, L./LINDLAHR, K. O. 1991: Arbeitslosigkeit und Sozialhilfebezug. Sonderuntersuchung der Bundesvereinigung der Kommunalen Spitzenverbände in Zusammenarbeit mit der Bundesanstalt für Arbeit im September 1989, in: Mitteilungen aus der Arbeitsmarkt- und Berufsforschung 24, S. 157-177.

BRINKMANN, C./VÖLKEL, B. 1992: Zur Implementation arbeitsmarktpolitischer Maßnahmen in den neuen Bundesländern, in: Mitteilungen aus der Arbeitsmarkt- und Berufsforschung 25, S. 260-276.

BRINKMANN, G. 1978: Die Absorption der Hochschulabsolventen durch das Beschäftigungssystem der Vereinigten Staaten von Amerika, in: Mitteilungen aus der Arbeitsmarkt- und Berufsforschung 11, S. 425-434.

BRINKMANN, G. 1981a: Ökonomik der Arbeit, Band 1: Grundlagen, Stuttgart.

BRINKMANN, G. 1981b: Ökonomik der Arbeit, Band 2: Die Allokation der Arbeit, Stuttgart.

BRINKMANN, G. 1984: Ökonomik der Arbeit, Band 3: Die Entlohnung der Arbeit, Stuttgart.

BRINKMANN, G. 1997: Analytische Wissenschaftstheorie, 3., überarbeitete und erweiterte Auflage, München - Wien.

BROX, H./RÜTHERS, B./JÜLICHER, F./SCHLÜTER, W. 1982: Arbeitskampfrecht, 2. neubearbeitete Auflage, Stuttgart u.a.

BRYANT, R. R. 1990: Job search and information processing in the presence of nonrational behavior, in: Journal of Economic Behavior and Organization 25, S. 249-260.

CAIN, G. C. 1987: Segmented labour markets, in: The New Palgrave. A dictionary of economics, Volume 4, S. 285-287.

CAIRNES, H. E. 1874: Some leading principles of political economy newly expounded, London (Neudruck: New York 1967).

CARD, D. 1995: The wage curve: A review, in: Journal of Economic Literature 33, S. 785-799.

CARNOY, M./RUMBERGER, R. W. 1976: Segmented Labor markets: Some empirical forays, Discussion Paper 75/2, Center for Economic Studies, Palo Alto.

CHRISTL, J. 1992: The unemployment - vacancy curve: Theoretical foundation and empirical relevance, New York - Heidelberg.

COX, J. C./OAXACA, R. L. 1992: Direct tests of the reservation wage property, in: Economic Journal 102, S. 1423-1432.

CRAMER, U./KOLLER, M. 1988: Gewinne und Verluste von Arbeitsplätzen in Betrieben - der Job-Turnover Ansatz, in: Mitteilungen aus der Arbeitsmarkt- und Berufsforschung 21, S. 361-377.

CUBBIN, J. S./FOLEY, K. 1977: The extent of benefit-induced unemployment in Great Britain: Some new evidence, in: Oxford Economic Papers 29, S. 128-140.

CYERT, R. M./MOWERY, D. C. 1988: The impact of technological change on employment and economic growth, Cambridge (Mass.).

DARITY, W. J./GOLDSMITH, A. H. 1993: Unemployment, social psychology and unemployment hysteresis, in: Journal of Post Keynesian Economics 16, S. 55-71.

DGB 1996: Deutscher Gewerkschaftsbund, Bundesvorstand: Die Zukunft gestalten. Grundsatzprogramm des Deutschen Gewerkschaftsbundes. Beschlossen auf dem 5. Außerordentlichen Bundeskongress am 13.-16. November 1996 in Dresden, Düsseldorf.

DORNBUSCH, R./FISCHER, S. 1994: Macroeconomics, 6. ed., New York; dt.: 1995: Makroökonomik; 6. Auflage, München.

DOSTAL, W. 1989: Arbeitsmarktwirkungen moderner Technologien, in: Mitteilungen aus der Arbeitsmarkt- und Berufsforschung 22, S. 187-201.

EDWARDS, R. C./REICH, M./GORDON, D. M. (Hrsg.) 1975: Labor market segmentation, Lexington - Toronto - London.

EHRENBERG, R. G./OAXACA, R. L. 1976: Unemployment insurance, duration of unemployment, and subsequent wage gain, in: American Economic Review 66, S. 754-766.

EHRENBERG, R. G./SMITH, R. S. 1991: Modern labor economics - Theory and public policy, Fourth edition, New York.

ELLIOTT, R. F. 1991: Labor economics - A comparative text, London.

ENDRUWEIT, G./GAUGLER, E./STAEHLE, W. H./WILPERT, B. (Hrsg.) 1985: Handbuch der Arbeitsbeziehungen, Berlin - New York.

ENTORF, H. 1996: Strukturelle Arbeitslosigkeit in Deutschland: Mismatch, Mobilität und technologischer Wandel, in: GAHLEN/HESSE/RAMSER 1996, S.139-170.

EUROPEAN COMMISSION 1995: Performance of the European Union Labour Market. Results of an *ad hoc* labour market survey covering employers and employees, European Economy, Reports and Studies, No 3, Brüssel.

FALLON, P./VERRY, D. 1988: The economics of labour markets, Oxford.

FARBER, H. S. 1986: The analysis of union behavior, in: ASHENFELTER/LAYARD 1986b, S. 1039-1089.

FELDERER, B./HOMBURG, S. 1994: Makroökonomik und neue Makroökonomik, 6. Auflage, Berlin.

FELDSTEIN, M. 1978: The effect of unemployment insurance on temporary layoff unemployment, in: American Economic Review 68, S. 834-846.

FELLI, L./ICHINO, A. 1988: Do marginal employment subsidies increase re-employment probabilities? Preliminary results on the experiment of the Agenzia del Lavoro of Trento (Italy), in: Labour 2, S. 63-89.

FISCHER, G./HENSEL, R./REINBERG, A./REUSCHEL, H. D./ TESSARING, M. 1993: Bestand und Bewegung im Bildungs- und Beschäftigungssystem der Bundesrepublik Deutschland - Ergebnisse der Bildungsgesamtrechnung für die alten und neuen Bundesländer, Beiträge zur Arbeitsmarkt- und Berufsforschung 170, Nürnberg.

FLAMHOLTZ, E. G. 1986: Human resource accounting, London.

FRANZ, W. 1982: Youth unemployment in the Federal Republic of Germany: Theory, empirical results and policy implications; an economic analysis, Tübingen.

FRANZ, W. 1987: Strukturelle und friktionelle Arbeitslosigkeit in der Bundesrepublik Deutschland. Eine theoretische und empirische Analyse der Beveridge-Kurve, in: BOMBACH/GAHLEN/OTT 1987, S. 301-323.

FRANZ, W. 1989: Das Hysteresis-Phänomen, in: WiSt - Wirtschaftswissenschaftliches Studium 18, S. 77-80.

FRANZ, W. 1996: Arbeitsmarktökonomik, 3., überarbeitete und erweiterte Auflage, Berlin u.a.

FRANZ, W./KÖNIG, H. 1986: The nature and causes of unemployment in the Federal Republic of Germany since the 1970s: An empirical investigation, Economica (Supplement) 53, S. 219-244.

FRIEDMAN, M. 1962: Capitalism and freedom, Chicago.

FRIEDMAN, M. 1968: The role of monetary policy, in: American Economic Review 58, S. 1-17.

FRIEDRICH, H./WIEDEMEYER, M. 1998: Arbeitslosigkeit - ein Dauerproblem. Dimensionen, Ursachen, Strategien. Ein problemorientierter Lehrtext, 3., aktualisierte und völlig überarbeitete Auflage, Opladen.

FUCHS, J. 1992: Zu- und Abgangsrechnung für die Erwerbstätigen nach Branchen. Ein Modell zur Fortschreibung sektoraler Beschäftigungsstrukturen nach Alter, Geschlecht und Stellung im Beruf, Beiträge zur Arbeitsmarkt- und Berufsforschung Nr. 166, Nürnberg.

FUCHS, J. 1998: Umfang und Struktur der Stillen Reserve in den neuen Bundesländern, in: Mitteilung aus der Arbeitsmarkt- und Berufsforschung 31, S. 58-78.

GAHLEN, B./HESSE, H./RAMSER, H. J. (Hrsg.) 1996: Arbeitslosigkeit und Möglichkeiten ihrer Überwindung, Tübingen.

GÄRTNER, M. 1985: Political and industrial change in a model of trade union militancy and real wage growth, in: Review of Economics and Statistics 67, S. 322-327.

GAFFIKIN, F./MORRISSEY, M. 1992: The new unemployed: Joblessness and poverty in the market economy, London - Atlantic Highland, N. J.

GALBRAITH, J. K. 1968: Die moderne Industriegesellschaft, München.

GARONNA, P./MORI, P./TEDESCHI, P. (Hrsg.) 1992: Economic models of trade unions. International studies in economic modelling, London - New York.

GERLACH, K./HÜBLER, O. (Hrsg.) 1989: Effizienzlohntheorie, Individualeinkommen und Arbeitsplatzwechsel, Frankfurt a.M.

GERLACH, K./HÜBLER, O. 1992: Ökonomische Analyse des Arbeitsmarktes, in: Mitteilungen aus der Arbeitsmarkt- und Berufsforschung 25, S. 51-60.

GOERKE, L./HOLLER, M. J. 1997: Arbeitsmarktmodelle, Berlin - Heidelberg u.a.

GIBBONS, R./KATZ, L. F. 1992: Does unmeasured ability explain inter-industry wage differentials?, in: Review of Economic Studies 59, S. 515-535.

GORDON, M. S. (Hrsg.) 1974: Higher education and the labor market. A volume of essays sponsored by the Carnegie Commission on Higher Education, New York.

GRASSINGER, R. 1994: Verfestigte Arbeitslosigkeit. Das Hysteresis-Phänomen unter besonderer Berücksichtigung des Humankapitalansatzes, Beiträge zur Arbeitsmarkt- und Berufsforschung 174, Nürnberg.

GRUBEL, H. G./MAKI, D. R. 1976: The effects of unemployment benefits on U.S. unemployment rates, in: Weltwirtschaftliches Archiv 112, S. 274-299.

GRUPP, H. 1997: Messung und Erklärung des Technischen Wandels, Berlin u.a.

HAMERMESH, D. S. 1986: The demand for labor in the long run, in: ASHENFELTER/LAYARD 1986a, S. 429-471.

HAMERMESH, D. S. 1993: Labor demand, Princeton - Chichester.

HAMERMESH, D. S./WOLFE, J. R. 1990: Compensating wage differentials and the duration of wage loss, in: Journal of Labor Economics 8, S. 175-197.

HARTMANN, J. 1985: Verbände in der westlichen Industriegesellschaft. Ein international vergleichendes Handbuch, Frankfurt a.M. - New York.

HANAU, P./ADOMEIT, K. 1994, Arbeitsrecht, 11. neubearbeitete Auflage, Neuwied.

HART, O. 1987: Incomplete contracts, in: The New Palgrave. A dictionary of economics. Volume 2, S. 752-759, London u.a.

HAYES, B. 1984: Unions and strikes with asymmetric information, in: Journal of Labor Economics 2, S. 57-83.

HdWW - HANDWÖRTERBUCH DER WIRTSCHAFTSWISSENSCHAFT, Hrsg. von Albers, W. u.a., 10 Bände, Stuttgart, 1988 ff.

HEBBINK, G. E. 1992: Human capital, labor demand and wages: Aspects of labor-market heterogeneity, Tinbergen Institute Research Series 35, Amsterdam.

HEINTZ, B./NADAI, E./FISCHER, R./UMMEL, H. 1997: Ungleich unter Gleichen, Frankfurt am Main.

HELBERGER, C. (Hrsg.) 1991: Erwerbstätigkeit und Arbeitslosigkeit - Analysen auf der Grundlage des Sozio-ökonomischen Panels, Beiträge zur Arbeitsmarkt- und Berufsforschung Nr. 144, Nürnberg.

HENDERSON, J. M./QUANDT, R. E. 1983: Mikroökonomische Theorie. Eine mathematische Darstellung, 5. überarbeitete Auflage, München.

HICKS, J. R. 1932: The theory of wages, 1. Auflage (2. Auflage 1963), wiederabgedruckt 1973, London - Basingstoke.

HIMMELMANN, G. 1977: Der Einfluss des Organisationsgrades auf die Tarifpolitik aus der Sicht der Gewerkschaften, in: KÜLP/HAAS 1977b, S. 649-697.

HIMMELREICH, F. - H. 1977: Der Einfluss des Organisationsgrades auf die Tarifpolitik aus der Sicht der Arbeitgeberverbände, in: KÜLP/HAAS 1977b, S. 639-648.

HINES, A. G. 1964: Trade unions and wage inflation in the United Kingdom 1893-1961, in: Review of Economic Studies, 31, S. 221-252.

HÖD 1976: Handwörterbuch des öffentlichen Dienstes. Das Personalwesen, Hrsg.: Bierfelder, W., Berlin.

HODELGE, D. H. 1985: Job-search im strukturierten Arbeitsmarkt. Zur suchtheoretischen Erklärung unfreiwilliger Arbeitslosigkeit, Freiburg i.B.

HOFBAUER, H. 1978: Die Untersuchung des Instituts für Arbeitsmarkt- und Berufsforschung der Bundesanstalt für Arbeit über Berufsverläufe bei Frauen, Bericht über Methode und erste Ergebnisse, in: Mitteilungen aus der Arbeitsmarkt- und Berufsforschung 11, S. 131-147.

HOLEN, A./HORWITZ, S. A. 1974: The effect of unemployment insurance and eligibility enforcement on unemployment, in: Journal of Law and Economics 17, S. 403-431.

HORNSTEIN, C. 1996: Gewerkschaften - Entwicklung und Bildung im Wandel, Frankfurt/M. u.a.

HUECK, A./NIPPERDEY, H. C. 1963: Lehrbuch des Arbeitsrechts I, 7. Auflage, Berlin - Frankfurt a.M.

HUECK, A./NIPPERDEY, H. C. 1970a: Lehrbuch des Arbeitsrechts II, 1. Halbband, 7. Auflage, Berlin - Frankfurt a.M.

HUECK, A./NIPPERDEY, H. C. 1970b: Lehrbuch des Arbeitsrechts II, 2. Halbband, 7. Auflage, Berlin - Frankfurt a.M.

HUECK, A./NIPPERDEY, H. C. 1970c: Grundriß des Arbeitsrechts, 5. Auflage, Berlin - Frankfurt a.M.

HWP 1975: Handwörterbuch des Personalwesens. Hrsg. von E. Gaugler, 1. Auflage, Stuttgart.

HWP 1992: Handwörterbuch des Personalwesens. Hrsg. von E. Gaugler, 2., neubearbeitete und ergänzte Auflage, Stuttgart.

IAB (Hrsg.) 1976: Autorengemeinschaft: Zum Problem der „strukturellen Arbeitslosigkeit“, in: Mitteilungen aus der Arbeitsmarkt- und Berufsforschung 9, S. 70-83.

IAB (Hrsg.) 1988: Arbeitsbeschaffung, Dokumentationsprofile aus der Arbeitsmarkt- und Berufsforschung L 51, Nürnberg.

IAB (Hrsg.) 1991: Weibliche familiale Arbeit und männliche Dauererwerbslosigkeit im Arbeitermilieu, Nürnberg.

IAB (Hrsg.) 1995: Daten zur kurzfristigen Entwicklung von Wirtschaft und Arbeitsmarkt, Nürnberg.

IAB (Hrsg.) 1997: Zahlen-Fibel, Ausgabe 1997, Nürnberg.

INSTITUT DER DEUTSCHEN WIRTSCHAFT (Hrsg.) jährlich: Zahlen zur wirtschaftlichen Entwicklung der Bundesrepublik Deutschland, Köln.

IG METALL 1998: Satzung der IG Metall. Beschlossen auf dem 4. außerordentlichen Gewerkschaftstag am 11. Oktober 1997 in Mannheim. Gültig ab 1. Januar 1998, Frankfurt.

ISO (GROSS, H./PEKRUHL, U, /THOBEN, C.) 1987: Arbeitszeit '87. Ein Report zu Arbeitszeiten und Arbeitszeitpräferenzen der Beschäftigten in der Bundesrepublik, Teil II, Düsseldorf.

ISO (GROSS, H./THOBEN, C./BAUER, F.) 1989: Arbeitszeit '89. Ergebnisse einer aktuellen Repräsentativbefragung zu den Arbeitszeitstrukturen und Arbeitszeitwünschen der abhängig Beschäftigten in der Bundesrepublik Deutschland, Düsseldorf.

ISO (BAUER, F./GROSS, H./SCHILLING, G.) 1994: Arbeitszeit '93. Arbeitszeiten, Arbeitszeitwünsche, Zeitbewirtschaftung und Arbeitszeitgestaltungschancen von abhängig Beschäftigten. Resultate einer aktuellen Repräsentativbefragung in Westdeutschland, Düsseldorf.

JAHODA, M./LAZARSFELD, P./ZEISEL, H. 1933: Die Arbeitslosen von Marienthal, Frankfurt a.M., (2. Auflage 1975).

JANOSKI, T. 1990: The political economy of unemployment: Active labor market policy in West-Germany and the United States, Berkeley.

JENKINS, G. P./MONTMARQUETTE, C. 1979: Estimating the private and social opportunity costs of displaced workers in: Review of Economics and Statistics 61, S. 342-353.

JENSEN, P./ WESTERGARD-NIELSEN, N. 1989: Temporary layoffs, University of Aarhus and Aarhus School of Business, Labour Economics Group, Working paper 89-2.

JOHNSON, G. E./LAYARD, P. R. G. 1986: The natural rate of unemployment: Explanation and policy, in: ASHENFELTER/LAYARD 1986b, S. 921-999.

KANTZENBACH, E./MAYER, O. G. (Hrsg.) 1992: Beschäftigungsentwicklung und Arbeitsmarktpolitik, Berlin.

KARR, W. 1978: Die Leistungsberechtigten in der Arbeitslosenstatistik, in: Mitteilungen aus der Arbeitsmarkt- und Berufsforschung 11, S. 1-6.

KATZ, L. F./MEYER, B. D. 1990: Unemployment insurance, recall expectations and unemployment outcomes in: Quarterly Journal of Economics 105, S. 973-1002.

KAUFMAN, B. E. 1991: The economics of labor markets, 3. Aufl., Chicago.

KELLER, B. 1989: Arbeitgeber, in: Handwörterbuch der Öffentlichen Betriebswirtschaft. Enzyklopädie der Betriebswirtschaftslehre XI, Sp. 15-20.

KELLER, B. 1997: Einführung in die Arbeitspolitik - Arbeitsbeziehungen und Arbeitsmarkt in sozialwissenschaftlicher Perspektive, 5., völlig überarbeitete und wesentlich erweiterte Auflage, München - Wien.

KENNAN, J. 1986: The economics of strikes, in: ASHENFELTER/LAYARD 1986b, S. 1091-1137.

KERR, C. 1954: The balkanization of labor markets, in: BAKKE u.a. 1954, wieder abgedruckt in: REYNOLDS/MASTERS/MOSER 1978, S. 61-70.

KIEFER, N. M. 1988: Economic duration data and hazard functions, in: Journal of Economic Literature 26, S. 646-679.

KILLINGSWORTH, M. R. 1983: Labor supply, Cambrigde u.a.

KILLINGSWORTH M. R./HECKMAN. J. J. 1986: Female labor supply: A survey, in: ASHENFELTER/LAYARD 1986a, S. 103-204.

KINGSTON, J. L./BURGESS, P. L. 1975: Unemployment insurance and unemployment duration, in: Quarterly Review of Economics and Business 15, S. 65-79.

KISSLER, L./LASSERRE, R. 1987: Tarifpolitik im deutsch-französischen Vergleich. Deutsch-französische Studien zur Industriegesellschaft, Band 4, Frankfurt a.M.

KLEMS, W./SCHMID, A. 1990: Langzeitarbeitslosigkeit. Theorie und Empirie am Beispiel des Arbeitsmarktes, Frankfurt a.M - Berlin.

KÖNIG, H. 1978: Zur Dauer der Arbeitslosigkeit: Ein Markov-Modell, in: Kyklos 31, S. 36-52.

KÖNIG, H. (Hrsg.) 1990: Economics of wage determination, Berlin u.a.

KÖNIG, H. 1997: Innovation und Beschäftigung, in: Zeitschrift für Wirtschafts- und Sozialwissenschaften, Beiheft 5 (Jahrestagung 1995) S. 151-176.

KOMMISSION DER EUROPÄISCHEN GEMEINSCHAFT 1993: Wachstum, Wettbewerbsfähigkeit, Beschäftigung. Herausforderungen der Gegenwart und Wege ins 21. Jahrhundert, Weißbuch, Luxemburg.

KOMMISSION FÜR ZUKUNFTSFRAGEN DER FREISTAATEN BAYERN UND SACHSEN: Bericht der Kommission. Teil I (1996): Entwicklung von Erwerbstätigkeit und Arbeitslosigkeit in Deutschland und anderen frühindustrialisierten Ländern, 4. Auflage, Bonn. Teil II (1997a): Ursachen steigender Arbeitslosigkeit in Deutschland und anderen frühindustrialisierten Ländern, 2. Auflage, Bonn. Teil III (1997b): Maßnahmen zur Verbesserung der Beschäftigungslage, 2. Auflage, Bonn. Alle 3 Teile auch zu beziehen über www.sachsen.de.

KOMMISSION FÜR ZUKUNFTSFRAGEN DER FREISTAATEN BAYERN UND SACHSEN 1998: Erwerbstätigkeit und Arbeitslosigkeit in Deutschland. Entwicklung, Ursache, Maßnahmen. Leitsätze, Zusammenfassung und Schlussfolgerungen der Teile I, II und III des Kommissionsberichtes, München.

KRESS, U. 1993: Arbeitslosigkeit. Literaturdokumentation zur Arbeitsmarkt- und Berufsforschung, 3. Erg., Nürnberg.

KRONAUER, M./VOGEL, B./GERLACH, F. 1993: Im Schatten der Arbeitsgesellschaft. Arbeitslose und die Dynamik sozialer Ausgrenzung, Frankfurt - New York.

KÜLP, B./HAAS, H.-D. (Hrsg.) 1977a: Soziale Probleme der modernen Industriegesellschaft. Verhandlungen auf der Arbeitstagung der Gesellschaft für Wirtschafts- und Sozialwissenschaften - Verein für Socialpolitik - in Augsburg vom 13. bis 15. September 1976. Erster Halbband, Berlin.

KÜLP, B./HAAS, H.-D. (Hrsg.) 1977b: Soziale Probleme der modernen Industriegesellschaft. Verhandlungen auf der Arbeitstagung der Gesellschaft für Wirtschafts- und Sozialwissenschaften - Verein für Socialpolitik - in Augsburg vom 13. bis 15. September 1976. Zweiter Halbband, Berlin.

LAMPERT, H. 1989: 20 Jahre Arbeitsförderungsgesetz, in: Mitteilungen aus der Arbeitsmarkt- und Berufsforschung 22, S. 173-186.

LAMPERT, H./ENGLBERGER, J./ SCHÜLE, U. 1991: Ordnungs- und prozeßpolitische Probleme der Arbeitsmarktpolitik in der Bundesrepublik Deutschland, Berlin.

LAZEAR, E. P. 1986: Retirement from the labor force, in: ASHENFELTER/LAYARD 1986a, S. 306-355.

LEIGH, D. E. 1976: Occupational advancement in the late 1960: An indirect test of the dual labor market hypothesis, in: Journal of Human Resources 11, S. 155-171.

LEWIS, H. G. 1963: Unionism and relative wages in the United States: An empirical inquiry, Chicago.

LEWIS, H. G. 1986a: Union relative wage effects, in: ASHENFELTER/LAYARD 1986b, S. 1139-1181.

LEWIS, H. G. 1986b: Union relative wage effects: A survey, Chicago.

LICHT, G./STEINER, V. 1991: Abgang aus der Arbeitslosigkeit, Individualeffekte und Hysteresis. Eine Paneldatenanalyse für die Bundesrepublik Deutschland, in: HELBERGER et. al. 1991, S. 182-206.

LIESEGANG, H. C. F. 1975: Gewerkschaften in der Bundesrepublik Deutschland, Berlin.

LINDBECK, A./SNOWER, D. J. 1988: The insider-outsider theory of employment and unemployment, Cambridge (Mass.) - London.

LIPPMAN, S. A./MCCALL, J. J. 1976a: The economics of job search: A survey. Part I, in: Economic Inquiry 14, S. 155-189.

LIPPMAN, S. A./MCCALL, J. J. 1976b: The economics of job search: A survey. Part II, in: Economic Inquiry 14, S. 347-368.

LOCKWOOD, B. 1986: Transferable skills, job matching, and the inefficiency of the 'natural' rate of unemployment, in: Economic Journal 96, S. 961-974.

LÖHNE UND GEHÄLTER 1978: Fachserie 16, Gehalts- und Lohnstrukturerhebung. Arbeiter- und Angestelltenverdienste im Produzierenden Gewerbe, im Groß- und Einzelhandel, bei Kreditinstituten und im Versicherungsgewerbe 1978, herausgegeben vom Statistischen Bundesamt Wiesbaden, Stuttgart - Mainz 1981.

LÖWISCH, M. 1975: Tarifvertragsrecht, in: HWP 1975, Sp. 1924-1935.

LOUNGANI, P./RUSH, M./TAVE, W. 1990: Stock market dispersion and unemployment, in: Journal of Monetary Economics 25, S. 367-388.

LUTZ, B. 1988: Arbeitsmarktstruktur und betriebliche Arbeitskräftestrategie. Eine theoretisch-historische Skizze zur Entstehung betriebszentrierter Arbeitsmarktsegmentation. Forschungsberichte aus dem Institut für Sozialwissenschaftliche Forschung (ISF), München.

MACKSCHEIDT, K./STEINHAUSEN. J. 1978: Finanzpolitik I, Grundfragen fiskalpolitischer Lenkung, 3., überarbeitete und erweiterte Auflage, Tübingen.

MACLEOD, W. B./MALCOMSON, J. M./GOMME, P. 1994: Labor turnover and the natural rate of unemployment: Efficiency wage versus frictional unemployment, in: Journal of Labor Economics 12, S. 276-315.

MAKI, D. R./SPINDLER, Z. A. 1975: The effect of unemployment compensation on the rate of unemployment in Great Britain, in: Oxford Economic Papers 27, S 440-454.

MALCOMSON, J. M. 1997: Contracts, hold-up and labor markets, in: Journal of Economic Literature 35, S. 1916-1957.

MARSTON, S. T. 1975: The impact of unemployment insurance on job search, in: Brookings Papers on Economic Activity, S. 113-148.

MARTIN, R. 1992: Bargaining power, Oxford u.a.

MARX, K. 1962: Das Kapital. Kritik der politischen Ökonomie, 1. Band, (Marx/Engels: Werke, Band 23), Berlin (Ost) (1. Auflage 1867).

MATZNER, E./KREGEL, J./RONCAGLIA, A. 1987: Arbeit ist für alle möglich. Über ökonomische und industrielle Bedingungen erfolgreicher Beschäftigungs- und Arbeitsmarktpolitik, Berlin.

MCKENNA, C. J. 1985: Uncertainty and the labour market: Recent developments in job search theory, Brighton.

MCNABB, R. 1987: Testing for labour market segmentation in Britain, in: Manchester School of Economics and Social Studies 55, S. 257-273.

MEISNER, H. 1990: Betriebliche Ausbildungsinvestitionen und Effizienzlohntheorien, Münster - Hamburg.

MERTENS, D./KÜHL, J. 1977: Arbeitsmarkt. I: Arbeitsmarktpolitik, in : Handwörterbuch der Wirtschaftswissenschaft 1, S. 279-292.

MEYER, B. D. 1990: Unemployment insurance and unemployment spells, in: Econometrica 58, S. 757-82.

MEYER, B. D. 1995: Lessons from the U.S. unemployment insurance experiments, in: Journal of Economic Literature 33, S. 91-131.

MEYER, W. 1989: Der gewerkschaftliche Einfluss auf die Geldlohndynamik, in: Die Gesellschaft in der ökonomischen Theorie, Jahrbuch Nr. 7, S. 214-238.

MEYER, W. 1990: Bestimmungsfaktoren der Tariflohnbewegung; eine empirische mikroökonomische Untersuchung für die Bundesrepublik, Frankfurt a.M. - New York.

MINCER, J. 1957: A study of personal income distribution, Ph. D. dissertation, Columbia University (zitiert nach Mincer 1958).

MINCER, J. 1958: Investments in human capital and personal income distribution, in: Journal of Political Economy 66, S. 281-302.

MINCER, J. 1974: Schooling, experience and earnings, New York - London.

MINCER, J. 1993: Collected essays of Jacob Mincer, Volume I, Studies in human capital. Economists of the twentieth century series, Aldershot.

MOLITOR, B. 1988: Lohn- und Arbeitsmarktpolitik, München.

MORTENSEN, D. T. 1986: Job search and labor market analysis, in: ASHENFELTER/LAYARD 1986b, S. 849-919.

MÜHLEISEN, M. 1994: Human capital decay and persistence, Frankfurt am Main.

MÜLLER, G. 1990: Die Tarifautonomie in der Bundesrepublik Deutschland. Rechtliche und ethische Grundlagen, Berlin.

MÜLLER-JENTSCH, W. 1997: Soziologie der industriellen Beziehungen, 2., überarbeitete und erweiterte Auflage, Frankfurt/Main - New York.

NICKELL, S. 1982: The determinants of equilibrium unemployment in Britain, in: Economic Journal 92, S. 55-75.

NICKELL, S. 1986: Dynamic models of labour demand, in: ASHENFELTER/LAYARD 1986a, S. 473-522.

NICKELL, S. 1990: Unemployment: A survey, in: Economic Journal 100, S. 391-439.

NIPPERDEY, H. C. (Hrsg.) I: Arbeitsrecht. Sammlung aller wichtigen in der Bundesrepublik geltenden arbeitsrechtlichen Vorschriften (Loseblattsammlung, laufend aktualisiert), München.

NIPPERDEY, H. C. (Hrsg.) II: Arbeitsplatzsicherheit (Loseblattsammlung, laufend aktualisiert), München.

NOÉ, C. 1970: Gebändigter Klassenkampf. Tarifautonomie in der Bundesrepublik Deutschland. Der Konflikt zwischen Gesamtmetall und IG Metall vom Frühjahr 1963, Berlin.

OECD (Organisation for Economic Co-Operation and Development) 1994: The OECD jobs study. Facts, analysis, strategies, Paris.

OSTERMAN, P. 1975: An empirical study of labor market segmentation, in: Industrial and Labor Relations Review 28, S. 508-523.

OURS, J. C. VAN/PFANN, G. A./RIDDER, G. (Hrsg.) 1993: Labor demand and equilibrium wage formation, Amsterdam u.a.

PACI, P./WAGSTAFF, A./HOLL, P. 1993: Measuring union power in British manufacturing: A latent variable approach, in: Oxford Bulletin of Economics and Statistics 55, S. 65-85.

PADOA-SCHIOPPA, F. (Hrsg.) 1991: Mismatch and labour mobility, Cambridge - New York - Melbourne.

PALLEY, T. I. 1992: Sectoral shifts and cyclical unemployment: A reconsideration, in: Economic Inquiry 30, S. 117-33.

PARSLEY, C. J. 1980: Labor union effects on wage gains: A survey of recent literature, in: Journal of Economic Literature 18, S. 1-31.

PENCAVEL, J. 1986: Labor supply of men: A survey, in: ASHENFELTER/LAYARD 1986a, S. 3-102.

PENCAVEL, J. 1991: Labor markets under trade unionism: Employment, wages and hours, Oxford - Cambridge (Mass.).

PETIT, P. 1995: Employment and technological change, in: STONEMAN 1995, S. 366-408.

PFLIEGNER, K. 1994: Mismatch - Arbeitslosigkeit. Ursachen und Gegenmaßnahmen aus arbeitsmarktpolitischer und personalwirtschaftlicher Sicht, Beiträge zur Arbeitsmarkt- und Berufsforschung Nr. 185, Nürnberg.

PFUHLMANN, H./SPIEGL, G. 1987: Die Bundesanstalt für Arbeit - Überblick, Stuttgart.

PHELPS BROWN, H. 1987: Trade unions, in: The New Palgrave. A dictionary of economics, Volume 4, S. 672-676.

PHELPS, E. S. 1972: Inflation policy and unemployment theory. The cost-benefit approach to monetary planning, London-Basingstoke.

PHELPS, E. S u.a. (Hrsg.) 1974: Microeconomic foundations of employment and inflation theory, 2. Aufl. (1. Aufl. 1970), London-Basingstoke.

PHILLIPS, A. W. 1958: The relation between unemployment and the rate of change of money wage rates in the United Kingdom, 1861-1957, in: Economica 25, S. 283-299.

PIORE, M. J. 1975a: Notes on the conceptualisation of labor market reality and the construction of manpower policy, in SCHMID/FREIBURGHAUS 1975, S. 68-107.

PIORE, M. J. 1975b: Notes for a theory of labor market stratification, in: EDWARDS/ REICH/GORDON 1975, S. 125-150.

POLACHEK, S. W./SIEBERT, W. S. 1993: The economics of earnings, Cambridge - New York - Melbourne.

POHMER, K. 1985: Mikroökonomische Theorie der personellen Einkommens- und Vermögensverteilung, Berlin u.a.

PORNSCHLEGEL, H. (Hrsg.) 1987: Macht und Ohnmacht von Gewerkschaftstheorien in der Gewerkschaftspolitik, Berlin - München.

PÜTZ, T. (Hrsg.) 1975: Studien zum Inflationsproblem, Berlin.

RETTIG, R./VOGGENREITER, D. 1996: Makroökonomische Theorie, 6. Auflage, Berlin.

REYNOLDS, L. G./MASTERS, S. H./MOSER, C. H. (Hrsg.) 1978: Readings in labor economics and labor relations, 2. Auflage, Englewood Cliffs, N. J.

RIESE, M. 1986: Die Messung der Arbeitslosigkeit, Berlin.

ROBERTSON, M. 1989: Temporary layoffs and unemployment in Canada, in: Industrial Relations 28, S. 82-90.

ROBINS, P./SPIEGELMAN, R./WEINER, S./BELL, J. 1980: A guaranteed annual income: Evidence from a social experiment, New York.

RONNING, G. 1991: Mikroökonometrie, Berlin - Heidelberg u.a.

ROSEN, S. 1985: Implicit contracts: A survey, in: Journal of Economic Literature 23, S. 1144-1175.

ROSENBLADT, B. V.1991: Arbeitslose in einer Prosperierenden Wirtschaft, in: Mitteilungen aus der Arbeitsmarkt- und Berufsforschung 24, S. 146-156.

ROTHSCHILD, K. W. 1994: Theorien der Arbeitslosigkeit, Einführung, 2. Aufl., München.

RÜTHERS, B. 1972: Arbeitskampf und Arbeitskampfrecht, in: HWP 1972, Sp: 176-186.

RYAN, P. 1987: Primary and secondary labour markets, in: The New Palgrave. A dictionary of economics, Volume 3, S. 961-963.

SADOWSKI, D. 1977: Pensionierungspolitik, Stuttgart.

SADOWSKI, D./JACOBI, O. (Hrsg.) 1991: Employers' associations in Europe: Policy and organisation, Baden-Baden.

SAMUELSON, P. A./SOLOW, R. M. 1960: Analytical aspects of antiinflation policy, in: American Economic Review 50, Papers and Proceedings, S. 177-194.

SARGENT, T. J. 1987: Rational expectations, in: The New Palgrave. A dictionary of economics. Volume 4, S. 76-79, London u.a.

SAVIN, N. E. 1987: Rational expectations: Econometric implications, in: The New Palgrave. A Dictionary of economics. Volume 4, S. 79-85, London u.a.

SCHAPIRO, M. O./AHLBURG, D. A. 1982: Suicide: The ultimate cost of unemployment, in: Journal of Post-Keynesian Economics 4, S. 276-80.

SCHEELE, E. 1980: Einkommensverteilung, I. Theorie, in: HdWW 2, S. 257-285.

SCHETTKAT, R./WAGNER, M. (Hrsg.) 1989: Technologischer Wandel und Beschäftigung, Berlin.

SCHETTKAT, R. (Hrsg.) 1996a: The flow analysis of labour markets, London - New York.

SCHETTKAT, R. 1996b: Flows in labor markets: Concepts and international comparative results, in: SCHETTKAT 1996a, S. 14-36.

SCHMID, G. 1988: Labour market policy in transition. Trends and effectiveness in the Federal Republic of Germany, Stockholm.

SCHMID, G./FREIBURGHAUS, D. (Hrsg.) 1975: Proceedings of the conference on active labor market policy in selected countries. Preprint Series of the International Institute of Management (Wissenschaftszentrum Berlin), Berlin.

SCHMID, G./O'REILLY, J./SCHÖMANN, K. 1996: International Handbook of Labour Market Policy and Evaluation, Cambridge.

SCHMID, H. D./TRENK-HINTERBERGER P. 1994: Grundzüge des Arbeitsrechts - 2. Auflage, München.

SCHMID, H./DOSKY, D. V. 1990: Oekonomik des Arbeitsmarktes, Band 1: Arbeitsmarkttheorien: Stärken und Schwächen, Bern - Stuttgart.

SCHMID, H./DOSKY, D. V. 1991: Oekonomik des Arbeitsmarktes, Band 2: Problembereiche und Lösungsansätze, Bern - Stuttgart.

SCHMIDT, E. M. 1992: Intersektorale Lohndifferentiale. Eine mikroökonometrische Untersuchung mit Paneldaten für die Bundesrepublik Deutschland, in: Zeitschrift für Wirtschafts- und Sozialwissenschaften 112, S. 201-18.

SCHNABEL, R. 1994: Das intertemporale Arbeitsangebot verheirateter Frauen: eine empirische Analyse auf der Basis des Sozio-ökonomischen Panels. Frankfurt am Main u.a.

SCHOLZ, L./PENZKOFER, H./SCHMALHOLZ, H./BEUTEL, J. 1989: Innovation, Wachstum und Beschäftigung in: SCHETTKAT/WAGNER 1989, S. 147-183.

SCHREYER, F. 1991: Weibliche familiale Arbeit und männliche Dauererwerbslosigkeit im Arbeitermilieu, Beiträge zur Arbeitsmarkt- und Berufsforschung Nr. 149, Nürnberg.

SCHULTZ, T. W. 1960: Capital formation by education, in: Journal of Political Economy 68, S. 571-583.

SCHULTZ, T. W. 1961: Investment in human capital, in: American Economic Review 51, S. 1-17.

SCHÜTZ, J./FREY, M. 1987: Zur Arbeitslosigkeit infolge technologischer Revolutionen, in: Konjunkturpolitik 33, S. 211-18.

SCHWEDLER, T. 1996: Gewerkschaften, Lohnstarrheit und Beschäftigung, Hamburg.

SESSELMEIER, W. 1993: Gewerkschaften und Lohnfindung. Zur arbeitsmarkt- und gewerkschaftstheoretischen Analyse flexibler Lohnstrukturen, Heidelberg.

SESSELMEIER, W./BLAUERMEL, G. 1998: Arbeitsmarkttheorien - Ein Überblick, 2., überarbeitete und erweiterte Auflage, Heidelberg.

SESSELMEIER, W./KLOPFLEISCH, R./SETZER, M. 1996: Mehr Beschäftigung durch eine negative Einkommensteuer - zur beschäftigungspolitischen Effektivität und Effizienz eines integrierten Steuer- und Transfersystems, Frankfurt am Main u.a.

SINCLAIR, P. 1987: Unemployment, economic theory and evidence, Oxford.

SISSON, K. 1987: The management of collective bargaining: An international comparison, Oxford - New York.

SMITH, A. 1976: An inquiry into the nature and causes of the wealth of nations, 2 Bände, The Glasgow edition of the works and correspondence of Adam Smith, Oxford.

SOLOW, R. M. 1985: Insiders and outsiders in wage determination in: Scandinavian Journal of Economics 87, S. 411-428.

SPITZNAGEL, E. 1979: Arbeitsmarktwirkungen, Beschäftigungsstrukturen und Zielgruppenorientierung von allgemeinen Maßnahmen zur Arbeitsbeschaffung (ABM), in: Mitteilungen aus der Arbeitsmarkt- und Berufsforschung 12, S. 198-216.

SPITZNAGEL, E. 1985: Arbeitsmarktpolitische Maßnahmen: Entlastungswirkung und Kostenvergleiche, in: Mitteilungen aus der Arbeitsmarkt- und Berufsforschung 18, S. 20-29.

SPITZNAGEL, E. 1989: Zielgruppenorientierung und Eingliederungserfolg bei allgemeinen Maßnahmen zur Arbeitsbeschaffung (ABM), in: Mitteilungen aus der Arbeitsmarkt- und Berufsforschung 22, S. 523-539.

STAHLHACKE, E. 1991: Arbeitsgerichtsgesetz. Kurzkommentar für die Praxis. 3. Auflage, Neuwied u.a.

STAND UND ENTWICKLUNG DER ERWERBSTÄTIGKEIT, mehrjährig, Fachserie 1: Bevölkerung und Erwerbstätigkeit, Reihe 4.1.1, herausgegeben vom Statistischen Bundesamt Wiesbaden.

STARRIN, B./SVENSSON, P. G./ WINTERSBERGER, H. (Hrsg.) 1989: Unemployment, poverty and quality of working life, Berlin.

STATISTISCHES BUNDESAMT 1990: Fachserie 16, Löhne und Gehälter, Reihe 2.2: Angestelltenverdienste in Industrie und Handel, Okt. 1990, Stuttgart.

STATISTISCHES BUNDESAMT 1993: Fachserie 16, Gehalts- und Lohnstrukturerhebung 1990, Heft 1; Stuttgart.

STATISTISCHES BUNDESAMT 1998: Löhne. Gehalts- und Lohnstrukturerhebung. Fachserie 16. Heft 1. Ausgewählte Strukturdaten im Produzierenden Gewerbe, im Groß- und Einzelhandel, Kredit- und Versicherungsgewerbe, 1995, Wiesbaden.

STATISTISCHES JAHRBUCH FÜR DIE BUNDESREPUBLIK DEUTSCHLAND, Wiesbaden, jedes Jahr neu.

STEINER, V. 1994: Labor market transitions and the persistence of unemployment - West Germany 1983-1992, Discussion Paper No. 94-20 des Zentrums für Europäische Wirtschaftsforschung, Mannheim.

STERN, K./MÜNCH, P./HANSMEYER, K. H. 1972: Kommentar - Das Gesetz zur Förderung der Stabilität und des Wachstums der Wirtschaft, Berlin u.a.

STOBERNACK, M. 1990: Die Bedeutung der Arbeitslosenversicherung für Erwerbslosigkeit und Arbeitsangebot - Eine mikroökonomische Betrachtung, Frankfurt a. M. - New York.

STONEMAN, P. (Hrsg.) 1995: Handbook of the economics of innovation and technological change, Oxford.

STUTSMAN, D. 1988: Wage competition in the labor queue, in: Journal of Post-Keynesian Economics 10, S. 355-369.

TARIFVERTRÄGE, jährlich: Verzeichnis der für allgemeinverbindlich erklärten Tarifverträge, herausgegeben vom Bundesministerium für Arbeit und Sozialordnung, Bonn.

TARIFVERTRAGLICHE ARBEITSBEDINGUNGEN im Jahre..., jährlich, herausgegeben vom Bundesministerium für Arbeit und Sozialordnung, Bonn.

TAUBMAN, P./WACHTER, M. L. 1986: Segmented labor markets, in: ASHENFELTER/LAYARD 1986b, S. 1183-1217.

TESSARING, M. 1988: Arbeitslosigkeit, Beschäftigung und Qualifikation: Ein Rück- und Ausblick, in: Mitteilungen aus der Arbeitsmarkt- und Berufsforschung 21, S. 177-193.

THON, M. 1986: Das Erwerbspersonenpotential in der Bundesrepublik Deutschland, Beiträge zur Arbeitsmarkt- und Berufsforschung Nr. 105, Nürnberg.

THUROW, L. C. 1974: Measuring the economic benefits of education, in: GORDON 1974, S. 373-418.

THUROW, L. C. 1975: Generating inequality. Mechanisms of distribution in the U.S. economy, New York.

TINBERGEN, J. 1968: Wirtschaftspolitik, Freiburg i.B.

TOWERS, B. 1997: The representation gap, Oxford.

TRIVEDI, P. K./KAPUSCINSKI, C. 1985: Determinants of inflow into unemployment and the probability of leaving unemployment: A disaggregated analysis, in: The structure and duration of unemployment in Australia. Bureau of labour market research monograph series no. 6, Canberra (Australia), Government publishing service, S. 151-85.

VELLA, F. 1993: Gender roles, occupational choice and gender wage differential, in: Economic Record 69, S. 382-392.

VOLKER, P. A. (Hrsg.) 1985: The structure and duration of unemployment in Australia. Bureau of labour market research monograph series no. 6, Canberra (Australia), Government publishing service.

WACKER, A. 1976: Arbeitslosigkeit. Soziale und psychische Voraussetzungen und Folgen, Frankfurt a.M. - Köln.

WATTS, H. W. 1987: Negative income tax, in: The New Palgrave. A dictionary of economics, Volume 3, S. 622-624.

WATTS, H./REES, A. (Hrsg.) 1977: The New Jersey income maintenance experiment, New York.

WEBER, R. 1996: Das Arbeitsangebot, Frankfurt/M. u.a.

WIEDEMANN, H./STUMPF, H. 1977: Tarifvertragsgesetz mit Durchführungs- und Nebenvorschriften. Kommentar, neubearb. von Wiedemann, H. und Stumpf, H., begr. von Hueck, A., 5., neubearbeitete Auflage, München.

WILLIS, R. J. 1986: Wage determinants: A survey and reinterpretation of human capital earnings, in: ASHENFELTER/LAYARD 1986a, S. 525-602.

WINEFIELD, A. H. U.A. 1993: Growing up with unemployment: A longitudinal study of its psychological impact, Adolescence and society series, London - New York.

WOGLOM, G. 1988: Modern macroeconomics, London.

WOLL, A. 1975: Das Phillips-Theorem. Eine empirische Studie zum Zielkonflikt zwischen Vollbeschäftigung und Preisniveaustabilität in der Bundesrepublik Deutschland 1952 - 1972, in: PÜTZ 1975, S. 101-174.

WOOD, A. 1988: How much unemployment is structural? in: Oxford Bulletin of Economics and Statistics 50, S. 71-81.

WORDELMANN, P. U.A. 1988: Jugendliche ohne Arbeit. Nutzen von Arbeitsbeschaffungsstrategien. Eine empirische Untersuchung im Landesarbeitsamtsbezirk Berlin (West). Mit einer Bildergeschichte „Hauptsache Arbeit?“, Berlin.

WURZEL, E. 1993: An econometric analysis of individual unemployment duration in West Germany, Heidelberg.

ZILIAN, H. G./FLECK, C. 1990: Die verborgenen Kosten der Arbeitslosigkeit, Frankfurt a. M.

Namenverzeichnis

Sachverzeichnis

www.ingramcontent.com/pod-product-compliance
Lightning Source LLC
LaVergne TN
LVHW042236300926
849161LV00003B/365